KB093229

인도의
현대연극과
전통연극

인도의 현대연극과 전통연극

초판인쇄 · 2020년 12월 18일
초판발행 · 2020년 12월 28일

지은이 · 변영미
펴낸이 · 한봉숙
펴낸곳 · 푸른사상사

주간 · 맹문재 | 편집 · 지순이 | 교정 · 김수란
등록 · 1999년 7월 8일 제2-2876호
주소 · 경기도 파주시 회동길 337-16(서패동 470-6)
대표전화 · 031) 955-9111~2 | 팩시밀리 · 031) 955-9114
이메일 · prun21c@hanmail.net
홈페이지 · http://www.prun21c.com

ISBN 979-11-308-1746-0   93680
값 32,000원

이 책은 서울문화재단의 '2020년 예술전문서적발간지원사업' 선정 도서로
'유인촌 공연예술 연구기금' 후원을 받아 제작되었습니다.

푸른사상 예술총서 25

When Roots Blossom

인도의
현대연극과
전통연극

변영미

푸른사상
PRUNSASANG

5
———

몇몇은 호기심 어린 동경에 찬 눈으로 보고, 대다수는 색안경을 낀 눈으로 바라보는 나라 '인도'. 그 인도에 내가 첫발을 디딘 것은 2000년 10월 배낭여행을 통해서였다. 동양 전통극에 대한 연구의 연장으로서 그 이후 4년간 예술전문학교 '께랄라 깔라만달람'에서 전통춤극을 수련했고 한국에 돌아온 뒤 지금까지 자주 인도를 드나들고 있다(혹은 자주 한국을 드나들고 있다). 지난 20여 년 동안 인도를 드나들며 보낸 시간은 다채롭고 다양한 모습으로 흘러갔다. 눈 빼간다, 신장 떼간다 하는 루머에 둘러싸여 홀로 여행자의 긴장감과 두려움으로 몸과 맘이 옹송그려지던 때가 있었던가 하면, 온몸과 마음을 다해 전통춤극 카타칼리를 미친 듯 수련하던 시절이 있었고, 유유자적 한가하게 무지 느린 템포로 늘어진 일상의 시간도 있었으며, 거리를 두고 관조하던 시간도 있었다. 동양 연극의 정수를 체득하고자 했던 탐구열에 불타 인도행을 결심했을 때만 해도 나는 내가 가고 있는 길이 나를 어떤 곳으로 이끌게 될지 짐작하지 못했다. 낯선 몸언어와 글언어 사이에서 그야말로 저돌적으로 카타칼리에 매진했을 때 내 모습은 마치 눈가리개를 씌운 경주마와 닮았을지 모른다. 한국으로 돌아와 내 경험을 한국의 예술현장에서 나누고 싶어 때로는 '인도춤'이란 이름으로, 때로는 한국과 인도의 예술가 협업이란 이름으로 작업을 해왔지만 '인도 연극'은 한국에서 언제까지나 생소하고 낯선 '볼거리'로 남아 있을 뿐이었다. 그래서 내겐 인도 연극이 한국 예술현장에서 어떤 의미를 가질 수 있을지 의구심이 커져갔고 지금까지의 내 활동을 되짚어볼 공간이 필요했다. 논문 작업 후 책을 출판하는 과정에서도 내 뇌리를 찍어 누르던 부담감은 그간 해온 내 작업들이 한국의 예술현장에서 시의성을 띨 수 있을지에 대한 것이었다. 그러한 고민을 풀어내는데 필요한 것은 '거리두기'였다. 거리두기를 시작하자 비로소 보이기 시작하는 것들. 그것들을 이 책의 독자들과 함께 찾아가고 싶다.

모든 연행예술이, 혹은 모든 문화가 그러하듯 그 속에서 몸과 마음이 일체화한 온 존재로 그것을 경험해본 이들은 두말할 필요가 없다. 그런데 그것들을 머리만 쓰는 이론으로만 설명하자면 현학적이고 뜬구름 잡는 소리로 들리게 되고, 몸만 써서 몸짓만 쓰려 하면 낯설고 몸에 익지 않는 이색적인 먼 문화에 그치고 만다. 그래서 이론과 실제를 병행하려는 욕심을 부려보았지만 이는 불가능에 가까운 것임을 시인하지 않을 수 없다.

인도 전통극도 그 원리나 실현에서 본질적으로 경험의 세계이기 때문에 이 책을 쓰면서 경험이란 것의 주관적 특성으로 인해 '학문적' 언어로 옮겨놓는 과정은 많은 한계와 어려움을 마주하도록 만들었다. 인도신화를 심도 깊게 연구하였던 하인리히 침머의 말처럼 "하나의 전망을 열어놓게 될 때 또 다른 전망을 닫게 할 위험"뿐 아니라, "최선의 것은 말로 표현할 수 없고, 그렇기 때문에 차선의 것은 오해되는" 상황을 직면해야 했던 것이다. 그 오해의 간극을 가능한 줄이기 위해 여러 자료를 첨부하고 조사하는 과정은 필자의 인식을 확장시켜주는 계기가 되기도 하였으나 경험에서 나오는 현상학적 존재감에서 멀어지게 만드는 모순적 상황을 맞닥뜨리게 하였다. 이러한 한계에도 불구하고 '차선의 전망'을 통해 서나마 이 책이 이해될 수 있기를 바란다. 그리고 께랄라 언어권에 대한 본격적인 공연 분석과 소개는 처음이라는 데 의의를 두면서 이 책을 통해 인도 전통극의 특성을 실제적으로 이해하고 그 원리와 방식이 한국의 예술현장에도 동시대적 가치를 가질 수 있기를 희망해본다. 그래서 가능한 현장성을 살려 필자가 오랫동안 인도와 한국을 오가면서 수집한 사진 자료를 많이 첨부하였다. 또한 인도 전통극의 연행원리가 동시대적 텍스트로서 인도 현대연극에 어떻게 구현되고 있는지 알아보기에는 실제 공연 작품을 통해 그 양상을 살펴봄이 이론을 실제적으로 이해하는 데 도움이 될 거라 여겨 카발람 나라야나 빠니까르의 〈우루방감〉과 〈깔리베샴〉의 공연을 분석하였다.

이 책은 이론적 개론서에 해당하는 1부와 그것의 실제 공연 적용에 해당하는 2부로 나눌 수 있다. 1부에서는 인도 현대연극 운동사에서 탈식민 연극운동의 일환으로 일어났던 뿌리연극운동을 살펴보면서 '인도다운' 연극을 만들기 위해 부심하였던 연극활동을 살펴본다. 그중에서 토착문화를 창작의 원천으로 '우리 자신의 연극을 우리 자신의 방식으로' 이끌었던 께랄라의 뿌리연극운동의 역사를 고찰한다. 그리고 그러한 연극운동의 원천인 께랄라 토착문화를 고찰하면서 그것들이 연극에서 어떻게 활용되었으며, 또한 인도 전통극의 연행원리와 어떻게 결합하였는지 살펴본다.

2부에서는 이러한 토착문화와 연행원리가 실제 공연 작품에 어떤 양상으로 드러나는지 공연 분석에 초점을 맞추었다. 께랄라를 대표하는 연극연출가 카발람 나라야나 빠니까르의 대표적인 레퍼토리인 〈우루방감〉과 〈깔리베샴〉 두 작품을 중심으로 고찰하면서 전통과 현대가 조응하는 방식을 살펴보고자 한다. 여기에는 현대적 맥락으로서의 신화적 측면에 대한 철학적 의미 분석과 신체적 측면에 대한 고찰, 정신적 측면에 대한 존재론적 고찰을 포함하게 될 것이다. 다시 말해 1부는 2부의 두 작품 분석을 위한 초석이자 배경적 지식을 제공하게 된다.

〈우루방감〉(2010)과 〈깔리베샴〉(2003)을 각각 인도에서 관람하였으나 실질적인 1차 참고자료는 소파남 극단의 공연 영상자료다. 〈우루방감〉은 마디야프라데쉬주의 보팔시에서 열렸던 인디라 간디 국립인류박물관(Indira Gandhi Rashtriya Manav Sangrahalaya)이 주관한 행사(Panikkar Prasang)에서 2010년 11월 30일에 올린 공연본이고, 〈깔리베샴〉은 카르나타카주의 다르와드시에서 열린 아비나야 바라티(Abhinaya Bharati) 극단이 주관한 행사(Shanti Maitri Ranga, 전국연극축제)에 참여한 작품으로 2005년 9월 9일 공연본이다. 본문에 인용한 〈우루방감〉과 〈깔리베샴〉 공연 사진의 경우 상기 기술한 공연 동영상에서 캡처한 것들이거나 소파남 극단이 제공한 자료들이다. 인터뷰를 비롯하여 소파남 공연 동영상과 사진자료를 제공해주고, 카발람 사후에도 이어지고 있는 소파남 관련 행사자료를 현재까지 공유해주고 있는 이들의 도움이 없었더라면 이 책을 완성하지 못했을 것이다. 이 외 별도의 제공 출처를 명기하지 않은 경우는 필자가 인도 현장 활동 과정에서 직접 촬영한 자료들이다.

대본의 경우 산스크리트어는 영어 번역본을, 말라얄람의 경우 영어와 말라얄람 대본집을 참고자료로 삼았다. 카발람의 사후 소파남에서 현재까지 중심적인 활동을 하고 있는 기리쉬 소파남과의 인터뷰도 카발람 작업의 계승이란 의미에서 중요한 참고가 되었고, 께랄라의 중진 연출가들과의 인터뷰도 전통극의 현대적 맥락을 재고하는 데 도움이 되었다.

카발람의 작품세계는 내용과 형식적 측면에서 심오한 철학을 담고 있다. 카발람은 작품 내용을 언어로서 설명하기보다 무대 위에 구현하며 실천하기를 바랐다. 그러한 카발람의 작품세계를 '보는' 작업은 연행원리를 디코드화하는 작업으로 필자의 주관적인 해석이 개입할 수밖에 없었고 이는 이해와 오역이라는 양날의 검을 쥐여주었다. 특히 카발람이 연극적 언어로 사용하는 산스크리트어나 말라얄람의 언어적 묘미를 이해하기 위해서는 지난한 철학적 토대와 언어에 대한 이해를 필요로 한다. 이러한 텍스트 분석의 한계에도 불구하고 카발람의 작품을 연구 대상으로 삼은 원인은 본고의 초점이 텍스트 분석에만 그치는 것이 아니라 총체적인 표현의 차원을 다루는 공연적 분석에 더 많은 비중을 두기 때문이다. 이를 위해 텍스트의 번역은 원전과 공연대본으로 2중, 3중의 과정을 거쳤다. 〈우루방감〉은 가나파티 사스트리(Ganapati Sastri)의 1930년판 저서를 한 권에 묶어 출판한 Motilal Banarsidass의 2015년 본 2쇄 A.C. Woolner와 Lakshman Sarup의 공역본을 참고하였다. 산스크리트어는 영어 번역본을 1차 자료로 해서 말라얄람어 번역을 2차로 참고하였다. 공연대본 번역 과정에서는 원전이 산스크리트 연극이라 할지라도 카발람식 연출 과정에서 말라얄람 구음과 음율이 등장하기 때문에 산스크리트어의 말라얄람 번역본 참고도 유용하였다. 말라얄람의 경우 디시북스(DC books)에서 2013년에 출판한 കാവാലം നാടകങ്ങൾ(Kavalam Natakangal 카발람 연극작품집)을 1차로 참고하였다. 원작이 말라얄람인 〈깔리베샴〉의 경우 말라얄람을 번역하는 과정에서 감수를 받았다. 이러한 감수의 과정이 없었다면 말라얄람식의 언어적 유희와 시적 감수성을 제대로 전달하기 힘들었을 것이다. 이후 필자의 졸고가 산스크리트어를 비롯한 인도의 여러 언어권에도 정통하면서 연극적 측면에도 정통한 연구자들을 배출하기 위한 디딤돌이 될 수 있다면 내 몫을 조금이라도 수행한 것으로 알고 기쁠 것이다.

　더 보충해 넣고 싶은 자료를 모으기 위해 인도를 방문하였으나 코로나 대유행 시기와 겹쳐 집 밖으로 한 걸음도 나가지 못한 채 서너 달을 보내면서 현장자료 수집에 차질이 생겨 아쉬운 점이 많지만 이는 이후에 보충해야 할 과제로 남겨두도록 하겠다. 뾰족한 비판으로 종종 과격한 투쟁을 유발시켜 나를 정신적으로 단련시켜줬을 뿐만 아니라 말 그대로 '물심양면'으로 연구 작업에 몰두할 수 있도록 곁을 지켜준 내 평생의 친구 Jayaprasad, 내가 앞으로 나갈 수 있도록 밀어준 이성곤 선생님, 그리고 내가 얼마나 단단한 뿌리를 타고났는지, 사랑은 어떻게 하는 것인지에 대해 몸소 보여주고 계신 우리 부모님, 이 책이 세상 밖으로 나올 수 있도록 만들어주신 푸른사상사 분들께 지극한 감사의 마음을 보낸다. 더불어 소중한 선물과 같은 그림을 그려준 최보람 작가와 인도의 Jayan, 자료를 모으는 데 혁혁한 공헌을 해준 Sunil Sukada, Jose Koshy에게 더 보탤 수 없을 만큼 큰 고마움을 전한다.

끝으로 내가 어디를 가건 손 꼭 잡아주시던 엄마와 인도의 운니얄에 소중한 의미를 심어주셨던 아쩬, 지금은 차마 소리내어 불러볼 수 없는 두 분께 글로 대신 사랑을 전한다.

2020년 10월
변영미

인도의 현대연극과 전통연극

일러두기

산스크리트와 말라얄람의 한국어 표기법은 상당한 어려움을 수반한다. 국립국어원이 정한 라틴어 알파벳에 따른 외래어 표기법은 영어를 모국어로 하는 국가들의 언어를 표기하기에 적합하여 이 방식을 따를 경우 현지에서 전혀 알아들을 수 없는 다른 언어가 되고 만다. 그래서 필자는 현지어의 발음을 따르는 요즈음의 추세를 따라 가능한 현지어 발음에 가깝도록 표기하려고 노력하였다. 하지만 한국에서 이미 오랫동안 굳어진 용어들의 경우 같은 의미를 다른 발음으로 검색할 경우 자료 검색에 어려움이 있음을 감안하여 기존의 표기법을 따랐다.

- 말라얄람 참고문헌의 경우 말라얄람과 영문을 병기한다.
- 말라얄람 ഴ을 영문 'zh'로 표기하지만 이는 우리말 ㅈ이 아니라 ㄹ에 더 가까우므로 ㄹ로 표기한다. 예를 들어 Alapuzha의 경우 알라뿌자가 아니라 알라뿌라가 된다.
- 말라얄람에서는 날라의 경우 '날란'으로, 바후카의 경우 '바후칸'으로 부르는 관습이 있지만 그렇게 표기할 경우 인도 다른 지역에서 부르는 일반적인 명칭과 혼동의 여지가 있으므로 보다 광범위하게 부르는 이름 '날라', '바후카'로 통일한다. 단 나탄의 경우, 연기자를 지칭하는 '나타'와 같은 말이지만 말라얄람을 원작으로 하고, 극중에서도 '나탄'으로 부르므로 '나탄'으로 표기한다.
- 남인도와 북인도 사이에 존재하는 산스크리트어 발음상의 차이는 남인도 방식을 따른다. 예를 들어 북인도에서는 Kṛṣṇa를 크리슈나로 발음하지만 남인도에서는 크리스나에 더 가까우므로 본고에서는 크리스나로 표기한다.
- 거센소리와 된소리의 구분이 없는 영어와 달리 한국어는 구분이 가능하므로 거센소리 발음과 된소리를 구분하여 쓴다. k, p, c, t는 ㄲ, ㅃ, ㅉ, ㄸ 으로 표기하고, kh, ph, ch, th는 ㅋ, ㅍ, ㅊ, ㅌ으로 표기한다.
- v 발음은 '브'보다 '으'에 가까우나 경우에 따라 '브'로 발음하기도 한다. 이 경우도 이미 ㅂ로 안착한 경우 ㅂ로 쓰고 현지 발음과 현격한 차이가 나는 경우 '으'로 쓴다. 예를 들어 veda의 경우 베다로, Vyasa의 경우 위야사로 표기한다.
- 자음 뒤에 붙는 h(kh, ch, dh, bh)의 경우 현지 발음은 h가 섞인 발음이지만 한국어에는 없으므로 자음만 표기한다. 예를 들어 Abhinaya의 경우 아비나야로 표기한다.

우리 자신의 연극을
우리 자신의 방식으로

〈깔리 나타캄〉

〈꾸첼라의 노래〉

〈불〉

〈깔리야짠〉

왼쪽 위부터 시계방향으로 〈역사책의 한 페이지〉,
〈동전 파업〉(사진제공 Arun Lal)
〈클라버르 라니〉(사진 제공 Arun Lal)
〈토마 크리야 크리야 토마〉

꾸디야땀 공연

떼이얌 연행. 굴리칸 떼이얌(왼쪽 위), 카티와누르비란 떼이얌(오른쪽 위)
티 차문티(왼쪽 가운데), 칸다나르켈란(오른쪽 가운데)
뽀띠 떼이얌(왼쪽 아래), 무칠로뚜 바가바티 떼이얌(오른쪽 아래).

빠짜

빠루뿌

카티

붉은 수염

흰 수염

떼뿌

미누쿠(여성)

미누쿠(브라민)

카타칼리 분장 유형

제1장

한국 연극현장에서 인도 연극은?

2000년 이후 산스크리트어 연구자들을 중심으로 연극 관련 산스크리트 원전 번역서가 많이 출간되었고, 인도 연극의 연행원리에 대한 연구도 많이 이루어졌다. 하지만 여전히 실제적인 인도 연극 연구와 현장에서의 접목 작업들은 미진한 상태다. 그래서 인도 전통극에 대한 체험과 현장 활동, 한국과 인도 예술가 상호교류를 통한 경험을 반영하고 발전시켜서 인도 전통극의 미학적 정수를 한국의 예술현장에 접목시킬 방안을 모색하고자 이 책을 집필하게 되었다. '아비나야(abhinaya)'란 말은 일반적으로 인도 전통극에서 '관객을 향하여 표현하는 연기법, 혹은 표현의 방식'을 의미하며 전통극의 미학적 정수를 함축하고 있다고 여겨진다. 그러나 나는 아비나야가 함의하고 있는 '앞으로 나아가다'는 것이 단지 일방적으로 극장 안의 관객들을 향해서만 나아가는 것이 아니라 보다 전방위적이고 포괄적인 의미로 확장 가능하다고 본다. 그래서 아비나야를 '인간 존재의 다양한 측면을 포괄하는 존재론적 확장'과 '제자리에 머물지 않고 변화·발전을 향하여 앞으로 나아가라는 질적인 측면의 진화'로 정의하고자 한다. 이것은 연행예술가들이 지향해야 할 예술적 방향을 가리킨다. 그런 측면에서 18년 동안 인도 전통극 연구와 공연 활동을 해오고 있는 필자가 그 시간 동안 과연 얼마나 존재의 차원을 확장하고, 시대적 요구에 부응하면서 앞으로 정진해 나왔는지에 대해 성찰하고자 함이 이 책을 쓰게 된 가장 큰 원동력이다.

서구 연극의 한계를 극복하기 위하여 유럽을 중심으로 한 서양에서는 19, 20세기 들어 동양 연극에 대한 관심이 증대하였다. 베르톨트 브레히트는 서사극 개념을 중국 경극에서, 앙토냉 아르토는 잔혹극의 제의적이면서 비언어적 요소를 발리춤에서, 고든 크레이그는 기교를 감추는 가장 완성된 예술로서 초인형 개념을 동양 가면극에서 영감을 받아 정립하였다. 비유럽계 연극으로 관심을 돌렸던 19세기 말 문화인류학의 업적은 연극과 문화인류학과의 접점을 만들었고, 이 접점은 연극 작품 자체에 대한 분석을 넘어 작품이 만들어지기 전과 후의 전 과정에 대한 관심을 이끌어내었으며, 연극을 '공연'이란 광의의 개념으로 확장하도록 만들었다. 이러한 개념 확장에는 풍요제의에서 그리스 연극의 기원을 찾았던 프랜시스 콘포드와 조지 머리, 샤머니즘을 연극의 기원으로 보고 인도 민속춤과 중국 분장에서 무아경의 원리를 보았던 에드먼드 커비, 제의적인 공동체적 경험이나 문화상호적인 관계에 주목하였던 빅터 터너와 리처드 셰크너,[1] 공연의 결과뿐 아니라 과정을 포함한 전-표현적 무대행동에 관한 학문으로 '연극인류학'을 개념화시켰던 유제니오 바르바[2]의 기여가 컸다. 연극의 개념을 '공연'으로 확장하면서 제3세계 문화에 대한 관심이 생겼고 연극의 개념도 서구 중심적 사고에서 탈피하게 되었다. 동양 연극은 이색적인 소재주의에서 연극 개념의 확장에 깊숙이 관련을 맺게 된 것이다.

인도 연극은 동양 연극 연구와 같은 맥락에서 연극이론과 활동가들의 관심을 받아왔다. 예지 그로도프스키가 주창한 높은 단계의 의식, '성

---

1 이미원, 『연극과 인류학』, 서울 : 연극과인간, 2005, 9~20쪽.
2 유제니오 바르바, 『연극 인류학』, 안치운 · 이준재 역, 서울 : 문학과지성사, 2001, 28쪽.

스런', '순수한', '총체적인'이란 개념은 남인도 춤극인 카타칼리와 꾸디야땀을 보고 발전했고, 리처드 셰크너는 퍼포먼스의 다성적 공간 개념을 북인도의 순환종교극인 람릴라를 보고 정립[3]했다. 동서연극을 연결하는 배우 훈련법을 찾기 위해 고심했던 유제니오 바르바는 카타칼리와 오디시 워크숍을 통해 배우의 자유를 확장하기 위한 연기법을 연구하였다. 또한 인도에서 전통문화를 체득한 연출가 필립 자릴리는 요가와 칼라리파야투를 통해 신체통제력과 호흡법을 수련한 뒤 이를 심신연기론에 적용하는 훈련법을 만들었다. 일련의 연극이론과 연극실천들을 통해 인도 연극은 배우와 관객 사이의 살아 있고 꿈틀대는 상호성과 현존성을 인식시키고 발전시키는 데 기여하였다.

한편 인도 국내에서는 인도 전통극을 체득한 활동가들이 인도 연극의 원리와 기술적 측면을 실제적인 연기훈련과 창작 방법론에 적용하여 새로운 공연으로 제작하려는 시도들이 이어지고 있다. 나브테즈 조하르는 전통극 바라타나티암을 현대적 안무에 접목시켜 거리극, 장소 특정적 공연, 뮤지컬 등으로 선보임으로써 국내·외에 존재감을 강하게 각인시켰다. 마야 크리스나 라오는 카타칼리 신체훈련법에 기반하여 호흡과 에너지를 어떻게 몸 전체로 분배할 것인지에 대한 심신훈련법을 설파하였다. 꾸디야땀을 수련했던 비나파니 차울라는 '아디샥띠' 극단을 창단하여 언어와 신체 사이에 공명할 수 있는 다중 언어를 실험하여 전통과 현대성을 조우시키고자[4] 하였다. 이러한 활동가들은 모두 인도 전통극에 기반을 두면서 요가와 명상 등을 통해 호흡뿐 아니라 육체와 심리 사이의 미묘한 조응관계를 자각하도록 이끌어내었고 작품 제작에서 전통적 요소

3 류주열, 「현대 인도연극의 이해(1)」, 『한국연극』, 서울 : 한국연극협회, 2005, 352호, 103쪽.

4 Shanta Gokhale ed., *The Theatre of Veenapani Chawla: Theory, Practice, and Performance*, New Delhi: Oxford University Press, 2014, p.13.

와 현대적 요소를 만나게 함으로써 인도 연극의 현대적 접목 가능성과 방향을 제시했다.

국내에서 동양 연극 연구는 동양 연극을 토대로 연극 이론을 정립하고 실천적 활동을 해왔던 서구연극인들에 대한 연구를 비롯하여 문화상호주의적 공연, 신체연극,[5] 연극인류학이란 이름으로 알려져 왔다. 그중 인도 연극에 대한 연구는 산스크리트어 전공자들과 동양 연극연구자들을 중심으로 고전미학서인『나띠야샤스뜨라』와 산스크리트어 연극에 대한 번역 작업 위주로 이루어졌다. 그리고 민속극에 대한 연구는 무용학과를 중심으로 신체적 접근법 위주로 연구되어왔다. 고승길 교수의 동양 연극 일반에 관한 선구자적 연구를 기반으로 허동성은『나띠야샤스뜨라』를 중심으로 한 라사의 원리와 인도 연극의 제의성, 인도 연극의 구조와 민속극 연구로 그 연구영역을 확장[6]하고 있다. 이재숙은『나띠야샤스뜨라』번역을 비롯하여 이에 기반한 인도극의 종합성과 라사의 미학이 가지는 철학적 배경에 대해 연구하였고, 변상형은 라사이론을 미학적으로 심화시켜 서구 이론과 동양 미학과의 비교론으로 발전시켰다. 무용계에서는 손짓언어인 무드라와 제스처 등 육체적 몸짓에 대한 연구, 바라타나티암, 꾸디야땀, 카타칼리 등 개별 춤극에 대한 소개와 총론적 연구들이 있다. 한국예술종합학교 부설기관인 세계민족무용연구소에서 발간하는『민족무용』에는 께랄라 민속극(무용)에 대한 연구가 이루어져 있지만 실제적인 전통극 연구라고 보기는 어렵다. 그리고 민속극 연구, 인도 음악과 나띠야샤스뜨라, 분장과 복식 등에 관한 기타연구도 있다. 이 외에도 인도 연

---

5 딤프나 칼라리,『신체연극』, 윤광진 역, 서울 : 연극과인간, 2014, 15~21쪽.

6 『동양전통연극의 미학』(현대미학사, 2004), 「인도민속극의 제의적 성격에 관한 연구」(중앙대학교 석사학위논문, 1991), 「인도 현대연극의 지형과 방향성」(『한국연극』, 한국연극협회, 1997), 「라딴 티얌의 연극 – 위상과 성과」(『연극평론』, 한국평론가협회, 2010), 「인도 희곡의 구조와 원리」(『한국고전희곡학회』, 2001) 등. 이하 연구자들의 연구문헌은 참고문헌 참조할 것.

극을 현지에서 체험하고 연구한 연구자는 장진호, 류주열이 있는데 특히 류주열은 인도 현대연극의 흐름과 스타니슬라브스키와 인도연기론을 접목하는 연구를 하고 있다. 그리고 인도 희곡을 번역하여 소개한 경우는 〈샤꾼딸람〉을 비롯하여 타고르의 작품들(〈우체국〉, 〈봄의 윤회〉, 〈고행자〉 등), 기리쉬 카나드의 작품들(〈나가만달라〉, 〈하야와다나〉 등)이 있다.

인도 연극을 무대에 올린 경우도 드물게 있다. 인도에서 제3의 연극을 대표하는 작가인 바달 싸르까르(Badal Sarkar 1925~2011)의 작품 〈행렬〉(2004년 6월 3~6일 국립극장 하늘극장)을 허동성이 연출하였다. 그리고 뿌리연극을 대표하는 작가인 기리쉬 카나드(Girish Karnad 1938~2019)의 〈하야와다나〉를 〈뒤바뀐 머리〉(2007년 7월 25일- 8월 2일 상명아트홀)로 각색하여 이곤이 연출하였다. 전자의 경우 카타칼리 연행자와 협업하였고 후자의 경우 인도 전통춤과 칼라리파야투의 움직임을 활용하였다. 그런데 이와 같이 인도 연극과 관련한 연구들을 한국의 연극예술 현장에 접목시키려는 시도는 그리 많지 않다. 그 원인은 인도 연극에 대한 연구들이 고전서에 대한 해설이나 설명 중심이라 난해한 용어들이 많아 현장예술가들에겐 낯설기만 할 뿐 실질적인 접목과 적용에는 어려운 점이 많기 때문이다. 다만 인도 전통극의 실제적인 적용이 아닌 신체훈련으로서 적용하는 사례는 한국예술종합학교 연극원에서 부분적으로 이루어지고 있다. 이 외에도 인도에서 전통춤극을 수련하고 돌아온 몇몇 활동가들이 간헐적인 공연이나 워크숍을 지도하고 있지만 아직까지 한국 예술현장에서 인도 연극의 접목은 이색적인 색채의 먼 나라 문화로 비춰지는 것이 현실이다. 그런 의미에서 이 책은 께랄라 깔라만달람에서 카타칼리와 모히니아땀을 수료하고, 칼라리파야투와 요가, 께랄라 민속연행예술을 현장에서 경험하고 공연활동해온 필자의 체험과 그간의 현장 활동을 반영한 실제적 공연분석과 접목에 더 큰 비중을 두었기에 기존의 연구서와 차별화된다.

이러한 인도 전통극의 연행원리가 현대의 연극현장에서 어떻게 조우하고 있는지 살펴보기 위해서는 먼저 인도 현대연극사를 개괄할 필요가 있다. 이 과정에서 '인도'라는 국가의 특수성과 보편성을 고려하지 않을 수 없다. 그런데 인도만큼 '국가적'이라는 용어를 쓰기가 복잡하고 까다로운 국가가 없다는 사실은 이미 선행연구자들을 통해서도 잘 알려진 사실이다. 현 인도 수상 나렌드라 모디가 이끄는 우파보수정당 BJP(Bharatiya Janata Party 인도인민당) 정권은 세계최대의 자원봉사 조직인 RSS(Rāṣṭrīya Svayamsevaka Saṅgha 국가관련 자원봉사)의 막강한 재정적 · 정신적 후원을 배경으로 '인도다움'을 앞세우며 국가적 통합이라는 야심찬 국가기획을 진행하고 있다. 하지만 비힌두권에서는 이를 인도를 힌두화하려는 보수정당의 시도로 여기며 비판하고 있다. 이러한 '국가적' 위상을 정립하기 위한 과정에서 겪고 있는 지금의 다양한 인도 국내의 문제들을 통해서도 '국가적'이란 용어 사용이 쉽지 않다는 사실들은 단적으로 드러난다. '인도'라는 지정학적 개념도 19세기 후반에 이르러서야 영국인들의 필요에 의해 자리를 잡았고, 영국이 통치하던 시기까지 인도는 400개가 넘는 중소왕국으로 이루어져 있었으며, 2020년 현재 인도를 구성하고 있는 28주와 9연방령에서 각기 다른 문자를 가진 23개 공용어를 쓰고 있으며 소수부족과 지정계급의 언어까지 포함하면 전국에 걸친 언어만 하더라도 2000여 종이 넘는다. 지역 분권과 자치에 대한 요구가 증가하면서 한 주가 분리되어 나올 때마다 공용어 수도 계속 늘고 있다.

본고에서도 중요한 논제가 될 인도 고전연극의 지침서인 『나띠야샤스뜨라(Nāṭya Śāstra)』[7] 이전에도 토착민들이 이러한 다양한 언어들에 기반한 토착문화를 꽃피워 향유하고 있었다. 다시 말해 '인도 전통극'에서 '인도 연극'의 범위와 '전통연극'의 범위를 정의하는 일조차도 소홀히 다룰 수

---

7 이후 '나띠야샤스뜨라'를 언급할 경우 문서화한 텍스트로서 문헌을 가리킬 경우 『나띠야샤스뜨라』로, 인도 전통극의 고전적 연행원리나 이를 포괄하는 미학적 원리를 환유하는 용어로 사용할 경우는 『』기호 없이 나띠야샤스뜨라로 표기하도록 하겠다.

가 없는 것이다. 물론 어떤 논자들은 인도문화를 논할 때 지나치게 특수성(개별성)에만 편중하여 논하는 것이 인도의 보편적 전체성을 훼손시키는 결과를 야기한다고[8] 비판하기도 한다. 이러한 비판도 분명 숙고해야할 논점을 제기하지만 한편으로는 이러한 비판조차도 다양성을 보편화할 수 있는 인도 전역에 걸친 광범위하고 깊이 있는 연구가 그만큼 어렵다는 사실을 반증하는 것일지도 모른다.

이런 인도의 문화적(연극적) 상황을 고려할 때 '인도 연극'을 인도 전역에 걸쳐 광범위하게 다룬다는 것은 필자의 능력 밖의 일이므로 필자는 이해 가능한 언어권인 남인도 께랄라 현대연극을 중심으로 그 논의를 한정하고자 한다. 께랄라 주는 인도의 다른 주에 견주면 지극히 작은 주에 지나지 않지만 독립적이고 고유한 문화사적 입지를 가지고 있다. 께랄라를 포함하는 남인도 드라비다 언어권(타밀어, 말라얄람어, 깐나다어, 뗄룽구어)은 중앙정부가 통합정책의 일환으로 힌디어를 공용어로 지정하고 필수과목으로 선정한 데 반발하여 독립적인 '드라비다 연맹', '드라비다 진보연맹'을 결성할 정도로 자신들이 향유해온 아랴(ārya) 침입 이전의 토착언어와 문화에 대한 자부심이 대단하다. 다른 한편으로 께랄라주는 남인도의 독립적 문화권 아래 있으면서도 남인도 다른 주보다 산스크리트어문화권(아랴 문화)의 영향을 가장 많이 받은 지역이기도 하다. 남인도 토착문화의 특수성과 아랴를 중심으로 재편성한 보편성이 융합된 지역이 께랄라인 것이다. 또한 께랄라 지역은 인도 전체에서 문맹률이 가장 낮고 복지제도는 가장 발달했으며 세계적 정세에 민감하게 대응하는 '정치적'인 지역으로 인도 전체에서 강한 발언권이나 결정권을 행사할 만한 지대한 영향력은 없음에도 결코 무시할 수 없는 '녹록지 않은' 지역이다. 께랄라 현대연극의 전개양상은 가장 지역적이면서도 동시에 가장 '인도적' 현

---

8 이광수, 『인도문화 특수성과 보편성의 이해』, 부산 : 부산외국어대학교출판부, 1999, 25쪽.

상이라 할 수 있는 것이다.

또한 남인도 께랄라 지역은 여신중심의 순환적이고 포용적인 토착문화를 간직하고 있으며 다른 어떤 주보다 연행예술이 고유한 방식으로 발달했기 때문에 전통극의 연행원리와 양상을 살펴보기에도 적합하다. 인도의 문화는 언어, 카스트, 민족, 종교, 지역 등에 따라 다양한 차이점을 갖고 있어서 그 특성을 한 단어로 특징짓기는 무리가 따른다. 하지만 역사적 맥락에서 인도문화는 토착문화와 외래문화의 중층적이고 복합적인 양상을 띤다고 개괄할 수 있다. 그러한 양상은 거부와 갈등보다는 수용과 혼합의 특성을 띤다. 토착문화는 아랴 문화에게, 전통문화는 서구 문화에게 중심부 자리를 내어주고 주변부로 밀려났지만 그 문화적 영향력은 소멸하지 않고 깊이 스며들어 인도인들 의식세계의 기저에서 중요한 일부를 이루고 있다. 특히 남인도 전통극은 여신 중심의 토착문화적 특성을 고스란히 간직하고 있다. 아랴가 유입한 문화는 이성적이고 합리적인 것을 우월한 가치로 여기는 가부장 문화다. 가부장 문화는 정신과 육체, 남성과 여성, 선과 악, 좋은 것과 나쁜 것을 위계화한 이분법적 가치와 질서에 기반하고 있다. 텍스트와 작가를 신적인 위치에 놓고 연극의 다른 모든 요소를 그 아래 복무하도록 해왔던 근대 이전의 연극도 이성 중심의 가부장 문화의 또 다른 이름이라 하겠다. 이에 비해 토착문화는 몸과 에너지를 중심으로 하는 여신 문화다. 변화하는 주체적인 에너지와 순환하고 포용하는 여성의 힘이 사회를 구성하는 기반이 된다. 그리고 직선적인 사고방식이 아니라 곡선적인 사고방식으로서 이분법의 경계를 허물고 이원적 분리보다 조화와 일치를 강조한다. 이러한 토착문화의 가치는 몸을 비롯한 다양한 인간존재의 양상을 고찰할 수 있게 한다.

카발람 나라야나 빠니까르(Kāvālam Nārāyaṇa Paṇikkar, 이하 카발람으로 약칭)[9]는 남인도 토착문화와 전통극의 현대적 접목 양상을 살펴보기에 적합

---

9 일반적으로 께랄라에서는 사회적으로 명망 있는 인물을 지칭할 때 성명 앞에 출

한 연극활동가다. 카발람은 께랄라를 대표하는 시인이자 문화연구자, 극작가, 연출가다. 카발람은 인도 고전 미학서인 『나띠야샤스뜨라』뿐만 아니라 께랄라 지역 문화에 깊이 있는 지식을 가지고 있었고 그것들을 자신의 시와 연극, 노래에 반영하여 전통을 현대적으로 계승하고자 노력했던 연극 활동가였다. 또한 카발람은 영국 식민 시대를 거치면서 서구화한 연극 환경에서 께랄라 지역의 고유한 연극적 전통을 계승하고자 일어난 연극 운동 '타나두 나타캄'(우리 연극)을 대표하는 연극인이기도 하다. 영국의 식민지배 정책은 인도의 부를 착취하여 빈곤과 기아를 낳았고, 인도를 영국의 산업 원자재를 제공하는 농업식민지로 전락시켰다. 뿐만 아니라 문화지형도 크게 변화시켰는데 분열정책은 현재까지 이어지는 종교적 분쟁의 씨앗을 심어놓았고, 근대교육정책은 서구문화에 대한 우월감을 이식하였다. 이러한 식민잔재를 청산하기 위해 독립 후 탈식민운동의 일환으로 문화계에서는 뿌리운동이 일어났다. 뿌리연극운동은 인도 각지에 존재하는 전통 연행의 고유한 방식과 지역 언어를 존중하고 연극제작 방식에 반영한 현대 작가들의 활동을 일컫는다. 뿌리연극운동의 취지에 어울리게 그 이름 또한 다양한데 께랄라 지역은 '타나두 나타캄'이라 불렀고, 다른 지역에서는 대안연극, 제3의 연극 등으로도 불렀다. 카발람의 타나두 나타캄은 1960년대 이후 일어난 인도에서의 탈식민주의 연극운동 선상에 있으면서도 여러 문화의 상호성보다는 께랄라 지역의 고유한 토착문화를 재발견하고 현재화하려는 시도를 했다는 점에서 다른 여타의 뿌리연극운동이나 연출가와 차별화된다. 특히 카발람은

생지를 더불어 표기한다. 카발람도 출생지역 이름이다. 일반적으로 성명을 모두 표기하지 않을 경우 성(Panikkar)만 쓰거나, 께랄라식으로는 약어(K.N.Panikkar)를 즐겨 쓰지만, 카발람의 경우 성이나 약어보다는 '카발람'이란 호칭이 더 잘 알려져 있고, 께랄라뿐 아니라 인도 전체에서도 카발람은 일반적으로 카발람 나라야나 빠니까르를 지칭하는 것으로 안착하였으므로 필자도 이후 카발람으로 약칭하기로 한다.

나띠야샤스뜨라의 원칙에서 벗어나 독특한 고전극의 미학을 구축했던 남인도 극작가 바사(Bhāsa)의 작품을 원전으로 각색 작업을 하여 께랄라의 고유한 극적 전통을 정립하고자 하였다. 이러한 카발람의 작품 분석은 께랄라의 토착문화와 현대연극 경향을 살펴보는 것임과 동시에 전통의 계승과 발전이라는 본고의 논의에 적합한 선택이라고 본다.

또한 카발람의 전통극 계승 작업은 인간의 전 영역에 대한 확장으로, 인간이란 무엇이며 어떤 가능성을 가진 존재인지에 대한 근원적인 질문을 던지게 한다. 현대인들의 불안, 강박, 콤플렉스를 비롯한 많은 스트레스는 자신이 누구인지에 대한 진정한 의미를 깨닫지 못한 채 사회가 요구하는 바에 따라 수동적으로 움직이는 데서 기인한다. 자신에 대한 진정한 성찰은 인간이 어떤 존재인지에 대한 자각을 전제하게 되는데 이러한 각성은 인도 인식 체계를 형성하게 된 근본적인 질문이었고, 그 체계는 다르샨을 통해 체계화하였다. 카발람의 연극작업은 인도의 다른 예술 행위가 그러하듯 다르샨이 예술적으로 구현된 행위라고 볼 수 있다. 이러한 다르샨의 경험 체계가 연행원리와 어떻게 결부되어 무대 위에서 구현되는지를 고찰하기 위해 카발람을 대표하는 두 작품 〈우루방감〉과 〈깔리베샴〉을 중심으로 분석하고자 한다.

분석 방식은 전통적 표현방식인 네 아비나야를 중심으로 이루어질 텐데 이러한 분석을 위한 이론적 배경을 제공하는 것이 1부에서의 연행원리들이다. 1부에서는 인도 전통극의 일반적인 특징을 개괄하면서 신화가 인도 전통극에서 가지는 의미와 그것을 구현해야 할 연행자의 '몸'의 의미를 다르샨을 통해 고찰한다. 다르샨이나 인도 사고체계에 익숙하지 않은 독자들에게는 난해한 개념일 수 있지만 연행예술가들에게 '몸'은 시대를 초월해서 형식과 내용을 포괄하는 핵이라 할 수 있기에 이해를 위한 품을 파는 데 주저하지 않았으면 한다.

제2장

뿌리연극운동
─ '인도다움'의 연극 실천

식민 해방 후 인도는 격변의 시기를 겪으면서 문화적으로도 식민잔재를 청산하기 위한 다방면의 탈식민활동이 이어졌다. 뿌리연극운동은 탈식민연극운동으로서 현대연극으로 이행하는 과정에서 중요한 연극사적 입지를 가진다. '뿌리운동'이란 이름으로 전국에 걸쳐 광범위한 장르에서 일어났던 뿌리연극운동은 시대적 요구와 흐름에 부응하였던 인도의 문화사적 맥락에서 드물게 '전인도적'인 현상으로서 많은 비평가들의 주목을 받았던 활동이었다. 카발람도 일종의 '국가적 기획'이라 할 수 있는 뿌리연극운동을 이끌었던 기수였고, 이를 통해 전국적 인지도를 얻게 되었다. 제2장에서는 뿌리연극운동을 통해 인도 현대연극에서 전통연극이 어떠한 방식으로 현대의 관객을 만나게 되는지 살펴보도록 하겠다.

1. 개념과 논제들

뿌리연극운동은 인도의 식민지 해방과 함께 단절당한 자신들 고유의 뿌리로 되돌아가가 위해 시작한 극작가나 연출가들의 연극 활동이다. 수레쉬 아와스티가 1983년에 명명한 뿌리연극[1]에서 '뿌리'는 개인적인 것으로서가 아니라 '국가적 문화의 뿌리'란 의미로 사용해왔다. 그래서 뿌리연극운동 활동가들은 『나띠야샤스뜨라』에 기반한 산스크리트 연극의 미학과 지역에 광범위하게 존재하는 다양한 민속전통에서 영감을 받았다.

그러나 전통적 연행의 레퍼토리를 차용하거나 전통 연희자들을 현대적 레퍼토리에 참여시키는 것과 같은 전통적 요소를 차용하기만 한다고 해서 뿌리연극 범주에 포함시키지는 않는다. 뿌리연극 작가나 연출가들은 전통연행에서 나온 요소를 사용하여 쓰고 연출하되 고유의 연극 장르와 연극 제작의 방식을 아주 깊이 이해하고 있으며 이에 대해 존중하고, 사용하고 자각하고 변화를 시킨 사람들[2]이다. 이런 측면에서 카발람 나라야나 빠니까르, 기리쉬 카나드, 레탄 테이얌은 뿌리연극운동에서 가장 중요한 활동가들이라 할 수 있다. 뿌리연극운동에서 가장 존경받는 연출가인 카발람은 서구 연극 개념이 인도 고유의 극적 상상력을 제한했으며 연극에 대한 개념에도 개입하였다고 보았다. 그래서 우리 삶과 밀접한 연관을 갖고 있으면서도 현실 그 자체가 아니라 현실 그 너머란 뜻을 갖고 있는 '나타카의 실현'[3]을 강조하였다. 카나드는 극의 본질적 정수를 "작가·연희자·관객의 연속체 속에서 일어날 수 있는 불안정성과 잠재된 폭발"[4]로 보았다. 이러한 카나드의 연극관은 다양한 문화와 가치가 상충하고 융합하는 드라마투르기가 되었다. 그리고 카나드의 작품은 인도의 식민잔재인 서구 양식 추종과 전통 방식의 왜곡에 대해 발전적 모델을 제시하는 한편 서구와 인도 전통의 혼성이라는 현재의 인도 문화 상

제1부 우리 자신의 연극을 우리 자신의 방식으로

---

1 Erin Mee Baker, "Decolonizing Modern Indian Theatre: The Theatre of Roots", New York: Ph.D of New York University, 2004, pp.63~64.

2 *Ibid.*, p.70.

3   കാന്ദ കിളിഞ്ഞടിൽ ed., കാലം കാലമേം, Kannur: Kairali Books, 2016, p.243.

4 기리쉬 카나드, 2002년 3월 27일 '국제 연극의 날' 기념 연설문 중에서.

황을 단적으로 드러내었다. 테이얌의 경우 전술한 두 사람에 비해 보다 적극적으로 동서를 막론한 연극적 방식을 동원하여 전통의 정수를 찾고자 하였다. 테이얌은 이를 위해 자신의 상상력을 동원하여 "자신만의 시대에 자신만의 방식으로 정확히 자신이 원하는 것을 전달하기 위해서도 진정으로 자신의 전통을 창조할 필요가 있다"[5]고 역설하였다.

이와 같이 뿌리연극운동은 인도의 탈식민지적 현상 중 하나다. 탈식민주의 논쟁에서 인도 출신 석학들의 위치는 중요하다. 인도는 영국뿐 아니라 중세시대 이후로 포르투갈, 네덜란드, 프랑스 등 유럽 열강들의 침탈을 받아왔고, 훨씬 더 이전의 고대로부터 아랴의 유입을 통해 끊임없는 침략과 침탈을 받아온 역사를 가지고 있기 때문이다. 또한 인도는 영국의 영향으로 현재의 인도 국경선이 생겼기 때문에 지정학적으로도 식민 잔재의 영향 아래 있으며, 문화사적으로도 아랴문화가 토착문화를 이식해온 특성을 지니고 있다. 이러한 문화접변과 이식은 인도뿐 아니라 전 세계에 공통하는 문화현상이지만 인도문화를 논할 때 우리가 번번이 언급할 수밖에 없는 원인은 토착문화의 영향력이 살아 있는 전통으로서 아직까지 광범위하게 작용하고 있기 때문이다. 카발람 작품에 경도되어 소파남 극단과 협업하고 인도 현지에서의 교류작업을 했던 뉴욕대학 출신 에린 베이커의 논문은 인도 전역에 걸친 식민 해방의 과정으로서 뿌리운동의 중요한 맥락을 제시하고 있다. 에린 베이커는 "Decolonizing Modern Indian Theatre: The Theatre of Roots"를 통해 현대인도 연극의 탈식민화를 민족주의자들의 탈식민적 활동의 일환으로 보고 그러한 과정에서 인도인민연극협회와 상기타 나타카 아카데미의 초창기 기반화 작업과 국가적 지원에 비중을 둔다. 개인적 차원에서 시작한 의식적 활동이 국가적 차원 이상으로 그 영역을 확장하게 된 과정을 고찰하고자 한다면 이 논문을 참고할 수 있다.

---

5 Erin Mee Baker, *op.cit.*, pp. 541~543.

이뿐 아니라 뿌리연극운동은 범장르적[6]이고 범국가적이다. '범'국가적이라는 용어 사용이 까다로운 인도 안의 문화지형도를 고려할지라도 식민 해방과 함께 인도 전역에서 문화운동의 일환으로 일어난 '뿌리운동'과 '뿌리연극운동'은 가히 범국가적이라 할 만하다. 그것은 뿌리운동 자체가 인도의 도시지역을 중심으로 전역에 걸쳐 일어난 현상이기도 하면서 동시에 '인도다움'이란 명제를 실현코자 한 운동이기도 하기 때문이다.

범국가적인 현상이니만큼 뿌리연극운동에는 다양한 논제들이 뒤따른다. 그중 가장 중심적인 논제는 언어에 대한 것이다. 공용어인 산스크리트어, 힌디어, 영어를 비롯하여 각 지방마다의 모국어 사용에 있어서 무엇을 중심적인 소통수단으로 삼는지는 가장 핵심적인 논제다. 일반적으로 공용어보다는 지역의 모국어가 암묵적으로 '뿌리'에 더 가깝다는 인식을 가지고 있지만 인도의 특성상 다른 지역으로의 순회공연이나 '국가적' 의미를 고려한다면 공용어를 완전히 배제할 수는 없다. 그래서 뿌리연극 활동가들은 모국어뿐 아니라 산스크리트어나 힌디어, 또는 영어로도 작업을 빈번하게 수행하였다.

그 다음으로 뿌리연극운동에서 중요하게 제기되는 논제는 과연 '인도다움'(Indianess)을 어떻게 정의내릴 것인지에 관련한 것들이다. 인도는 예로부터 자국을 지칭할 때 '바랏'(Bharat)이라 부르며 지정학적으로 아프가니스탄과 페르시아 일부, 파키스탄을 비롯하여 티베트와 방글라데시, 캄보디아, 미얀마 일부 지역을 포괄하고 있었다. 이 지역들은 또한 정치와 경제에 있어 상당히 복잡다단한 상호영향관계를 맺고 있다. 문화사적으로도 '인도다움'을 정의내릴 때 그 복잡한 상황은 마찬가지로 존재한다. '인도다움'을 '힌두교다움'이나 현재 집권하고 있는 BJP 정권이 내세우는 '힌두뜨와'(Hiduttva)'라는 종교성으로 이해할 경우 비힌두교권으로

---

6 Suresh Awasthi, "Theatre of Roots: Encounter with Tradition", *The Drama Review*, Winter 1989, XXXIII-IV, pp.48~69.

부터 지독한 반발과 저항을 피해갈 수 없다. '인도'라는 말 자체가 '신두' 강에서 나왔듯이 신두의 땅은 비단 힌두교들만의 것이 아니라 인도 지역에 존재하는 같은 문화를 공유하는 사람들의 땅이기 때문이다. 이런 복잡한 용어 사용의 곤란함에도 불구하고 문화적 맥락에서 뿌리연극의 '인도'라는 말에는 분명히 인도적 사고를 포함하고 있다. 이러한 인도적 사고는 민족주의 역사학자들이 서구 사회가 이식한 식민화한 문화적 열등감을 부정하고 자신들의 문화정체성을 찾으려고 벌였던 반식민투쟁[7]으로 생겨났으며, 그 정의는 발전하여 인도 독립 초기의 수상 자와할랄 네루(Jawaharlal Nehru)를 비롯한 힌두 근본주의자들에 의해 재정의[8]되었다. 네루는 '다양성 속의 통합'이라는 모순어법 개념을 기초로 하여 민주, 종교적 인내, 경제적 발전, 기술, 현대 국가에서 문화적 다양성의 공존이란 모토로 인도적 사고를 '계획'하였던 것이다.

많은 비평가들은 뿌리연극이 민족주의 논쟁과 불가분의 관계에 있다고 보지만 다른 한편에서는 뿌리연극을 민족주의 운동으로 규정하는 것의 위험성에 대해 비판하기도 한다. 네미찬드라 제인은 뿌리연극이 인도 전체를 힌두문화로 단일화하려는 힌두 민족주의자들 정당들의 시도와 같은 것으로 오해되어서는 안 된다[9]고 말한다. 그리고 닐라칸타 싱은 연극에서의 뿌리 찾기 운동과 힌두 근본주의자들의 뿌리 찾기 운동은 비슷한 것이 아니라고[10] 지적한다. 이상의 논의들을 통해 추론해 볼 때 한 가지 분명한 사실은 '인도다움'은 결코 '힌두다움'은 아니라는 것이다. 종교적 근본주의자들의 열정을 이용하는 많은 정치가들은 과거에도 그랬고

---

7 빠르타 짯떼르지, 『민족주의 사상과 식민지 세계』, 이광수 역, 서울 : 그린비, 2013, 82쪽.

8 Erin Mee Baker, *op.cit.*, pp. 51~56.

9 Nemichandra Jain, Interview with Author, 1999.

10 E Nilakanta Singh, "A Critic's Eye View", *Seagull Theatre Quarterly*, 14/15, pp. 22~25.

현재까지 여전히 이런 논쟁들을 자신들의 정치활동에 유리한 쪽으로 끌어들여 이용하고 있지만 인도가 '힌두'가 아님은 역사가 증명하는 주지의 사실이다.

이 외에도 뿌리연극에서는 주체와 대상을 엘리트와 하층민, 도시와 농촌 등으로 이분화하는 것에 대한 비판적 시각도 있으며, 서구적 연극제작 방식 사용 유무 등과 같은 다양한 논제들을 제기하였다. 이러한 논제들은 '뿌리연극운동'이 뿌리연극으로 자리를 잡아가기 위한 일종의 실험이자 개념 정립의 과정에서 자연적으로 발생하는 현상들이라 하겠다. 다음 절에서는 뿌리연극운동을 추동한 식민지 시대의 문화 상황과 초기 뿌리연극운동을 이끌었던 개인과 조직의 활동 전개 상황을 살펴보겠다.

2. 역사와 활동가들

1) 식민시대의 연극 상황

식민지배하에서 물자의 이동은 약탈당하는 국가로부터 약탈하는 국가로의 일방적인 유출인 반면 그 결과는 상호영향관계에 있다. 영국은 인도침략을 위한 모든 비용, 전쟁수행, 행정통치, 무역 등에 소요되는 금액의 대부분을 인도 농민들로부터 거두어들인 토지세로 충당하여 자국의 산업자본가를 성장시켰다. 그 결과 인도는 산업원자재를 영국에 제공해주고 영국에서 제조한 제품의 소비국이자 비정상적인 농업중심 산업 구조를 한 빈곤과 기아의 나라가 되었다.[11] 18세기 영국은 중국시장 진출을 위한 거점 확보를 목적으로 동인도회사를 보호한다는 명목을 내세워 뭄바이, 꼴까따, 첸나이 등 주요 도시에 군사기지를 배치하였고, 관료, 상

---

11 김형준 엮음, 『이야기 인도사』, 서울 : 청아출판사, 1998, 475쪽.

인, 군인과 그 가족들을 이주시켜 영국문화 이식을 가속화[12]하였다.

19세기 중반 도시 중산계급의 지성인들이 자신들의 극장을 설립하기 시작했을 당시에는 영어 연극을 인도 언어로 번역하거나 자신들의 연극을 자신들이 익히 봐온 근대 영어 연극 형식으로 쓴 연극들이 주를 이루었다. 그들은 영어교육을 받은 상인들이나 전문가들의 증가를 위해 이러한 연극들을 공연하였다. 20세기 초까지 꼴까따와 뭄바이에는 서구화한 도시 중산층 연극이 번창하였다. 전통적으로 공동체의 누구든 주인이 되어 축제 행사를 후원하며 명절이나 종교일에 행하던 공연들을 티켓을 판매하는 프로시니엄 무대로 옮겼다. 이러한 연극들은 당연히 영국을 위시한 서구의 문화가 우월하다는 사고를 동반하였고 '인도적'이고 '뒤떨어진' '하층계급'의 대중적이고 제의식적인 공연들은 도시 중앙에서 시골로 추방되었다. 오리엔탈리스트들이 인도 고전적 유산에 주목하여 인도의 뛰어난 문화유산을 설파하자 일부 학생들이 깔리다사의 작품을 번역하거나 전통극의 노래와 춤을 드라마투르기에 사용하기도 하였으나 그들에게 극작의 전범은 기본적으로 셰익스피어였다. 영어가 사회적 지위 상승을 위한 사다리가 되어가던 상황에서 증가하던 중간계급은 경제적·교육적 지위를 얻기 위해 낮은 계급의 문화적 표현으로부터 분리되려 하였다. 19세기에 이르러 도시문화는 서서히 상층계급의 영어교육과 결합하였고, 지역문화는 서서히 하층문화와 결합하였다. 비슷하게 지역적인 것은 단순한 것이고 도시적인 것은 철학적이라는 사고[13]를 낳게 되었다.

한편 영국은 제국의 편리를 위해 중간 엘리트를 양성하고 근대교육을

---

12 허동성, 「인도 현대연극의 지형과 방향성」, 『한국연극』 통권 250호, 서울 : 한국연극협회, 1997, 12쪽.

13 Sumanta Banerjee, *The Parlor and the Streets: Elite and Popular Culture in Nineteenth Century Calcutta*, Kolkata: Seagull Books, 1989, p.1.

적극 도입하였으나 이것이 도리어 인도 민중들에게는 유리하게 작용한 측면도 있다. 상층부를 위해 도입한 근대교육의 내용이 신문, 집회, 정당 등을 통하여 아래로 널리 파급되자 이를 통하여 인도의 민중들은 서구에서 발달한 민주주의, 민족주의, 반제국주의 등을 접할 수 있었고 이는 근대화와 민족운동을 촉발시키는 계기가 되었기[14] 때문이다. 이같은 현상은 뿌리연극운동의 가장 큰 동인이기도 하다. 끼르따네(Vinayak Janardan Kirtane)는 민족주의자들의 첫 기념비적인 작품 〈Thorle Madhavrao Peshwe〉(마다브라오 페쉬웨 형, 1857)에서 식민적 연극 형식을 사용하여 반식민주의 정서를 조장하는 수단으로 사용했고 동시에 식민주의의 안정화와 통치화를 방해[15]하였다. 영국통치에 반대하는 〈푸른 거울〉(Nildarpan, 1872, Dinavandhu Mitra 작) 같은 정치적 저항극은 식민지배에 저항하는 반란을 유발하기도 하였다. 이러한 연극의 저항성과 사회에 끼친 영향력 때문에 식민 정부는 '문제적이고, 중상적이고, 선동적이고, 저속하거나 아니면 공공의 관심에 선입견을 주입하는' 극적 연행을 금지[16]시키는 연극통제령을 내린다. 이 때문에 표면적으로는 오락 위주의 상업극이 성행하였지만 탄압을 피해 지하로 숨어든 정치극과 민족주의는 뿌리운동을 위한 자양분을 키우고 있었다.

2) 초석을 놓은 IPTA와 뿌리연극 활동가들

반식민 저항극은 뿌리연극운동에 근접하는 IPTA(인도인민[17]연극협회 The

---

14 이광수, 『인도문화 특수성과 보편성의 이해』, 57쪽.

15 Richmond Farley, Darius L.Swann and Phillip B. Zarrilli, *Indian Theatre*, Honolulu: Hawaii University, 1990, p.388.

16 Nandi Batia, "Staging a Change: Modern Indian Drama And The Colonial Encounter", Texas: Ph.D of Texas University, 1996, p.249.

17 분단 한국의 특수성상 '인민'이란 단어가 가지는 선입견은 좌파에 가깝지만 필자

Indian People's Theatre Assocition) 활동으로 이어져 뿌리의 진정한 주체라고 할 수 있는 일반 민중들에게로 주의를 확장하였다. IPTA는 1942년에 꼴까따와 뭄바이에서 조직하였고 연극이 독립을 위한 민중의 투쟁을 표현하기를 원했고 민중들 자신의 문화적 정체성을 표현하고 체현하기를 원했다. 무엇보다도 IPTA는 공연과 반식민주의 정책을 명백하게 연결했고 뿌리연극운동을 위한 문을 열었다. IPTA는 대중적 오락요소를 사용하여 민중들에게 쉽게 다가가고 동시에 그들의 정치 의식을 고취시키기를 바랐다. 처음으로 농민이나 소작농이 배우로서 주요 배역으로 무대 위에 올랐다. IPTA 작품은 도시와 지역 연행자들이 함께 작업할 수 있도록 양쪽 모두에게 장소와 포럼을 제공하였다.

초창기 뿌리운동의 초석을 놓은 이들은 웃빨 덧뜨(Utpal Dutt), 샨타 간디(Santa Gandhi), 하빕 탄위르(Habib Tanvir)와 같은 꼴까따 IPTA 멤버들이었다. IPTA의 가장 유명한 작품은 비존 바따차리야(Bijon Bhattacharya)가 쓰고 솜부 미트라(Sombhu Mitra)가 연출한 벵갈 대기근을 다룬 1943년의 〈나바나(Nabana)〉(새로운 수확)다. 이는 대기근이 자연재앙이 아니라 2차 대전 당시 영국의 전쟁물자 보급 때문에 일어난 인재임[18]을 보여주었다. 하지만 IPTA가 활동방향을 '민중'에 두었음에도 기본적으로 그들의 작품은 도시엘리트들이 쓰고 연출한 것들이어서 한계를 드러내었다. 이 때문에 '엘리트들의 민중문화 유용'이라는 꼬리표는 IPTA뿐 아니라 뿌리연극의 초기 활동가들을 비롯하여 이후에도 집요하게 뿌리연극운동에 따라붙는 비판의 빌미가 된다.

IPTA와 뿌리연극을 잇는 활동은 샨타 간디(1917~2002)의 〈자스마 오단(Jasma Odan)〉(1967)에서 찾아볼 수 있다. 자스마 오단은 현재까지 연행하

는 자연인에 더 가까운 의미로서 '인민'이란 단어를 영어 'People'에 상응하는 번역으로 선택하였다.

18 Nandi Bhatia, *op.cit.*, p.438.

고 있는 구자라트 주의 민속극 바바이(Bhavai) 중 하나로 도시 관객을 위해 훈련받은 서양연극 연기자들로 전통적 연극 작품을 무대 위에 올린 첫 사례로 의미를 갖는다.

하빕 탄위르(1923~2009)는 민속형식 그 자체보다는 민속배우들이나 민중들과 함께 작업함으로써 샨타 간디와 상반하는 활동을 하였다. 1950년대 뿌리연극운동의 선두주자로서 하빕 탄위르는 음악과 시를 극에 되가져왔고, 잔치나 축제 분위기를 가진 유쾌한 놀이적 전통[19]을 살렸다. 대표작 〈아그라 시장(Agra Bazaar)〉(1954), 〈작은 진흙마차〉(1958)를 연출하면서 민속연행자들과 함께 작업했으며 프로시니엄 무대와 웰메이드 드라마와 같은 극 구성을 거부하였다. 탄위르 창작 작업에서 즉흥은 주요 역할[20]을 하게 되었고 이러한 탄위르의 작업 방식은 이후 카발람을 비롯한 뿌리연극운동 활동가들에게 많은 영향을 미쳤다.

IPTA의 활동은 위에서 상기한 활동가들을 비롯한 주도적 활동가들이 '도식화한 예술강령과 약화된 정치적 비전'[21]에 반발하여 탈퇴함으로써 점차 분열하여 해방 즈음에서는 활동세력이 거의 고갈되었다. 이후 뿌리운동에 이르러 많은 활동가들은 전통의 형식과 내용에 대한 미학적 실험에 깊이 몰두하게 된다. 그중 뿌리연극의 전성기였던 1970년대와 80년대를 대표하던 활동가 중 레탄 테이얌과 기리쉬 카나드의 활동을 살펴보겠다.

레탄 테이얌(Ratan Thiyam 1948~)은 델리의 국립연극원에서 수학할 때보다 자신의 고향인 인도 동북부의 마니푸르로 돌아간 뒤로 지역색이 짙은 연극을 창조하였다. 대표작인 〈짜끄라뷰하(Chakravyuha)〉(1984)도 마니

---

19 Suresh Awasthi, "'Theatre of Roots': Encounter with Tradition", *TDR*, 1989 winter, Vol.33. No.4, p.49.

20 Erin Mee Baker, *op.cit.*, pp.182~183.

21 허동성, 「인도 현대연극의 지형과 방향성」, 『한국연극』 통권 250호, 서울 : 한국연극협회, 1997, 13쪽.

레탄 테이얌과 연출작
〈아홉 언덕 한고개〉(위)
〈우리들 죽은 사람이
깨어날 때〉(2009, Thrissur)
(아래. 사진 제공 O.
Ajitkumar)

푸르 지역의 신화와 전설에 바탕한 극이다. 여기에 구술적인 스토리텔링, 전통무술 탕타, 제의식적이거나 사실적인 공연, 나타산키그타나(노래, 영창, 드럼, 심볼 연주, 움직임을 포함하고 있는 형식) 형식[22]을 사용하여 고향의 연극문화를 강하게 반영하였다. 테이얌은 국제적인 연극의 거장이라는 칭호에 걸맞도록 강렬한 시 · 청각적 이미지를 탁월하게 무대화하는 것으로 유명하다. 테이얌은 마니푸르 지역뿐 아니라 산스크리트 작품, 다른 지역의 전통문화, 일본의 노, 태국의 불교의식 등과 같은 타국의 전통을 비롯하여 서구적 화술과 연기 수용도 주저하지 않는다. 테이얌이 마니푸르에 1976년에 설립한 코러스 레퍼토리 씨어터는 글로컬라이제이

---

22 Suresh Awasthi, *op.cit.*, p. 57.

기리쉬 카나드(사진제공. O. Ajithkumar)와 〈하야와다나〉(K. G. Krishnamoorthi 연출)

션의 전범이라 할 만한다. 마니푸르 수도인 임팔 외곽지역에 있는 이 극단에서는 단원들과 함께 재정의 기반이 되는 농사와 목축일 외에도 무대에 필요한 기술을 견습시킨다. 코러스 레퍼토리 씨어터는 인도 전역과 더블린・에든버러・아비뇽・로마・토가 축제와 런던, 파리, 그리스, 쿠바, 뉴질랜드, 미국, 한국[23] 등 해외에서 공연활동을 하였다.

　뿌리연극을 논할 때 기리쉬 카나드의 〈하야와다나〉(Hayavadana, 1971)는 빠지지 않고 거론하는 가장 대표적인 작품이자 유명한 작품이다. 기리쉬 카나드(Grirish Karnad 1938~2019)는 인도에서 가장 대중적인 작가 중 한 사람으로 시인, 영화배우, 영화감독, 비평가, 번역가이기도 하다. 〈하야와다나〉는 영국에서 수학한 카나드 스스로 브레히트나 아누이, 사르트르, 오닐, 까뮈의 영향을 받은 것이라고 공표할 만큼 토착문화와 외래문화의 혼성성이 잘 드러난 작품이다. 카나드는 인도 전통방식으로 재구성하

───────

23　2010년 서울연극올림픽 참가작으로 입센의 〈우리가 깨어 죽었을 때〉를 상연하였다. 허동성은 연극평론에서 정서의 절제된 응축성과 조형감각을 볼 수 있는 공연이었다고 평하였다. 허동성, 「라딴 티얌의 연극 – 위상과 성과」, 『연극평론』 통권 58호, 서울 : 한국연극평론가협회, 2010, 69~71쪽.

기 위해 내용과 형식에서 문화 역수입 방법을 채택했다. 서구를 통해 더 잘 알려진 내용과 형식이 다시 인도식으로 거듭난 것이다. 카나드는 〈하야와다나〉를 시작할 때 가나파티 푸자를 행하게 함으로써 전통적 방식을 되살리고 관객들에게 고유의 방식으로 볼 것과 실천할 것을 상기시킨다. 가나파티 푸자는 인도의 모든 제의식에서 가장 먼저 치르는 제식인데 이후 전통을 표방하는 다른 연극 작품에서도 가나파티 푸자로 시작하는 것이 상례가 될 정도로 많은 영향을 끼쳤다. 카나드는 눈에 보이는 것과 보이지 않는 것, 합리성과 신비성, 전통과 진보 사이의 상충과 갈등에 대한 대안을 내세우지는 않는다. 그저 갈등하고 충돌하며 섞이는 그 상태를 보여줄 뿐이다.

3) 국립음악연행국의 국가적 지원

뿌리연극운동은 인도 연극의 정체성을 찾아 실험을 펼쳤던 개인들의 활동을 중심으로 전개하였지만 그 과정에서 상기타 나타카 아카데미(The Sangeet Natak Akademi, 이하 SNA)의 역할과 영향력도 결코 간과할 수 없다. SNA는 독립 이후 초대 수상이었던 자와할랄 네루가 내세운 '다양성 속의 통합'이란 기치 아래서 전개한 국가적 문화 장려정책 지원을 받았다. 정부는 SNA와 함께 사히띠아 아카데미(국립 문학국 The Sahitya Akademi), 랄리타 깔라 아카데미(국립 미술국 The Lalit Kala Akademi) 등 국립 아카데미를 설립했는데 SNA 산하에 교육청을 두었다. 음악, 춤, 연극을 관장하는 SNA는 1952년 3월 31일에 설립하여 조직화한 형태로 전통을 보존하기 위한 설립 취지를 밝혔다.

SNA는 산하에 세 하부 조직을 갖고 있었다. 임팔의 자와할랄 네루 마니푸르 댄스 아카데미는 마니푸르의 음악과 춤에 관한 코스를 제공하였고, 델리의 카탁 켄드라에서는 카탁 코스를 제공했으며, 라빈드라 랑샬라에서는 7000석 규모의 야외극장을 제공했다. 이 중 국립연극원은 SNA

산하기관으로 출발해서 1975년에 자치권을 얻었고, 현재까지 인도 연극에 지대한 영향력을 행사하며 높은 위상을 점하고 있다. SNA는 극작가 워크숍, 문화 상호교류를 위한 주 간의 재정지원, 지역 민속극과 같은 장르의 연구에 대한 재정 지원, 인형극·그림자극 축제 조직, 테이프, 비디오, 사진 등의 도서관 아카이빙을 위한 자료수집 등을 하였다. 또한 SNA는 인도 전통춤 형식에서 현대적 방식을 사용하는 안무가들을 위한 지원도 하였다. 이는 뿌리연극에 상응하는 뿌리춤운동에 해당한다고 하겠다.[24]

뿌리연극과 관련하여 가장 중요한 SNA의 활동은 1956, 1971, 1984, 1985, 1989년에 세미나들과 연극축제 시리즈를 개최했다는 것[25]이다. 이 중 더욱 의미 있는 해는 1956년과 1971년이다. 1956년 SNA가 주최한 세미나[26]에서는 대표적인 연출가, 작가, 배우, 학자 40여 명이 모여 SNA의 역할에 대해 논의하고 미션을 정했으며, 서로 다른 지역에 대한 정보를 공유했다. 1971년에는 전통연극과 현대연극의 연관에 관한 주제로 토론회를 열었다. 뿌리연극 활동가들은 지역연극이 어떤 방식으로 도시연극 창조에 기여할 수 있을지 SNA에 자문을 구했으며 역으로 전통공연 보존과 지원, 전통과 현대예술가들 사이의 협력관계 구축, 전통공연 장르를 접할 기회를 제공해줄 것을 SNA에 제안[27]하기도 하였다. 이 시기는 뿌리연극을 국가적 연극으로서 간주하고 진행한 때로, 나라 전체에 걸쳐 다

---

24 *SNA Sangeet Natak Akademi*, Delhi: Sangeet Natak Akademi, 1997, p.31, Erin Mee Baker, *op.cit.*, pp.212~213에서 재인용.

25 Rustom Bharucha, *Theatre and The World*, New delhi: Manohar, 1990, New York: Routledge, 1993, p.197, p.205.

26 *SNA Sangeet Natak Akademi*, Delhi: Sangeet Natak Akademi, 1956, p.3, p.12, Erin Mee Baker, *op.cit.*, pp.214~215에서 재인용.

27 *SNA Sangeet Natak Akademi*, Delhi: Sangeet Natak Akademi, 1971, pp.38~45, Erin Mee Baker, *op.cit.*, pp.234~239에서 재인용.

양하고 광범위한 '국가적 연극'이 출현한 시기로 평가받는다.

1984년과 1985년은 젊은 작업자들의 보조가 이루어지던 때[28]다. 1977년부터 국가적인 연극축제가 께랄라 상키타 나타카 아카데미 주최로 열렸다. 이 축제는 자신의 분야에서 성공을 거두고 인지도가 높은 예술가들 위주로 조직되었으나 1984년에는 SNA가 아직 명성을 얻지 못한 젊은 극작가와 연출가에게 주목을 보냈다. SNA는 뿌리연극의 새로운 프로젝트를 지원하고 운동을 퍼뜨리고 발전시키기 위한 방법을 지원했다. 1984년부터 1994년까지 SNA는 북, 남, 동, 서 네 지역에서 각각 연극축제를 열었다. 델리에서 열리는 매년의 연극 축제에서 전문가 회의를 통해 참가작품들 중에서 최고를 선정하였다. 델리에서 매해 축제를 열었다는 사실은 뿌리연극운동이 국가적으로 되었음[29]을 시사한다.

1989년에 카나드는 SNA 의장이 되었고, 네루 탄생 100주년을 기념한 축제 행사에서 충분한 예산을 확보하자 지난 50년간 의미 있고 재능 있는 예술가들의 작품을 볼 수 있는 '현대 인도 연극 회고제'를 2주간 계획했다. 카나드의 이 프로젝트는 뿌리운동이 그 정도로 확고하게 자리 잡았음을 보여주었다. 이로써 뿌리연극은 더 이상 운동으로서가 아니라 조직으로서 안착[30]하게 되었다.

---

28 Chandra Bhan Gupta, *The Indian Theatre*, New Delhi: Munshiram Manoharlal, 1991, p.144.

29 Suresh Awasthi, *op.cit.*, p.67.

30 Erin Mee Baker, *op.cit.*, p.270.

3. 평가와 동시대 연극상황

2000년대 이후로 뿌리연극은 외연과 내연을 확장하게 되었고 국립연극원이 주최하는 국제연극제인 바랏 랑 마홀사브(Bharat Rang Mahotsav) 등과 같은 행사에는 대부분 뿌리연극에 영향을 받았거나 전통적 수련방식을 어느 정도는 따르는 공연을 상연하였다. 뿌리연극이 비주류에서 주류화한 것이다. 뿌리연극운동은 더 이상 '운동'으로서가 아니라 하나의 '장르'로서 인도 현대연극의 중추적 위상을 가지게 되었다. 동시에 이러한 위상은 다양한 각도에서 비평가들의 표적이 되어왔다. 이 절에서는 뿌리연극운동을 평가하고 재고함으로써 뿌리연극운동이 연극사적 맥락에서 어떤 위상을 가지는지 논의하며 1990년대 이후 인도의 연극 상황에 대해 살펴보고자 한다.

카발람을 비롯한 많은 뿌리연극 활동가들은 자신들의 활동이 '국가적 의식'을 위한 원천으로서 인도 고유의 정체성을 확립하고 국가적 연극을 재창조하기 위한 것이었다고 천명하였다. 많은 사람들이 '인도 연극'에 대해 고찰할 때 전통연극을 먼저 떠올리는 것도 뿌리연극의 공로라할 수 있다. 이들은 프로시니엄에서 하는 텍스트 중심적인 작품을 거부하고 혼합주의적 드라마투르기로 이끌었으며 텍스트의 의미를 몸짓 언어를 통해 표현하였고 전통연희의 즉흥성을 이용하기도 하였다. 이들은 전통과 현대를 연결하여 전통을 그대로 차용하거나 모방하는 것이 아니라 새로운 예술로 창조하고자 하였으며, 이를 통해 연극이나 삶의 본질적 정수를 이해하고자 하였다. 뿌리연극운동은 먼저 근대유럽연극과도 다르고, 인도 전통 연행양식과도 다른 의식적인 몸의 움직임을 만듦으로써 고대로부터 이어져온 인도 '고유의' 문화적 혼성성을 보여주는 또 다른 실례가 되었다.

뿌리연극의 영향력은 지대해서 일부 젊은 연출자들은 SNA로부터 수상받기 위해 전통공연을 전면에 배치하기도 하고 동시대적인 사회적, 정치적 선전을 표방하기도 한다. 2002년 국립연극원의 바랏 랑 마홀사브에서는 대부분의 작품들이 뿌리 또는 뿌리에 영감을 받은 공연들이었다. 인도를 대표하는 연극교육기관인 국립연극원에서는 자신들의 커리큘럼의 일부로 전통공연 수련을 포함하고 있으며, 학생들은 카발람과 공부하기 위해 께랄라로 가거나 레탄 테이얌과 공부하기 위해 임팔로 가곤 하였다. 국립연극원과 국립문학국 편집으로 출판한 인도 현대연극 작품집들의 최소 반 이상은 뿌리연극인 점도 뿌리연극의 영향력을 방증한다. 여전히 많은 비평가들이 '범국가적'이라는 수식어를 기피한다 할지라도 뿌리운동은 인도 현대연극에서 적어도 국지적이고 제한적인 영향력을 행사한 것은 아니라고 말할 수 있다.

  하지만 뿌리연극운동에 대한 비판들도 간과할 수는 없다. 일부 연극학자들이 국가적 통합을 뿌리연극을 통해 이루었다고 평가하는 반면, 한편에서는 뿌리운동이 도시 엘리트들이 민속문화를 재식민지화하기도 한다고 비판하기도 한다. 이러한 비판은 상당히 실질적인 것으로 근본적인 문화향유의 주체가 누구인지에 대한 재론의 여지를 남긴다. 실제로 많은 뿌리연극활동가들이 영어교육과 산스크리트어 교육을 받은 엘리트들이다. 또한 그들이 도시 무대 위로 끌어올린 지역 민속문화를 원래 그 문화가 속한 지역에서 공연하는 경우가 극히 드물기 때문에(카발람의 경우 〈떼이야 떼이얌〉이라는 공연을 원래 떼이얌을 행하는 북께랄라지역에서 상연하여 호평을 받은 바 있다. 하지만 이러한 '되돌려주기' 공연은 극히 이례적인 일이다.) 서구연극과 인도 전통연극 사이의 탈식민화를 추구하던 뿌리연극운동이 도리어 도시 엘리트연극과 시골 민중문화 사이를 재식민화했다는 비판을 피하기는 힘들어 보인다.

  뿌리연극이 야기한 문제점들 중에서 주목할 만한 또 다른 주장은 예술역사학자 짯떼르지가 제기한 것이다. 짯떼르지는 민족주의자들의 논쟁이 물질과 정신, 외부와 내부를 편가르는 사고를 가져왔고, 이는 다시 가정과 세상 사이, 남성과 여성 사이, 동양과 서양 사이, 지역과 도시 사이를 이분법적으로 가르는 병폐를 낳았다[31]고 지적하였다. 이러한 지적은 모든 뿌리운동 비판의 기저에 존재하는 문제점이기도 하므로 중요한 함의를 지닌다. 인도 연극을 비롯한 연행예술의 목적이 본질적으로 인간을 전(全) 존재적 차원으로 끌어올려 보다 높은 의식과의 합일을 이루는 것에 있다고 보았을 때 이러한 이분법적 사고는 예술행위의 초목적과 정확히 상반하는 지점이다. 이는 1990년대에 이르러 뿌리운동이 '안착'되었다는 일반적인 학자들의 주장이 '여전히 과정'에 있는 것으로 수정되어야 함을 시사하고 있다.

지금까지 뿌리연극운동의 성과와 위상, 그리고 그에 따른 비판적 의견을 몇 가지 살펴보았다. 이러한 비판들을 수용한 것이든, 정치·경제·사회적 상황의 변화를 반영한 것이 되었든 뿌리연극운동은 1990년대 이르러 질적 변화를 겪게 된다. 먼저 여성문제, 게이, 달리트, 사회문제 등과 같은 현대사회의 이슈를 포괄하면서 내연을 확장하게 된다. 근대화 과정에서 일어난 카스트의 변화는 독립을 이룬 후에 보다 심한 변화를 겪었다. 주목할 만한 현상은 달리트의 부상이다. 후진계급을 의미하는 달리트는 카스트체계에 의해 오랫동안 사회적, 정치적, 경제적, 문화적 불이익을 받아온 집단인데 독립 이후에 정부는 지정부족, 지정 카스트, 여타 후진계급이라 이름 붙여[32] 이들의 권익을 보호해왔다. 이러한 달리트들의 부상은 연극계에도 영향을 미쳐 이들이 바라보는 부르주아 도시 현대연극에 대한 관점과 고도로 엘리트적인 공연에 대해 재고하도록 만드는[33] 계기가 되었다.

---

31 빠르타 짯떼르지, 『민족주의 사상과 식민지 세계』, 이광수 역, 서울 : 그린비, 2013, 67쪽.

32 이광수, 『인도문화의 보편성과 특수성』, 112쪽.

33 Rakesh H. Solomon, "From Orientalist to Postcolonial Representations : A Critique of Indian Theatre Historiography from 1827 to the Present", *Theatre Research International*, Oxford, Jul 2004, vol. 29 no. 2, p.125.

뿌리연극의 전성기였던 1970~80년대 연극 연구가 다양한 지역의 전통극을 조명하고 당시의 정치적 상황을 반영하여 연극의 정치·사회적 역할과 영향관계를 조명하던 시기였다면 1990년대는 이전 시기의 연구에 깊이가 더해져 미학과 비평에 대한 열정적이고 논쟁적인 후속작업이 이어지던 시기이기도 하다. 또한 예지 그로도프스키와 앙토냉 아르토, 피터 브룩을 비롯한 서구 연극실험자들의 이론과 실천 작업을 고찰하며 문화다원주의의 가능성을 실험하였다. 뿐만 아니라 영화, 거리극, 미술, 문학 등의 광범한 영역으로 분석의 폭을 넓혔다.[34] 해방 직후의 초기 활동이 실기 중심이었다면 연극 연구 영역이 점차 연극학으로 광범위해졌다.

젠더 이슈도 1990년대 이후 중요한 연극 테마로 떠올랐다. 마가이와 샤르마는 젠더 이슈를 다룬 대표적인 연극인들이다. 1991년에 SNA 젊은 연출가상을 받은 마가이(Magai A.)는 주로 여성, 게이, 사회문제를 이슈로 삼았다. 뜨리뿌라리 샤르마(Tripurari Sharma)의 경우 젠더 문제를 다루면서 전통극 카얄, 나우탄키, 타마샤, 파다야니, 수라비 공연자들과 5년을 보냈고, 열린 결말로 연극을 만들었다. 샤르마는 작품을 통해 다섯 장르 안에서 여성들이 어떤 새로운 방식으로 그려지고 있는지 지켜보도록 만들었다. 이를 통해 페미니스트 선전을 하면서 새로운 대본에서 어떻게 여성들의 모습을 표현할 것인지를 찾고 있으며 도시와 시골 관객 사이의 틈을 의식적으로 이야기하며 뿌리운동의 작업을 연장[35]하고 있다.

2000년대 이후 새 밀레니엄을 맞아 연극계에도 '새로운 물결'이 일어나 글로벌화와 공동체의식에 대한 문제를 제기하고 있다. 여성과 달리트 문제를 제기하는 뿌남 트리페디(Punam Trivedi), 미노티 짜떼르지(Minoti

---

34 Ravi Chaturvedi, "Theatre Research and Publication in India: An Overview of the Post-independence Period", *Theatre Research International*, Oxford, March 2010, Vol. 35 No.1, pp.70~72.

35 Erin Mee Baker, *op.cit.*, pp.609~610.

뜨리뿌라리 샤르마 연출작
〈Stri Subodhini〉(사진제공
Moon Moon Singh)

Chaterjee) 등과 같은 여성학자들의 연구가 다수 있었고 아누라다 까뿌르 (Anuradha Kapur)와 같은 여성 연출가들도 활발히 젠더 이슈를 다루었다. 그리고 아빠르나 다르까르(Aparna Dharkar)는 인도 연극의 역사를 연구하 면서 인도, 유럽, 영국, 미국 연극 사이의 문화상호주의적 연관성을 고찰 하기도 하였다. 투툰 무케르지(Tutun Mukherjee)는 인도 여성 극작가 작품 집을 냈고, 여성의 일상을 담은 이야기들도 극화하였다. 이 시기에 연극 연구도 기하급수적으로 늘어났고, 그리스 연극, 입센, 셰익스피어, 몰리 에르, 카프카, 체호프 등을 비롯한 많은 해외 극작가에 대한 공연들도 번 역·각색하여 무대 위로 올랐다.

제3장

타나두 나타캄
─께랄라 뿌리연극운동

제3장에서는 께랄라의 뿌리연극운동인 '타나두 나타캄'(우리 자신의 연극) 활동에 대해 살펴보고자 한다. 이를 위해 먼저 타나두 나타캄을 이끌었던 연극활동가들에게 '지역적 연극'으로서의 원천이자 토대가 되었던 께랄라의 지역적·언어적 특성을 개괄하고자 한다. 그리고 께랄라 근·현대연극운동에서 중요한 맥락을 형성하고 있는 사회개혁을 위한 연극활동을 살펴봄으로써 타나두 나타캄의 형성 배경을 이해하고자 한다. 더불어 타나두 나타캄이 후속세대인 동시대 연극인들에게 어떤 역할을 하였으며 그것의 한계는 무엇인지 고찰하기 위해 2000년대 이후 동시대 께랄라 연극상황에 대해서도 살펴보겠다.

1. 께랄라의 지역적 특성과 말라얄람어의 발달

께랄라의 지형은 께랄라 토착문화가 다른 주와 차별화되는 고유성을 띠게 되는 지정학적 원인을 제공하였다. 그리고 말라얄람어의 발달과정은 산스크리트어와 타밀어의 영향 아래서 성장하여 특유의 문화적 정체성을 가지게 된 께랄라의 언어적 배경을 이해할 수 있게 만든다. 께랄라는 인도의 최남단 서쪽 해안에 위치한 작은 주다. 대한민국의 반 정도 되는 면적에 인구는 3500만 정도로 인구 밀도가 인도에서 가장 높은 지역 중 하나다. 20세기 초까지 께랄라는 남부의 트레반꼬르, 중부의 코친, 북부의 말라바 세 왕국이 독립적으로 통치하고 있었는데, '타밀라캄'(Tamilakam)이라 부르는 께랄라와 타밀나두를 포함하는 지역에 속해 있었다. 고대로부터 이 지역은 언어뿐 아니라 문화의 공동체로 인식해왔는데 께랄라는 1956년에 독립하였다. 반도 서남부의 해안인 말라바에는 약간의 항구와 소왕국들이 생겼지만 인접지역인 마하라스트라, 카르나타카와 께랄라는 서로 접촉하기가 매우 어려웠다. 지대가 상당히 높은 데다 고개가 많지 않아 접근이 힘든 서가트산맥이 자리 잡고 있기 때문이다. 동가트와 서가트에 나란히 접해 있는 동과 서의 해안지역은 경작과 무역의 최적지였다. 그래서 네덜란드와 포르투갈을 비롯하여 유럽 열강들이 앞을 다투어 향신료를 찾아 께랄라를 찾았고, 중세부터 께랄라 지역에서는 해외무역이 매우 번성하였다.

언어적으로는 윈디아산맥을 기준으로 남쪽은 주로 드라비다어를, 북쪽은 아랴어를 사용한다. 윈디아산맥은 아대륙을 서부에서 동부로 가로질러 북부와 남부로 나누는 경계 역할을 하고 있다. 드라비다어 계통 언어는 지역을 기준으로 타밀나두주의 타밀어, 카르나타카주의 깐나다어, 께랄라주의 말라얄람어, 안드라프라데쉬주의 뗄룽그어를 포함하며 고유한 언어체계를 가지고 있다. 북부와 서부의 언어들은 모두 인도아랴어족에서 파생하여 많은 공통요소를 가지고 있다. 아랴어족을 대표하는 산스크리트어는 베다 산스크리트어로 사용하다가 기원전 5세기 경에 고대 산스크리트어 언어학자이자 문법가, 철학자로서 인도 언어학의 아버지인 빠니니(Panini 기원전 6~4세기로 추정)가 표준화하였다. 이를 통해 고전 산스크리트어로 고정되었고 그 이후로 오늘날까지 전국적으로 교육하고 전파하여 인도문화의 공식적 문장어로서의 위치를 굳히고 있다.

께랄라 모국어인 말라얄람의 발전사는 산스크리트어 영향과 함께 타밀어의 발전과 밀접한 연관이 있다. 타밀라캄의 일부로 타밀나두 지역과 문화를 공유하던 께랄라 지역은 험준한 윈디아산맥 덕분에 이민족의 잦은 침입 없이 독특한 고유문화와 언어를 발전시켜왔다. 12세기를 기점으로 타밀어와 산스크리트어를 결합시킨 고유의 언어로 발달했고, 15~16세기 박띠(Bhakti)운동의 발달과 함께 각 지역 언어로 라마야나가 발전하면서 말라얄람이 본격적으로 발달했다. 박띠운동은 비슈누신에 대한 헌신의 정서로 시작한 종교운동이지만 후에 종교적 통합력에 따른 상이한 공연양식들의 융화를 통해 사원 중심의 연극양식을 정립시키는 데 중대한 기여를 했다. 이 신앙은 남인도에서 시작하여 16세기에 이르면 인도 전역에서 광범위한 종교문화운동으로 확산되었고 지역언어의 발달과 함께 지역 연행예술 전통의 발달을 가져왔다.[1] 여기서 '박띠'란 대가를 바라지 않고, 이기심 없이 신에게 바치는 헌신적이고 절대적인 사랑, 신이 완전한 하나의 실재임을 느껴보려는 깊은 열망, 신을 느끼고 경험하고 실현할 수 있는 감정이자 정서를 일컫는다. 박띠는 노래로 사람들에게 널리 퍼지면서 께랄라 종교계에 새로운 신성을 불어넣었고, 신에 대한 조건 없는 절대복종은 영주를 모시던 소작인들에게는 사회적 관계로 확장하는 사회통합[2]의 기능을 수행했다.

말라얄람은 타밀어를 중심으로 한 남인도 특유의 언어적 · 문화적 고유성을 지니면서 동시에 산스크리트어 문화와의 혼성적인 특성도 띤다. 이러한 특성은 역사 속에서 만들어진 인도의 문화상황을 여실히 드러내는 것이다. 윈디아산맥을 넘어 고대부터 사람들은 북에서 남으로, 남에서 북으로 잦은 이동을 했다. 이는 북과 남 사이에 문화와 언어의 상호교

---

1 수레쉬 아와스티, 『인도 연극의 전통과 미학』, 허동성 역, 서울 : 동양공연예술연구소, 1997, 38쪽, 48쪽.

2 Vazhayil Sakariah Varughese, "Religion, Renaissance and Protest : Sanskritization and Protestantization In Kerala 1888~1936", New Jersey : Princeton, Princeton Theological Seminary, Doctor of Philosophy, 2002, p.162.

류를 낳았고 인도가 복합적인 문화를 형성하도록[3] 만들었다. 이러한 복합적이고 혼성적인 문화는 인도문화의 특성을 규정하는 개념이 되어왔지만 이것이 정치·종교와 결합하면서 많은 문제점들을 야기하기도 했다. 이러한 문제들은 근본적으로 영국 식민통치의 결과다. 영국의 분열정책은 남과 북, 힌두와 무슬림 간의 대립을 조장하여 그들이 각자의 독립국가를 건설하려는 움직임을 일으키도록 만들었다. 이러한 혼돈의 상황에서 하나의 인도를 건설하기 위해서는 국어의 문제가 실로 중대하게 떠올랐다. 하지만 북인도 중심의 힌디어를 국어로 선정할 경우 남인도를 중심으로 한 많은 지역 언어와 소수민족 언어를 쓰는 사람들이 심한 열외감을 가질 수밖에 없었다.[4] 결국 힌디어를 국어로 선정하자 여기에 반발하여 타밀나두 지역을 중심으로 한 분리주의 운동이 나타났다.

타밀나두의 분리주의 운동은 1937년 힌디어 문제와 결합하면서 상승효과를 가져왔다. 당시의 타밀나두의 주도인 마드라스 정부는 인도국민회의의 결정을 따라 마드라스의 학교에서 힌디어를 필수 과목으로 가르쳐야 한다는 결정을 내렸다. 언어적 자부심이 강한 타밀인들은 이 조치를 자신들 문화의 파괴와 소멸로 받아들였고 반힌디운동[5]을 벌였다. 이 가운데 비브라만들이 반브라만, 반힌디의 입장에서 드라비다 운동을 강력히 추진하였고, 1944년에는 조직을 고쳐 군대 기구까지 갖춘 드라비다 연맹을 결성하였으며 반영국의 입장을 분명히 하면서 대중의 지지를 얻었다. 드라비다 연맹에서 드라비다 진보연맹이 분리하여 나왔고, 이들은 영화나 선전매체를 이용하여 드라비다 민족의 영광과 드라비다 민족의식을 최대한 부각시켰다. 이렇게 드라비다어 문제는 정치와 결합하면서 단순한 언어나 문화적 차원의 갈등에서 복합적인 갈등이 되었고, 이는

제1부 우리 자신의 얼굴을 우리 자신의 방식으로

---

3 이광수, 『인도문화 특수성과 보편성의 이해』, 8~9쪽.

4 위의 책, 19쪽.

5 위의 책, 207~208쪽.

현재까지도 영향력을 행사하고 있다. 께랄라 지역은 이러한 남인도 언어권의 영향과 북인도의 산스크리트어의 영향력이 복합적으로 결합하며 혼성적 특징을 띠게 되었다.

원래 남북 문화의 차이, 특히 아랴와 드라비다 어족의 분리는 어디까지나 하나의 추상해석이었다. 게다가 인도문화의 혼성적 특성을 고려할 때 남북 문화를 언어적 경계로 분명히 금을 긋는 것은 적절하지 않은 접근법임도 사실이다. 많은 문화학자들이나 역사학자들은 아랴/드라비다의 이분법적 대립구도가 본디 인도에서 유래한 것이라기보다 유럽인들의 편의를 위해 임의로 구분하던 것이 고착화한 것으로 척결해야 할 인도 안의 문제[6]로 손꼽기도 한다. 그래서 필자는 우선 남인도권을 지칭하는 일반적인 용어인 '드라비다' 문화란 말 사용을 가급적 자제하고, 그 자리를 '남인도 토착문화'로 대체하고자 한다. 이 단어 사용에 있어서도 여전히 제론의 여지가 남아 있지만 께랄라의 뿌리연극인 타나두 나타캄의 본질적 정수를 연구하는 과정에서 필히 다루어야 하는 논제이므로 이 용어로 절충하고자 한다.

2. 께랄라 현대연극의 발전 양상

이 절에서는 께랄라의 지역적 특성과 언어적 혼성성을 배경으로 께랄라 현대현극이 어떠한 양상으로 발달해왔는지 살펴보고자 한다. 께랄라는 다른 지역에 비해 교육과 복지 수준이 높아 문맹률이 0%일뿐 아니라, 문학아카데미를 세계 최초로 조직할 정도로 문학에 대한 관심이 높다. 지역 언어의 발달은 연극적 표현방식을 성숙시켰는데, 말라얄람어의 발달은 다른 주와 차별화되는 독특한 방식의 께랄라 연극을 발전의 시키는

---

6 Padma Subranmanyam, *op.cit.*, p.10.

원동력이 되었다.

　께랄라의 연극 양상은 다른 주에 비해 조금 특이한 점이 있다. 산스크리트연극의 전범이라 할 수 있는 꾸디야땀은 2000여 년 넘는 역사를 가지고 지금까지 보존과 발전을 이루고 있으며 1913년에는 높은 언어적 성취를 이룬 바사의 산스크리트 희곡을 발견했다. 15~16세기를 정점으로 말라얄람 문학이 발전하고 있을 때 중세 포르투칼 신비극이 17세기 시리안 크리스찬을 통해 수입되었고, 이 신비극은 현지 문화와 결합하여 '짜우띠 나타캄'이란 형식으로 현재까지 상연하고 있다.

　께랄라 연극의 또다른 특이점은 께랄라 왕족들의 후원으로 말라얄람으로 번역한 산스크리트어와 영어 연극이 거의 동시에 무대에 올랐고 서구연극의 영향으로 뮤지컬, 멜로드라마, 사회극, 코미디, 역사적 비극, 파스 등이 점차적으로 대중화하였다는 것이다. 영문학과에서는 여전히 셰익스피어의 희곡에 강한 방점을 두고 교육을 하고 있는 한편 카타칼리를 셰익스피어의 희곡 〈리어왕〉과 〈오델로〉와 〈맥베스〉 버전으로 각색하여 공연[7]하기도 했다.

　20세기에 이르러서는 대중의 입맛 따라 극적 구조를 바꾸곤 했던 상업극단도 500여 단체[8]에 이르렀다. 께랄라 대중들은 대사 위주의 연극보다 토착문화의 전통에서 즐겨오던 음악과 춤을 곁들인 뮤지컬 형식을 더 선호하였기 때문에 상업극단은 이를 적극적으로 활용하였다.

　께랄라뿐 아니라 인도 다른 지역에서도 전업적인 상업연극과 실험적인 작품을 올리던 연극단체가 공존하였다. 후자의 경우 도시지역 아마추어들의 활동을 중심으로 이루어졌는데 이들은 인도 연극사에서 중요한 입지를 가진다. 아마추어 연극은 대학과 연계되기도 했고, 어떤 단체는

7　Ralph Yarrow, *op.cit.*, p.147.

8　Ahuja Chaman, *Contemporary Theatre of India*, New Delhi: National book Trust, 2012, p.179.

사회화를 위한 놀이와 유흥을 하기도 했으며, 어떤 단체는 텔레비전이나 영화계로 진출하기도 했다. 대부분의 작품들은 공연 수준이 전업적인 극단에 버금갔고, 극단 유지를 위해 다른 직업을 통해 재정적 지원을 하는 사람들이 많았다. 이런 상황은 께랄라도 마찬가지여서 께랄라의 연극 애호가들과 연극 활동가들 중에는 아카데믹한 배경을 가진 사람들도 있지만 주로는 극장에서 연극을 직접 체험한 아마추어들이다. 이들은 생계의 수단을 다른 활동에서 찾는 경우가 많고 이후 전업적으로 활동을 하는 경우도 있다.

3. 사회 개혁과 주요 연극운동

께랄라 현대연극의 발전 과정에서 빼놓을 수 없는 주요 연극운동은 사회개혁이란 세계적 추세에 따라 봇물처럼 일어났던 목적의식적 연극운동과 지역도서관문화운동의 일환으로 활성화하였던 도서관 연극운동이다. 19세기 인도 사회는 사회·문화적으로 대변혁의 시기를 맞았다. 국회를 설립하였고, 러시아 혁명의 영향으로 보수적인 브라민 계급에서도 공산주의자들이 속출하였으며, 간디를 비롯하여 외국에서 교육 받고 인도로 돌아온 엘리트들이 독립과 사회개혁에 박차를 가하던 시기였다. 람 모한 로이를 선두로 카스트 제도를 반대하고 여권 신장과 교육확대를 내세운 브라흐마 사마지 운동[9]은 대표적인 사회개혁 운동이다. 이 외에도 위대한 현자로 칭송받는 라마크리스나 파라마함사는 배타적인 신앙이 아닌 신과 인간에 봉사하는 차별 없는 종교 활동으로 종교개혁을 이끌었다.

이러한 전국에 걸친 사회대변혁의 시기에 께랄라에서는 스리 나라야 난 구루(Sree Narayanan Guru 1854~1928)가 사회와 종교개혁의 선봉에 서 있었다. 스리 나라야난 구루는 하층 카스트와 천민을 위한 사원을 설립하였고, 1카스트·1종교·1신 운동을 펼치며 종교와 카스트의 차별 철폐를 추구하였으며, 인본적 사회활동으로 사회개혁과 각성을 촉발시켰다.

이러한 19세기 서구사회로부터 영향을 받은 자유주의와 스리나라야 난 구루의 사회개혁운동은 께랄라 사회전반에 걸쳐 지대한 영향력을 행사하였으며 이는 연극계도 자극하였다. 그 결과로 KPAC(Kerala People's Arts Company 께랄라 인민예술단)의 좌파사회극과 여성연극, 지역도서관문화운동, KSSP(Kerala Sastra Sahitya Parishad 께랄라 과학 문학 연계)의 교육과 문화개혁운동이 생겼다. 1940~50년대는 KPAC와 이를 대표하던 깔리다사 깔라켄드라(Kalidasa Kalakendra)가 여성문제를 제기하였고, 공산 좌파 성향의 운동을 주도하여 사회·정치·경제적 발전에 기여코자 하였다. 이런 좌파 중심의 연극 운동이 전개되던 한편으로는 사실주의와 환상적 사실주의가 결합한 새로운 연극적 기법과 대중성을 띤 연극을 재상연하는 움직임[10]도 있었다. 이를 대표하던 연출가 스리칸탄 내어(C. N. Sreekantan Nair 1928~1976)는 힌두 서사시를 재해석하는 작품들 〈사케탐〉(Saketam, 1965),

---

9 Vazhayil Sakariah Varughese, *op.cit.*, p.72.

10 Ahuja Chaman, *op.cit.*, pp.180~181.

〈시타의 황금 이미지〉(Kanchan Sita, 1958)를 선보였다. 종교적 내용을 다루는 연출가들도 있었는데 모함메드(K.T. Mohanmed 1927~2008)는 연극을 무슬림 사회의 관습을 공격하는 데 사용하였고 〈이것이 대지다〉(1955)에서 표현주의적 성향의 꿈, 환상, 신화−상징적 원형을 활용하였다. 그리고 안토니(P.J. Antony 1925~1979)는 크리스찬 사회의 성적 좌절감을 다루는 작품을 발표하였다.

스리 나라야난 구루

1951년 〈내 아들이 옳다〉와 1952년 〈당신들이 나를 공산주의자로 만들었다〉에 이르러 좌파 성향 사실주의 연극의 정점을 이루게 되었다. 특히 후자의 경우 정치선전극의 상징으로 이후 께랄라 공산당을 조직하고 전파·홍보하는 데 적극 활용되었고, 거리극, 스토리텔링 등을 통해 께랄라 공산당 대중화에 크게 기여하였다. 이 외에도 좌파연극을 대표하는 연극인으로서 다모다란(K. Damodaran 1912~1976)은 〈빠따바키〉(Pattabakki)에서 소작농의 문제를 다뤘고, 에다세리 고빈단(Edasseri Govindan 1906~1974)은 〈합동농작〉(Koothukrishi)에서 사회개혁에 대한 열망을 다뤘다. 좌파연극인들에게 연극은 사회개혁, 여성해방, 교육제도 변혁을 위한 강력한 도구였고, 께랄라의 공산당은 이를 효율적으로 활용하였으며 이 시기 연극계는 좌파의 구호들로 넘쳐났다.

사회개혁 움직임에 발맞춰 여성의 상황을 개선하려는 움직임도 함께 일어났는데 여성들은 자신들의 이야기를 담은 연극을 만들기 시작했다. 당시 께랄라 브라민 사회는 가장 높은 신분이면서 가장 불합리하고 모순에 찬 관습을 유지하고 있었다. 대표적인 사회악은 장자만 결혼 가능하다는 것과 미망인은 남은 평생을 과부로 지내야 한다는 것이었다. 이러한 악습 속에서 사람들을 경악케 만든 일대 사건이 일어났다. 그 사건의 중심에는 브라민 미망인 꾸리에드뜨 타트리(Kuriyedath Thāthri)가 있었다. 1905년 타트리는 불륜을 저질렀단 이유로 당시 브라민 사회에서 자율적으로 판결을 내리고 토론을 진행하던 스마르타비차람(Smarthavicharam)에 고소당했다. 타트리는 법정에서 남편 사후 65명의 남성들과 성관계를 가졌음을 밝혔을 뿐 아니라 그들의 이름과 신체적 특성, 성행위 뒤 받은 선물 등을 조목조목 담담히 제시했다. 판관은 재판을 중도 파기할 수밖에 없었는데 다음에 호명할 이름이 자신임을 눈치챘기 때문이다. 이 사건 이후 꾸리에드뜨 타트리란 이름은 여성해방의 상징이 되었다.

여성해방운동은 좌파진영의 사회개혁 운동과 밀접한 관련을 맺고 있었는데, 1947년에 께랄라 공산당 지도자인 남부티리빠드(E.M.S. Namboodripad)는 여성 16인으로 구성한 여성단체 '토릴 켄드람'을 발족시켰다. 이 단체를 중심으로 많은 젊은 여성들은 조혼을 거부하고 읽고 쓰기와 함께 경제적으로 독립하는 방법을 배웠고 자신들의 이야기를 연극으로 만들었다. 이들에게 연극은 여성억압을 개혁하기 위한 도구였으며 바따뜨리빠드는 그 개혁의 선두에 서 있었다. V.T. 바따뜨리빠드 (1896~1982)의 〈부엌에서 나와서 무대 위로〉(1930)는 브라민 사회의 악습을 고발하고 진보적 발전을 이루어내는데 지대한 영향을 미쳤다. M.P. 바따뜨리빠드(1908~1998)의 〈초경〉(1939), M.R. 바따뜨리빠드(1908~2001) 의 〈마라꾸다(높은 신분의 여성이 자신의 몸을 가리기 위해 쓰는 양산) 안의 끔찍한 지옥〉(1927) 등과 같은 작품들은 제목 자체가 여성해방의 별칭이 될 정도로 여성운동에 많은 영향을 미쳤다. 이러한 사회극들은 대중들의 인식 제고에 지대한 영향력을 행사했고, 오늘날까지 여성주의 연극을 이끄는 동인이 되고 있다.

지금까지 살펴본 사회개혁을 위한 연극 운동과 함께 께랄라 현대연극에서 언급하지 않을 수 없는 중요한 활동은 와이나샬라(도서관) 문화운동이다. 도서관은 라디오나 TV를 보급하기 전 지역민들이 함께 모여 공유하던 교육과 문화 중심지로서 미술, 음악, 연극 등 활발한 문화예술 활동

〈짜까〉

이 일어나던 곳이다. 도서관 연극에는 아마추어 지역민들이 소규모로 모여 형식에 얽매이지 않으면서 놀이하듯 가벼운 접근으로 만든 작품들이 많다. 대표적인 작가는 본명보다 뚜뻬딴(M.Subhramnian Namboothiri 1929~)으로 잘 알려져 있는데 EUBA(Educated Unemployed Bachelor's Association 교양 있는 백수 학사들 협회)란 풍자적 이름의 단체를 결성하고 글을 쓸 때면 담배곽 뒷면 같은 곳에 아무렇게나 휘갈겨 쓰는 것으로 유명하다. 〈짜까〉(1993)는 께랄라의 가장 흔한 열대과일 짜까(잭 푸룻)에 얽힌 정치인과 자본가의 황당무계한 권모술수를 풍자한 코미디로 뚜뻬딴의 대표작이다.

께랄라 근·현대연극사에서 KSSP의 활동도 특기할 만하다. KSSP는 1962년에 설립한 께랄라주 교육 네트워크로 2000여 지부에 1995년 당시 6만 회원을 거느렸던 비중 있는 민간공익단체다. KSSP는 께랄라 전역에 걸쳐 '자타'(Jatha)라 부르는 일종의 문화 카라반을 만들어 과학을 전파하고 종교적 지배에 도전하였으며, 환경과 생태, 여성문제 등에 대해 대중의 인식을 환기시키는 가두행진을 조직하였다. '깔라 자타'(Kala Jatha)도 조직하여 마을에서 마을로 공연하며 이동하고 토론과 논쟁을 촉발하였으며, 그에 따른 시위도 하였다. 나중에는 전국 인민 과학 재단 네트워크 지부를 둘 정도로 활동영역을 확장하여 국가적인 문맹퇴치와 여성교육 캠페인을 벌이기도 하였다. 트리슈르에서 시작하였던 KSSP는 서서히 뿌리연극을 시작하며 워크숍과 다양한 공연을 기획하였고, 서구적인 경향과 현대 리얼리즘, 산스크리트 연극을 마을 연극 무대 위에 올리며 순회공연을 다녔다. 이들은 당시 500여 단체로 활성화되어 상업적 목적으로 대극장에서 주로 공연하던 상업극단의 영향에 맞섰는데 1992년에 설립한 아비나야 극단은 이 작업의 연장이랄 수 있다. 아비나야 극단은 연중 축제를 기획하여 예술 센터와 네트워크 발전을 도모하였고 문화적 · 사회적 · 미학적 작업에 초점을 맞췄다. 이 작업 과정에서 프랑스를 비롯한 유럽 각국의 마임이나 신체연극과 께랄라 전통이 조우한 작품[11]을 만들었다.

4. 나타카 칼라리 운동과 타나두 나타캄

1960년대 후반 들어서면서 께랄라 지역도 범인도적인 뿌리연극운동인 '타나두 나타캄'을 통해 전통적 연극 양식에 대한 탐구와 실험을 하였다. 타나두 나타캄은 께랄라뿐 아니라 인도 다른 지역의 대학 연극 실험에서 비관습적 작품 생산을 추동하는 힘이 되기도 하였다. 타나두 나타캄의 전신은 나타카 칼라리 운동이다. 나타카 칼라리 운동이라 이름 붙이게 된 것은 다양한 연극실험을 위해 기획한 워크숍이나 행사들을 칼라리에서 행했기 때문이다. '칼라리'란 전통무술 칼라리파야투의 수련장이나 특정한 유파를 지칭하는 말인데 개인의 경험과 자아 형성의 열린 공간으로 개념을 확장할 수 있다. 나타카 칼라리 운동은 국립연극원에서 현대연극교육을 받고 돌아온 연극인들이 주도한 것으로 자연주의적 방식에서 벗어나 전통극적 양식화를 재창조하려는 실험적인 작품 활동을 일컫는다.

---

11 Ralph Yarrow, *op.cit.*, pp.184~185.

나타카 칼라리 운동을 통해서 지역성과 국가성, 동과 서의 거리가 가까워졌는데 이 움직임을 대표하던 이가 샹카라 삘라이(G. Sankara Pillai 1930~1988)[12]다. 샹카라 삘라이는 극작가이자 연출자로 트리슈르 연극학교의 설립에 기여하였고 초대 학장을 지냈으며 교육자로서 학생들에게 열정과 영감을 불어넣어 많은 이들의 존경을 받았다. 1960년대 이르러 이 움직임은 카발람과 스리칸탄 내어가 이끄는 타나두 나타카웨디(우리의 방식으로 만든 연극)로 이어졌다. 카발람이 정의한 '타나두'는 특별히 '우리 자신의 연극'이란 뜻을 갖는다. 이 용어는 카발람이 1968년에 대표적인 말라얄람 극작가 스리칸단 내어와 샹카라 삘라이와 함께 한 워크숍에서 처음 사용하였다. 알라뿌라에서 열린 이 워크숍은 '새로운 컨텍스트에서 우리의 연극 정체성에 대한 가능성'을 탐구하기 위해 만들었다. 샹카라 삘라이가 갑자기 사망하면서 카발람은 이 분야의 독보적 존재로 부상하였다. 카발람은 이 시기 상기타 나타카 아카데미의 뿌리 찾기 계획과 맞물려 가장 시의적절하고 국가적인 접근과 위상을 얻게 되었다.

샹카라 삘라이는 특정한 형식에 구애받지 않고 코미디, 소극, 신화, 표현주의극 등 다양한 장르를 실험하며 〈기도실〉(1966), 〈검은 신을 찾아서〉(1980) 등과 같은 대표작을 연출하였다. 샹카라 삘라이는 민속과 발라드 전통을 조합하여 현대적 방식으로 접목[13]하였는데 "땅에 뿌리박고 있는 연극은 결코 죽지 않는다"며 전통 형식이나 복원에 크게 구애받지 않았다. 그리고 제의식, 무술, 가면, 마술, 카타칼리, 그림자극 등 자신의 작품에 제의적인 패턴과 정신을 흡수했지만 은유적이고 상징적이며 이미지적인 방식으로 융합하여 양식화한 움직임, 암시적인 이미지, 비사실주의적 방식 등을 사용하였다. 샹카라 삘라이는 나타카 칼라리 운동을 이끌면서 저자(Author), 배우(Actor), 관객(Audience)의 3A를 결합할 때 연극

제3장 타나두 나타캄

---

12 Ahuja Chaman, *op.cit.*, p.182.
13 Ralph Yarrow, *op.cit.*, pp.73~74.

샹카라 삘라이

은 온전해진다[14]고 강조하였다. 이러한 개념은 앙상블 연기를 통해 3A삼위일체의 전통적 뿌리를 찾고자 하던 연극실험으로 이어졌고, 샹카라 삘라이가 재직했던 트리슈르 연극학교(Calicut University School of Drama at Thrissur) 훈련의 초석이 되었다. 나타카 칼라리 운동은 축제, 경연, 세미나, 실험적 훈련, 거리극, 어린이극 뿐 아니라 트리슈르에 있는 께랄라 상기타 나타카 아카데미에도 급진적 변화를 가져왔다. 이론과 실기에서 제도를 구축하였던 샹카라 삘라이의 제자들인 발라찬드란(P. Balachandran), 와일라 와수데와 삘라이(V.Vasudeva Pillai), 레구트만(D.Reghutman), 나렌드라 프라사드(Narendra Prasad), 모함메드(K.T. Mohamed), N.N. 삘라이(Pillai) 등은 이후 께랄라 연극의 중추적 역할을 담당하였다.

1980년대 들어 전통의 현대화 작업에서 획기적인 시도로 세간의 이목을 집중시켰던 카발람은 신화를 현대적인 이슈들과 접목시키는 실험적 작업을 계속했지만 대중들과 연극인들은 그 작업에서 신선함을 감지하기 힘들어했다. 연극계는 침체되었고 샹카라 삘라이 사후 그 제자들이 연극활동을 이어갔다. 그들 중 나렌드라 프라사드(Narendra Prasad 1946~2003)는 마음과 영혼의 딜레마와 개인과 사회적 존재로서의 딜레마를 주제로 다루었다. 토삘 바시(Thoppil Bhasi 1924~1992)는 다시 공산주의 이념에 불을 붙이는 작품 〈언더그라운드의 기억들〉(1993)을 만들었지만 그것이 연극계 전체에 큰 영향력을 행사하지는 못했고 께랄라 연극계의

---

14 Ahuja Chaman, *op.cit.*, p.187.

침체기를 만회시키기엔 역부족이었다.

5. 동시대 께랄라 연극

2000년 이후 새 밀레니엄을 맞아 께랄라 연극계에서도 새로운 시도와 실험들이 이어졌다. 정치 환경의 변화로 정치사회극을 추동하는 힘들도 탄력을 잃어갔고, 께랄라 연극 관중들은 보다 창의적이고 새로운 연극을 염원하며 관심을 텍스트에서 퍼포먼스로 옮겼다. 께랄라에서 정치적 이슈는 여전히 가장 큰 관심사이긴 하지만 마음과 영혼의 딜레마, 광범위한 개인성에 대한 주제나 부처의 일대기, 사회적 이슈, 신화의 심리학적 해석 등으로 관심 영역이 다양한 분야로 확대하였고 관객의 참여를 보다 적극적으로 도모하려는 경향이 강해졌다. 찬드라다산(Chandradasan)의 〈깔리 나타캄〉(2017), 와일라 와수데와 삘라이의 〈꾸첼라의 노래〉, 산무띠 빠딴카리(Samkutty Pattankary)의 〈불〉 등이 대표작들이다. 〈깔리 나타캄〉은 로카 다르미 극단 연출로서 타나두 나타캄의 후속주자로 주목받았던 찬드라다산의 대표작이다. 여성들에게 권력이 이양되었을 때 어떤 일이 벌어질지에 대해 깔리 여신의 신화와 현실의 이야기를 교직하여 께랄라 민속제의와 음악으로 무대 형상화하였다. 〈꾸첼라의 노래〉는 2002년 부산에서 개최했던 아시아연극제 인도 초청작으로 와일라 바수데와 삘라이의 대표작이다.

이 외에도 트리슈르 국립음악연행국과 국립연극원 출신 아빌라쉬 삘라이(Abhilash Pillai)는 2005년 문제작 〈피의 섬〉을 통해 동시대 연극인들에게 께랄라 연극에 대한 기대와 희망을 걸게 만들었다. 아빌라쉬 삘라이는 현재 국립연극원 교수로 재직하며 오늘날까지 인도 현대연극을 이끄는 주요 연출가로 활동하고 있다.

지금까지 살펴본 '전통적 연극'을 표방하는 연극들은 카발람을 비롯

〈사리로사〉(사진제공 Jose Kosy)와 〈스파이널 코드〉(사진제공 Deepan Sivaraman)

한 뿌리연극 1세대들이 내린 뿌리에 다양한 색깔의 꽃을 피워가는 과정이라 할 수 있겠다. 이 밖에도 다양한 소재와 주제를 찾아 하나의 양식이나 형식에 구애받지 않고 연극적 언어를 찾으려는 활동이 계속 이어지고 있다. 〈깔리야짠〉(2014)은 삐사삘리 라지브(Peesappilli Rajeev) 1인극으로 카타칼리 그룹(Ekalochanam)이 제작하고 아룬 랄(Arun Ral)이 연출했다. 께랄라의 유랑시인 꾼니라만 나야르(Kunniraman Nayar)의 유명한 시 「깔리야짠」을 극화한 이 작품은 동명의 예술영화와 동시에 상연하여 화제를 일으킨 1인극이다. 이 작품은 스승의 저주를 받아 자신이 속한 유파에서 추방당한 연기자의 회한을 담고 있는데 1인극화하면서 예술의 자유를 갈구하는 예술가의 삶으로 변화시켜 기존 체제에 저항하는 예술가의 모습에 초점을 맞추었다.

여성주의 연극은 현재까지도 계속 사회적 반향을 일으키는 연극적 테마가 되고 있다. 지역의 소규모 여성연극 단체들에서부터 국제적인 다국적 협업작업들도 끊임없이 일어나고 있다. 께랄라 국제연극제 참가작 〈사리로사〉(Sari Rosa, 2017)는 인도 칠레 협업 프로젝트로서 2012년에 있었던 델리에서의 버스 집단성폭행 사건과 2015년 에콰도르에서 있었던 아르헨티나의 소녀 성폭행 사건을 다루었다. 배우들은 광장에 운집한 관중들을 헤집고 달리며 노란 먼지를 일으켜 의도적으로 관중의 인상을 찌푸리게 만듦으로써 무심코 지나치고 있는 일상에서의 폭력을 환기시킨다. 그리고 희생자의 시체를 운구할 때 관중들은 노제에 참석한 군중들이 되고, 27명의 배우가 온몸으로 뿜어내는 울분은 광장을 가득 메운 사람들의 각성을 촉구하는 무언의 시위가 된다.

대형 오브제를 사용한 강렬한 시각화와 장면구성, 음악과 조명의 입체감 있는 사용으로 현재 가장 주목받고 있는 연출가는 디빤 시바라만 (Deepan Sivaraman)이다. 암베드까르(Ambedkar)대학 퍼포먼스 아트 부교수이자 옥시즌 씨어터 컴퍼니 예술감독인 디빤 시바라만의 대표작으로 〈스파이널 코드〉(2009), 〈페르귄트〉(2010), 〈카삭의 전설들〉(2017)이 있다. 이중 〈스파이널 코드〉는 문화예술계의 명망 있는 상인 META(the Mahindra Excellence in Theatre Awards)에서 최고 조명과 연출가상을 받았다. 한 마을의 명예살인과 그로 인한 비극적 결과를 이야기축으로 하고 있으며 극의 화자인 희생자의 어머니가 과거와 현재를 오가며 환상적인 방식으로 풀어내는 작품이다.

최근 전국 각지의 축제 현장에 초청받으며 순회공연을 하고 있는 〈역사책의 한 페이지〉(CharithrapusthakathilekkuOredu, 2016)는 특정한 양식이나 조류에 얽매이지 않고 연극적 언어와 재미를 추구하는 작업을 대표한다. 조스 코쉬는 〈역사책의 한 페이지〉에서 서커스의 발생지로서 서커스에 대한 애착이 깊은 께랄라인들의 유랑 서커스에 대한 향수를 자극한다.

께랄라 전역과 국립연극원 등지에서 활발하게 공연활동하고 있는 극단 리틀 얼쓰 스쿨 오브 씨어터 작품들도 주목할 만하다. 대표작은 〈클라버르 라니(KLAVER RANI)〉(2009, 연출 아룬 랄 ARUN LAL & 파르타 사라디 M.PARTHA SARADHI)와 〈동전 파업〉(Chillala Samara, 2018, 아룬 랄ARUN LAL 연출, M.P. RAJESH 극작)이다. 〈클라버르 라니〉는 시골마을의 구수한 사투리가 살아 있는 캐릭터 구축으로 연극적 재미를 살렸고, 〈동전파업〉은 정부의 화폐개혁으로 인한 소상인의 붕괴를 풍자적으로 비판한 작품

가네쉬 K.V.

이다. 이 밖에도 일상에서 소소한 소재를 통해 주제의식을 전달하는 작품들도 있다. 〈토마 크리야 크리야 토마〉(2018)는 께랄라를 대표하는 중견 연기자 조스 라파엘(Jose P. Raphael)과 아말 라즈데브(Amal Rajdev)가 연기 호흡을 맞췄다. 생계 때문에 뒤로 밀려나고 있는 가족 사이의 사랑과 그것을 표현하는 것의 소중함을 역설한다.

지금까지 살펴본 동시대를 사는 께랄라의 뿌리연극운동 후속세대인 중·신진연출가들은 '전통'에 대한 내연과 외연을 확장하기 위한 노력을 기울인다. 이들 중 내용적 측면에서 전통이 담고 있던 '민중의 이야기'에 초점을 맞추어 민속현장에서의 연극적 원리를 탐구하는 연극활동가로 가네쉬(Ganesh K.V.)가 있다. 가네쉬는 께랄라 현대연극의 중심축을 이루었던 지역공동체에 기반한 연극활동의 부흥을 꿈꾸며 어린이 연극을 비롯한 아마추어 연극과 40여 년 동안 트리슈르 지역에서 연극문화활동을 하고 있는 랑카차타나(Rangachathana)와 같은 전업극단의 활동을 병행하고 있다. 가네쉬는 텍스트화한 『나띠야샤스뜨라』보다 그것을 있게 만든 진정한 의미의 토착 '나띠야샤스뜨라적' 전통에 주의를 보내며 대학과 엘리트적 학자들을 중심으로 한 관이 주도하는 축제나 국제연극제들이 노동자를 비롯한 민중의 삶과 목소리를 배제하고 있다고 비판[15]한다. 가네쉬는 서구적 관점의 장소 특정적 공연이나 서사극의 근간을 이루는 원리가 토착 전통에서 경이롭고 아름답게 실현되고 있었다고 주장하며 아버지에서 아들로 전승되고 있는 전통 현장의 목소리를 담을 수 있는 연극 언어를 탐구하고 있다. 대표작으로 〈수라

---

15 가네쉬와의 인터뷰(2017.2.23. 상기타 나타카 아카데미, 트리슈르).

제부 우리 자신의 연극을 우리 자신의 방식으로

수〉(Surasu)가 있다.

또 다른 한편으로 전통적 연극을 '정치
적으로' 개념 확장을 해야한다고 주장하
는 연극활동가들도 있다. 대표적인 연출
자로 라메쉬 바르마(Ramesh Varma)가 있는
데 스리 샹카라차리야 산스크리트대학
(Sree Shankaracharya University of Sanskrit) 교수
이자 연극연출가이면서 카타칼리 연희자
이기도 하다. 바르마는 전통을 고정불변
의 형식으로만 봤을 때 형식은 전통을 제

라메쉬 바르마

약하기도 하고, 예술가나 심지어는 관객들마저 규제한다고 지적한다. 또
한 전통에 대한 서구적 시장의 영향으로 '신비화'하는 것의 위험도 경계
한다. 대신 우리 삶의 방식이나 표현의 방식이 가지는 본질적이고 고유
한 부분, 특히 현대자본주의에 의해 손상되지 않은 그 전통의 맥을 이어
가야 함을 강조한다. 이를 위해 배우와 배우, 배우와 역할, 배우와 관객,
관객과 관객, 관객과 역할 등 관계의 중요성에 천착한 사회적 형태에 따
라 다양한 방식으로 소통할 수 있는 연극을 탐구해야 한다고 역설[16]한다.
라메쉬 바르마는 현재의 상황에 맞게 시시각각 변할 수 있으면서도 배우
와 관객이 모두 쾌활할 수 있는, 진정한 의미의 '정치적' 연극을 표방한
다. 대표작으로 〈우루방감〉, 〈두 번의 신부〉가 있다.

지금까지 께랄라에서의 근·현대연극의 발달 양상을 개괄하며 그 과
정에서 다른 주와 차별화하는 께랄라 언어의 발달과 현대연극의 특성을
살펴보면서 주요 연극운동을 고찰하였다. 께랄라 현대연극 전개의 기저
에 흐르는 것은 께랄라인들의 '정치적' 의식이다. 우파정당 BJP가 25년

---

16 바르마와의 인터뷰(2017.2.3. 스리 샹카라차랴야 산스크리트대학, 칼라디).

동안 한결같이 좌파가 집권해온 트리뿌라 지역에서조차 압승을 거두는 상황에서도 께랄라는 좌파정권을 유지하며 또박또박 하고 싶은 목소리를 내며 '거슬리는' 노릇을 하고 있다. 간디와 네루의 후광을 입고 집권을 해오던 인도 국민회의(Indian National Congress)의 자리를 건네받은 BJP는 1925년에 조직한 세계 최대 규모의 조직인 RSS(Rashtriya Swayamsevak Sangh 국가관련 자원봉사연맹)의 막강한 후원과 지지를 등에 업고, 그 규모보다 더 막강한 이데올로기인 '힌두뜨와'(Hinduttva 인도다움)의 열풍을 몰고 왔다. BJP를 비판하는 정당에서는 인도인들의 큰 자부심인 철저한 삼권분립의 민주정이 BJP 전횡으로 위협받고 있다고 경고한다. 그리고 화폐개혁을 단행한 뒤로 중소상인이 몰락했으며 치솟는 물가는 서민경제를 파탄시키고 있다고 비난한다. 비힌두 정당에서는 '힌두뜨와'가 비종교적이라 공식적으로 천명하면서도 지극히 종교적인 힌두 브라민 중심의 정치 · 문화적 차별화에 반기를 들고 있지만 영향력 있는 목소리를 내기엔 그 세력이 상대적으로 너무나 미미하다.

문화예술계의 우려도 크다. 델리에서 열리는 국제연극제인 씨어터 올림픽이 2018년에는 그동안 주도적 역할을 수행해왔던 연극계의 거장 레탄 테이얌의 권한을 박탈해 작품 선정에서 질적인 남보가 되지 못하고 비전을 제시하지 못한 '예산절약형' 소규모 축제에 그치고 말았다는 비판을 받았다. BJP집권 이후 좌파성향의 예술가들에 대한 지원이 줄어 전국을 순회할 수 있는 큰 프로덕션이 많이 줄어들었다고 앓는 소리를 낸다. 향후 10년 이내 인도가 파시즘으로 전향할 것이라고 경고하는 목소리도 적지 않다. 하지만 신자유주의를 반대하던 께랄라 집권당의 의도와는 상관없이 께랄라 지역의 정치 · 경제적 지형도도 세계화를 따르는 추세다. 힌디어만 하더라도 거부와 저항의 대상에서 경제적 편의를 위한 실용적 대상으로 그 인식이 바뀌었다. 3D기피현상으로 힌디어권 노동인력이 께랄라로 다수 유입하였기 때문이다. 이러한 정치, 경제, 사회적 변화 앞에서 문화적 · 연극적 지형도는 어떠한 형식으로 흘러갈 것인가? 다시 타나두 나타캄으로 돌아가 '뿌리'에 대해 고찰하고 그것의 현대적 맥락으로서의 의의를 고찰해볼 필요가 여기서 생긴다.

연극 속에 녹아든 남인도 토착문화
─ 타나두 나타캄의 원천

타나두 나타캄은 살아 있는 현재의 전통으로서, '뒤에서부터 지원하는, 그래서 예술가들을 앞으로 나아갈 수 있도록' 하는 연극 활동이다. 이 개념은 인도 전통 표현양식인 아비나야(앞으로 나아가는)의 기본 개념과 상통한다. 타나두 나타캄을 대표하던 카발람은 '우리 문화의 뿌리로 돌아가 우리 자신의 현대연극'을 찾기를 바랐고 이를 위해 연극적 영감의 원천을 께랄라 고유의 문화에서 찾았다. 타나두는 연극예술가들이 '전통을 되돌아봄으로써 우리의 국가적 연극을 재-창조하려는 시도'인 것이다.

타나두 나타캄 활동가들은 께랄라 문화의 형색을 아비나야 속에 응축시켰다. 따라서 이들의 작품세계를 이해하고 분석해가는 작업은 께랄라 문화의 디코드화인 동시에 인도 전통 연극이 함축하고 있는 현대적 맥락을 디코드화하는 작업과 연결된다. 제4장에서는 이러한 타나두 나타캄의 원천이 되었던 고전적·민속적 형식과 방식, 방법, 개념, 이미지, 철학에 대해 고찰하고자 한다. 이를 위해 먼저 께랄라의 토착문화와 연행예술의 특성에 대해 알아본 뒤 고전연극전통과 신체적 운용원리, 전통춤극, 민속연행, 전통음악이 가지는 개별적인 연행예술로서의 특성을 살펴보겠다.

1. 께랄라 토착문화의 특성

1) 께랄라의 토착문화와 아랴문화

께랄라 지역과 모국어인 말라얄람은 다른 남인도 지역에 비해 산스크리트어 문화권의 영향이 강한 편이며 토착문화와 북인도 문화(아랴)의 혼성적 양상이 두드러진다. 께랄라에서는 3000종이 넘는 전통예술을 현재까지 상연하고 있는데 꾸뚜, 꾸디야땀, 모히니아땀, 카타칼리, 크리스나땀을 비롯한 고전예술에서부터 툴랄, 떼이얌, 파다야니, 인형극 등과 같은 민속예술에 이르기까지 종류가 매우 다양하다. 고전예술은 인도 전통연극의 일반적 속성을 가지면서 동시에 께랄라만의 독특한 방식으로 발전해왔다. 관객들은 이야기가 어떻게 진행되는지 보기 위해서가 아니라 어떤 연희자가 어떤 방식으로 표현하는지를 보기 위해 극장을 찾았고 극장은 잘 훈련된 미학적 수준을 갖춘 이들을 요구했다. 이러한 연희표현의 양상은 께랄라의 전문연희자 계급인 짜끼야르와 낭야르 계급(여성 전통 연희 계급)에 의해 고도로 정교하게 미학적으로 발달해왔고, 이는 인도의 다른 지역보다 연희자의 '연기적' 능력이 분위기를 이끌어가는 극형식이 발달[1]하게 된 원동력이 되어왔다.

남인도 토착문화와 북인도 아랴 문화 사이의 상호융합 과정에 대해서는 인도 고대문헌들에서부터 현대에 이르기까지 학자들 간 분분한 논쟁으로 이어지고 있다. 토착민들(다시)에 대한 아랴의 침입은 종종 베다에서 인드라가 아수라들을 물리치는 것으로 묘사된다. 이러한 투쟁 이후 토착민과 아랴 사이에 분리[2]가 일어나게 되었다. 그들 중 특별히 베다를

---

1   രാജാ വാര്യര്, കേരളത്തിലെ തിയേറ്ററും കാവാലം നാടകങ്ങളും, Thiruvanandapuram: Kerala Bhasha Institute, 2008, p.91.

2   Vazhayil Sakariah Varughese, *op.cit.*, pp.129~130.

영창하고 제식행위를 제대로 하는 성직자 계급에게 특권을 주었는데 그들은 서서히 베다의 권위를 등에 업고 사회 속에서 침범할 수 없는 종교적 권위를 행사하게 되었다. 그런데 현실적으로 경제활동을 위해서는 노동이 필요했고, 그러한 노동을 사회적 기능별로 구분한 것이 바르나[3] 제도, 우리가 알고 있는 카스트 제도다. 인도인들은 인도 전통사회의 구성을 바르나와 자티의 개념으로 설명한다. 바르나는 색을 의미하는데 사회학적으로 계급의 성격에 가까운 조직이다. 자티에는 네 계급이 속하는데 결혼이나 음식 등과 같은 일상생활에 직접적 관계를 갖는 실제 기능의 조직을 일컫는 말이었다. 바르나는 그 수가 넷으로 정해져 있는 반면에 자티는 대개 시간과 장소에 따라 따로 정해져 하나의 마을은 보통 20~30종류로 구성하고 인도 전체에서 그 수는 2천에서 3천에 이르는 것으로 알려져 있다. 지금까지 바르나와 자티는 혼동되어 사용하고 있다. 어떤 경우는 바르나를 카스트로 번역하고 반대인 경우도 있다. 그것은 그 사용 의미에 따라 달라지는데 역사적으로 계급을 의미하는 경우에는 바르나를 그리고 사회적 기능 단위를 의미할 때는 자티를 쓰는 것이 보통이다.

카스트 제도는 경직된 사회구조를 형성하도록 만들었고, 미학적 · 문화적 · 지정학적 · 사회적 · 종교적 관계들도 경계 지었다. 남인도를 비롯한 께랄라 지역에도 브라민 중심의 사회제도가 안착하여 위계질서에 따른 사회적 · 종교적 관계를 형성하였다. 브라민들은 토착 엘리트들을 물러나게 하고 자신들의 사회적, 경제적, 종교적, 정치적 위상을 공고히 하였다. 이러한 분리의 과정을 거쳐 12세기 정도에 께랄라 지역에도 아랴 체계가 자리잡았다[4]고 역사학자들은 말한다.

께랄라가 속한 남인도 토착문화(드라비다 문화권)는 모신을 숭배하고 지

---

3 이광수, 『인도문화 특수성과 보편성의 이해』, 83쪽.

4 *Ibid.*, p.142.

신인 여성성에 축배를 들며 추수를 하면서 자신들의 신성들을 모시고 어머니 대지를 기리는 문화였다. 특히 께랄라 지역은 전통적으로 '카브'라고 부르는 자연숭배와 자연친화적인 대지경배문화를 현재까지 지속하고 있고, 일부 지역에서는 어머니의 성을 따르는 모계 중심 가족제도를 유지하고 있어 남성중심의 가부장적 아랴의 시각에서는 억압해야 할 대상이 될 수밖에 없었다. 아랴의 이성적이고 분석적이고 문자 중심의 관점에서 보자면 토착문화는 철학적이지도, 형이상학적이지도, 사변적이지도, 이데올로기적이지도 않은 것이었다. 토착민들의 종교는 신성에 대한 본능적 경험이 자신들의 세속적 존재 속에서 현현하는 것이었고, 그것들이 제식과 수련과 결합하여 독특한 양상을 띤 것들[5]이었다.

그런데 제사를 중심으로 하는 브라민 전통은 오랜 세월 토착민들이 지녀온 전통적 세계관을 완전히 무시하기는 어려웠고, 효율적인 통치를 위해 토착민들의 문화를 융합시키기 위한 전략을 펼쳤는데 그 대표적인 예가 탄트라[6]다. 원래 탄트라는 신학적으로 볼 때 소우주와 대우주의 일치(합일)를 추구하는 것이고 그 지혜의 해결을 인간의 육체에서 찾아 완성하려는 것[7]이다. 탄트라에서는 이러한 힘의 원천을 샥띠라 부르며, 여성성을 통해서만 이룰 수 있다고 여겼고, 그래서 여신(데비)은 새로운 지위를 가지게 되었다. 데비는 생산의 원천이자 무섭고 잔인한 힘을 소유한 응징자이며, 기존 질서의 파괴자[8]로서 자리를 잡는다. 이러한 흐름이 구체적으로 나타난 것은 8세기경에 접어들면서 데비의 존재가 산스크리트 문

---

5 *Ibid.*, p.144.

6 이광수, 『인도문화 특수성과 보편성의 이해』, 151쪽.

7 이광수, 「산스끄리뜨 딴뜨라에 나타난 여신 숭배가 갖는 사회 통합의 의미」, 『역사와 경계』, 2008.6, 67쪽, 255쪽.

8 John Freeman Richardson, "Purity and Violence: Sacred Power in the Teyyam Worship of Malabar", Pennsylvania: Degree of Doctor of Philosophy of University of Pennsylvania, 1991, p.707.

헌 안에 자리 잡게 되면서부터다. 토착민들의 여성숭배와 베다의 브라민 문화가 결합하여 '토착문화의 브라만화'[9]를 이루게 된 것이다.

2) 샥띠를 중심으로 한 여신숭배문화

토착문화는 비록 아랴에 의해 정치적으로 '브라만화'된 측면도 가지고 있지만 그보다 더 강하게 지역민들의 잠재의식과 무의식으로 내재화하였다. 이것이 께랄라에서는 여신숭배문화인 샥띠즘을 비롯하여 자연친화적 관념인 카브 문화로 이어지고 있다. 이러한 토착문화는 아랴가 침입하기 전의 고대로부터 토착민들이 이끌어왔지만, 두 문화가 긴 시간에 걸쳐 상호 투쟁과 갈등을 거듭하면서 융합하여 현재의 '힌두문화'를 형성하였다. 샥띠즘은 이 두 문화가 융합하는 과정에서 종교적 흐름으로 입지를 굳힌 신앙[10]이자, 여성적 힘인 샥띠를 우주의 절대적 원리이자 영원한 역동적 힘의 원천으로 간주하고 그것의 현현인 여신을 지고의 신으로 숭배하는 탄트라의 다른 이름[11]이다.

이러한 샥띠즘은 여성들의 사회적 지위를 높이는 데 기여하였고, 제사와 금욕 중심의 이성적 가치관이 지배적이던 사회에 육체와 에너지 중심의 영성적 가치관이 공존하도록 만들었다. 그래서 인도에는 이상적인 여성으로서 독립적이고 창조적인 모습을 띤 여성이 있는 반면 여필종부하는 수동적 여성이[12]이 혼재한다. 인도를 대표하는 두 서사시인 마하바라

9　이광수, 「산스끄리뜨 딴뜨라에 나타난 여신 숭배가 갖는 사회 통합의 의미」, 256쪽.

10　류경희, 「인도 여신신화와 여성정체성―여성정체성의 이중구조와 그 인도 문화적 의미」, 『종교연구』, 2006.12, 45쪽, 39쪽.

11　이광수, 『인도문화 특수성과 보편성의 이해』, 154쪽.

12　김우조 · 김주희 · 류경희, 「인도문화와 이중적 여성상(1)」, 『한국여성학』 제16권 1호, 2000, 155~156쪽.

타와 라마야나를 예로 들자면 마하바라타에는 파괴적이고 창조적인 힘을 대변하는 강인하고 독립적인 여성(두르가, 드라우빠디)이 많이 등장하는 데 비해 라마야나에는 남성중심의 가부장제가 지향하는 이상적인 지고 지순의 여성상(시타)이 나온다. 이러한 샥띠즘의 수용이 토착민중들의 카타르시스를 불러일으켜 아랴의 지배구조를 더욱 공고히 하였다[13]고 보는 시각들도 있다. 또다른 한편으로 어떤 논자들은 토착문화와 아랴 문화를 자로 긋듯 구분하는 것은 인도문화의 혼성적 특성상 무의미한 일이라고 여기기도 한다.

아랴와 토착문화 사이의 이러한 여러 논쟁들을 차치하고라도 샥띠를 근간으로 한 토착문화의 원리는 세계를 이해하는 핵심적 원리를 함축하고 있다. 샥띠즘은 남성과 여성을 둘로 나뉘어 대립하는 것이 아니라 하나로 이어져 작동할 때 진정한 샥띠, 힘을 얻을 수 있다[14]고 본다. 의식적 측면(이성, 남성)을 대변하는 시바는 에너지(몸, 여성)를 대변하는 샥띠 없이 움직일 수 없으며 근본에 다가갈 수 없다. 샥띠는 눈에 보이는 사회에서는 '피지배' 권력에 지나지 않을 수 있지만 '눈에 보이지 않는' 미묘하면서 내재적인 세계에서는 핵심적인 힘이 되는 것이다. 그것은 현상적 세계와 결코 무관한 것이 아니라 심층에 자리잡고 있으면서 보다 넓은 영역에서 삶의 원리에 생기를 불어넣어주며 보다 강력한 영향력을 행사한다. 이러한 강력한 힘들 때문에 지배계층은 예로부터 샥띠가 '사회-정치적 무질서를 야기하고 혼란을 가져올 수 있으며, 위험하고, 오염되고, 잠재적인 파괴적'[15]인 힘이라 오도하며 억압해왔던 것이다.

께랄라에서는 이러한 샥띠의 광폭하면서 파괴적인 힘을 민속연행에

13 이광수, 「산스끄리뜨 딴뜨라에 나타난 여신 숭배가 갖는 사회 통합의 의미」, 268쪽.

14 류경희, 『인도힌두 신화와 문화』, 서울 : 서울대학교 출판문화원, 2016, 434~435쪽.

15 John Freeman Richardson, *op.cit.*, p.708.

녹여왔다. 이때의 여신들은 강력한 파괴력을 가진 체제를 전복시킬 가공할 힘을 가지고 있는 것으로 묘사된다. 이런 샥띠의 힘을 지배계층이 두려워하고 우려해왔던 것은 샥띠의 진정한 의미를 모르고 오해해왔기 때문이다. 그것을 잘 드러내는 신화가 께랄라 카스트의 기원을 담고 있는 파라이 이야기[16]다. 파라이는 버려진 여자아이로 상자에 담겨 떠내려가다 어느 브라민 가정에 입양되어 길러졌다. 어느 날 와라루찌라는 한 브라민이 이 집에 들렀다 지혜로운 파라이를 보고 결혼을 결심하고 두 사람은 떠도는 생활을 함께 한다. 이들은 모두 열두 아들을 낳는데 아이들은 낳자마자 모두 버려진다. 이 버려진 아이들은 각기 다양한 직업을 가진 사람들이 기르게 되고 이 다양한 직업군이 현재 께랄라 카스트의 모태가 된다고 전해온다. 이 신화는 카스트가 본디 혈육을 따르는 것이 아니라 개인마다의 고유한 능력과 소질에 따른 구분임을 강변해준다. 가장 높은 계급 브라민과 결혼한 가장 낮은 계급의 여성 파라이의 이야기는 께랄라의 모든 카스트가 신분의 높낮이 없이 '우리는 한 어머니'에서 나왔다는 이상적 가치를 전파한다. 이렇듯 진정한 여성의 힘은 신분의 높고 낮음, 선과 악의 이분법적 구도, 삶과 죽음의 경계를 무너뜨리는 것이다.

타나두 나타캄을 대표하는 카발람에게 이러한 여신중심의 께랄라 토착문화는 삶의 가치관을 형성하는 데 중심축이 되었다. 그래서 카발람의 작품 속에는 국가적 연극으로서 고전극의 정수와 토착문화의 정수를 간직하고 있는 민속극적 요소가 융합되어 있다. 이러한 양상은 전통적 요소를 현대화하고자 하는 연극 활동가들에게 공통하는 특성이기도 한데, 이렇게 창작 작업에 많은 영감의 원천을 제공한 께랄라 개별 연행예술의 특성에 대해 살펴보도록 하겠다.

---

16 Kavalam Narayana Panikkar, *Sopanatathvam*, Sulini V. Nair Trans., Kozhikode: Math-
  rubhumi books, 2016, pp.12~13.

2. 산스크리트 연극 꾸디야땀

1) 발달과정과 훈련시스템

꾸디야땀은 2000여 년 넘게 사원에서 연행해온 현존하는 가장 오래된 산스크리트 연극으로 유네스코가 지정한 세계무형문화유산 1호다. 유네스코의 지정 후 전 세계 학자들이 꾸디야땀에 주목하였는데 다른 고전 산스크리트어 연극이 텍스트는 남아 있는 반면 그 연행방식을 알 수 없었던 상황에서 꾸디야땀은 텍스트를 체현하고 있었기 때문이다. 그래서 꾸디야땀은 과거와 현재를 잇는 다리로서 지대한 의미를 부여받았다. 꾸뚜와 아땀의 합성어인 꾸디야땀에서 '꾸뚜'란 말은 말라얄람어로 '함께, 결합하는'이란 뜻을 가지고 있고 '아땀'은 '연행, 연극, 연기'란 뜻을 가지고 있다. 꾸디야땀은 '함께 하는 연행'이란 뜻이 되는데 이 말은 꾸디야땀 상연 전통에서 유래하였다. 여러 날에 걸쳐 상연하던 관행을 가진 꾸디야땀은 공연 마지막 날에 여러 등장인물들이 한꺼번에 등장하여 연행했기 때문이다.

꾸디야땀은 978년에서 1036년까지 지배했던 쿨라쉑까라 시대에 좀 더 정교하고 복잡해졌다. 이 시기는 특히 미학적 측면에서 문화가 가장 융성했던 시기였는데 가장 위대한 학자들, 안무자들, 배우들이 활약하던 시기이기도 하다. 꾸디야땀은 이 시기에 완성되어 연행예술로서 제대로 모습을 갖추었다.[17]

하지만 꾸디야땀은 오랜 세월 사원에 예속해 있었고 사원 안에 있던 꾸땀발람이라는 내부무대에서만 공연하는 등 성스러운 사원극으로서 어느 누구도 변형을 가하거나 사원 밖에서 대중들 앞에 상연할 것을 시도

17　Richmond Farley, Darius L. Swann and Phillip B. Zarrilli, *Indian Theatre*, Honolulu: Hawaii University, 1990, p. 23.

짜끼야르 꾸뚜와 낭야르 꾸뚜

하지 않았다. 1949년에 파얀쿨람 라만 짜끼야르(Painkulam Raman Chakiyar 1905~1980)가 브라민 집에서 첫 공연을 한 것은 그때까지의 관행을 감안하면 상당한 모험이었다. 비평가들뿐 아니라 출생 가문의 반발과 비판을 무릅쓰고 파얀쿨람 라만 짜끼야르는 이후로도 매스미디어의 지원을 받으며 공공시설과 학교에서 상연을 하여 대중들 앞에 꾸디야땀을 소개하였다. 이를 계기로 꾸디야땀 연행자를 양성하는 사설 기관도 생기게 되었고, 조직적인 훈련 시스템을 안착화하여 공립전문예술학교인 께랄라 깔라만달람에서도 꾸디야땀을 교육하게 되었다. 이로써 짜끼야르 이외의 카스트에서도 꾸디야땀을 배울 수 있게 되었고, 사원 밖을 넘어서 해외로까지 상연활동을 다니게 되면서 꾸디야땀은 전 세계에 그 연극적 가치를 알릴 수 있게 되었다. 그럼에도 아직까지 꾸디야땀은 여타의 연행예술장르처럼 대중적이라고 볼 수는 없다.

20세기 전까지 꾸디야땀 훈련 과정에 있는 연희자들은 다른 연행예술장르를 관람하는 것을 금지 당했다. 이는 사원에 예속되어 있고 짜끼야르 카스트들만 연희자가 될 수 있었던 꾸디야땀의 특성상 고유의 장르를 보존하고자 하는 의지를 반영한 조치라 할 수 있다. 짜끼야르(Chakyar)

는 브라민 여성과 비브라민 남성 사이에 태어난 자손을 일컫는 카스트로 '반(半)브라민'이란 뜻을 가지고 있다. 전통적으로 짜끼야르 꾸뚜라 부르는 짜기야르 연행예술이나 꾸디야땀은 짜끼야르 카스트들만 연행할 수 있으며 여성의 역할은 낭야르(Nangyar 어머니가 브라민) 카스트가, 성스러운 타악기인 미라브는 남비야르(Nambiar) 카스트가 담당해왔다. 이 세 카스트는 사원에 예속해 있으면서 사원에 필요한 각종 업무를 담당하였고, 상연 전에는 엄격한 금욕 규율을 수행하고 있다. 이렇듯 기본적으로 꾸디야땀은 카스트를 기본으로 하는 연행예술이었기 때문에 전통적으로 짜끼야르 가문에서 장자들이 대를 이어 전승시켜왔다. 태어나면서부터 어떤 역할을 할지 미리 정해놓는 형태로 전승하였고, 8~10세 경부터 훈련을 시작했다. 어린 시절부터 스승을 따라다니며 무대 뒤의 일을 보조하다가 성장하면서 집중적으로 연행훈련을 받는다. 짜끼야르는 사회적으로 높은 계급에 속하지만 연행자들을 위한 경제적 여건을 따로 마련해주지 않았기 때문에 연행자들은 경제활동을 따로 해야 했고, 이는 꾸디야땀이 활성화되지 못하는 원인이 되기도 했다.

꾸디야땀의 훈련은 칼라리라 부르는 수련장에서 이루어지며 다른 여타의 연행예술수련처럼 새벽 3시 정도에 기상하여 강도 높은 신체훈련을 시작하고, 공부에 좋은 시간대라 여겨지는 오전 8시까지 산스크리트 영창법을 신체 움직임과 더불어 수련한다. 인도에서는 기본적으로 세상 모든 만물이 인간과 마찬가지로 특정한 자질을 가지고 있다고 여기는데 그것은 시간에도 적용된다. 그래서 24시간을 두세 시간으로 쪼개 각각의 시간적 특성에 어울리는 활동을 할 것을 권유한다. 오전 시간대는 '사라스와티'(예술과 배움의 여신)의 시간대로 여겨 새벽에 땀 흘리는 강도 높은 육체 훈련 뒤 음악과 함께 가장 중심이 되는 연행방식을 배운다. 꾸디야땀을 비롯한 신체훈련을 동반하는 많은 연행예술 수련을 이 시간대에 하는 원인도 여기에 있다. 아침 식사 후 본격적인 연기 매뉴얼을 익히는 수련을 들어간다. 오후 시간에는 눈 운동과 얼굴 근육 운동, 양식화한 손 제스처, 특정한 라가에 맞춰 악기 반주 없이 배우나 가수의 음성으로만 영창하는 산스크리트 시구인 슬로캄 영창 등을 훈련한다. 수련생들은 텍스트인 시 구절과 연기 매뉴얼을 모두 암기해야한다. 기초적인 수련을 마친 뒤에 수련생들은 산스크리트어와 말라얄람에 대한 문학적이고 언어학적인 심도 있는 공부를 시작한다. 그런 뒤 보다 복잡해지고 전형화한 연기술을 익힌다. 육체적인 수련뿐 아니라 정신적이고 철학적인 깊이를 연구한 수련생들은 거의 학자 수준[18]으로 깊은 지혜를 가지게 되며 그래서 예로부터 꾸디야땀 연행자들은 예술을 보는 눈이 높은 후원자들로부터 존경과 사랑을 받아왔다.

주기적인 수련을 통한 신체훈련 속에서 얻어진 몸의 체력과 함께 '자연스런' 동작의 획득은 몸의 각 부분별 훈련을 통해 얻어진다. 손과 팔, 발과 다리로 이루어진 사지 훈련에서 상체와 얼굴의 세부 움직임에 관한 훈련, 몸통과 하체의 훈련에 이르는 각 신체 부위별 움직임 대한 묘사는 그 다양성과 세밀함에서 감탄을 자아내게 한다.

꾸디야땀은 배우들이 산스크리트어 영창도 함께 하기 때문에 와찌카 아비나야(음성적 표현) 수련에 많은 방점을 둔다. 산스크리트어의 특성상 미세한 발음의 오류가 다른 뜻을 지니는 관계로 수련자들은 철저한 발음 훈련을 배우고 목소리의 떨림과 머리의 각도, 혀의 위치, 입술 모양에 따른 다양한 성음을 익힌다. 연희자들의 목소리는 멜로디가 없는 꾸디야땀 연행에서 중요한 멜로디 악기 구실도 겸한다. 현재까지 꾸디야땀 연행에 사용하는 멜로디는 20여 종류가 있으며 역할과 정조에 따라 멜로디를 선택한다.

---

18 *Ibid.*, p.92.

2) 극장 구조와 연행방식

꾸디야땀은 사원극이기 때문에 상연 자체를 성스럽게 여겨왔고, 께랄라 중부의 트리슈르(Thrissur)시에 있는 시바 사원에서 1년에 한 번 축제 기간 동안 상연해왔다. 상연 자체도 드문 데다가 이 시바 사원은 비힌두들에게 철저히 출입을 금하는 관계로 꾸디야땀 관람객은 극히 소수에 지나지 않았다. 상연장인 꾸땀발람은 500여 명 안쪽의 소수 관람객들만을 수용할 수 있는 중극장 규모로, 50~72 피트 사이의 직사각형 모양의 나띠야샤스뜨라에서 규정하고 있는 사원 극장 구조를 따르고 있다. 꾸땀발람 내부는 정교한 조각과 복잡한 미술작업으로 장식하였고 탁월한 청각적 장치를 가지고 있다.

꾸땀발람 무대 중앙에는 램프가 있어 연행자들의 얼굴표정과 움직임을 가까이서 볼 수 있도록 빛을 조명하는 구실을 한다. 무대 좌우로 등·퇴장로가 있으며 연행자들 뒤쪽 무대 중앙에 '미라브'(Mizhavu)라는 꾸디야땀 전용 악기가 위치한다. 주된 반주는 미라브로 하는데 동으로 만든 몸통에 소가죽을 씌운 타악기로 성스러운 악기로 간주하여 성인식도 치러주고 수명을 다했을 때는 화장을 시켜준다. 1950년대 이전까지 미라브

꾸땀발람

꾸디야땀 반주 악기들. 왼쪽부터 미라브, 이다꺄, 꾸리딸람

는 사원 밖에서 연주하는 것을 금지해왔으나, 현대화의 추세에 맞춰 지금은 사원 밖뿐만 아니라 해외까지 공연을 다닌다.

현재 공연하는 꾸디야땀의 레퍼토리는 대부분 바사의 작품들이고 하르샤와 샥띠바드라의 작품들도 상연한다. 이들 작품의 대부분은 마하바라타나 라마야나 서사시에 근거한다. 꾸디야땀은 하룻밤에 전체 작품을 상연하지는 않는다. 정교한 공연인 꾸디야땀의 전체 이야기를 모두 상연하려면 적게는 5일에서 많게는 41일이 걸린다. 한 줄의 시를 전달하기 위해 세 시간을 공들이는 것이 예사이기 때문이다. 상연을 할 때 첫째 날한 인물이 등장해 자신을 소개하고 다음 날은 같은 인물이 이야기를 설명하고 둘째 날 인물이 다시 자신을 소개하고 이야기를 소개한다. 이런 식으로 자신들의 관점에서 이야기와 스스로를 소개함으로써 전체 이야기를 알 수 있게 된다. 이야기는 관객들과 연관지어 설명한다. 이런 소개를 니르와하남(Nirvahanam)이라 말하는데 관객들은 이를 통해 서구 연극처럼 수평적이고 직선적인 경험을 하지 않고, 수직적인 경험의 시리즈로써 배우들이 각각의 순간에 느끼는 다양한 분위기를 경험[19]할 수 있게 된다. 마지막날이 되어서야 비로소 전체 공연을 볼 수 있지만 그것도 아주

84

제4부 우리 자신의 연극을 우리 자신의 방식으로

19 Erin Mee Baker, "Decolonizing Modern Indian Theatre: The Theatre of Roots", *op. cit.*, pp.434~436.

짧은 동안뿐이다.

꾸디야땀 상연에서 가장 중요한 것은 텍스트보다 '아타쁘라카람' (Athaprakaram)인데 이는 정교화한 연기 매뉴얼로 연기방식, 움직임, 분위기, 제스처, 정밀한 동작 등 연행에 필요한 모든 요소들을 정립해놓은 것[20]이다. 아타쁘라카람은 스승이 제자에게 전수해왔고, 전형화한 관습을 따른다. 장기간에 걸친 꾸디야땀 상연은 마지막날 주요배우가 왕관을 벗고 무

비두사카

대 위에서 램프의 불을 끈 뒤 퇴장 전에 기도와 부복을 올리는 제의식으로 끝을 맺는다.

꾸디야땀에서 주목할 만한 역할은 일종의 어릿광대라 할 수 있는 비두사카다. 14세기 이후 꾸디야땀은 신들에게 헌양하는 공물로 진상하였고 이와 함께 연기법이 양식화하면서 고도의 예술적 세련미와 비두사카의 위상이 강화되었다.[21] 비두사카가 산스크리트극에 등장하게 된 배경은 민중들 사이에 전해오던 어릿광대 전통을 지배계급들이 완전히 버리기 어려웠던 데다, 도덕적이면서도 해학과 재미를 창조할 역할이 필요했기 때문이다.[22] 비두사카는 산스크리트어와 말라얄람어를 기묘하게 혼합하여 말장난과 재치 문답, 문법 왜곡과 파괴 등의 언어유희를 즐겨 하며 사회적 제도나 관습들을 희화화하고 비판한다.

20 *Ibid.*

21 허동성 · 정순모, 『동양전통연극의 미학』, 서울 : 현대미학사, 2004, 168쪽.

22 Montgomery Schuyler, "The Origin of the Vidūṣaka, and the Employment of This Character in the Plays of Harṣadeva", *Journal of the American Oriental Society*, Vol.20, 1899, pp.338~339.

3) 연기 미학과 현대연극에서의 접목방식

연기에 시가 더해진 것이 꾸디야땀[23]이다. 꾸디야땀은 나띠야샤스뜨라의 원칙을 따르지만 다른 점도 있다. 전자가 연기(나띠야)에 초점을 맞추고 산문적이라면 후자는 춤(아땀)에 초점을 맞추고, 운문적이다. 또한 나띠야샤스뜨라는 여러 역할을 무대 위에 올리지만 꾸디야땀은 1인극을 선호한다. 그렇기 때문에 꾸디야땀은 배우의 연극이 된다. 특히 바라타(나띠야샤스뜨라 저자)가 힌트를 준 '상상적 연기'(마노다르맘 Manodharmam)는 꾸디야땀에서 완전한 형태를 갖추었다. 그리고 1인 다역(빠가르나땀 Pakarnattam)을 나띠야샤스뜨라는 허용하지는 않았지만 꾸디야땀에서는 받아들였다. 1인 다역은 연기자의 상상력을 자극하여 역량을 마음껏 발휘하게 해준다. 배우들은 자신의 역할뿐 아니라 자신의 역할에서 빠져나와 묘사하고자 하는 상대역, 또는 신화 속의 인물을 자기가 맡은 역할만큼 정교하고 자세하게 묘사한다. 일종의 메타연극적 요소를 띠는 셈이다. 이러한 상상적 연기와 1인 다역의 연기 매뉴얼은 국가적 연극을 창조하는 데 크게 기여한 중요한 개념[24]이 되었다.

이러한 정교한 연기 발전 과정에서 특히 주목을 받는 연기법은 '죽음'에 관한 것이다. 꾸디야땀은 죽음의 연행예술이랄 만큼 그 묘사를 세밀하게 한다. 20분에서 30분에 이르는 동안 하나의 생명이 소멸해가는 과정의 호흡과 신체 변화를 정말로 '죽어가듯이' 연희한다. 이것은 프라나(Praṇā)라고 부르는 생체 에너지 통제를 통해 가능해진다. 애써서 죽어가는 것을 연기하는 것이 아니라 죽어가는 내부의 에너지를 조절함으로써

---

23 Pramod Chavan, "Kutiyattam and Its Link With Natyashastra And Their Relevance With Contemporary Sanskrit Theatre With Special Referance To K. N. Panikkar;s Productions", Baroda: Ph.D of The Maharaja Sayajirao University Of Baroda, 2015, p.547.

24 *Ibid.*, p.548.

그것이 가능해진다. 프라나의 통제는 우리가 흔히 의식적으로 통제하는 것이 불가능하다고 믿고 있는 얼굴색이나 땀, 근육의 경련, 심장 박동 수 등 신체 내장 기관의 변화를 가져오고 얼굴색을 변하게 한다. 말 그대로 몸으로 하는 연기다. 호흡과 프라나 통제를 통한 그들의 몸은 신계와 인간계뿐 아니라 존재하는 모든 것들을 표현할 수 있다.

그래서 인도 전역에서, 그리고 해외에서도 꾸디야땀 연기법을 배우기 위해 연기자들이 께랄라로 많이 찾아온다. 연극 연출가들도 꾸디야땀의 연기법을 자신들의 작업에 많이 활용하였는데 특히 카발람은 자신의 작품에서 짜끼야르 꾸뚜와 꾸디야땀 요소를 적용하였다. 카발람은 짜끼야르 꾸뚜와 꾸디야땀이 소소한 장면 하나를 가지고도 완전히 독립적인 연극 작업으로 발전시킬 수 있을 만큼 표현성이 뛰어나는 점에 착안하여 이것을 드라마투르기에 사용하였다. 특히 짜끼야르가 몸을 사용해서 음성, 신체, 정서 등 표현의 모든 측면을 이해할 수 있도록 다루는 부분에서 많이 경도되었다.[25]

3. 전통무술 칼라리파야투

1) 유래와 발달 과정

칼라리파야투는 2, 3000년의 역사가 있는 께랄라 전통무술로 떼이얌, 카타칼리, 꾸디야땀 등을 비롯한 께랄라의 많은 연행예술의 기본 신체훈련과 움직임, 다양한 표현을 창조하는 데 영감을 주었다. 칼라리파야투

25 Trilok Mehra Singh, "Creative Use of Elements of Indian Traditional Theater in Modern Play Productions for Evolving an Indigenous Style - An Analytical Study", Vadodara: Ph.D of The Maharaja Sayajirao University, 2013, p.83.

의 신체 수련법은 그 방식이 독특함에도 일반적인 신체의 유연성과 스태미나, 그리고 에너지 흐름을 모으는 데 도움을 주기 때문에 전세계의 무용가들과 예술가들이 안무나 움직임 수련법으로 많이 활용하고 있으며 때로는 상업적인 영화의 전투 장면에 응용하기도 한다.

인도인들은 달마대사가 불교와 함께 중국 소림사에 칼라리파야투를 전파했다고 믿고 있으며 무술의 어머니라 일컫는다. 칼라리파야투 창설 신화는 비슈누 신의 화신이자 시바 신의 제자인 파라수라마[26]와 연관이 있다. 보통 도끼를 든 성난 브라민으로 묘사하는 파라수라마는 께랄라를 타밀나두에서 분리시킨 브라민인데 전설에 따르면 파라수라마가 던진 도끼가 현재의 께랄라 지역 경계가 되었다고 전해진다. 파라수라마는 칼라리파야투의 창시자로서 바다에서 108가지 형상을 만들어 42칼라리를 설립하고 21마스터를 교육하여 칼라리를 보호하고 교육하도록 만들었다고 신화에서는 전한다. 이후 마스터들이 칼라리를 육성하여 께랄라 전체에 걸쳐 108군데의 칼라리를 활성화하였다. 칼라리를 처음 전수한 파라수라마는 브라민들에게만 칼라리파야투를 전수하였는데 그러한 높은 계급의 통치자들을 일컬어 '나야카'라 불렀고, 거기에서 현재의 나야르 카스트가 유래[27]하였다. 그래서 칼라리파야투 마스터들은 나야르 카스트에서 많이 배출하고, 께랄라의 중요한 칼라리파야투 구루쿨람(유파)도 나야르계급이 많이 이끌고 있다. 이렇듯 나야르들은 많은 무술전통을 정립하고 계승·발전시키는 데 기여하였다. BC 4세기~AD 6세기에 해당하는 상감시대(쩨라, 쫄라, 판디야 왕조) 초기 무술 전통은 말타기와 무기 훈련을 필수로 하였고 공동체의 대표로 선출된 사람은 일종의 영웅으로서 전장에서 전사하는 것이 상례였다. 7세기경에는 브라민들이 께랄라에 이주해와 정착하면서 칼라리파야투를 지방 브라민 조합이 건설한 '짜타르'(학교)

---

26 P. Balakrishnan, *Kalarippayattu*, Calicut: Poorna Publications, 2003, p.3.

27 *Ibid.*, p.6.

에서 교육[28]하였다. 이 시기 남인도는 독특한 문화를 꽃피운 문화의 전성
시대였을 뿐 아니라[29] 칼라리파야투의 전성기이기도 했다.

칼라리파야투는 고대로부터 전해온 궁술과 무기술을 비롯한 군사적
기술에 관한 과학인 다누르베다와 밀접한 관련을 맺어왔다. 다누르베
다는 웰빙과 삶의 지식을 다루는 경전인 아유르베다에 기원을 두고 있
다. 특히 다누르베다에서는 무술과 명상 사이의 밀접한 관계를 분명하
게 정립시켜놓았다. 칼라리파야투는 12세기부터 지역별, 구역별로 전파
하였고, 다누르베다, 아유르베다, 요가와의 관련성이 문서화한 텍스트
에 직접 전해 내려오는 시기도 이때부터다. 칼라리파야투가 단순한 전
투의 기술이 아니라 자기 통제, 심리적 평안, 한 점으로의 집중 등 정신
수련과 밀접한 관련을 맺게 된 것도 여기서 기인한다. 또한 이 시기의 전
설적인 통치자인 체라만 페루말(Cheraman Perumal 또는 라마 꿀라섹까라 Rama
Kulasekhara 1089~1122)에 이르러 칼라리파야투는 정점에 이르러 그 종류도
가장 많았으며, 께랄라 전역에 걸쳐 칼라리파야투는 왕성한 발전을 이루
었을 뿐 아니라 무슬림과 크리스찬에게까지 교육을 확대하였다.

12세기 말 쩨라 왕조가 분산되어 소규모 여러 왕조로 난립하게 되자
왕국들은 각국의 이익을 위해 군사적 기술을 필요로 하게 되었고 칼라리
파야투를 훈련시키던 나야르 계급이 급부상하여 그 세력을 확장하게 되
었다. 칼라리파야투를 행하던 무사들은 왕에게 죽음을 불사하는 헌신을
맹세했고, 15세기에는 말 그대로 '죽을 때까지' 전투하여 왕께 충성을 바
쳤다. 맨몸으로 맞서면서도 두려움 없이 실전에 응전했던 칼라리파야투
전사들의 신출귀몰한 능력 앞에서 다른 주의 침입자들은 두려움에 떨었
다고 한다.

28 Phillip B. Zarrilli, *When the Body Becomes All Eyes*, New Delhi: Oxford University
    Press, first pub.1998, oxford india paperbacks 2001, p.30.
29 김형준 엮음, 『이야기 인도사』, 서울 : 청아출판사, 1998, 260~262쪽.

이렇게 발전을 거듭하여 마을 단위로까지 널리 퍼져 있던 칼라리파야투는 영국이 식민통치 기간 동안 수련을 금지시킴으로써 암흑기를 맞는다. 영국은 무엇이 두려워 칼라리파야투를 금지시켰을까? 그 원인은 워털루 전투에서 나폴레옹을 패배시킬 정도로 천하무적이었던 웰링턴 장군의 일화에 담겨 있다. 웰링턴 장군이 인도 동인도회사의 통치자로 부임했을 때 북께랄라 작은 소왕국의 파르시 왕은 그들에게 큰 골칫거리였다. 당시 인도에는 500여 개가 넘는 군소 왕국이 있었는데 큰 왕국은 작은 왕국에게 공물을 받는 대가로 외부의 침입으로부터 작은 왕국을 보호해주던 게 관행이었다. 당시 파르시 왕은 자신의 왕국보다 큰 왕국뿐 아니라 영국의 통치도 거부했기 때문에 눈 밖에 나서 이미 자신의 왕국에서도 쫓겨나다시피 한 상태였다. 그런데도 굴하지 않고 숲의 부족민들과 연합하여 대항했다. 파르시 왕이 거느린 부족민들은 신출귀몰한 재주로 영국군과 다른 큰 왕국의 병사들을 옴짝달싹 못하게 하며 곳곳에서 승리를 거두었다. 칼라리파야투의 전통복장인 생식기만 겨우 가리는 허리띠(까쩌)만 찬 맨몸에 칼과 화살만으로 총과 대포 앞에 맞서던 그들은 번개처럼 빨랐고 마치 뼈가 없는 것처럼 움직였다. 영국인들은 눈 깜짝할 새 공격한 뒤 어느새 사라지고 없는 부족민들을 보며 귀신이라고 여겼다고 한다. 나폴레옹마저 무릎 꿇린 웰링턴 장군은 숲속의 볼품없는 입성의 부족민들에게 패배함을 용납하기 힘들었을 테고 정체불명의 위협적인 무술의 존재가 두려웠을 것이다. 그래서 부족민들과의 전투에서 패배한 이후 영국 식민 정부는 칼라리파야투뿐 아니라 인도 전역에서 위협적으로 성장할 수 있는 전통 무술 수련을 금지시켰다. 영국뿐 아니라 15세기 말부터 시작된 포르투갈과 해외 열강의 침입은 칼라리파야투에도 영향을 미쳐 보다 깊이 있고 비밀스런 훈련이나 높은 능력을 요하는 훈련이 누락되는 결과를 가져왔다. 그러다가 1920년대에 영국식민통치에 저항하며 남인도 전통 발견을 위한 시도가 일어나면서 몇몇 지도자들이 칼라리파야투 연합을 결성하여 그들의 방식을 구축했다. 나라야난 나

제1부 우리 자신의 언어를 우리 자신의 방식으로

야르(C.V. Narayanan Nayar 1905~1944)와 코따깔 카르나란 구루쿨(Kottakkal Karnaran Gurukkal 1850~1935)은 대표적인 지도자들이다. 그들은 훈련의 시스템을 정비하고 조직화를 이끌어냄으로써 하나의 스타일을 구축하였고 칼라리파야투의 부흥에 크게 기여하였다. 그리고 현대인들에게 필요한 새로운 시퀀스를 계발하여 칼라리파야투를 전파하고 육성하였다. 특히 나라야난 나야르는 께랄라 전체에 걸쳐 지부가 있는 C.V.N. 칼라리 시조로서 전세계로 시범과 시연을 다니며 칼라리파야투를 세계적인 입지로 끌어올리는 데 공헌하였다.

2) 칼라리 구조와 구루-쉬시야 전승체계

칼라리파야투 수련장인 칼라리 부지[30]는 예로부터 물가에서 떨어지고 사람들이 사는 곳과 가깝고 바드라깔리나 바가반을 모시는 사원 근처로 택했다. 광폭하고 용맹스런 바드라깔리 여신은 시바 신의 분노로 탄생시킨 처녀신으로 길들여지지 않고 굴복시킬 수 없는 힘을 상징한다. 바가반은 유지의 신 비슈누의 다른 이름인데 왕조의 독립과 성공을 기원하기 위함이다. 칼라리를 건축할 때는 반드시 전문가의 조언을 들었고 성스런 의식에 따라 사제들이 만트라를 음송했다. 칼라리 내부에는 일곱 신을 상징하는 일곱 계단의 '뿌따라'라는 성소가 남서쪽을 향해 있다. 수련자들은 매일 아침 신에게 바치듯 뿌따라 앞에 신선한 꽃과 물을 바치고 향을 피운 뒤 기름 심지를 드린 램프에 불을 붙인다. 수련자들은 기본적인 신체 훈련과 무기술을 연마한 후에 뿌따라 경배를 배우는데 이는 몸의 내부 에너지를 깨어 있게 하는 데 중요한 신체적·정신적 수련이다.

전통적으로 칼라리파야투 수련장은 4피트 정도 땅을 파고 3피트 정도 높이에 지붕을 얹고 땅에는 붉은색의 젖은 진흙을 발라 부드럽게 다진

---

[30] P. Balakrishnan, *op.cit.*, pp.12~13.

뿌따라와 칼라리 내부

다. 칼라리에 들어서면 마음이 경건해지는데 이 경건함은 칼라리 구조에서도 기인한다. 땅을 파는 것은 체온을 유지하고 엄중한 수련 분위기를 조성하는 데 도움을 주기 때문이다. 수련복으로는 맨몸에 까쨔라 부르는 허리에서 생식기를 감싸는 천을 두르고 온몸에 기름을 칠한다. 기름은 체온을 유지하고 부상의 크기를 줄이며 부상 후에도 마사지를 통해 빨리 회복하도록 돕는다. 수련장에 발을 들여놓을 때는 반드시 오른발을 먼저 내디뎌야 하고 수련생들은 스승님께 먼저 인사를 드리고 신께 경배 드린 뒤 가볍게 몸을 푼다. 몸 풀기가 끝나면 스승의 구령에 맞춰 연속동작을 한다. 스승의 구령은 마치 음악의 리듬과 같이 수련생들의 호흡과 에너지를 조절하고 통제하는 역할을 한다. 이때의 구음은 뇌리에 각인 되어 스승이 안 계시더라도 '소리 없는 소리'로서 스승이 계실 때처럼 몸의 흐름을 통제할 수 있도록 만든다. 신체 훈련이 끝나면 발로 하는 칼라리 마사지를 받는데 이 마사지는 수련생의 유연성을 기르고 스태미나를 키우는 데 기여한다.

칼라리파야투는 전통적으로 구루쿨람(Gurukulam)이라고 하는 도제시스템에 맞춰 제자(쉬시야)들이 스승(구루)과 함께 머무르며 수련해왔다. 구루쿨람은 스승을 뜻하는 '구루'와 가족이나 그룹 혹은 계보를 뜻하는 '쿨람'의 합성어인데 보통 전통의 유파를 일컬을 때 창시자인 구루 이름을 따

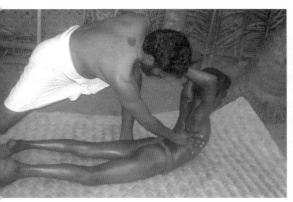

칼라리 마사지

서 앞에 붙인다. 우리가 '○○○류 살풀이'와 같이 스승의 이름을 딴 유파로 나누는 것과 비슷하다. 칼라라파야투의 훈련은 지역이나 구루쿨람에 따라 차이가 있는데 크게는 북부와 중부, 남부 지역으로 나뉜다. 북부에는 전투 무기 훈련에서 시작하여 맨몸 싸움과 신체 흐름을 중시하는 연속 동작 훈련이 발달했다. 남부엔 명상의 힘과 생체에너지를 비중 있게 다루는 급소 공격과 조르기 기술이, 중부에는 하체 힘과 속도에 가장 큰 비중을 둔 발동작이 발달했다. 일반적으로 북부 지역은 보다 전통적인 칼라라파야투의 맥을 이어가고 있으며 남·중부지역은 가라데도나 쿵푸 등의 영향을 받아 혼합된 양상을 띠고 있다.

　수련생들이 칼라리파야투에 입문하기 위해서는 '구루 닥쉬나'라고 부르는 입문 의식을 치른다. 성스런 날을 잡아 입문하는 새벽에 목욕재계하고 사원에서 정갈한 심신으로 기도 드린 뒤 동쪽을 향해 스승에게 '닥쉬나'를 한다. 이때 오른손을 위로 오게 양손을 포갠 뒤 '빤'이라 부르는 손바닥 크기의 푸른 잎사귀에 '아라까(빈랑야자)'라는 밤톨 크기의 열매를 동전과 함께 스승께 드린다. 그러면 스승은 훈련 시 몸의 중심을 잡아주는 '까짜'라는 하의를 준다. 이 하의는 폭 7~8cm에 길이가 3미터 정도 되는 면으로 된 천인데 이 까짜를 허리에 두르면 훈련을 시작할 준비를 갖춘 것이 된다. 수련생들은 구루 닥쉬나 후 스승께 절을 올린다. 이 절은

구루 닥쉬나

온몸을 바닥에 닿도록 엎드린 채 양손을 머리 위로 하여 스승의 발밑에 바치는 의식으로 자의식을 모두 내려놓은 채 스승의 가르침에 절대복종함을 의미한다. 우리가 스승의 그림자를 함부로 밟지 않았듯 쉬시야들은 구루를 아버지보다 더 높이 모셔야 한다. 구루 닥쉬나 이후 수련생은 스승의 제자인 쉬시야가 되고 쉬시야는 구루와 삶을 함께한다. 스승이 눈을 뜨면 제자들의 수련이 시작되고 스승이 가는 곳에 제자들이 따른다. 구루가 산스크리트어로 '어둠을 몰아내는 자'인 것은 정신적인 측면만을 의미하는 것이 아니라 물리적인 측면까지 포함하는 셈이다. 쉬시야들은 질문을 통해서가 아니라 체험함으로써 깨우친다. 구루는 쉬시야가 영적으로 진화할 수 있도록 어둠에서 빛으로, 무지에서 앎으로 이끌어준다. 하지만 현대에 와서는 인도도 서구화된 교육체계를 도입한 뒤 전통적 구루 쉬시야 체계가 많이 약해졌고, 쉬시야들은 예로부터 탈바꿈을 통한 영적 진화를 목표로 했으나 오늘날에는 분업화하고 전문화한 세계에 필요한 지식을 전달받고 있는 것이 현실이다.

3) 신체 훈련의 목표와 방식

칼라리파야투 신체 수련의 목표는 "메이 깐느아우카(몸이 모두 눈이 되게 하라)!"다. 이를 위해 특정한 연속 동작으로 이루어진 신체 통제력 훈련(메이 파야투)을 가장 먼저 한다. 이 수련에서는 다리 근육을 키우고 다양한 발 움직임을 배운다. 그리고 나서 공격과 방어를 위한 유연하고 우아한 몸의 움직임을 키우는 수련을 함으로써 생체 에너지의 순환과 통제력을 키울 수 있게 만든다. 이와 함께 8가지 동물형상을 본 딴 자세(와디브) 훈련을 한다. 이것은 동물의 움직임에서 발견할 수 있는 유연함과 균형감을 배움과 동시에 몸 안의 기운을 깨어 있게 하고 각 동물이 가진 핵심적 에너지 흐름에 집중케 하는 훈련이다.

이와 같이 기본적인 신체 통제력을 익힌 이후에는 다양한 무기를 다룬다. 긴 막대(께뚜까리), 짧은 막대(체루와디), 둥근 막대(오따) 순으로 나무 막대 훈련을 먼저 익히는데 이 수련은 가장 기초적인 수련이면서 다음 단계의 수련을 위해 숙련도를 높여주는 초석이 된다. 다음부터는 전쟁터를 상정한 실전 훈련인데 단도(까타람), 칼과 방패(뿔리앙감), 창(쿤탐), 창과 방패(마라삐디짜 쿤탐), 곤봉(가다), 유연한 칼(우루미) 등과 같은 순서로 배운다. 길이 4~5.5피트 정도의 칼을 손에 감아쥐고 시작해서 적수를 보는 순간 순식간에 칼을 땅에 치며 불꽃 튀는 승부를 내는 유연한 칼, 우루미의 경우 잘못 다룰 경우 치명상을 입기 때문에 다른 모든 무기 수련을 마스터한 사람들만 훈련할 수 있다. 무기를 선택하고 누가 어떤 무기를 사용할 것인가는 전적으로 구루에게 달려 있다. 수련자에게 맞는 무기가 무엇인지를 가장 잘 알기 때문이다.

기본적인 신체 훈련과 무기술을 마스터한 수련생들이 최종적으로 배우는 것은 마르마라고 부르는 급소를 공격하는 맨손 싸움이다. 조르기, 던지기, 찌르기 등의 기술로 마르마를 공격해서 적을 무력화한다. '마르마'는 산스크리트어로 '죽음' 혹은 '죽음에 가까운'이란 말에서 비롯했

와디브와 무기 대련. 왼쪽 위부터 시계 방향으로
꾸꾸다(닭) 와디브, 가자(코끼리) 와디브.
맨몸대련, 단검

다. 인체에는 107군데 마르마가 있어 심각하게 부상을 입을 경우 즉사하
거나 며칠 또는 몇 달 안에 죽게 된다. 때로는 검지로 마르마를 가리키는
것만으로 상대를 제압하기도 하는데, 마르마 공격으로 마비되거나 통제
당하는 몸은 어떤 치료로도 통하지 않으며 오직 마르마를 공격한 사람이
풀어줄 때에만 제 기능을 찾을 수 있다고 한다. 이 수련은 치명적인 기술
인 만큼 아무에게나 전수하는 것이 아니라 헌신적이며 규칙을 따르고 지
식을 남용하거나 악용하지 않을 거라 믿는 학생들에게만 구루가 직접 전

수한다. 만약 그러한 제자를 발견하지 못할 때 그 전통은 맥을 이어가지 못한다.

4. 제의적 민속연행예술

께랄라의 민속연행예술은 께랄라 전통극 연행방식에 상호 영향력을 주고 받아왔다. 카발람의 경우 복잡한 사회 속의 제의식과 원주민들 사이의 제의식 사이에는 기본적인 차이점이 존재하는데 전자에는 정서가 없다고 판단하였고, 현대연극에서 개인과 사회는 제의식과 같은 역동적인 재건축이 필요한 관계라고 규정[31]하였다. 제의식을 사회적 행위의 복원으로써 개인의 가장 밑바닥에 감춰놓은 무언가에 심리적으로 접근하는 것으로 이해했던 카발람은 배우가 인물로 탈바꿈하는 과정이 제의적인 과정과 비슷하다고 보았다. 카발람은 지역적 연극전통의 공통한 특성은 배우에서 역할로 탈바꿈하는 것인데 이러한 탈바꿈은 다양한 차원에서 일어나며, 다양한 정도의, 다양한 실천형식을 부족민들이 만들어왔다고 보았다. 민속연행에서의 탈바꿈의 과정이 배우가 인물로서 삶의 외적인 갈등을 실어 나르는 연기적 본질과 상응한다고 본 것이다. 실제로 부족민 연기자들에게는 자신 안에 또 다른 트랜스의 껍질이 존재하고 있으며 그 '껍질 깸'을 억압하지 않는다. 그것은 민속예술이 가진 민중적 특성이라고 할 수도 있는데 연행자들은 근엄한 제의식을 진행하는 중간에 연행자 자신으로 돌아와 물을 마시거나 땀을 식히는 등의 일상적 행위를 아무렇지 않게 마치 연행의 일부인 듯 행하는 경우가 흔하다. 가장 오래된 부족민의 형식에서 이러한 탈바꿈은 생동감 있게 삶과 아주 밀접하게 연결되어 있는 것이다.

---

31 Trilok Mehra Singh, *op.cit.*, p.85.

1) 떼이얌

북께랄라(깐누르, 카살코드, 콜리코드) 지역의 대표적인 의식무인 떼이얌
은 1500여 년 전부터 연행되어온 것으로 여겨진다. 떼이얌의 문자적 의
미는 '신' 또는 '신성, 환생' 등을 뜻하는데 이는 께랄라 전통 연행예술에
서 선조 숭배를 위한 전형적 이미지다. 그 규모와 다양성이 500종이 넘
는 떼이얌은 지역에 따라 떼이야땀, 티라, 깔리야땀 등과 같은 다른 이름
으로 부르기도 한다. 떼이얌의 기원은 토테미즘과 조상숭배까지 거슬러
올라간다. 몇몇 영들은 모든 물질에 생명력을 부여하는 물활론적인 기원
을 가지고 있고[32] 깔리와 같은 여신도 있지만 때로는 의로운 일을 하고도
비참한 죽음을 당한 뒤 그에 대한 보상으로 신성을 갖게 된 지역의 영웅
이나 전설적인 인물들이 떼이얌으로 화하기도 한다. 떼이얌은 마을의 신
화나 전설 속에 나오는 영웅이 떼이얌을 연행하는 사람의 몸으로 들어와
마을의 안녕과 평안을 기원하는 제식적 성격이 강한 연행의식이다. 떼이
얌은 연행자의 육체적 자세, 움직임, 분명한 발성을 통해 관중들과 함께
신화적이고 제의적인 상상력을 재창조한다.

떼이얌은 우기의 절정인 7~8월경을 제외하고 1년 내내 행하지만 12
월부터 2월 사이에 보다 집중적으로 연행한다. 떼이얌은 종교적인 의례
로서뿐 아니라 결혼, 출산, 가옥건축, 질병, 재난, 사고 등과 같은 공동체
공통의 이슈를 위해서도 행한다. 떼이얌을 통해 마을 주민들은 공물을
바치며 질병의 위협과 공포에서 해방되기를 염원하였다. 떼이얌을 보러
오는 관중들은 떼이얌 연행자를 본다기보다 '꼴람'이라 부르는 신의 형상
을 보러 온다.

몇 세기에 걸쳐 떼이얌의 형식은 발전해왔고 떼이얌 연희자는 만난

---

32 최용우 외, 『아시아의 무속과 춤:일본 · 인도』, 서울 : 민속원, 2007, 316~317쪽.

(MANAN), 벨란(VELAN), 말라얀(MALAYAN)[33] 카스트에 속해 있다. 떼이얌을 연행하는 장소는 카브(Kavu)라고 부르는 들이나 광장, 산 등의 임시 사원이거나 건축물이 있는 사원인 쉡뜨람(Kshetram)이다. 카브 문화는 께랄라 토착민들이 자연에 대한 경외심을 담은 자연관이자 모신숭배를 상징적으로 드러내는 문화다. 전통가옥에는 예로부터 자신들만의 사원이나 자연을 상징하는 뱀신을 모시는 장소가 있는데 이를 일컬어 '스타남' 혹은 카브라 불러왔고 나중에 이 말은 자연친화적인 세계관 자체를 일컫는 말이 되었다. 보통 떼이얌은 특정한 모신을 모시는 문화에서 행한다. 떼이얌은 인도 민속예술의 장관을 실현시키는 대표적인 예로서 연희자는 강렬한 색채의 분장을 하고 거대한 조형물을 머리에 쓰는데 어떤 경우는 그 높이가 무려 12미터에 달하기도 한다. 거대한 크기의 왕관과 육중한 의상을 비롯하여 가면에 가까운 분장은 모두 자연에서 채취한 것을 사용한다. 대나무, 바나나 줄기의 속살, 새로 난 코코넛 잎, 꽃 등을 아주 예술적으로 장식하여 꾸민 왕관과 의상은 보는 이들의 감탄을 자아낸다. 무구로 사용하는 무기는 신의 힘과 권위를 상징하므로 가장 중요하다. 이러한 무기들은 성소에 모셔졌다가 떼이얌을 행할 때 신성한 의식을 치른 뒤 떼이얌 연행자 손에 쥐여준다. 공연 전 성스런 목욕이랄 수 있는 제의적 씻김이 있는데 많은 절차를 거쳐 공연자를 정화한 뒤 공연을 시작한다. 관중들은 단순한 관람만을 하는 게 아니라 준비 과정에서부터 적극적으로 참여하며, 공동의 의식을 치른다. 춤을 출 때 타밀 지역에서 유래한 도땀(Thottam)이라 부르는 주술적 영창을 하는데 이는 여신에 대한 경배를 담고 있다. 신께 헌양하는 단순한 동작의 연속으로 연희자의 에너지는 상승하여 광폭한 기운으로 무대와 객석을 이리저리 휘저으며 관람객을 압도한다. 이 순간 연희자들은 연기자로서가 아니라 신에

33 Kerala Sangeetha Nataka Akademi, *Theyyam*, Thrissur: Kerala Sangeetha Nataka Akademi 1978, 1987 second, 2000 third, p.44.

떼이얌의 마무리 의식

게 몸을 빌려준 화신으로서 압도적인 카리스마를 지닌다.

떼이얌 연행자로서 입문하기 위해서는 6~7세부터 가풍에 따라 칼라리에서 수련을 받으며 제일 먼저 선배 연희자에게 횃불을 비춰주는 역할에서 시작해 무대 공연을 자주 접함으로써 현장 체험을 통해 역할을 전수받는다. 떼이얌 연행자들은 떼이얌이 있기 41일 전부터 행동거지, 섭생, 걸음, 잠까지 일상의 일 하나하나 금욕적으로 행한다. 어떤 종류의 떼이얌을 하는지에 따라 금욕수행법도 달라진다. 이러한 엄격한 금욕 생활 때문에 연행자로서의 삶은 결코 순탄하지 않다. 장기간 음식섭취를 못하는가 하면 신과 인간 사이에서의 통제력을 상실하여 스스로 목숨을 끊는 일도 허다하여 유명한 연희자들은 단명하는 경우가 많다. 반면 금욕수행을 자신의 삶 전체로 확장하여 민중의 존경을 받으며 신심에 넘치는 삶으로 치유 능력까지 갖춘 전설적 연행자들도 존재한다.

떼이얌에서 연희자에서 신으로 바뀌는 탈바꿈의 과정은 떼이얌 연희자가 사원의 성소 앞에서 왕관을 벗으면서 마무리된다. 이때 브라민 성직자는 라마야나나 힌두사원에 전해오는 이야기를 영창하고 떼이얌 연희자는 하룻밤 동안의 신의 자리에서 내려온다. 이러한 연행행위에 대해 일부 사회학자들은 떼이얌이 기존의 질서를 공고히 하고자 하는 지배계층의 정치적 전략을 숨긴 장치라고 비판하기도 한다. 낮은 계급의 계급 질서에 대한 분노를 떼이얌이란 의례를 통해 일시적인 권위를 부과하여 카타르시스를 분출시킴으로써 계급적 질서를 더욱 공고히 만든다는 것이다. 하지만 다른 한편으로 이는 신분의 제도적 권위에 경쟁하고 도전하는 것에 대응하는 권력으로서, 카리스마적 힘을 보여주기도 하며 제도적 권위를 위반하고 역동적으로 그 권위를 재편성[34]하게도 만든다고 볼 수 있다. 토착문화를 이루는 근본적인 힘들은 사그라들지 않고 더 깊이 스며들어 언제든지 분출할 마그마를 품고 있는 셈이다.

2) 무디에투

무디에투는 께랄라 중부지방의 가장 오래된 사원극으로 제의성을 강하게 띠고 있는 춤극이다. 여신경배 문화가 강한 께랄라에는 여신을 모시는 사원이 많은데 그중 바드라깔리 사원에서 의식의 일부로 무디에투를 상연한다. 깔리 여신이 괴물 다리카를 죽이는 이야기를 담고 있는데 무디에투란 말도 여신이 '왕관(무디)을 머리에 쓰다(에두투)'란 말에서 나왔다. 그 이야기의 배경은 수라와 아수라 사이의 전쟁이다. 선과 악의 혼돈의 시기에 다나벤드라와 다리카는 오랜 세월 고행을 통해 브라만 신으로부터 은혜를 받는다. 그 은혜란 그들의 피가 땅에 닿으면 그들의 부하로 변하게 만들 수 있고 눈에 보이지 않을 뿐 아니라 아무리 강한 남자라도 자신들을 죽일 수 없는 불멸의 힘을 부여받은 것이었다. 하지만 동시에 여자의 손에 죽임을 당할 것이라는 저주도 받게 된다. 힘이 점점 더 막강해져 기고만장해진 둘은 그들의 세력을 더욱 확장하기 위해 수라들이 사

---

34 최용우 외, 앞의 책, 309쪽.

무디에투 연행

는 천상(스와르가)을 침입하게 되고 신들의 세계에 위협적인 존재가 되었다. 게다가 그들과 함께 하던 바수리말라는 인간 세상에 전염병을 퍼뜨려 많은 사람들을 죽이기까지 했다. 고통 받던 수라들은 시바 신에게 도움을 요청하였고 그러자 시바 신은 자신의 폭력적 화신인 '깔리'에게 모든 여신들의 힘까지 보태 바드라깔리를 탄생시켰다. 한 번도 존재한 적 없었던 가장 강력한 존재로 거듭난 바드라깔리는 다나벤드라와 졸개들의 피를 마셔 병사 생성을 막고 동굴로 숨어든 다리카의 목을 베어 시바 신에게 바친다.

깔리 신에 얽힌 신화는 인도 전역에 걸쳐 민속극의 주요 모태가 되어 어린이들을 괴롭히던 홍역과 질병 퇴치의 기원을 담기도 했다. 민속극적 요소가 강한 무디에투는 시적 텍스트에 전형화한 대사가 있으며 언어유희를 통해 관객들을 희롱하기도 하고 때로는 상징적인 언어를 사용해 사회를 비판하는 철학적인 사고를 담기도 한다. 공연하는 시기는 11월-12월 사이이며 사원의 정해진 순서에 따라 전통방식을 엄수한다. 깔리를 연행하는 배우는 상연일로부터 최소 12일에서 41일 전부터 금욕생활을 하며 쌀로 만든 음식을 입에 대지 않는다. 공연 시작 전에 칼람(성화 聖畵)을 그리는데 이것은 색깔 파우더로 바닥에 크게 신의 형상을 그리는 사

칼람

원 미술이다. 색채는 자연에서 채취한 돌가루나 쌀가루, 강황가루 등을
쓴다. 칼람을 그리는 사람들은 도구를 쓰지 않고 손으로만 가루를 다루
는데 큰 규모의 성화를 상당히 정교하고 섬세하게 공들이는 모습을 지켜
보다보면 시간가는 줄을 모르게 된다. 이 그림을 그릴 때 '칼람 빠뜨'라고
하는 노래를 부르고 바드라깔리를 정밀하게 공들여 그린다. 바드라깔리
는 칼람 중에서도 가장 크고 정교하다. 칼람은 무디에투 공연 전 41일간
제를 올린 신성한 것으로 무디에투 공연이 끝나면 연행자들이 공들여 만
든 칼람을 흩뜨려 관람객들에게 신의 선물(프라사담)로서 나누어준다.

무디에투 연행은 사원의 전통적 순서에 따라 바닥에 그린 칼람을 지우
는 데서 시작한다. 무디에투의 무대는 특별한 장치 없이 램프를 중심으
로 상연하고 커튼(티라실라)과 의자만 갖추면 상연 가능하다. 왕관을 쓰고
얼굴에는 다채로운 색상과 디자인의 분장을 한다. 분장을 할 때 흰 점을
얼굴 곳곳에 찍어 발라 천연두를 연상시키게 한다. 오랜 세월 변함없이
전승해온 무디에투의 의상이나 분장양식, 커튼 운용방식은 전통춤극 크
리스나땀과 카타칼리에 많은 영향[35]을 미쳤다.

35 Venu G., *Puppetry and Lesser Known Dance Traditions of Kerala*, Trichur: Natana Kaira-
li, 1990, p.39.

본격적인 무디에투는 깔리 역할의 연희자의 등장으로 시작하는데, 깔리 여신은 때로는 날카로운 고함을 지르며 주위를 제압하기도 하며 커튼을 활용해 안과 밖을 넘나들며 광폭한 이미지를 연출하기도 한다. 깔리 여신이 광폭하게 행진을 할 때면 관중들도 함께 환호성을 지르며 뒤를 따른다. 행사를 주관하는 주요 인물인 깔리 여신은 병을 물리치는 주술사적인 성격을 띤다. 이 깔리 여신은 항상 자신의 졸개인 쿨리를 대동한다. 깔리 여신이 카리스마를 지닌 권위를 가진다면 쿨리는 깡마른 할머니로 분하여 어릿광대 역할을 한다. 쿨리는 우스개 소리를 늘어놓으며 자신보다 훨씬 무거운 관람객들을 거뜬히 들어 올려 젖을 먹이며 희롱하는 등 관람객들에게 웃음을 선사한다. 깔리를 통해 시공을 초월한 절대적 질서를 확인하고 이상 세계를 향한 민중의 집단적 염원을 담는다면 쿨리는 일상적이고 현실적인 민중의 놀이성과 해학성을 보여준다. 이러한 익살광대의 존재는 제의성과 놀이성이 적절하게 결합하여 관중들의 참여를 보다 적극적으로 이끌어내도록 만들어준다. 연행이 끝나면 깔리가 왕관을 벗어 연행자 본래의 모습으로 돌아오고 아이들과 관중들에게 복채를 받으며 축복을 내려준다. 이러한 탈바꿈의 과정은 비단 연행이 끝났을 때뿐 아니라 연행하는 중간에도 연희자가 휴식이 필요할 때면 커튼 뒤에서 왕관을 벗고 부채질을 하거나 물을 마시는 장면에서도 확인할 수 있다. 왕관을 쓰고 벗는 행위를 통해 신에서 연희자, 연희자에서 신으로 자유롭게 탈바꿈하는 모습은 지극히 메타연극적이다.

무디에투는 전통적으로 마라르(Marar) 가문[36]에 의해 전승되어온다. 마라르는 사원에서 곡물이나 벼를 저장하는 곳을 지키는 카스트다. 그들은 노래와 악기반주를 비롯하여 연행과 관련한 여러 가지 업무를 담당하며 칼람을 그리는 일들도 맡고 있다. 무디에투 연행자들은 소파남(께랄라 전통음악) 노래와 악기, 춤에 능해야 하는데 먼저 노래와 악기를 배운 뒤 춤

---

36 *Ibid.*, p. 49.

을 배운다. 역할은 덜 중요한 역할에서 시작해 주요 역할을 훈련받는다. 연희자들은 양식적인 연기를 하기도 하고 사실적인 대사를 넣기도 한다. 악기는 높은 음을 내는 께랄라 전통악기인 첸다, 쇠로 된 심벌인 일라딸 람, 소라고동을 쓴다. 무디에투 연행자들은 예전에는 공연으로 얻는 수익 이외에도 경작할 땅과 재정적 지원을 받았으나 오늘날에 이르러 그 지원이 없어지면서 전업적으로 무디에투를 연행하고자 하는 경우 많은 어려움을 겪고 있다.

3) 파다야니

께랄라를 대표하는 제의적 민속극으로서 북부 지역에 떼이얌이 있고, 중부 지역에 무디에투가 있다면 남부 지역엔 파다야니가 있다. 파다야니(Padayani)는 지칭하는 이름이 파따야니(Patayani), 파데니(Padeni,) 파다니(Padani) 등 약간의 차이가 있다. 파다야니에서 '파다'는 군대, 혹은 대군을 뜻하고, '아니'는 '대열' 혹은 '아우성'을 뜻한다.[37] 군대의 대열(혹은 아우성)을 뜻하는 말인 파다야니는 제의적 가면극으로 가나카(Ganaka) 가문에서 전승해오고 있다. 사원에서 칼람을 전문적으로 그리는 카스트인 가나카는 칼람을 그릴 때 음악에 맞춰 제의적인 구문을 음송하는데 이 음송은 영매로서 기능하기도 한다. 많은 민속학자들은 가나카 가문과 연계하여 파다야니가 이러한 주술적 음송에서 발전해온 연행양식이라고 믿고 있으며 실제로 가나카 가문은 점성술사들이 많다.[38]

께랄라 사람들은 깔리 여신의 승리를 기념하며 콜람이라 부르는 마스크를 쓰고 시간제한 없이 연행을 즐겨왔다. 파다야니는 아주 화려하고

---

37 Patricia Lynn Swart, "Padayani : A Dance Ritual of Centural Kerala", San Francisco : Master of Arts in The California Institure of Integral Studies, 2000, pp.17~18.

38 Venu G., *op.cit.*, p.56.

파다야니 연행. 깔리(왼쪽)와 닐람페루르 파다야니

매력적인 민속춤으로 몇몇 바가바티 사원에서 특정한 축제기간에 행한다. 무디에투처럼 바드라깔리 여신을 기리는 파다야니는 나쁜 기운이나 악마를 상징하는 다양한 가면을 쓰고 춤을 추는데 이러한 가면은 주로 화난 형상을 하고 있다. 이는 다리카를 죽인 뒤에도 여신이 그 화를 다 풀지 못하여 이 세상을 다 태워버릴 듯 분노하고 있을 때 수브라마니안이 시바 신에게 요청하여 여신의 화를 가라앉힐 만한 가면을 만들어 화를 잠재우자고 요청하였다는 기원신화에서 유래한다. 파다야니에서 묘사하고 있는 여신의 모습은 셀 수 없이 많은 얼굴을 하고 있으며, 한쪽 귀에는 코끼리, 다른 쪽 귀에는 사자 모양의 거대한 귀걸이를 걸고 있는데다, 눈은 불같이 이글대고 있는 형상이다. 이러한 자신의 모습을 본 여신은 웃음을 터뜨렸고 비로소 자신의 분노를 가라앉히게 되었다고 신화에서는 전한다. 콜람은 한 번 공연한 뒤에는 불태워 없애는데 이는 우리가 탈춤의 연행 후 탈을 태워 없애듯이 홍역과 콜레라로부터 마을 사람들을 보호하려는 벽사적인 의미라 할 수 있다.

파다야니 축제는 코코넛 나무를 뿌리째 뽑아 땅에 닿지 않고 운반하는데서 시작해서 다양한 가면들을 쓴 연희자들이 정해놓은 의식에 따라서 연행 행위를 하는 것으로 구성된다. 연희자는 춤을 출 때 먼저 신을 경배하는 가벼운 의식을 올린 뒤 단순한 가락과 노래에 맞춰 그 춤을 점차로 고조시키다 절정에 다다르면 엑스타시에 빠져 쓰러지게 된다. 쓰러진 연희자들을 보조자들이 부축해서 퇴장하면 하나의 파다야니가 끝나는 것이다. 가면이 워낙 크기 때문에 연희자들은 손으로 가면을 잡고 연희하는데 엑스타시에 빠진 와중에도 가면을 잡은 손을 놓지 않는다.

전반적인 축제 순서는 '쭈뚜 바이뿌'라 부르는 제의식을 시작으로 마을 사람들이 각각 자신의 가정에서 가져온 램프를 정렬시키는 것으로 시작한다. 그다음에는 '에루티 툴랄'이라는 연행을 하는데 이는 콜람을 몸에 붙여 춤을 추는 것이다. 축제 3일째 가나파티 신을 기리는 의식을 하는데 이때 연희자들은 농군 복장을 한다. 가나파티는 시바와 파르바티 신의 아들로 머리는 코끼리에 몸통은 인간이다. 힌두 의식에서 만신들 중에서 항상 가나파티 신에게 제일 처음 경배를 드린다. 가나파티 의식이 끝난 이후 시바, 말(꾸디라), 깔리(바이라비), 약시(숲의 영), 새(팍쉬) 콜람 순으로 연행한다. 시바 가면은 죽음의 신을 처치한 것을 기리는 의미로 형상화하며 얼굴이 다섯 개다. 새 가면은 새들에 의해 전염되는 질병으로부터 아이들을 보호하기 위해 만든다. 약시는 영혼이나 정수적 힘을 뜻하는데 외적의 침입에 대적하기 위해 창조했다[39]고 전해진다. 말 가면도 외적의 침입에 대비해 아라비아에서 사온 말을 기리는 것이다.

이렇게 가면 연행이 끝난 이후 새벽 4시가 되면 음악을 연주하며 깔리의 졸개들에게 공양하는 의식을 치르는데 이때 여러 그루의 나뭇가지를 꺾어 땅에 심는다. 한 소년이 그것들 가운데에 앉고 사람들이 악기를 치며 둘러쌀 때 소년은 행진하며 춤을 춘다. 비두사카(어릿광대)는 관객들에게 인도 신화를 우스개 소리와 함께 들려주고 마지막엔 여러 콜람이 한꺼번에 나와 춤추며 축제는 절정에 다다른 뒤 막을 내린다. 이렇듯 파다

제4장 연극 속에 녹아드는 남인도 토착문화

---

39 *Ibid.*, p.55.

파다야니 축제를 즐기는 주민들

야니를 하는 동안은 종교, 계급, 성별, 연령 등의 차별 없이 모두가 하나
가 되어 마을의 안녕을 기원한다.

파다야니에서 가면을 만드는 방법은 자연친화적이다. 콜람은 에라커
넛 잎을 활용한다. 에라커넛 잎의 밑둥에 해당하는 딱딱한 부분에 가면
모양을 그리고 연잎은 잘라서 가면들을 한데 묶거나 모서리를 장식하는
데 사용한다. 그림에 사용하는 색 재료들도 코코넛 그을음, 천연석, 강황
등 모두 자연에서 나온 것들이다. 콜람 중에서 가장 큰 깔리(바이라비)를
만들기 위해서는 40여 명이 필요하고 101개의 가면이 엮여 있으며 이를
위해 1001개의 코코넛 연잎이 필요하다.

이와 같이 파다야니는 께랄라 민속극의 제의적인 특성을 잘 드러내면
서 동시에 자연과 공존하는 인간예술의 아름다움과 자연친화적 삶의 방
식을 잘 드러낸다. 께랄라의 자연친화적인 카브 문화는 자연환경을 유기
적이고 총체적으로 본다. 전통적으로 사람들은 자신이 가진 땅의 10분의
1은 자연에 바쳤고 그 공간을 신처럼 경배해왔다. 모든 지혜를 이성적인
잣대로만 재는 사람들에게 이것은 미신이나 원시적인 애니미즘으로 비

가면 제작하는 모습

칠 수도 있겠지만 사실 카브는 인간이 자연을 대하는 태도이자 공존하는 방식이다.

5. 전통춤극 카타칼리와 모히니아땀

1) 카타칼리 : 남성성의 결정체

발달 과정

카타칼리는 께랄라 지역에서 500여 년 전부터 전승해 내려오는 이야기를 가진 춤극이다. 장엄한 몸의 스펙터클을 보여주는 딴다와(남성성) 양식의 대명사다. 카타칼리는 독보적인 형태의 예술이 아니라 여타의 다른 연행 예술과 상호 작용 속에서 성장과 발전을 거듭해왔다. 카타칼리 춤의 원조는 토착민인 선조들이 숲에서 허브로 만든 옷을 입고 추던 춤이었다. 원시적이고 단순한 춤에서 '위대한 시인들의 시가 더해지고 유연한 군인의 몸이 결합한데다 예술을 보호하고 육성했던 브라민들이나 왕들의 후원을 밑거름으로 해서' 지금의 카타칼리가 새롭게 태어났다고들 말한다. 그래서 카타칼리에는 죽이거나 싸우거나 보복하는 이야기들이 많고 동작도 무술의 영향을 많이 받았다. 또한 라마나땀(라마의 이야기를 담고 있는 춤극)과 크리스나땀(크리스나의 일대기를 담은 춤극), 꾸디야땀, 칼라리파야투 등 15, 16세기 께랄라 지역의 다른 예술의 영향도 무시할 수 없다. 특히 초기에는 대중들이 가면을 쓰고 배우가 노래도 같이 하는 라마나땀과 카타칼리를 거의 동의어처럼 사용할 정도로 연행방식이 비슷하였다. 그러다 노래를 가수가 하게 되면서 갈수록 무언극화하였고, 새로운 극작 기술로 쓴 카타칼리 공연대본이 안착하면서 카타칼리를 독자적인 예술 장르로 인식하게 되었다.

카타칼리 공연대본(아타카타 Athakatha)은 12세기의 유명한 시인인 기타 고빈다가 만든 시에서 유래하여 후대 작곡자들이 그 시를 영창하기 아름답게 만든 것이다. 현존하는 카타칼리 대본은 약 37개가 있는데 가장 대중적이면서 관람객들로부터 사랑받는 이야기는 〈날라 차리탐〉(날라의 이야기), 〈깔리야나소칸디캄〉(행운의 꽃), 〈닥샤야감〉(닥샤의 제의식), 〈끼르미라 바담〉(끼르미라를 죽이는 이야기), 〈두료다나 바담〉(두료다나를 죽이는 이야기) 등이 있다.

카타칼리 발달 과정에서는 종교적 개입을 언급하지 않을 수 없다. 북 께랄라 지역인 말라바를 통치하던 쩨라 왕조 시대에는 탄트리즘을 비롯한 종교적 의식이 팽배했다. 가면과 분장 등은 이러한 종교적 일깨움과 탄트릭 불교(밀교)를 반영한 것이다. 한편 불교의 부흥을 경계하던 브라민 중심의 힌두교는 연극을 종교적 수단으로 사용하여 악에 대한 선의 승리, 남성의 역할을 더욱 부각시키기 위해 왕관과 장식의 발달을 종용했다. 이 왕관은 오래된 민속극인 무디에투의 영향을 받은 것으로 종교적 목적으로 사용되었으며 카타칼리에서 모든 신은 같은 의상에 각기 다른 왕관으로 구별했다고 한다.

가부장제인 쩨라 왕조에 모계 중심의 관념이 도입된 것은 12세기경[40]

---

40 Avinash Pandeya, *The Art of Kathakali*, New Delhi: Munshiram Manoharalal, 1999,

이며 이는 여권신장과 더불어 배우들의 여성성을 표현하는 계기가 되었다. 그래서 카타칼리의 주요 역할은 여성들이 많으며 여성을 연기하는 남성 배우들은 '여성보다 더 여성스런' 연기를 하는 경우가 많다. 초기의 극 형태에서 극적 행위가 서서히 말라바인들의 사회·종교적 삶을 포용하기 시작한 것이다. 카타칼리의 배우들은 초기에 칼라리파야투를 수련한 이들 중에서 선발했다고 전해지며 얼굴표정은 나띠야샤스뜨라의 관습을 가져왔다고 믿는다. 그래서 혹자들은 카타칼리가 '께랄라 사람들의 몸에 아랴의 정신을 부여한 것'이라고도 한다.

카타칼리의 괄목할 만한 발전은 17세기에 이루어졌는데 그 발전의 매개는 크리스나땀이었다. 사원 안에서만 상연하는 크리스나땀은 배우들이 가면 대신 분장을 함으로써 섬세한 얼굴표정 연기를 발달시킬 수 있었고, 손짓연기와 몸의 움직임에서 카타칼리에 많은 영향을 미쳤다. 같은 시기 카타칼리 대본에서도 괄목할 만한 발전을 이루어 카타칼리 레퍼토리가 풍성해졌는데 위대한 극작가들인 코따라카라 탐부란(Kottarakara Tamburan)과 코따야뜨 탐부란(Kottayat Tamburan)의 배출이 그 발전의 주춧돌이 되었다. 두 왕족은 카타칼리의 기초를 세웠고 카타칼리가 라마나땀과 차별화되는 독립적인 예술장르로 인식되게 만들었다. 이 시기에 카타칼리는 무대예술 연기의 중요성을 부각시키면서 한 명의 주인공에서 여러 명의 주인공을 무대에 등장시켰으며, 주인공들의 연기는 카타칼리를 관람하는 중요한 목적이 되었다. 또한 초기에 연희자가 부르던 노래를 가수가 부름으로써 연기는 세밀한 마임과 같이 양식적으로 더욱 발달했고 양식적 연기가 발달하면서 가수, 배우, 연주자 사이의 조화가 연기를 완성시키는 가장 중요한 요소로 자리잡게 되었다. 그리고 음악도 독립적인 장르에 버금갈 만큼 발달했다. 18세기에 이르러서는 악역이 주인공으로 등장하기 시작했으며, 여러 비주류인물이 등장하게 되었다. 스토리

크리스나땜

진행에 있어서도 역전이 일어나며 구성이 복잡해졌다.[41]

현대에 이르러 카타칼리를 음지에서 양지로 이끈 이는 께랄라의 3대 시성(詩聖) 중 하나인 마하카비 발라톨(Mahakavi Vallathol Narayanan Menon 1878~1958)이다. 발라톨은 께랄라 전통예술을 보존하기 위해 공립예술학교인 께랄라 깔라만달람(Kerala Kalamandalam)을 설립하여 카타칼리와 모히니아땜 보호와 부흥에 일조했다. 깔라만달람에서는 가수, 연희자, 연주자가 일체가 된 총체극으로서의 카타칼리를 강조하며 이에 어울리는 카타칼리 연기자를 양성하기 위해 철저한 훈련방식을 만들어 연기 매뉴얼화(찟따)하였다. 이러한 훈련방식의 안착에는 라마운니 메논과 바티칸토디가 큰 기여를 하였고, 이들을 통해 깔라만달람에서 육성·지원하는 카타칼리가 하나의 스타일[42]로 자리 잡을 수 있게 하였다.

연기훈련 방식과 단계

카타칼리 훈련은 칼라리파야투나 꾸디야땜과 마찬가지로 인도의 오랜

---

41 Padmanabhan Nair, ᐤᒍᑭᑎᐦᐤᓱ, vol.1, Thrissur: Kerala Kalamandalam, 2000, pp.41~47.
42 *Ibid.*, p.24.

께랄라 깔라만달람의 꾸땀발람을 본뜬 공연장과 수련생들

전통적 전수방식인 '구루-쉬시야' 체계를 따른다. 아주 오래전에는 카타 칼리를 배우려는 학생들이 가문의 후원을 받아 1년 중 여섯 달은 훈련을 위해 보내고, 여섯 달은 스승과 함께 공연을 다녔다고 한다. 카타칼리는 께랄라 지역의 절기 변화에 맞춰 5월 말에서 10월 말까지 이어지는 우기 동안 새벽 4시경부터 시작해서 백 번의 점프와 함께 강도 높은 다리 동작 훈련을 한다. 훈련이 끝나면 칼라리파야투처럼 발로 하는 칼라리 마사지 를 받는다. 육중한 의상을 입고 오랜 시간 무대에 서기 위해서 무엇보다 요구되는 것은 강인한 체력인데 이를 위해 어릴 때부터 주기적으로 몇 년에 걸쳐(보통 6년에서 12년간) 마사지를 받음으로써 몸속에 체력을 비축 한다. 마사지를 받는 동안은 엄격한 채식주의 식단과 생활규칙이 엄수되 어야 하며 한번 마사지를 시작하면 특별한 경우를 제외하고는 하루도 쉬 지 않고 우기 내내 수련을 해야 한다. 이러한 마사지는 체력을 키우는 것 뿐만 아니라 몸을 아름답게 다듬어주는 효과를 가지며 특히 허리 중심부 의 유연성과 힘을 키우는 데 효과적이다.

건기에는 새벽에 일어나 눈동자 운동을 한다. 카타칼리의 특성상 표정 과 정서를 전달하는데 눈동자는 가장 중요한 역할을 한다. 그래서 눈동 자의 수련을 위해 다른 신체 훈련 못지않게 강도 높은 훈련을 받는다. 눈

우기 때의 마사지

동자 수련 시 양 손의 검지와 엄지로 눈꺼풀을 들어 올린 상태로 상하좌우, 사선, 회전 방향으로 눈동자를 굴리는데 오랜 수련을 거친 수련생들의 눈동자는 어떤 정서를 표현하더라도 자유자재로 움직일 수 있게 된다. 뿐만 아니라 카타칼리에 적합하도록 약간 돌출한 입체성을 띠게 되고 그 모양도 크고 아름다운 형태를 가질 수 있게 되어 눈동자 연기가 돋보이게 된다.

역동적인 남성적 동작이 많은 카타칼리의 특성상 학생들은 어린 시절부터 혹독한 신체훈련을 반복적으로 받게 된다. 그중 가장 많은 시간을 들이는 훈련은 발동작 훈련(깔 사다캄)이다. 발동작은 춤의 근원적 표현이자 강렬한 남성적 이미지를 드러내는 데 필수여서 칼라리파야투의 신체 훈련에서도 많은 동작을 본따 카타칼리 특성에 맞게 적용시켰다. 이외에도 무대 위의 인사와 기본 상·하지 훈련(메이유랄 빠라우칼), 손짓과 눈짓, 몸짓이 일체화하여 곡선적으로 움직이며 신체 내부 에너지를 소용돌이치게 만드는 회전운동(쥴리뿌) 등도 중요한 신체수련이다. 이 수련들은 카타칼리 동작의 아름다움을 드러낼 뿐 아니라 내적 에너지가 음양의 조화를 이루어내도록 만들어준다.

기본 신체 훈련과 함께 수련생들은 카타칼리에 사용하는 모든 장단(딸람)을 체득한다. 장단은 박의 쪼개짐과 간격 조율, 비트, 빠르기에 따라 크게 여섯 가지가 있으며 각각의 장단은 세 단계의 빠르기가 있어 정서에 따라 조절한다. 가장 빠른 장단의 경우 빠르기가 네다섯 단계까지 있는데 이를 따라잡기 위해서는 오랫동안의 훈련을 필요로 한다. 장단을 익히면서 동시에 정서표현의 토대가 되는 9가지 정형화한 라사를 함께 체득한다. '나와라사'라 부르는 이 정조들은 『나띠야샤스뜨라』에서 규정한 방식을 따르며 수련생들은 기본적인 나와라사의 정형화한 틀을 먼저 익힌 뒤 실제 무대 위에 설 때는 자신만이 새롭게 창조한 방식으로 정조의 깊이를 표현할 수 있어야 한다.

기본 신체 훈련과 리듬, 정조를 표현하는 방식을 배운 뒤에는 악기 반주에 맞춰 기본 순수무용들을 배운다. 가장 먼저 배우는 토다얌(Todayam)은 카타칼리에 쓰는 모든 리듬과 발동작을 담고 있어 실연에 대비하기 좋은 춤이다. 뿌라빠두(Purapadu)는 수련생들이 처음으로 올라가는 데뷔공연에 많이 쓰는 레퍼토리인데 '악에 대한 선의 영원한 승리'를 담고 있는 크리스나의 춤이다. 순수무용을 체득한 수련생들은 본격적인 연기실습에 들어간다. 대본 속에 담긴 대사를 춤과 무드라로 연기하는데 이를 일컬어 '빠담'이라고 칭한다. 빠담은 노래를 의미하는데 카타칼리 공연 대본이 시로 되어 있기 때문에 빠담이라 부른다. 학생들은 아주 단순하고 쉬운 빠담에서 보다 어렵고 힘든 빠담을 차례로 배워간다. 이러한 일련의 신체훈련과 연기를 체득한 학생들을 오랜 기간 동안의 무대 경험을 통해 진정한 연기자로 거듭날 수 있다. 보통 카타칼리 연기의 묘미를 체현하기 위해서는 4, 50여 년이 걸린다고 말한다.

이렇듯 좋은 연기자가 되기 위해서는 무대 경험이 중요하기 때문에 실제 무대에 올라가기 전 쫄리야땀이라 부르는 실전 훈련을 한다. 쫄리야땀은 수련생들이 가수와 연주자들의 반주에 맞춰 스승의 지휘 아래서 반복적으로 실전에 대비하는 일종의 리허설이라 할 수 있다. 이를 통해 학생들은 정확한 장단의 변화, 순서, 무드라의 구현, 빠르기의 변화 등을 훈련하여 연주자와 가수와 일체화한 연기의 중요성을 체득한다. 또한 반복 연습을 통해 실전에 대비한 스태미나를 기를 뿐 아니라 전수되어온 전통적 매뉴얼을 몸에 익히는 데 도움을 받는다. 이때 수련장은 일종의 무대 축소판인 셈이다.

공연방식과 표현방식의 유기성

카타칼리는 『나띠야샤스뜨라』에서 규정한 표현방식의 네 측면인 육체, 정서, 음성, 시각적 장관을 뚜렷하고 특색 있게 발전시켰다. 가수와 반주자들은 시종일관 연희자들을 지켜보며 그들의 감정을 북돋우며 연기를 돕는다. 타악기는 천지를 진동시킬 듯 격렬하게 반주하여 전쟁 장면에 박진감을 더하기도 하고 때론 감미롭고 다채로운 가락의 구현으로 섬세한 연기를 받쳐준다. 또한 늦은 밤에 시작하여 새벽까지 이어지는 장시간의 공연을 관람하다 느리고 지루한 장면에서 졸고 있는 관객들을 깨울 수도 있다. 많은 연기자들은 자신이 선호하는 반주자들이나 가수들만을 자신의 공연에 고집한다. 그래서 예로부터 전설적인 카타칼리 공연자들은 연기자만 따로 알려진 게 아니라 반주자와 함께 파트너로서 더 잘 알려져 왔다.

카타칼리를 이끌어가는 악기는 첸다와 마딸람 두 타악기인데 첸다는 높고 격렬한 음색으로 남성적 이미지를, 마딸람은 다채롭고 부드러운 음색으로 여성적 이미지를 대표한다. 첸다는 번개, 지진, 폭풍, 물방울, 격노한 시바를 상징하는 높은 색조의 악기이며 아수라의 악기라고 규정한다. 양머리 악기이지만 주로는 높은 음을 내는 왼쪽 부분을 사용하며 낮은 음을 가진 오른쪽은 신적인 현상이나 대관식 등 성스럽고 특수한 장면에서 드물게 연주한다. 마딸람은 첸다에 비해 부드럽고 다양한 음색을 지닌 양머리 악기이며 수라의 악기로 규정한다. 여성 캐릭터가 연기할 때는 첸다 없이 마딸람만 연주한다. 이 외에도 꾸디야땀에서도 사용하는 이다꺄를 마딸람과 더불어 연주하기도 한다. 두 악기는 우아하고 깊이 있는 소리를 내어 부드러운 분위기를 조성하는 데 일조한다.

카타칼리 공연을 보다 아름답게 하는 많은 요소들이 있지만 많은 사람들은 가수들의 좋은 노래를 으뜸으로 친다. 두 명의 가수가 배우 뒤에 서서 노래를 하는데 음정을 맞춰주는 지속음 소리에 맞춰 주가수는 첸날람이라 부르는 둥글고 평평한 공을 쥐고 노래한다. 부가수는 양손을 부딪

첸다와 마딸람

쳐 소리내는 일라딸람을 들고 주가수를 보조한다. 가수들이 공을 치는 소리는 첸다와 마딸람의 기본박을 잡아주고 연기자들이 박자를 놓치지 않도록 도와준다. 주가수와 부가수의 조화도 공연을 성공으로 이끄는데 중요한 요인이며 인기 있는 가수들은 카타칼리의 대중적인 곡들을 모아 콘서트를 열거나 음반을 내기도 한다. 예전에는 카타칼리에서 반주는 배우들의 연기를 뒷받침하는 부수적인 요소였으나 20세기에 들어서 위대한 반주자들(크리슈난꾸띠 뽀두왈, 아뿌꾸띠 뽀두왈 등)의 공헌으로 반주 역시 그 자체로서도 독립적인 음악으로서 대중들로부터 인정을 받게 되었다. 관객들은 배우들만 연기를 잘하는 공연보다 연기와 노래, 음악반주가 조화와 균형을 이루는 공연이 더욱 가치있는 것으로 여기게 되었다.

음악과 함께 의상과 분장도 연기자들의 연기를 완성시키는 데 일조한다. 연기자들의 몸은 의상과 분장에 맞도록 단련해왔고 의상과 분장은 연희자들의 몸을 더욱 빛낼 수 있도록 변화해왔다. 천연색이 조화롭고 예술적으로 배합된 카타칼리 분장은 세계인의 주목을 끌고 있다. 분장재료는 자연에서 채취한 돌가루에 코코넛 기름을 섞어 피부에 손상이 가지 않도록 해준다. 연기자의 분장은 첫 공연 때는 스승이 하고 조금씩 전수

받은 방식으로 자신의 분장은 자신의 얼굴특성에 맞게 스스로 한다. 연기자가 먼저 얼굴선을 따라 기본 윤곽을 그려놓으면 전문 분장사(쮸띠)가 역할의 종류에 따라 다르게 종이수염을 덧붙인다. 종이수염은 얼굴에 하이라이트를 주고 윤곽을 뚜렷하게 만들어주며 신성한 이미지를 만들어준다. 이 또한 세계에서 그 유례를 찾기 힘든 독특하고 아름다운 분장장식이다. 인물 유형별로 다른 방식으로 붙이는 종이수염은 예전에는 쌀가루로 만들었는데 시간이 너무 많이 걸리고 잘 부서진다는 단점 때문에 요즘에는 종이로 대체했다. 카타칼리 분장에서 또 다른 특이한 점은 눈동자 채색이다. 연기자들은 분장의 마지막에 허브꽃(츈다뿌)의 꽃받침을 두세 시간 정도 손바닥에 놓고 비빈 뒤 눈 안에 넣는다. 께랄라 지역 어디서나 흔히 볼 수 있는 이 허브꽃에는 칼슘이 많이 함유되어 있어 눈동자가 붉어지지만 눈에 해롭지는 않다. 이렇게 붉게 물든 눈동자는 푸른 얼굴색과 대비를 이루어 눈동자의 움직임을 더욱 뚜렷하게 볼 수 있도록 만들어준다.

분장의 종류는 캐릭터의 신분과 지위, 선인인지 악인인지에 따라 유형화되어 있다. 고귀하고 신성한 역할의 영웅이나 신들을 나타내는 역할로 마음이 정화되어 도덕적으로 탁월한 역할은 빠짜(푸른색) 혹은 빠루뿌(익은)에 해당하며 마하바라타에 나오는 판다바 가문의 사람들이 주로 여기에 해당한다. 신분이 높은 자들 중에서 마음이 악한 이들에 해당하는 역할인 카티(칼)는 항상 칼을 차고 있으며 라마야나에서 반동인물로 나오는 라바나가 대표적인 역할이다. 동물이나 마음이 사악한 이들의 분장에는 수염을 붙이는데 수염의 색깔에 따라 붉은 수염, 검은 수염, 흰 수염으로 나뉜다. 숲에 사는 원주민 역할이나 나쁜 영혼인 약사사 역할은 카리(검정)라 부르며 얼굴에 검정 칠을 한다. 특수한 분장으로 얼굴에 다양한 문양을 그려 넣어 역할의 특성을 묘사하는 떼뿌(채색한)는 분장 디자인이 가장 복잡하다. 신성뱀이나 백조와 같은 특수한 역할들이 이 유형에 해당한다. 이 외에도 여성과 브라민 분장은 가장 단순한 미누쿠(빛나는)에 해

제1부 우리 자신의 연극을 우리 자신의 방식으로

카타칼리 공연

당한다. 미누쿠는 별다른 장식 없이 피부색을 밝게 만들고 눈동자와 입술을 뚜렷하게 그리는 것으로 마무리한다.

의상은 카타칼리의 외형적 아름다움을 최종적으로 장식하는 표현방식이다. 의상은 캐릭터마다 다르게 변하는 것이 아니라 분장처럼 배우들의 신체적 자세, 사지의 움직임, 연기를 위한 표정의 변화 등과 밀접한 관련 속에서 유형화하였다. 그런데 카타칼리 의상을 살펴보면 그 재질에서 남인도의 더운 기후에 어울리지 않는 두꺼운 재질의 빌로드를 쓴다. 이에 관해서는 의견이 분분하다. 전설에 따르면 코따라까라의 왕이 꿈 속에서 바라타의 조언을 통해 의상을 만들었다고도 하며 혹자는 포르투칼 여성들의 의상에서 영향을 받았다고도 한다. 분명한 것은 카타칼리 초기에는 크리스나땀을 모방하다가 하의는 무굴 제국의 여성 의상을 본따 만들었고 여성 의상은 무슬림 여성 의상을 본받아 현재로 이어지고 있다는 것이다.

2) 모히니아땀 : 여성성의 결정체

'데와다시'의 전통과 발전 과정

모히니아땀은 정적인 아름다움의 결정체인 라시야 양식의 대명사라

할 수 있다. '모히니'란 말은 '모하'(매혹, 유혹)와 '자니니'(여성)의 결합어로 '누군가의 내면에서 욕망을 끌어내는 여성'이란 의미인데 보통 천상에 거하는 여성무희들을 빗대어 하는 말이다.[43] 바라보는 이의 가슴을 훔쳐 흥분시키는 천상의 무희들이 추는 춤이 바로 모히니아땀이 된다. 모히니아땀은 『나띠야샤스뜨라』에서 분류한 춤 중에서 카이시키(Kaisike, 우아한) 스타일의 여성적이고 부드러운, 우아한 춤의 전형이다. 좌우로 흔들리듯 상체를 곡선적으로 부드럽게 움직이고 하체의 발 스텝도 넓게 동선을 그리는 움직임이 많아 "고요한 바다의 파도처럼, 바람에 일렁이는 벼이삭처럼" 사랑의 정조를 표현하기에 적합한 춤이다. 그 내용은 시바, 비슈누, 가나파티 등 인도 신에 대한 공적을 기리고 찬양하는 것과 사랑 때문에 희노애락을 겪는 여성들의 마음을 표현한 것들이 많다. 『나띠야샤스뜨라』에 묘사한 여성 역할의 유형[44]은 주로 연인이나 남편으로 인한 감정과 정조의 변화에 따라 좌우되는데 모히니아땀도 다양한 상황에 놓인 여성 이야기가 많다.

모히니아땀은 비슈누신과 바스마수라 사이의 전설에서 유래했다고 한다. 바스마수라는 혹독한 고행을 통해 자신이 가리키는 모든 존재를 재로 변화시킬 수 있는 능력을 부여받게 된다. 이 능력으로 천하무적의 악한으로 변한 바스마수라는 시바 신에게까지 도전장을 내민다. 시바 신은 비슈누 신에게 도움을 요청하고 비슈누 신은 아름다운 모히니로 분하여 바스마수라 앞에 나타난다. 모히니에게 반한 바스마수라는 모히니가 시키는 것은 무엇이든 하겠으니 자신의 아내가 되어달라고 간청한다. 꾀를 쓴 모히니는 바스마수라에게 자신의 춤을 따라하라고 요구하고 사랑에 눈먼 바스마수라가 자신을 따라 춤출 때 검지 손가락으로 자신을 가리킨

---

43 Kalamandalam Radhika, *Mohiniattam The Lyrical Dance of Kerala*, Kozhikode : Mathrubhumi Books, 2004, p.1.

44 이재숙 역주, 『나띠야샤스뜨라』(하), 서울 : 소명출판, 2005, 227~228쪽.

모히니아땀

다. 이를 따라 한 바스마수라는 스스로에 의해 재로 변해 사라지게 된다. 이런 신화적 유래 때문에 모히니아땀을 상징하는 동작은 검지로 자신을 가리키는 것이다.

모히니아땀 발달의 배경은 데와다시와 밀접한 관련이 있다. 데와다시는 시바 신에 대한 헌신을 노래와 춤으로 표현하던 사원 소속의 무희들을 일컫는 말이다. 데와다시 조직에 대해서는 불교와 자이나교, 그리고 인도의 힌두 사원 역사에서 종종 언급하곤 하는데 사람들은 이들을 신들과 결혼한 출가외인이라 불렀다. 어린 나이에 사원으로 출가한 이들은 청소와 헌화 등과 같은 사원의 일반적인 의식에 필요한 일을 하면서 왕에게 봉사하기도 했고 각종 의례와 행사, 궁중과 사원의 축제에서 춤을 추었다. 예로부터 시인들은 데와다시의 아름다움을 찬양하는 시를 써 왔고, 데와다시들은 사람들의 존경을 받아왔으며 때로는 왕과 결혼하기도 했다. 데와다시의 전통과 그들이 특화시킨 춤들은 인도 전역에 걸쳐 존재하며 스리랑카에도 전파되었다. 모히니아땀은 이러한 데와다시들이 추던 춤(데와다시아땀)에서 기원하여 말라얄람이 타밀에서 독립하던 시기에 함께 독립되어 나왔을 것으로 추측한다. 13, 15세기에 쓴 시에 묘사된 바에 따르면 무희들은 금으로 만든 무대에서 춤극을 공연했다고 하는데 데와다시의 전통을 이은 모히니아땀은 께랄라 지역의 특성을 접목하여 꽃과 장식, 악기를 공연에 사용했을 거라 믿는다.

한편 카발람은 모히니아땀의 발전에는 데와다시 전통뿐 아니라 께랄라 여성 1인극인 낭야르 꾸뚜의 영향도 크다[45]고 여겼다. 카발람은 께랄라 연행 예술의 전통 중에서 '모히니'의 개념은 낭야르 꾸뚜에 깊이 뿌리를 내리고 있으며 또한 여기서 1인 다역 연행 기술을 발전시켰다고 보았다. 또한 카발람은 모히니아땀이 '남성을 유혹하는' 성적인 측면을 부각시킨 모히니로서의 춤이라는데 동의하지 않는다. 그 대신 더 적합한 말로 모히니아땀 연행자이자 지도자인 카낙 레일(Kanak Rele 1937~)이 정의한 '서정적인' 춤[46]이라는 것에 더 무게를 둔다. 카발람은 모히니아땀의 기원설화에 따라 비슈누 신(남성)이 여성으로 분하였다고 해서 여성을 흉내 내는 식이거나, 이러한 흉내의 연장으로써 '요염한 춤', 혹은 '선정적으로 흥분시키는' 등의 연기는 진정한 '라시야'(서정적인, 여성적인) 춤에 어긋난다고 여겼다. 또한 이러한 선입견은 모히니아땀이 가지고 있는 정신적 깊이를 도외시하게 만든다고 경고[47]하였다.

모히니아땀도 다른 여타의 께랄라 연행예술처럼 귀족들과 왕족의 지속적 후원으로 육성되어왔다. 특히 남께랄라를 다스리던 트레반꼬르(Travancore) 왕족들은 정적인 양식의 춤인 라시야 댄스를 적극 후원해왔다. 그들은 '나타카살라'(Nataka Sala)라는 훈련장을 티루바난타뿌람(Thirvananthapuram 현 께랄라 주도)에 건립하여 후학 양성을 도왔다. 그리고 19세기의 께랄라 통치자 스와티 티루날(Swathi Thirunal Rama Varma 1813~1846)은 그 자신도 여러 곡을 쓸 정도로 예술적 감성이 뛰어났을 뿐 아니라 예술에 적극적인 지원을 아끼지 않았기 때문에 당시 많은 작가들을 배출할 수 있게 되었다. 특히 스와티 티루날은 모히니아땀의 음악적

---

45 Kavalam Narayana Panikkar, *Sopanatathvam*, pp.166~167.

46 *Ibid.*, p.179.

47 *Ibid.*, p.196.

부분을 풍성하고 매력적으로 돋보이게 하는 데 일익을 담당[48]했다. 그러나 스와티 티루날의 후계자에 이르러 모히니아땀에 대한 지원이 끊겨 모히니아땀 연희자들은 살아남기 위한 방편으로 새로운 아이템을 계발해야 했다. 그들은 관람객들의 호응을 받아 모금을 하기 위해 민속적 요소를 가미하였다.

20세기 초에는 트리슈르와 팔라카드(Palakkad) 지역에 모히니아땀 연희자들이 다수 존재했으며 소규모 그룹으로 순회공연을 다녔다. 1930년에 발라톨이 깔라만달람을 설립하여 모히니아땀 보호와 육성을 위해 후학을 양성하기 시작하면서 모히니아땀의 전통도 이어갈 수 있게 되었다. 깔라만달람의 첫 모히니아땀 지도자는 당시 경이로운 춤꾼이자 연희자로 잘 알려졌던 깔리아니 암마(Orikkiletattu Kaliany Amma)였다. 깔리아니 암마 이후 그 제자들이 깔라만달람에서 지도하고 있으며 주로 고전적인 전통 레퍼토리에 국한하여 교육하고 있다.

모히니아땀의 발달 과정에서 카발람의 기여도 간과할 수 없다. 카발람은 발라톨 이전까지 모히니아땀이 독립한 예술장르로서 인정받기보다 타밀나두의 전통춤인 바라타나티암이나 카타칼리 영향을 많이 받아 그 가치를 제대로 평가받지 못하던 상황을 개진하기를 바랐다. 그러기 위하여 모히니아땀 연행자들이나 연구자들과 함께 께랄라 전통 음악인 소파남 스타일로 모히니아땀을 위한 새로운 음악을 작곡하였고, 반주를 다채롭게 만들기 위해 마딸람을 사용하였으며, 새로운 안무 레퍼토리를 50여 개 계발하였다. 그리고 자신이 설립한 연행예술연구센터인 바사바라티에서 모히니아땀 워크숍을 지속적으로 주관하기도 하였다. 카발람이 소파남 극단과 함께 벌인 이러한 노력들을 통해 모히니아땀의 레퍼토리가 다양해졌고, 모히니아땀 연행자들이 현대적 관점에서 표현을 다양하게 접목시켜 새로운 안무를 실험할 수 있는 토대가 마련되었다. 이러한 활

---

48 *Ibid.*, pp.34~35.

동의 결과로 모히니아땀은 께랄라의 전통춤극으로서 미학적인 가치를 인정받을 수 있게 되었다.

기본동작과 상연 레퍼토리

모히니아땀의 기본 자세는 늘 아라 만달람을 유지해야 한다. 인도 전통춤극에서 전체적인 몸의 자세이자 무릎을 구부린 정도에 따른 몸의 높이를 나타내는 말을 '만달람'(Mandalam)이라 칭하는데 여기에는 무릎을 곧게 편 사마 만달람, 반을 구부린 아라 만달람, 완전히 구부린 무루 만달람 등이 있다. 아라 만달람을 유지하기 위해서는 엄청난 다리 근력을 요구하며 오랜 기간의 수련을 요청한다. 기본 자세인 만달람 수련 뒤에는 아다브(자세)를 수련한다. 아다브는 입장단과 함께 여러 스텝, 자세, 몸 동작, 만달람, 연속 동작이 결합된 순수춤으로 복잡한 아이템을 표현하기 위한 기초가 된

모히니아땀 아다브

다.

손짓 언어인 무드라는 카타칼리와 마찬가지로 24가지 기본 무드라를 주로 사용한다. 기본적인 연기교육과 자세 교육을 체득한 뒤에는 연기를 중심으로 훈련하게 되는데 이때 연기자의 즉흥연기 능력은 중요하다. 즉흥연기는 기본 자세 훈련을 마친 뒤 본격적인 아이템에서 발휘되는 연희자들의 즉흥성을 의미한다. 연희자들은 같은 노래를 늘리거나 줄일 수 있으며 텍스트 해석을 다양한 표현으로 체현할 수 있다.

무대 위에서 상연하는 레퍼토리 중 가장 먼저 배우는 것은 쫄께뚜(Collkkettu)인데 순수무용으로서 구음과 멜로디가 있는 곡조에 맞춰 시바와 파르바티 여신을 찬양하는 내용을 담고 있다. 쫄께뚜는 대부분의 아다브를 포함하고 있다. 다음은 자띠스와람(Jatisvaram)인데, 이는 여러 가지 아다브로 이루어져 춤의 우아함과 매력을 표현하며 주로 사랑의 정조를 따른다. 자띠스와람은 라가를 구성하는 일곱 음정으로 노래하기 때문에 가사에 내용이 없고 표정연기는 많지 않다. 자띠스와람 다음으로 상연하는 바라남(Varanam)은 가장 많이 상연하는 레퍼토리로서 춤과 극의 요소를 모두 느낄 수 있다. 바라남은 사랑의 정조를 바탕으로 다양한 캐릭터의 여성을 표현하며, 춤과 연기를 동시에 볼 수 있기 때문에 대중적으로 가장 많이 상연하고 연기자의 역량을 가늠할 수 있게 하는 아이템이다. 다른 인도 전통춤과 마찬가지로 모히니아땀에서도 기본적인 동작과 정조 표현 이후에는 빠담(Padam)이라고 하는 연기 위주의 아이템을 상연한다. 빠담에는 춤의 요소가 많이 빠진 대신 연기의 요소가 주를 이룬다. 빠담까지 끝나 표현방식을 마스터한 뒤 연희자들은 마지막으로 틸라나(Tillana)를 춘다. 틸라나에는 빠른 속도와 복잡한 다리 움직임, 조각 같은 포즈가 많다. 이 외에도 신에 대한 찬양인 '박띠' 정서를 주로 담고 있는 슬로캄(Slokam), 조화된 순수무용과 마임으로 구성된 삽땀(Saptam) 등이 있다.

모히니아땀 음악은 카타칼리와 마찬가지로 소파남 형식이지만 때로는 대중적으로 인기 있는 민요를 편곡하여 부르기도 한다. 모히니아땀이 완전한 형식을 가지기 전에는 무용수가 노래도 겸했는데 그때 당시의 무용수들은 춤만큼 노래에도 정통했으며 노래 없이는 춤을 생각할 수 없었다고 한다. 현재에는 가수가 따로 존재하며 연희자와 가수는 대등한 위치에서 상보적인 리듬을 유지한다. 오래전부터 전승해온 아이템은 유명한 작가가 쓴 곡들이 대부분이며 현대로 오면서 신진 예술가들에 의해 보다 다양한 아이템들이 계발되고 있다.

반주자들은 연희자의 오른쪽에 앉아 연주하는데 객석에서 가까운 순으로 므리당감(양머리 타악기), 꾸리딸람(작은 심벌), 가수, 바이올린, 오딱꾸랄(피리), 이다꺄 연주자들이 앉는다. 이 중 므리당감은 남인도를 대표하는 타악기로 춤반주에 많이 사용한다. 꾸리딸람은 기본 박자를 짚어주는 중요한 악기이고 이 반주자는 보통 연희자의 스승이나 선배가 연주하며 공연 중간에 구음을 가창하여 연희자의 춤에 힘을 실어주기도 한다. 바이올린은 모히니아땀의 정조를 형성하는 데 많은 기여를 하는 현악기다.

모히니아땀 의상은 여타의 다른 전통춤에 비해 단순한 형태로 존재한다. 이는 신의 아내로서 위엄을 나타낼 수 있는 복장으로서 금색 테를 두른 블라우스와 치마, 여러 가지 장식용품으로 이루어져 있다. 기본이 되는 장식용품을 열거하자면 이마 장식, 양쪽 머리 장식, 귀걸이, 코걸이, 목걸이, 긴 목걸이, 팔찌, 발찌 등이다. 이 중에서 짤랑가는 소리가 나는 방울로 장식된 발찌인데 장식뿐만 아니라 딸람을 맞추는 악기 구실도 한다.

6. 전통음악 소파남

타나두 나타캄 연극 활동가들에게 많은 영향을 미친 영감의 원천들은 그것이 전통무술이 되었든 고전극이 되었든 민속연행이 되었든 기본적으로 예술가로서 오랜 연마와 단련을 필요로 한다. 인도에서는 이러한 수련을 '사다남'(Sadhanam) 혹은 사다캄(Sadhakam)이라 칭한다. 이것은 일반적으로 신체훈련을 지칭할 때 쓰이는 용어인데 그 근본원리는 심오함을 담고 있다. 이는 단순한 육체적 훈련이 아니라 훈련자의 삶의 방향의 지표이자 정신적·철학적 지향을 담고 있는 육체적·심적·정신적 일치를 추구한다. 따라서 어느 한 분야에서의 사다남은 그 분야의 전통적 수련방식에 따라 개인성을 버리고 전적으로 수련에 임함을 뜻한다. 사다남은 연극을 비롯한 연행예술 분야뿐만 아니라 음악과 미술 등과 같은 예술 전 분야에 해당하는 수련법이다. 여기에는 연행자들이 예술에 입문하는 것이 단지 육체의 기술적인 측면만을 배우는 '훈련'이 아니라 일종의 정신수련으로서 보다 높은 정신적 차원을 향해 나아가야 한다는 방향성이 담겨 있다. 그리고 예술 수련과 행위를 통해 도달하고자 하는 곳은 태초에 모든 존재를 잉태하고 있던 브라흐만(Brahman)과의 합일이다. 인도에서는 태초에 '아무것도 아니면서 모든 것이고, 존재하지 않으면서 어디에나 있고, 알 수 없으나 모든 것을 아는' 잠재성만을 잉태한 상태에서 진동이 일어나 모든 존재가 탄생하였다고 말한다. 이 상태를 '브라흐만'이라 부른다. 존재하는 모든 것들은 확장과 팽창을 거듭하다가 결국 다시 브라흐만으로 돌아가게 된다는 것이 많은 인도 전통이 추구하는 '합일'의 의미다. 음악도 '절대적 존재(브라흐만)의 신성한 메시지를 전해주는 전달경로이자 그 존재를 깨닫게 해주는 수행'[49]으로서 사다남을 필요로 한다. 특히 카발람의 경우 연극작품 제작에 있어 음악에 무엇보다 큰 방점을 찍었는데 카발람에게 있어 음악은 모든 존재가 있게 된 가장 근본적인 원천인 동시에 가장 높은 차원으로 존재를 이끌어주는 매개이기 때문이었다.

께랄라 전통 사원음악인 소파남은 '사다리'를 뜻하는 산스크리트어로 원래 성소를 향해 올라가는 계단을 일컫는 말이다. 사원음악으로서의 소파남에 대해 혹자들은 '영원을 향해 가는 계단, 절대를 향해 가는 디딤돌로 보이지 않는 것과 초월의 것을 가두는 보이는 형식'[50]이라 칭하기도 한다. 소파남의 형성은 께랄라 토착 민속음악과 베딕 음악이 결합하면

---

49 윤혜진, 「인도의 음악적 사고에서 나타나는 순환적 체계」, 『한국음악사학보』 제 30집, 2003.6, 549쪽.

50 *Panikkar Prasang* Pamphlet, 14th November 2010, presented by Indira Gandhi Rashtriya Manav Sangrhalaya.

소파남 노래와 연주

서 이루어졌다.[51] 소파남은 가문별로 전승해 오던 음악 스타일이 지역의 연행예술과 결합하기도 하고 문학적 해석을 중시하는 남인도 고전음악(까르나틱 Carnatic)의 형식과 구조를 흡수하여 께랄라의 고유한 음악으로 발전하게 된 것이다. 소파남 노래는 단조로운 곡조에 단순한 악기 구성으로 사원의 예배 시간과 내용에 따라 다르게 불렀다. 카타칼리, 무디에투를 비롯한 께랄라 연행예술과 사원 축제 기간의 다양한 행사에서도 소파남 노래를 부른다. 신을 찬양하는 내용을 담고 있는 노래들은 음정에 큰 변화가 없고 멜로디 패턴도 그렇게 다양하지 않았지만, 현대에 이르러 멜로디 패턴도 보다 다양해지고 가창 방식도 꾸밈음이 많아지면서 음악적 완성도를 가지게 되었다.

소파남은 단어 단체가 함축하고 있듯이 인간을 전(全) 존재로 상승시키고, 시작하였던 곳을 상기시키며 궁극에는 그곳으로 되돌아감을 자각시킨다. 힌두 사원에서 성소를 모시는 소파남 앞에서 매일같이 이른 아침 관람객이나 신도가 있든 없든 아랑곳없이 나지막하게 부르는 소파남 노래를 들으면 마음은 절로 경건해지고, 내가 존재하고 있음에 감사하여 고개가 숙여진다. 인도의 예술가들이 음악을 합일을 위한 매개로 높은 가치를 부여하였던 것은 결코 우연한 일이 아니라 하겠다.

---

51 Kavalam Narayana Panikkar, *Sopanatathvam*, p.59.

신화를 실어 나르는 지금, 여기, 배우의 몸

지금까지 인도 전통극을 현대적 관점으로 접목시켜온 대표적인 연극운동인 뿌리연극운동과 께랄라의 뿌리운동인 타나두 나타캄을 고찰하였다. 그리고 타나두 나타캄에서 영감의 원천이 되어왔던 께랄라의 연행예술들의 특징을 살펴보았다. 제5장에서는 인도 전통극의 일반적인 특징과 몸을 바라보는 관점에 대해 알아보고 인도 전통극의 표현방식인 아비나야에 대해 철학적이고 미학적으로 접근해보고자 한다. 이는 2부에서 하게 될 카발람의 공연을 분석하는 데 토대가 되어줄 것이다. 그리고 타나두 나타캄의 창작 원천이 어떠한 방식으로 실현되었으며, 신화적 배경이 작품에 등장하는 인물들과 주제를 분석하는 데 어떤 기본틀을 제공하는지, 그리고 전통연극의 연행원리인 아비나야의 네 범주가 적용되는 방식을 실제적으로 접근하는 데 도움이 될 것이다.

동시에 신화와의 연관성, 몸을 바라보는 총체적 관점, 아비나야와 몸의 총체성이 어떻게 작품에 실현되는지 등 심화시킨 내용도 함께 고찰해보겠다. 이해하기 위해서 다소 품을 들여야 하는 낯선 개념들도 나올 테고, 형이상학적이어서 실제 현장에 어떻게 접목시킬지에 대한 의문이 생길 수도 있겠다. 하지만 이러한 개념들은 공연예술의 본질적인 개념을 성찰하는 데 되새겨봄직한 가치가 높은 것들이다.

1. 인도 전통극과 신화

1) 인도 전통극과 신화

인도 전통극을 비롯하여 인도에 있는 많은 공연양식들은 대다수가 이야기를 풀어내는 연희양식이다. 여기서 그 '이야기'는 우주를 포괄하고 있다고 믿고 있는 인도인들의 문학적 자부심이자 철학적·종교적 토대가 되는 대서사시 마하바라타와 라마야나, 뿌라나다. 마하바라타는 바라타족의 전쟁이야기를 주로 담고 있다. 라마야나는 라마와 시타에 얽힌 고난과 역경에 대한 이야기로 지역에 따라 수많은 판본이 존재하는데 가장 대중적인 판본은 왈미키가 쓴 것으로 이만 사천 시구로 이루어져 있다. 뿌라나는 힌두의 종교적 기원에 관한 전설과 신화집으로 '아주 오래된 이야기'이자 고대사로 그 종류가 200여 종에 이른다. 인격신과의 신뢰와 사랑의 관계를 강조하는 박띠, 신상숭배등의 의례절차, 신상과 사원의 건축, 순례지와 순례의례 규정 등과 같은 현 힌두교의 주요 특성들이 뿌라나에서 확립한 종교적 특성들에 토대를 두고 있다.[1]

수많은 신화와 옛이야기들 중에서 특히 대중적으로 많이 알려지고 자주 상연하는 레퍼토리는 크리스나의 어린 시절부터 성장과 결혼에 관한 일화들과 판다바와 카우라바 가문 사이의 전쟁에 얽힌 영웅 설화들이다. 크리스나는 유지의 신인 비슈누의 화신으로 여겨지며 많은 비슈누교 신자들은 크리스나를 신으로 추앙한다. 『바가바드기타』에서는 혈육상잔의 비극 앞에 무릎 꿇은 아르주나를 독려하며 다르마를 설법하는 역할로, 마하바라타에서는 판다바의 전우로서 전쟁을 승리로 이끄는 데 중추적 역할을 수행하는 전략가로 등장한다. 어렸을 때 숙부의 살해 위협을 피해 숨어 지내는 동안 지독한 개구쟁이로서의 면모와 괴물을 무찌르는 위

제4부 우리 자신의 연극을 우리 자신의 방식으로

---

1 류경희, 앞의 책, 78쪽.

크리스나의
일대기를 그린
께랄라 벽화

대한 영웅으로서의 면모를 예술적으로 승화시킨 '크리스나 릴라'(크리스
나의 놀이)는 많은 예술인들에게 영감을 주는 가장 대중적인 레퍼토리 중
하나다.

　다양하고 복잡하면서도 어떤 통일성이 있다는 점과 3000년 이상의 긴
역사를 거치며 오늘날까지 지속되고 있는 점은 힌두 신화의 놀라운 점이
다. 힌두 신화의 이런 다양성과 통일성의 공존, 그리고 지속성은 인도문
화와 종교가 갖는 특성이기도 하다. 인도인들의 사유방식과 세계관, 가
치관에 관한 이해의 차원을 넘어 살아 있는 신화의 사회적 · 문화적 기능
을 알아볼 수 있는 중요한 연구대상이 힌두 신화다. 많은 연구자들은 서
사시와 뿌라나가 토착민들과 아랴 문화를 결합시키는 데 유효했다고 평
가하고 있고, 실제로 인도에서 서사시와 뿌라나는 언어와 장르는 달라도
그 경계를 아우르며 공통의 문화적 공감대를 형성시켜주는 데 가장 중요
한 원천이 되고 있다.

　인간 존재의 원형성과 상징을 드러내는 양대 서사시와 뿌라나에서는
우주창조의 신화와 궁극의 실재에 대한 존재관을 드러내는 다양한 인물
들이 등장한다. 겉으로 드러나는 이야기는 죽고 죽이는 신과 왕, 비범한
초인들의 삶과 죽음이지만 여기에 등장하는 인물들은 개별적인 이름을

가진 개인으로서가 아니라 이름을 대표하는 유형으로서 존재한다. 또한 이러한 인물유형들은 『나띠야샤스뜨라』에서 공연행위 자체를 신과 악마, 인간의 이야기라고 규정하였듯이 세상만물에 대한 상징적 대변인이기도 하다. 이들은 인간이 따라야 할 행위의 원형적 모델이 되어 그 신화를 사는 사람들의 행위의 전범[2]이 되어왔던 것이다.

인도 전통극은 이러한 신화 속의 유형적 인물들을 현재의 무대 위로 불러와 구현함으로써 오늘을 사는 현대인들과 신화를 이어준다. 관객들은 극장 안에서 신화 속 초인적 힘을 발휘하고 속세를 어지럽히는 영웅을 구경하는 것이 아니라 그 속에 담겨 있는 자신의 또 다른 모습을 발견하며 '신화를 사는 것'이 된다.

2) 마하바라타와 다르마

인도 전통극에서 신화체계가 가지는 의의에 대해 고찰해보았으니 2부에서 분석하게 될 두 작품의 신화적 배경을 살펴봄으로써 신화세계가 실제 작품에서 어떠한 양상으로 드러나는지 살펴보도록 하겠다. 카발람의 두 작품 〈우루방감〉과 〈깔리베샴〉의 원전은 마하바라타다. 마하바라타는 기원전 4세기경에 쓴 것으로 추정하며 18편 약 십만 구절(1구절은 16음절의 2행시)과 이십만 행으로 이루어져 있는데, 이는 일리아드와 오딧세이를 합친 것보다 8배 긴 분량이다. 마하바라타 원전은 두샨타 왕과 샤꾼딸람의 아들인 바라타와 그 후대 자손들에 얽힌 이야기다. 이야기의 진행은 자나메자야 왕의 희생제에서 위야사라는 성자가 자신의 제자에게 이야기를 들려주는 형식이다. 위야사는 '편집자'라는 이름 그대로, 마하바라타를 최종 편집하고 하나였던 베다를 네 개로 나누어 편집했으며 뿌라나의 저자로도 알려져 있다. 마하바라타는 위야사가 전하는 이야기로 알

---

2 류경희, 앞의 책, 24쪽.

려져 있지만 이본들이 1800여 종에 이를 정도로 다양하다. 또한 서사시의 규모가 너무나 방대하므로 후대에 이르러 여러 다른 사람들에 의해 첨가되기를 거듭하여 오늘날과 같은 마하바라타로 정리되었다는 데 많은 학자들이 동의한다. 누가 이야기를 첨가했든 마하바라타는 그야말로 위대한(마하) 이야기들이 응축된 서사시여서 후대의 많은 예술가들은 마하바라타 이야기 일부분을 각색하거나 윤색하여 자신들의 예술적 제재로 써 왔다. 이 방대한 이야기들 중에서 예술적 제재로 가장 많이 등장하는 부분이 판다바와 카우라바 가문 사이에서 일어난 전쟁이다. 〈우루방감〉도 이 전쟁을 배경으로 이야기를 전개하고 있다. 이렇듯 방대한 분량의 대서사시에는 필히 다양한 해석과 주석이 달리게 마련이다. 그중에서 2부의 작품 분석에 토대를 제공할 만한 내용을 중심으로 마하바라타의 의미를 살펴보겠다.

> 다르마(법), 아르타(실리), 카마(애욕), 목샤(해탈)에 관해 여기에
> 있는 것은 다른 곳에도 있고, 여기에 없는 것은 어디에도 없다.[3]

위의 마하바라타 서문은 그 속에 담긴 핵심 내용을 전달하고 있다. 이처럼 마하바라타에는 다채롭고 흥미로운 인간 군상들이 집적되어 있다. 현실을 살아가는 그들 중에는 온갖 욕망들의 노예가 되어 허덕이는 자들이 있는가 하면, 욕망을 넘어서고 초월의 경지에 이른 성현들도 있다. 마하바라타가 주로 신들의 세계나 왕과 초인적 힘을 지닌 수행자들, 혹은 영웅들의 일화들을 다루고 있다 할지라도 법(다르마), 실리(아르타), 애욕(카마), 해탈은 일반인들의 인생의 목표이기도 하다. 힌두사회에서는 중요한 가치를 실현하는 삶의 단계를 넷으로 구분한다. 첫 단계에서는 배움과 수련을 통해 사회구성원이 되기 위한 준비를 한다. 둘째 단계에서

---

3 박경숙, 『마하바라따』 1권, 서울 : 새물결, 2012, 277쪽.

는 애욕, 실리, 다르마의 가치를 추구하며 가정을 이루고 공동체를 위해 헌신한다. 셋째 단계에서는 모든 의무를 내려놓고 즐거움을 버리지만 사회와의 관계는 유지하다가, 마지막 넷째 단계에서는 해탈을 추구하며 수행에 전념해야 한다. 인도인들은 삶의 가치들을 절도 있고 균형 있게 추구했을 때 현세와 내세의 행복을 보장받는다고 여기며, 그들이 궁극적으로 추구하는 이상적 경지는 해탈이다. 마하바라타는 이러한 의미에서 인도인들뿐 아니라 우리 인간 모두의 인생의 교서라고도 할 수 있다.

인도인들의 가치관과 윤리규범을 담고 있는 마하바라타에서 핵심적인 가치는 '다르마'다. 다르마는 '함께 묶는다', '유지하다'는 의미를 가진 산스크리트어로 맥락에 따라 여러 의미를 가진다. 일반적으로 다르마는 "우주를 하나로 묶어주고 보존하는 우주통합과 유지의 법칙이고, 사회를 통합하고 유지하는 도덕규범이자 의무로서 자연과 사회 모두의 이면에 있는 신성한 법칙"[4]이라 말한다. 마하바라타는 이런 다르마의 중요성을 역설하고 그것을 보존하는 것이 가장 의미 있는 행동으로서 다른 어떤 욕망보다 앞서야 한다고 가르쳐 왔다. 이렇게 고대로부터 인도 전통이 다르마를 앞세워 우주와 사회의 질서와 규범을 보존하고 유지하는 것을 가장 중요한 가치로 추구해왔던 것은 만물이 하나의 근원실재에서 전개되어 나왔다고 보는 세계관에서 근거한 것이다. 선과 악, 남성과 여성, 영혼과 물질, 수라와 아수라 등으로 현현하는 상반하는 힘들은 근원실재가 자신을 드러내는 현상적 모습일 뿐이며 궁극적으로 모든 존재는 왔던 곳으로 돌아간다는 순환적 사고가 다르마에 녹아들어 있다.

그런데 이 다르마는 마치 1800여 종에 이르는 마하바라타 이본들처럼 상황과 대상에 따라 그것을 어떻게 해석하고 적용할지 광범위한 스펙트럼을 가지고 있다. 어떤 이들은 살생 때문에 지옥을 불사하는 대가를 치르는가 하면, 살생이 다르마를 지키기 위한 방편이 되기도 한다. 다르마

---

4 류경희, 앞의 책, 153~154쪽.

는 일종의 규범이면서도 시대나 계급, 성별 등에 따라 달라질 수 있으며 본질적이고 절대적인 차원이 아니라 상대적인 차원으로 이해해야 하는 것이다. 이것은 신화와 서사시, 역사가 혼재된 양상을 띠는 인도의 전통적 전승체계의 특성을 반영한 것이기도 하다. 신화 속에 역사가 있으며, 역사는 다시 시를 통해 신화로 회자되고 이러한 과정이 다시 대서사시에 투영되어 역사를 드러낸다. 그래서 인도인들에게 신화는 역사로서 이상적인 성격과 행위의 형식을 구성하는 가이드라인으로서 사실을 알리는 것이기도 하면서, 동시에 발언의 종류나 차원이란 관점[5]으로 이해되기도 한다. 예로부터 인도인들은 다르마가 모두에게 통용하는 공통의 법칙이 아니라 사람에 따라 달라질 수 있는 것이라고 여겨 어떻게 자신만의 다르마를 찾아내는지에 역점을 두었다. 그래서 다르마를 '숨겨놓아 눈에 띄지 않는 금그릇'에 종종 비유하곤 한다. 카발람을 비롯한 많은 인도 현대 연극연출가들은 신화를 통해 현대적으로 공명 가능한 해석과 의미를 탐구해왔다.

2부에서 분석하게 될 〈우루방감〉과 〈깔리베샴〉 속에도 다르마의 상대적 측면이 잘 드러난다. 〈우루방감〉의 제재인 판다바와 카우라바 사이의 전쟁에서는 다르마를 지킨다는 명분으로 무고한 생명을 살생하거나 저질 속임수로 승리를 거머쥐는 경우가 허다하다. 주인공 두료다나도 전장의 원칙을 어긴 속임수 때문에 죽임을 당하지만 그런 두료다나를 판다바 측에서는 '다르마를 어긴'(아다르마) 자의 최후라며 조롱을 한다. 반면 두료다나는 자신의 다르마를 관철시킴에 있어서 한 치의 부끄러움이 없었다고 말하며 당당한 최후를 맞는다. 원작인 바사의 〈우루방감〉은 다르마를 역설하면서 동시에 다르마가 무엇인지에 대한 질문을 제기하며 마하바라타의 핵심적 논제를 집약시켰다 할 수 있다. 카발람은 다르마의 상대적 측면을 부각시키기 위해 주로 질투와 시기에 찬 반동인물로 표현해

---

5   Ralph Yarrow, *op.cit.*, p.39.

오던 두료다나를 신성과의 합일을 향해 다가서는 숭고한 정신을 가진 수요다나와 병치시킴으로써 두료다나를 양지로 이끌어내었다. 이는 두료다나의 다르마, 혹은 다르마 자체 속에 내재하고 있는 상대적이고 다각화한 측면을 구현한 것이다.

〈깔리베샴〉에서는 신화 속의 다르마와 실제 삶 속의 다르마가 상충한다. 이야기 속의 주인공 나탄은 카타칼리 배우인데 배우로서 자신이 맡는 역할과 실제 삶 사이의 간극으로 괴로워한다. 배우로서는 항상 깔리와 같은 악역을 맡아 어두운 성정을 드러내어야 하는데 실제 자신의 삶은 브라민으로서 기도 올림을 빠뜨리지 않는 신심어린 밝은 성정이기 때문이다. 하지만 나탄은 배우로서의 다르마 때문에 깔리 역할을 맡을 수밖에 없는데 자신이 맡은 깔리를 연기할 때조차 깔리의 악행이 다르마에 어긋남으로 인해 혼란을 겪게 된다. 이 작품에서는 주인공이 현실과 신화를 넘나들며 신화적 삶, 삶 속의 신화라는 이중구조를 보여주며 이를 통해서 선과 악이라는 이분법적 구도를 더욱 선명하게 드러낸다. 이러한 카발람의 시도는 자칫 이러한 과정을 종교적 이상이나 정치·도덕적 설득으로 오해할 여지가 없는 것은 아니지만 카발람은 어디까지나 무대 위에서 행위하는 연극인으로서의 다르마, '숨겨놓아 눈에 띄지 않는 금그릇'을 찾고 싶었던 것이다.

2. 몸과 연행원리

인도 전통극에서 신화의 세계는 배우(연행자)의 몸을 통해 아비나야(표현방식)로 구현된다. 이 절에서는 상징을 집약시킨 신화가 아비나야를 통해 무대 위에 현존하는 배우의 몸에서 어떤 양상으로 적용되는지 파악하고자 한다. 그러기 위해서는 전통적 맥락에서 바라보는 몸을 알 수 있게 해주는 요가와 샹키야 다르샨을 고찰할 필요가 있다. 요가와 샹키야 다르샨은 육체-마음-정신의 유기적 관계에 관한 심오한 내용을 다루고 있는 존재론적 경험 체계다. 몸에 대한 이해는 아비나야가 전달하고자 하는 라사의 메커니즘을 심층적으로 파악할 수 있도록 만들어주며 이는 2부에서 실제공연을 분석하는 데 도움이 된다. 허동성은『동양 전통연극의 미학』에서 샹키야를 비롯한 다르샨의 여러 전통을 따르는 미학자들의 라사 이론을 고찰하고 있는데『나띠야샤스뜨라』원전에서 놓치고 있는 라사의 메커니즘을 고찰하고 싶다면 이 저서를 참고할 수 있다. 다만 논의가 너무 광범해질 수 있으므로 나는 요가와 샹키야 다르샨에 국한하여 논의를 진행하고자 한다.

1) 다르샨 전통에 따른 몸의 구성 원리

몸에 대한 인식적 배경을 제공하는 다르샨은 기본적으로 직접 경험의 세계다. 인도 전통에서 지식 혹은 인식에 관한 텍스트는 스루티(Śruti)와 스므르티(Smṛti)로 나눌 수 있는데 스루티는 '들은'이란 뜻을 가진 직접적인 경험을 의미하고, 스므르티는 '기억'이란 뜻을 가진 간접적인 경험에 대한 기억들이다. 스루티가 감각을 초월한 직접적인 경험이라면 스므르티는 마음을 써서 경험한 것들을 상기시켜주는 것이다. 우리가 감각기관을 통해서 2차적으로 받아들이고 분석하는 지식(스므르티)은 자신의 선입견과 편견을 투영할 수밖에 없다. 그래서 올바른 지식이라 할 수 없기 때문에 스루티를 보다 정통적이고 높은 차원의 인식으로 간주한다. 스루티를 대표하는 지식이 베다와 다르샨이다. 지식 중에서도 간접적인 지식이 아닌 진실 혹은 현실을 직접적으로 경험하는 지식을 베다라 한다. 베다는 크게 네 종류로 이루어져 있다. 신에 대한 찬가를 모은 리그베다, 제식에 쓰는 음율적 가사를 모은 사마베다, 제식에 필요한 모든 것을 모은 야주르베다, 제식 전반을 총괄하는 아타르바베다가 그것들인데, 모두 실천적인 수련과 관련한 문헌들이다. 후대에 이르러 베다에 권위를 부여하면서 베다는 '신성한 종교적 지식'에서 더 나아가 그 지식의 근원인 성전을 지칭하게 되었다.[6] 『나띠야샤스뜨라』 제1장에서는 제5베다로서 나띠야샤스뜨라가 네 베다와 하위베다로 만들어졌는데 "리그베다에서 대사(언어들)를, 사마베다에서 운율(음악)을 취하고, 야주르베다에서 연기법(움직임과 분장)을, 그리고 아타르바베다에서 라사(정서적 연기)를 취하였다"고 언급하고 있다.[7] 『나띠야샤스뜨라』를 비롯한 인도 전통예술이 본질적으로 경험의 체계인 원인도 베다, 즉 스루티에서 유래했기 때문이다. 스루티로서의 다르샨은 이러한 직접적인 경험체계로서의 인도 전통극을 연행하는 배우의 몸을 존재론적 근원에 접근시켜 이해할 수 있도록 만들어 준다.

다르샨의 뜻은 '보다'란 의미다. 여기서 본다는 것의 의미는 직접 경험을 뜻한다. 다르샨을 번역할 때 '철학'이란 말을 쓰기도 하지만 서양의 철학이 사고하는 사상의 체계라면 다르샨은 실제적인 경험의 체계라는 점에서 차이가 있다. 다르샨은 존재와 관련한 가장 근원적인 질문들에 대한 경험을 체계화시킨 것이다.

> 몸은 어떻게 구성되어 있으며 어떻게 작용하는가, 에너지란 무엇인가, 에너지는 물질적이고 육체적인 차원의 몸과 어떤 연관성을 가지며, 그 메커니즘은 무엇인가, 왜 에너지는 다른 형태로 드러나며 물질과 다른 원소들 창조의 이면은 무엇인가, 영혼은 무엇이며 어떻게 그것을 경험할 것인가, 초월이나 해탈, 또는 절대적 자유를 어떻게 얻을 것인가[8]

---

6   조수동, 앞의 책, 21~22쪽.

7   Adya Rangachrya, *op.cit.*, p.1.

8   Swami Niranjanananda Saraswati, *Yoga Darshan*, Munger: Yoga Pulications Trust, 2002, p.6.

위와 같은 질문에 대해 자신들만의 방식과 방법으로 스루티를 경험하고 깨달음을 찾아 궁극의 실재를 경험하는 것이 다르샨이다. 존재의 창조와 발전을 이해하고 내면의 세계를 자각하기 위해 실제적인 수련을 발달시킨 것이 요가 다르샨이고, 현존하는 존재들의 이원성과 대립적 양상의 원인을 체계화시킨 것이 샹키야 다르샨이다. 샹키야의 의미는 숫자를 의미하지만 여기서의 '숫자'는 수학적인 의미의 것이 아니라 존재론적인 측면에서 존재의 수를 가리킨다. 요가와 샹키야 다르샨은 상당히 깊이 상호연관성을 가진다. 샹키야가 24존재의 특성을 설명한다면 요가는 그것들의 상관관계를 풀어내고 어떻게 정화시켜 조화와 균형을 찾아갈 것인지에 대한 방식을 제시한다. 요가는 표면적으로 말하자면 샹키야를 실제로 접목시킨 것이라 할 수 있다. 많은 예술가들이 자신들의 예술창조를 위해 요가수련을 병행하거나 전통극의 주요 개념을 샹키야 다르샨에서 말하는 존재의 양상과 결부하는 것도 예술가들이 창조적 작품을 낳기 위한 과정이 다르샨이 진리를 찾아가는 과정과 일치하기 때문이다. 몸과 에너지의 관련성을 이해하는 데 단초를 제공하고 있는 요가와 샹키야 다르샨은 몸과 몸을 드러내는 표현방식인 아비나야가 어떻게 총체적이고 유기적으로 상호작용하는지 파악하는 데 도움을 준다. 뿐만 아니라 태초의 창조의 원인이나 과정도 설명해준다. 이는 우리가 어떻게 해서 인간이란 몸을 입고 이 세상에 존재하게 되었으며 왜 사람들은 저마다 각기 다르게 고통이나 쾌락을 겪고 있는지에 대한 성찰을 가능하게 만든다. 인도 예술을 조금이라도 접해본 사람들은 예술행위의 최종목적이 신께 바치는 봉헌이자 신과의 합일에 있다는 말을 들어본 적이 있을 것이다. 여기서 '신'의 의미는 예술행위의 목적만큼 의미심장한데 요가와 다르샨은 몸의 원리 속에 그 의미도 담고 있다.

그렇다면 요가와 샹키야 다르샨에서는 몸을 어떻게 바라보고 있을까? 이것을 고찰하는 과정에서 당면하게 될 난제는 궁극적 실재란 감각과 이성에 의해 파악되는 것이 아니라 직접적 · 비지각적 · 비개념적 · 직관적 통찰에 의해서 경험된다는 것[9]이다. 이것은 앞으로 언급하게 될 몸에 대한 개념들과 원리들도 실제적인 체현의 과정을 거칠 때야 비로소 온전히 파악할 수 있게 됨을 의미한다. 그렇기 때문에 언어로만 고찰하는 데는 필연적으로 한계에 직면할 수밖에 없다는 점을 사전에 인지하였으면 한다. 이런 한계에도 불구하고 명료한 언어로 책을 펴낸 데이비드 프롤리의 저서들은 요가와 샹키야 다르샨을 이해하는데 참조할 만하여 나도 이 지면에서 그 언어를 빌린다.[10]

잠시 눈을 감고 우리 자신을 조금 멀리 떨어져서 지켜보며 태초를 상상해보자. 우리 몸이 있기 전, 아무 것도 존재하지 않던 상태로. 다르샨에 따르자면 태초에는 어떤 생명도 드러나지 않은 상태로 모든 것들이 하나로 덩어리져 완전한 균형을 이루고 있었다고 말한다. 눈에는 보이지 않지만 모든 생명을 잉태한 상태에서 옴(ॐ)에 대한 경험만이 있었다. 옴은 모든 것을 알고, 무엇이든 할 수 있으며, 어디나 편재한다. 옴은 종교적인 것이 아니라 이런 특정한 상태를 일컫는 기호다. 아직 존재하지는 않지만 모든 존재의 가능성을 품고 있는 잠재태로서의 이것을 일컬어 브라흐만(Brahman)이라 칭한다. 브라흐만이란 '끊임없이 확장하는' 의식이란 의미로 가장 높은 차원이지만 보이지 않고 드러나지 않는 차원이다.

이 브라흐만에서 우주적 의지가 작용하여 존재의 균형이 깨지면서 '드러나지 않는 존재'의 차원이 열린다. 존재하는 모든 것들은 불완전하고 불균형한 상태인데 그랬을 때만 존재가 가능하기 때문이다. 완전한 존재는 존재가 불가능하다. 그 존재들은 드러나지 않는 차원에서 드러나는 차원 순으로 나타난다. 그것들 중 가장 먼저 궁극의 지성(Mahat 보편의식)이 생긴다. 이것은 브라흐만 속에 간직하고 있던 모든 것을 아는 상태다. 존재의 시작은 모든 것을 아는 것에서 출발한다. 이 상태를 뒤이어 자아

---

9   조수동, 앞의 책, 17쪽.

10   David Frawley, *Yoga & Ayurveda*, Wisconsin: Lotus Press, 2009, pp.13~26.

(Ahamkara)가 생겨난다. 이때의 자아는 하나에서 떨어져 나와 분리된 상태로 정체성을 가지는 단계다. 하지만 우리가 흔히 얘기하는 에고와는 사뭇 다른 점을 가지고 있다. 이 자아는 진화의 단계에 따라 표면적인 차원이 있고, 미묘한 심층의 차원이 있으며, 모든 것들의 원인에 해당하는 원인적 차원이 있다. 표면적인 자아는 우리가 흔히 구분 짓는 남과 다른 '나'의 모습이다. 나는 여성이다, 나는 선생님이다 등과 같은. 심층의 자아는 성취욕이나 갈구와 같은 내적인 측면이다. 성공하고 싶다든지, 보다 높은 자아를 구하기 위해 예술적 표현을 한다든지와 같은. 원인적 차원은 자신이 어디서 왔는지를 분명히 자각하고, 있는 그대로의 자신을 아는 상태다. 이러한 자아는 사람마다 발전단계에 따라 차이가 있기 때문에 어떤 사람들은 인생의 최고 목표가 좋은 것을 먹고 좋은 집에서 사는 것이고, 어떤 사람들에겐 자신의 내면을 드러낼 수 있는 방식을 찾는 것이 최고 목표가 되기도 하며, 어떤 사람들은 보다 높은 차원의 자아를 찾는 것이 인생 최고의 목표가 되기도 한다.

모든 것을 아는 것에서 '나'가 비롯된 뒤 그 다음부터는 우리가 흔히 창조라고 부를 수 있는 존재의 구성들이 생긴다. 자아가 생긴 이후부터 존재는 생성을 향해 전진한다. 그들 중 가장 먼저 존재를 이루는 가장 미세한 성분인 원소를 특징짓는 것, 원소들의 정수라 할 수 있는 딴마뜨라(Tanmatra 오유五唯)가 생긴다. 우리가 알고 있는 세상의 구성원소인 에테르(아카샤 Akasha), 공기(와유 Vayu), 불(아그니 Agni), 물(아빠스 Apas), 흙(쁘리튀 Prithivi)과 같은 다섯 원소가 생길 수 있도록 만드는 특성 또는 성질이 딴마뜨라다. 예를 들어 불의 딴마뜨라는 '탈 수 있다, 따뜻하다, 빛을 낸다'는 것이다. 불의 딴마뜨라가 있어 불이 생긴다. 존재하기 위해서는 자아에 대한 자각이 있어야 하고 그것의 정수가 생긴 이후에 물질이 생길 수 있는 것이다. 아직까지 존재는 구체적인 형질을 띠지 않아 감각할 수 없이 드러날 준비만 하는 단계, 드러나지 않는 차원이다.

다음부터는 드러나는 차원이다. 씨앗만을 품고 있던 단계에서 새싹이

고개를 내미는 단계가 된다. 그것을 부타(Bhutas 기본 구성 요소)라 칭한다. 부타는 '혼, 또는 영혼'이란 뜻을 지니고 있으며 목적, 생김새, 용도 등과 같은 특정한 일을 하도록 만들어 존재를 물질적으로 규정할 수 있게 만든다. 정수가 만들어지고 비로소 물질로서의 5원소가 드러나게 되는 것이다. 에테르, 공기, 불, 물, 흙과 같은 5원소는 밀도와 무게감이 있어 가장 가볍고 밀도가 낮은 것에서 가장 무겁고 밀도가 높은 것으로 각기 다르게 물질화한다.

에테르는 천공을 나타내고 시간, 공간, 대상에 대해 경험한다. 에테르는 내면의 원인을 제공하는데 마음이 경험하고 드러나는 차원에는 네 원리가 있다. 첫째는 마나스(Manas)인데 우리가 흔히 마음이나 생각이라 부르는 것이다. 이것은 분석하고 인식하며 합리적으로 분별하는 마음이다. 둘째는 부디(Budhi)인데 지성을 의미한다. 이는 비판과 비교를 통해 지식을 이해하는 것이다. 셋째는 찟따(Chitta)인데 떨어져서 지켜보는 마음이다. 요가와 다르샨에서는 찟따를 중요한 자질로 여긴다. 찟따는 마음이 실제 겪고 있는 경험이 아니라 그 경험을 보고 있는 것이다. 누군가 슬픈 마음을 가지고 있을 때 슬픔을 겪는 것은 마음이지만 마음이 슬프다는 것을 보는 것이 찟따가 된다. 이는 있는 그대로를 보는, 마음을 넘어선 고차원의 마음으로서 엄밀히는 자각이나 의식이란 말로 번역하는 게 맞다. 에테르가 제공하는 내면의 원인 중에서 넷째 원리는 아항카라, 에고다. 여기서 말하는 에고는 보편의식(Mahat) 다음으로 생긴 에고와는 차별화되며 이때는 내 마음, 내 기분 등과 같이 주로 감각적으로 겪는 개별화한 정체성을 가진 자아가 된다.

에테르에서 점진적으로 밀도가 증가하면 공기(바람)가 되는데 공기는 움직임이나 흐름과 같은 경험을 하도록 만든다. 공기는 변화와 움직임을 추동하는 힘이다. 공기보다 무거운 밀도를 가진 불은 형태, 모양, 성질을 인식할 수 있게 한다. 불은 자극을 통해 운동기관, 감각기관, 내면의 원인, 생체 에너지를 추동하는 힘이다. 불 다음으로 무거운 물은 지식과 지혜의 기관, 다시 말해 감각기관을 통제한다. 가장 무겁고 밀도가 높은 흙은 혀, 손, 발, 생식기관, 배설기관 등과 같은 행동하는 운동기관을 통제한다.

위와 같은 다섯 원소들은 우리 몸이 구체적으로 어떻게 이루어져 있는지를 이해하는 데 답을 준다. 태초에 모든 것을 품고 있던 잠재성의 브라흐만에서 모든 것을 아는 보편의식이 생기고 뒤이어 자아가 생김으로써 몸을 이루는 원소들을 특징짓는 정수들이 생기게 되었다. 그리고 구체적인 물질로 드러나는 차원에 이르면 에테르, 공기, 불, 물, 흙은 각기 다른일을 맡아 우리 몸이 움직이고 살아 있고 세상과 관계 맺을 수 있도록 만든다. 원소들의 밀도는 에너지의 축적과 집중을 나타내는데 각각의 창조물이 각기 다른 모습으로 존재하도록 만든다. 우리가 표현하고 경험하는 방식을 다 다르게 가지도록 만드는 것이다. 원소들의 밀도 차이는 의식적 진화과정을 설명해주기도 한다. 존재의 진화란 가장 무거운 원소에서 가장 가벼운 원소를 지나 태초에 하나였던 곳, 브라흐만으로 돌아감을 의미한다. 다시 말해 드러나는 차원에서 드러나지 않는 차원으로, 창조물에서 창조의 원천으로 존재가 역전함을 뜻한다. 우리가 죽음을 '돌아간다'고 표현하는 것도 의미심장하다 하겠다.

2) 구나와 몸의 다섯 층위

앞에서는 아무것도 존재하지 않던 상태에서 존재하면서 몸을 입게 되는 과정을 알아보았고, 이제는 '존재하고 있는' 몸이란 과연 어떠한 것인지 살펴보겠다. 다르샨이 보는 몸에는 다섯 겹이 존재한다. 음식을 먹고 뼈와 살을 만드는 일차원적인 몸(안나마야 코샤 Annamaya Kosha, 육체적 몸), 외부의 산소를 실어 나르며 생체 에너지로 바꾸는 기의 영역인 몸(프라나마야 코샤 Pranamaya Kosha, 에너지의 몸), 감각기관을 통해 수용되고 마음에 관련되는 심리적인 몸(마노마야 코샤 Manomaya Kosha, 마음의 몸), 인식과 직관에 관여하는 몸(위즈나나마야 코샤 Vijnanamaya Kosha, 직관의 몸), 축복받은 해탈의 몸(아난다마야 코샤 Anandamaya Kosha, 축복의 몸)[11] 등이 이 다섯 층위다. 우리 몸의 모든 층위들은 불가분의 관계로 상호 유기적으로 연관되어 몸이 활동하고 살아 움직이도록 만든다. 이러한 다섯 층위의 몸을 구성하는 본질적 재료를 구나(Guṇa)라 일컫는다. 일반적으로 구나는 '특징, 특성, 자질'을 의미하는데 일상에서는 좋은 점이나 장점을 가리킬 때 사용한다. 일부 학자들은 구나가 근본적으로는 '핵심, 실, 밧줄'이란 의미로 특성이나 자질 이전에 물질 구성의 근본에 더 가까운 의미로 해석하기도 한다.[12]

존재가 생기기 이전의 구나는 브라흐만 속에 완전히 균형이 잡힌 상태로 있다가 존재가 생기면서 우리 육체를 형성하는 토대가 된다.[13] 육체의 형성은 우주를 구성하는 다른 모든 존재들과 마찬가지로 서로 밀거나 끌어당기는 자성력을 가지고 있다. 모든 자성력은 이중성과 양극성을 가지는데 끌어당기는 힘과 밀어내는 힘으로 드러난다. 끌어당기는 힘은 내면화 또는 정신적인 성향을 가지고 우리의 의식을 향상시킨다. 밀어내는 힘은 외면화 또는 물질적인 행동을 가지며 저급한 의식을 가진다. 밀어내는 힘은 의식을 물질로 가라앉도록 만들어 이름과 형식의 외부적 세계를 창조한다. 끌어당기는 힘은 진화의 힘으로 육체화한 영혼을 다시 신성한 자아와 기원으로 되돌아가도록 한다.

구나는 사뜨와(Sattwa), 라자스(Rajas), 타마스(Tamas) 세 가지로 되어 있으며 자성력을 운용하여 존재가 특정한 자질과 행위를 하도록 만든다. 사뜨와는 지식을, 라자스는 생명력을, 타마스는 물질화를 담당한다. 구나

11 Swami Niranzanananda Saraswati, *op.cit.*, pp.137~161.

12 Kwak Mija, "A Study on the Gunas in Sankhya philosophy and Bhagavadgita", 『동서 정신과학』 20권 1호, 경산 : 한국동서정신과학회, 2017, p.62.

13 David Frawley, *op.cit.*, pp.27~30.

는 만물을 구성하는 근본물질이기 때문에 우리의 의식은 세 구나 중 하나에 이끌리게 되어 있다. 태초의 브라흐만 상태에서는 세 구나가 균등한 상태로 존재하다가 창조가 시작된 후 어느 하나가 다른 구나들보다 지배적으로 자리 잡게 되는데 이로써 존재는 정신과 내면에 어떤 특정한 성질을 띠게 된다.

사뜨와는 순수성, 미세함, 가벼움, 밝음, 즐거움을 본질로 하며 의식이나 마음, 지성과 긴밀하게 연합[14]되어 있다. 자연의 밀도에서 가장 신묘한 것으로 성스런 매력의 힘을 반영할 수 있다. 이는 선과 지혜, 자연, 예술, 철학, 종교, 봉사, 자선의 신성하고 정제된 아름다움과 진실에 끌리도록[15] 만든다. 사뜨와는 높은 곳으로 이끄는 의식의 힘이다. 라자스는 생명의 에너지로 환상, 추측, 상상을 창조한다. 소속감, 얽힘, 복잡함, 끝없는 활동성으로 이끌기 때문에 불안정과 고통의 원인이 되기도 한다. 라자스는 활동적이고 변화를 이끄는 힘으로서 활동과 운동의 원리를 대변한다. 타마스는 물질적 대상에 있어서는 가장 어둡고 무겁다. 방해, 부패, 쇠퇴의 힘으로 가장 강하게 밀어내는 에너지이고 대상의 형태를 유지하도록 만든다. 타마스는 음성적 기운으로 어둠, 무지, 게으름, 우울, 둔감, 무관심 등과 같은 양상으로 드러난다.

인간의 몸은 세 구나가 어떻게 결합하고 특성을 드러내는지에 따라 다섯 층위[16]를 경험할 수 있게 된다. 육체적 몸은 음식으로 만들어지는 물질의 몸으로 우리가 겪는 몸의 첫 차원이다. 배고픔과 목마름, 육체적인 필요는 모두 육체적 몸의 경험이다. 이는 가장 거칠고 성긴 육체적 측면으로 한 곳에서 다른 곳으로 움직이며 서로 다른 차원으로 상호 영향을 미

---

14 조수동, 앞의 책, 153쪽.

15 Avinash C. Pandeya, *The Art of Kathakali*, New Delhi: Munshiram Manoharalal, 1999, p.20.

16 David Frawley, *op.cit.*, pp.83~86.

친다. 일반적인 사람들은 육체적 차원의 몸을 넘어서기는 어렵다. 우리가 자각하고 관찰하는 우리 자신은 기본적으로 육체적 몸의 경험에 기반하고 있기 때문이다. 그래서 육체적 몸은 우리 의식의 75퍼센트를 차지할 정도로 비중이 가장 크며 몸은 우리의 주의와 이끌림 양쪽 모두에서 중요한 것이 된다.

에너지의 몸은 기의 차원으로 표면적인 측면과 내면적 측면으로 이루어져 있다. 우리는 에너지를 느낌을 통해서 지각하는데 에너지는 외부적으로 열을 내기 때문에 열을 통해서도 감지 가능하다. 내부적으로는 바이오 에너지나 전자기장, 두뇌의 다른 센터와의 연결 등을 통해 경험할 수 있다. 심리적인 에너지는 몸과 뇌파의 열, 심리적 동기, 결심, 결정, 의지력, 전기적 흐름 등과 같은 형태로 경험할 수 있다. 에너지의 몸은 우리 의식 전체에서 단지 2퍼센트만 차지할 정도로 제한적이다. 왜냐하면 에너지를 자각하는 것도 마음의 경험과 연결되어 있고 마음을 통해서는 진정으로 깊이 있는 에너지의 경험을 할 수 없기 때문이다.

마음의 몸은 마음과 연결되어 일반적으로 우리에게 필요한 것, 약점, 욕망, 야망 등 좋고 싫음을 자각하는 것이다. 마음의 몸은 우리 의식의 20퍼센트 정도를 차지할 정도로 비중이 크다. 그런데 이것은 감각적이고 피상적일 수밖에 없는데 그 원인은 마음의 활동은 진정한 분석적인 과정을 이끌지 않기 때문이다. 이때의 마음은 일차적이고 저급하다. 그래서 요가에서는 마음의 높은 차원인 '자각하는 마음'을 강조한다. 이 자각하는 마음은 우리 자신을 관찰하여 바른 관점에서 이해할 수 있게 하며 마음의 몸이 경험할 수 있는 영역을 확장시켜준다. 이는 2부에서 분석하게 될 카발람의 작품세계를 이해하는 데도 중요한 관점이 된다.

직관의 몸은 마음의 직관적(통각적 혹은 지성적) 능력이라 할 수 있다. 외부적인 수준뿐 아니라 내적인 의식으로서 높은 차원을 깨닫고 이해하는 높은 차원의 마음이다. 직관의 순간은 아주 드물게 나타나며 아주 깊은 명상에 들었을 때 합리적인 경계와 지적인 마음의 개념을 초월함으로써 경험할 수 있다. 직관의 몸은 자신의 내부에서 스스로 자각 할 수 있을 때 작동 가능하다.

축복의 몸은 깨달음과 지복의 몸으로 이 몸을 통해 우리는 행복과 평화를 찾게 된다. 축복의 몸에서는 몸의 모든 원자 하나하나가 활성화하고 쾌락과 행복을 경험하는데 이것은 육체적으로도 느낄 수 있는 강렬한 느낌이다. 이는 개인적 마음과 우주적 마음이 융합했기 때문에 일어나는 경이로운 경험이다. 축복의 몸은 존재의 가장 깊숙한 곳에 자리하고 있으며 브라흐만으로 합일하기 위한 관문이 된다. 축복받은 몸은 가장 본질적인 최상의 깨달음을 통해 경험할 수 있는 몸이다.

위와 같은 몸의 각 층위들은 상호 유기적으로 연결되어 있으며 더욱 깊은 층으로 들어갈수록, 혹은 자각의 정도가 높아질수록 미묘하고 신비적인 층을 지나 본질적인 최상의 존재를 경험할 수 있게 된다. 몸의 층위들을 통해 마음의 4카테고리인 의식, 잠재의식, 무의식, 초의식도 경험할 수 있다. 에너지의 몸은 의식과 잠재의식을 잇고 직관의 몸은 잠재의식과 무의식을 잇는다. 진화는 개인적 자각이 물질적 영역에서 에너지의 영역을 지나 보다 높은 차원으로 상승함을 의미한다. 다시 말해 육체적 몸에서 축복의 몸으로 올라가는 것을 말한다. 혹은 가장 바깥의 육체적 겹에서 가장 심층의 축복의 몸으로 껍질을 벗는 것이라고도 한다. 이때의 진화는 의식의 확장과 상승을 의미한다.

몸의 다섯 층위에서 보자면 육체와 정신은 동전의 양면처럼 상호 영향관계 아래에 있는 같은 것이다. 육체는 마음의 외피이며 마음은 육체의 내면[17]이라고도 할 수 있다. 인도 연행 예술의 시작을 육체적 훈련에서 시작하여 심리적인 수련으로 이행하는 것도 가장 쉽고 강하게 감각할 수

---

17 이거룡, 「아유르베다, 요가, 딴뜨라에서 몸의 구원론적 의미 — 5종 조대요소 병렬구조, 5겹 덮개 중층구조, 남성 — 여성 양극구조를 중심으로」, 『인도철학』 제39집, 서울 : 인도철학회, 2013, 136쪽.

있는 있는 몸이 육체적인 몸과 심리적인 몸이기 때문이다. 시작은 표면적이고 거친 차원에서 하지만 궁극으로 지향하는 바는 가장 미묘하면서 근원적인 존재태, 근원과의 합일이며 이 상태에서 우리는 비로소 완전한 합일체로서 몸과 마음을 경험할 수 있게 된다. 이것이 인도 연행예술이 지향하는 '신과의 합일'이 내재한 의미다.

〈표 1〉 몸의 다섯 층위의 상호 영향관계[18]

코샤 또는 몸	정신적 차원	생리적 상태	경험식
안나마야 코샤 (육체적 몸)	의식적 마음	완전히 깨어 있는 자각	육체적 몸에 대한 자각
프라나마야 코샤 (에너지의 몸)			생리학적 기능들의 자각(소화, 순환 등)
마노마야 코샤 (마음의 몸)	잠재의식적 마음	꿈꾸는 자각	심리적이고 정서적인 과정의 자각
위즈나나마야 코샤(직관의 몸)			정신적이고 원인적인 차원의 자각
아난다마야 코샤 (축복의 몸)	무의식적 마음에서 초의식적 마음	깊은 수면/ 명상적 자각	무의식:초월적인 자각

3) 라사와 아비나야

지금까지 인도 전통극을 이해하는 데 초석이 되는 다르샨과 몸의 원리를 살펴보았다. 이제부터는 인도 전통극을 구현하는 방식인 아비나야와 아비나야의 목표인 라사에 대해 살펴보겠다. 다르샨의 몸의 구성 원리와 다섯 층위는 인도 예술의 궁극적 목표인 라사의 실현과 연결되며 그것을 구현하기 위한 실천적 방식이 아비나야가 된다. 이 두 개념은 인도 전통

---

18 Swami Muktibodhananda, *Swara Yoga*, Munger: Yoga Publications Trust, 2004, re-printed, p.39.

극의 핵심적 특징이면서 연행자나 관객 양쪽에서 일어나는 일체적이고 총체적인 경험의 과정이다.

인도 예술은 라사의 미학이다. 예술행위의 최종목적이 라사라는 말을 흔히 한다. 라사의 말 뜻은 맛과 액체, 에센스로 일상에서도 음식이 맛있거나, 상황이 흥미로울 때 "라사가 있다"는 말을 흔히 쓴다. 예술행위로서 라사를 느끼기 위해서 감정과 정감을 가장 중시하지만 표면적인 정서에 그쳐서는 진정한 라사를 느낄 수 없다. 라사는 일상적 감정의 차원을 벗어나 자아를 망각한 상태에서 초자연적인 것과의 일체감을 맛볼 때 혹은 희곡, 연기, 춤, 음악이 어우러졌을 때 느낄 수 있는, 창조적 경험을 통한 심미적 지각이다. 라사는 감정이니 지성이니 하는 구분을 넘어 사람의 일과 신의 일을 하나로 연결하는 신인합일의 경지를 지칭하는 의미도 지니고 있다.[19] 여기서 신인합일이 내재한 의미는 앞절에서 언급한 바 있다.

나는 간혹 연극 무대 위에서나 영상 스크린 위에서 배우가 뿜어내는 연기나 장면의 배치에서 몰아의 경험을 하곤 한다. 이는 단순한 재미나 스릴의 개념이 아니라 내가 보다 높은 존재와 연결되어 있음을 소통시키는 일종의 전율의 상태다. 내가 이러한 순간을 글로 설명하기를 달가워하지 않는 것은 글은 기본적으로 '이성적' 도구이므로 내가 온 존재로 느꼈던 '전율'의 순간을 모두 담는 것이 불가능하기 때문이다. 그럼에도 우리는 차선의 소통을 위해서나마 글을 쓰지 않을 수 없다. 현재까지 이어지는 라사에 대한 분분한 논쟁들도 라사가 가지고 있는 이러한 특성들에서 기인한다.

10세기의 위대한 미학자이자 철학자인 아비나바굽타(Abhinava gupta)는 관객들이 라사를 체현하는 단계를 구분[20]하고 있다. 첫 단계는 무대상에

---

19 조동일, 『카타르시스, 라사, 신명풀이』, 서울 : 지식산업사, 1997, 75쪽.

20 허동성 · 정순모, 앞의 책, p.155~157.

형상화한 정서를 감각하는 단계인데 관객들은 시청각 수단을 통해 지각한다. 둘째 단계는 상상의 단계로 직접적 지각의 단계를 거쳐 관객들이 상상력을 동원하여 일상적 현실과 다른 가상적 현실을 창조하여 심리적 동화를 일으키는 것이다. 셋째 단계는 감정이 고양되는 단계로 극의 전개에 따라 지속적인 감정동화상태를 일으키는 것이다. 넷째 단계는 보편화의 단계로 자신을 잊고 탈개인화한 망아상태에서 보편적 감정의 상태로 발전한다. 이 단계에서는 심미적 대상과 내적으로 일체화한다. 다섯째 단계는 주체와 객체의 이원성을 완전히 상실하고 초월적인 환열의 상태를 체험하는 미적 체험의 궁극적 단계다. 이 단계에서 관객들은 최종적인 내적 평화와 환희를 경험하게 된다. 이렇듯 라사는 다르샨의 전통처럼 분석하는 것이 아니라 경험하는 것이다. 여기서의 경험은 단순한 감각적 차원의 경험에 머무는 것이 아니라 그보다 더 높은 차원의 존재론적 사고로 확장이 가능한 것이다. 눈에 보이는 세계 뒤에 그것들이 존재하도록 한 근원적인 힘이 있다는 베다 정신은 모든 연극의 목적이 라사로 지칭되는 심미적 결과물이라는 나띠야샤스뜨라의 정신을 이해하는데 중요한 열쇠가 되고 있다.[21]

그렇다면 라사는 어떻게 맛볼 수 있을까? 라사를 일으키는 핵심요소이자 예술 표현의 시작이 아비나야(Abhinaya)다. '아비나야'[22]는 산스크리트어로 '앞으로 이끌다'는 뜻인데 이를 풀어 이해하자면 연희자의 표현행위가 관객을 향해 전달되는 것이다. 이 '표현'에는 시각적 면을 포함하여에너지, 심리, 직관, 초월적 결과로서의 열락의 경험들이 들어 있다. 다시 말해 연행자와 관객들의 몸은 개별적으로도 다섯 층위의 상호성 속에 있지만 극장 안에서 상호 관계맺음을 통해 총체적인 경험을 일으키는 것

---

21 이재숙, 「『나띠야샤스뜨라』와 라사─라사 그 이상의 의미」, 『코기토』, 부산 : 부산대학교 인문학연구소, 2009, 67, 52쪽.

22 abhinaya : abhi(앞으로 향하여) + nii(운반하다, 가져가다) + a(명사형 접미사)

이다. 이러한 총체성은 인도 전통극의 핵심적 특징이다.

라사를 만들기 위한 재료이자 그릇이 배우의 몸이라면 조리방법이자 양념이 아비나야다. 아비나야는 앙기카 아비나야, 스와띠카 아비나야, 와찌카 아비나야, 아하르야 아비나야 등 크게 네 가지로 구분된다. 제스처와 무드라를 포함한 몸의 다양한 움직임에 관한 앙기카(Āṅgika) 아비나야는 신체적 동작을 통해 세부적 표정 연기와 손짓언어로 의미를 전달한다. 감정과 사고의 표현에 관한 스와띠카(=쇄뜨위카 Sāttvika) 아비나야는 심리적이고 정서적인 측면을 통해 정신을 하나의 대상이나 관념에 온전히 집중할 수 있게 한다. 대화, 노래, 음운, 운율 등의 소리에 관한 와찌카(Vāchika) 아비나야는 음성적 동작을 통해 말씨, 억양, 모음의 높이, 말의 빠르기 등을 포함한 음악과 문학적 측면을 포괄한다. 분장, 의상과 무대 등을 포함해 위의 세 가지 측면이 총합적으로 만들어내는 장면구성에 해당하는 아하르야(Āhārya) 아비나야는 시각적으로 표현하는 방식이다.

아비나야를 편의상 네 범주로 갈래지어 설명했지만 이는 개별화하여 독립적인 것이 아니라 상호 영향을 주고받는 뗄 수 없는 관계다. 앙기카 아비나야는 스와띠카 아비나야와 와찌카 아비나야를 실어나르는 물질적 토대로서 오감을 표현하고 성대를 울려 음악성을 매개한다. 그리고 앙기카 아비나야는 시각적 장관으로서 아하르야 아비나야를 돋보이게 만들기 위해 오랜 시간 공들여 몸의 외양을 만들어왔고, 마찬가지로 아하르야 아비나야는 앙기카 아비나야가 있어 장관을 최종적으로 실현할 수 있게 된다. 이러한 특성을 가리켜 깔라만달람 빳뜨마나반 나야르는 "…마치 벽돌 하나하나를 다져서 차곡차곡 집을 짓듯이 오랜 훈련을 통해 단련된 범주별 상호간의 총체적 결합이 이루어질 때 완성된 예술양식으로 거듭난다."[23]고 하며 아비나야의 상호 연관성을 강조했다.

이러한 네 아비나야의 유기적 관련성은 몸의 다섯 층위의 경험과도 연

151

제5장 신화를 살아 나르는 지금, 여기, 배우의 몸

---

23 Padmanabhan Nair, ഛലജ്ഞാനം, vol.1, *op.cit.*, p.24.

결된다. 앙기카 아비나야는 가장 표면적인 층위로서 육체적 몸과 에너지의 몸과 연계된다. 아하르야 아비나야도 가장 바깥에 있는 겹으로서 육체적 몸과 연계된다. 스와띠카 아비나야의 층위는 보다 광범위하다. 심리와 정서를 표현함에 있어 낮은 차원의 마음의 몸에서부터 높은 차원으로 인식할 수 있도록 이끌어주는 직관의 몸의 층위로 상승하여 궁극의 라사인 축복의 몸을 매개한다. 또한 스와띠카 아비나야는 심리작용을 일으키는 가장 바깥 층위의 에너지의 몸과도 상호 영향을 주고 받는다. 에너지는 육체적 활동뿐 아니라 심리·정신적 활동에도 관여하기 때문이다. 와찌카 아비나야도 스와띠카 아비나야와 비슷한 양상으로 광범위한 몸의 층위와 연관을 가지지만 주로는 직관의 몸에 해당하여 보다 높은 차원으로 이끌어주는 고차원의 영역이다. 이것은 소리가 가지는 특성에서 기인한다. 이 부분에 대해서는 다음 장의 와찌카 아비나야에서 다루도록 하겠다. 축복의 몸은 궁극의 합일로 가는 관문으로서 일상적 경험을 넘어선 초월적이고 보편적인 경험인 라사 그 자체라 할 수 있다. 이와 같이 아비나야는 개념 규정을 위해 네 범주로 나누었지만 아비나야 안에서도 상호 영향력을 행사할 뿐 아니라 몸의 다섯 층위와 연계될 때도 각각의 몸의 층위에만 국한하는 것이 아니라 상호 영향력을 행사해서 라사에 이르도록 만든다. 라사는 다섯 겹의 몸과 네 아비나야가 유기적이고 총체적으로 관계 맺은 뒤 빚어낸 결과물이다. 그리고 신과의 합일에 이르기 위한 매개이자 과정이 되기도 한다.

이상과 같이 인도에서 몸을 바라보는 원리와 관점, 그리고 그것을 반영한 라사와 아비나야에 대해 살펴보았다. 라사와 아비나야는 태초의 합일체였던 브라흐만으로 회귀하는, 다시 말해 신과의 합일을 목표로 한다. 그 합일의 과정에서 연행자나 관객들은 라사를 통해 몸의 다섯 층위를 경험하게 되고 더 높은 의식의 확장을 경험하게 된다.

<표 2> 몸의 다섯 층위, 아비나야, 구나의 관계도

몸의 다섯 층위	기능	아비나야	구나
축복의 몸	지복, 즐거움, 사랑, 신념, 직관적 느낌	라사 (최종목적)	
직관의 몸	분별과 결정, 가치판단, 합리성	스와띠카, (라사-매개) 와찌카	사뜨와
마음의 몸	감각적 인식, 외부 세계에 대한 지식, 생각, 의심, 화, 정욕, 좌절, 흥분, 망상	스와띠카	사뜨와
에너지의 몸	배고픔, 목마름, 열, 추위	앙기카, 스와띠카	사뜨와 라자스
육체적 몸	탄생, 성장, 변화, 소멸, 죽음	앙기카, 아하르야	타마스 라자스

3. 아비나야

이 절에서는 지금까지 살펴본 신화, 몸, 라사, 아비나야의 원리들이 어떠한 양상으로 표현되는지 각 아비나야의 특성에 대해 구체적으로 살펴보도록 하겠다.

1) 앙기카 아비나야

사지의 움직임

인도 전통극은 양식화의 전범이라 할 만큼 고도로 세밀화한 양식적 연기가 발달하였기 때문에 앙기카 아비나야는 양식성을 체현하기 위해 오랜 기간 동안의 수련을 거친 몸 움직임에 가장 큰 비중을 둔다. 양식적인 동작의 기원은 야주르베다에서 신께 헌양하는 상징적 의미를 도출하여 만들어졌으며[24] 이는 신이나 신의 상징으로서 하늘과 땅, 5원소, 달과 해 등을 의미한다. 몸동작과 제스처는 크게 자연스런 것과 모방적인 것, 암시적인 것으로 크게 나눌 수 있는데 인도 전통극에서 쓰이는 것은 주로 암시적인 것으로 무드라로 표현된다. 상징적 동작은 정신적 상태와 위엄의 질을 성스럽게 표현할 뿐 아니라 인간세계에 없는 우아함과 부드러움도 드러낸다. 이야기의 제재가 신화에 바탕하고 있으므로 등장인물도 신이나 왕과 같은 성스럽거나 영웅적 면모를 가진 인물을 표현하기에 적합하다. 상징적 손짓과 제스처는 일상에서 흔히 사용하는 인간 행위와 구분된다. 이것은 양식화한 것으로 연기자의 개인적 성향이나 자아를 드러내는 것이 아니라 유구한 인류의 역사 속에서 축적되어온 인류 진화의 역사를 보여주는 것이다. 또한 유형성 속에는 사뜨와, 라자스, 타마스와 같은 존재의 특성과 자질이 담겨 있다.

손 무드라

무드라는 도장이란 의미다. 요가를 비롯한 정신 수련에서 무드라는 에너지 흐름을 특정한 방향으로 유도하는 자세를 뜻한다. 인도 전통극에서의 무드라는 주로 손(하스따) 무드라를 지칭하는데 이때의 무드라는 일종의 언어로서 마음의 집중과 문학의 이해를 돕는다. 무드라는 기본 손동작 24개에서 64개까지 있으며 춤의 종류에 따라 그 이름과 사용방식이 다르다. 한 손, 또는 양손을 써서 다양하게 조합하여 일반적으로 500여 개의 단어를 구성한다. 무드라의 조합방식도 현대에 와서 새로운 신조어가 생겨나기도 하고 때로는 없어지기도 하며, 더러는 새로운 형태로 바뀌기도 한다. 무드라는 단순한 손의 움직임에 관한 예술이 아니라 내적 의미를 전달하고 발전시켜 눈의 움직임과 함께 할 때만이 하나의 의미체

---

24 이재숙, 『나띠야샤스뜨라』(상), 68쪽 ; Adya Rangachrya, *op.cit.*, p.1.

계로 완성된다. 무드라는 일종의 압축된 언어인 셈이다. 순간의 눈빛이나 상황이 많은 상황을 대변하듯이 무드라를 통해 내적 의미를 표현하고 사상을 연장하거나 확대할 수 있다. 또한 사지와 얼굴 근육의 움직임을 통해 영혼의 상태를 표현하듯이 손의 움직임에서도 신성한 의미를 표출해내고 그것을 통해 신을 찬미[25]하기도 한다. 배우들은 하나의 무드라에 담긴 의미를 전달하기 위해 오랜 시간을 공들이며, 관객들은 배우의 몸을 통해 다층화한 의미를 좇으며 미학적 즐거움을 만끽한다.

무드라 연기는 손만을 쓰는 것이 아니라 몸 전체로 움직임을 확장하여 표현의 폭을 확장시키는데 이러한 움직임 연기를 일컬어 일라기아땀(Ilakiyattam)이라 부른다. 움직임 연기란 보통 배우가 무드라를 하면서 연기하는 것을 의미한다. 하지만 때로는 각각의 무드라를 취할 때 따르는 움직임의 규칙, 다시 말해 무드라 매뉴얼이라고도 할 수 있다. 무드라의 종류에 따라 일라기아땀이 달라지는데 카타칼리를 예로 들면, 여덟 종류의 일라기아땀이 있다. 보통은 노래 없이 배우가 연기만 할 경우 연행방식을 생략하거나 축소하기도 하지만 노래와 함께 대본에 있는 의미를 전달할 경우 규칙을 지켜 행해야 하는 것이 상례다. 움직임 연기는 텍스트를 반복해서 부르는 가수의 노래와 반주자들의 정교한 반주와 어우러져 무드라가 담고 있는 의미를 보다 정교하게 만드는 데 기여한다.[26]

사다남

인도에서는 전통극을 포함하는 예술형식을 비롯하여 (전통음악 소파남에서 잠깐 언급하였듯이) 심신이 관여하는 정신적 수련에서는 꾸준한 수련을

25 최효정·강인숙, 「나띠야샤스뜨라의 하스따무드라에 나타난 인도무용의 특성」, 『대한무용학회논문집』 제70권 5호, 2012, 218쪽.

26 Phillip B. Zarrilli, *Kathakali Dance-drama: where gods and demons come to play*, New York: Routledge, 2000, p.86.

지속적으로 하는 것을 중요시한다. 인도뿐 아니라 연극 단체들은 작품을 제작할 때 단원들이 지속적으로 리허설을 할 수 있는 공간 마련에 많은 노력을 기울이고 있다. 지속적이고 꾸준한 리허설이 중요한 원인에 대해 인도 연행 예술이 요구하는 사다남의 개념은 경청할 만하다.

규칙적이고 주기적인 수련은 정해진 시간과 일정한 기간 동안 신체훈련을 함으로써 일상생활을 통해 몸에 배기 마련인 습관적이고 무통제적 행위에서 벗어나 배우의 몸이 자연스러움 속에서도 통제와 조절이 가능해지도록 만들어준다. 이런 '통제된 자연스런' 동작의 획득은 몸의 각 부분별 훈련을 통해 얻어진다. 세부적이고 '구체적'인 신체 각 부위 훈련을 통해 아주 미묘한 움직임도 놓치지 않는 세밀함을 얻게 되고 나아가 배우들은 호흡을 정리하여 신체를 확장하거나 축소하고 방향의 전환을 통한 적응과 유연성을 가지게 된다.

꾸준한 수련을 행할 때 더불어 요구되는 것이 '자각'을 발달시키는 것이다. 인도 전통에서 자각은 '거리를 두고 있는 그대로를 목격하는' 높은 차원의 의식을 의미한다. 이는 요가와 같은 정신수련과 나타카(연극) 사이에 공통하는 요소라고 볼 수 있다. 타밀나두 전통춤극 바라타나티암의 발달에 지대한 공헌을 한 빳뜨마 수브라마니암은 그 저서에서 "가는 방식에는 차이가 있지만 요가와 나띠야 둘 다 첫걸음은 몸에 대한 통제를 기반으로 하며 이러한 몸과 마음에 대한 통제의 조합을 나띠야 요기[27]라 칭한다."고 언급하며 연행예술도 요가와 마찬가지로 심신통제에 필요한 자각이 중요하다고 강조하였다. 나타카도 육체적·지성적·감성적·정신적 존재의 차원으로 진화하며, 경험의 진화를 겪는 일련의 행위라고 볼 수 있기 때문에 전존재를 경험함에 있어 가장 필요한 자질은 자각하는 것이다. 무대 위에 선 배우나 다른 연행자들은 자신을 잊고 몰입하여 환영의 세계로 빠져드는 것이 아니라 신화를 실어 나르는 전달자로서

---

27 Padma Subranmanyam, *op.cit.*, p.156.

24 하스따 무드라

빠따카	무드라키아	까따카	무스띠
까타리무카	슉카툰다	까피타카	함사팍사
시카라	함사샴	안젤리	아르타찬드라
무꾸라	브라마라	수치카무카	빨라바
트리빠따카	므르가시샤	사르빠시라스	바르다마나카
아랄라	우르나나바	무쿨라	까따카무카

'엄마'를 할 때 양 손을 까따카 무드라를 한 뒤 마치 아기를 어르는 엄마처럼 왼팔은 가로로 오른팔은 세로로 가슴 앞에 세운다.

라마야나에서 라마를 지극히 헌신적으로 모시는 원숭이 대왕 '하누만'을 할 때 오른쪽 다리는 높이 들고 양팔을 크게 뻗어 왼손으로 원숭이를 의미하는 무쿨라 무드라를, 오른손으로는 왕을 의미하는 빠따카 무드라를 한다.

제1부 우리 자신의 얼굴을 우리 자신의 방식으로

나는 당신을 사랑합니다(남성이 여성에게 위. 여성이 남성에게 아래).
'나는 당신을 사랑합니다'를 할때 자신을 가리키는 '나'는 가슴 앞에 함사팍사 무드라를 하고, '당신'을 가리키는 까타리무카 무드라로 상대방을 가리키며, '사랑'은 가슴 앞에서 부드러움을 의미하는 함사삼 무드라를 하면서 오른 손가락을 부드럽게 굴리면서 가슴 앞의 왼손으로 붙여준다.

자신을 비우고 있는 그대로를 지켜보는 자세가 필요하다. 이러한 자질은 하루아침에 생기는 것이 아니라(물론 경우에 따라 그러기도 하지만) 오랜 시간 공을 들여 사다남을 행할 때 성취할 수 있게 된다. 사다남을 꾸준히 수련함으로써 자각을 발전시키는 것은 개인이 우주와의 합일로 나아가는 데 '마구를 달아주는' 행위라 할 수 있다.

2) 스와띠카 아비나야

나와라사

스와띠카 아비나야의 핵심은 라사에 있다. 라사는 배우의 연기를 통해 관객들이 진정으로 깨닫는 것인데, 때로는 정반대의 감정을 동반하기도 하여 관객들이 즐거움과 고통을 동시에 느끼게도 만든다. 『나띠야샤스뜨라』에는 8가지 라사에 대해 설명하고 있다. 여기에 평정의 상태를 의미하는 샨타 라사를 추가하여 9가지 라사(나와라사 Navarasa)를 전통극에서는 상용한다. 이 9가지 라사[28]는 아래와 같다.

연정(스링가라, Śṛṅgāraḥ)의 라사는 창조의 근원으로 다른 감정 표현의 토대이자 계기가 되는 정조다. 라시야 양식의 대표적 정조로 여성들이 추던 성적인 춤 등에서 그 사례를 찾을 수 있다. 사랑이나 좋아함이 지배적 정서다.

해학(하씨야, Hāsya)의 라사는 우스운 상황이나 변변치 않은, 괴이한 것에 대한 즐거움을 표현하거나 무관심한 정조다. 미소, 가벼운 웃음, 웃음, 폭소 등으로 표현한다. 하씨야는 연정의 라사에서 파생되었다고 여겨지며 지배적 정서는 웃음 또는 유쾌함이다.

비애(까루나, Kāruṇa)의 라사는 본인뿐만 아니라 다른 이의 불행을 자신의 것처럼 생각해서 슬퍼지는 슬픔의 정조다. 슬픈 창백한 얼굴로 표현

---

28 Avinash Pandeya, *op.cit.*, pp.95~101.

한다. 분노의 라사에서 파생되었다고 여겨지며 지배적 정서는 연민 또는 슬픔이다.

분노(라우드라, Raudra)의 라사는 다른 여타의 대상으로 인해 일어나는 강렬한 기분이나 잘못된 것을 기억할 때, 보통의 한계를 넘어선 분노 또는 격노의 정조다. 붉어진 얼굴로 표현하며 지배적 정서는 증오나 성냄이다.

영웅적 기개(비라, Veera)의 라사는 위대한 일을 향한 노력, 영웅주의를 나타내는 용맹의 정조다. 지배적 정서는 용맹과 의욕이다.

공포(바야나카, Bhayānaka)의 라사는 두려움의 정조로 기대치 않은 공포스러운 것이나 끔찍한 상황을 보았을 때 생긴다. 놀람으로 노랗고 빨갛게 된 얼굴, 사지 떨림, 땀 흘림, 얼굴색의 변화 등으로 표현한다. 혐오의 라사에서 파생되었다고 여겨지며 지배적 정서는 두려움이다.

혐오(비발싸, Bībhatsa)의 라사는 대상의 결점을 발견했을 때의 감정적 태도로서 참기 힘든 상황이나 벌레, 뼈, 동물, 박쥐 등을 보았을 때 느끼는 혐오의 정조다. 지배적 정서는 혐오와 싫어함이다.

놀람(알부타, Adbhuta)의 라사는 이상한 대상에 대한 마음의 감정이 증대할 때 드러난다. 전에 본 적 없는 것을 보았을 때나 마음에 동요가 일 정도로 놀랍거나 경이로운 것을 목격할 때 생긴다. 눈을 크게 뜨고 눈썹을 치켜 올림으로써 표현한다. 영웅적 기개의 라사에서 파생되었다고 여겨지며 지배적 정서는 경이로움이다.

평온(샨타, Sānta)의 라사는 폭넓은 욕망의 부재로 인한 마음의 동요가 없는 상태, 혹은 열정과 같은 흥분된 감정이 없는 고요와 평화의 상태다. 평온은 '회춘, 열정의 부재, 욕망의 근절, 고도의 진실을 깨달음'을 의미한다.

샨타 라사는 아비나바굽타가 정착시킨 개념이다. 산스크리트어로 '샨타'는 '고요함, 영혼의 평화, 열정의 부재, 고통의 경감'을 의미한다. 샨타의 어원은 불이나 분노, 또는 열이나 악마의 힘에 의해 유발된 '열기'

를 소멸시키려는 의미를 갖는 '샴'에서 유래[29]한다. 다시 말해 부정한 것들을 소멸시킨 뒤의 고요함이 샨타가 되는 것이다. 라사의 측면에서 보자면 '부정한 것들'은 다양한 정서들이 된다. 감정이 정화되어 소멸한 상태인 샨타 라사는 정서의 부재이기 때문에 엄밀히 말하자면 라사에 해당하지는 않는다. 그래서 아직까지도 샨타 라사를 라사에 포함시킬지 않을지에 대한 논쟁이 분분하다.[30] 하지만 인도 연행예술의 궁극적 목적지가 브라흐만과의 합일의 상태, 태초의 고요와 평화의 상태임을 감안한다면 샨타 라사는 라사의 지향점이 되므로 의미심장하다 할 수 있다. 그런고로 나와라사에는 라사가 함의하고 있는 존재론적 진리가 담겨 있다. 그 존재론적 진리란 무엇인지에 대해 알기 위해 잠시 요가 다르샨으로 눈을 돌려보겠다.

요가수트라 2장 18절[31]에서는 "보이는 것은 빛, 활동성, 안정성을 가지고 있는데 그것은 원소들과 감각기관의 본성이며 경험(Bhoga)과 자유(Mokṣa)를 위해 존재한다."고 명기하고 있다. 여기서 빛은 사뜨와가 되고, 활동성은 라자스, 안정성은 타마스가 된다. 태초의 완전한 균형이 깨지면서 활동하게 된 세 구나는 존재의 근본 물질로서 우리가 물질적 몸을 입고 다양한 감각을 받아들이는 경험을 할 수 있도록 만들어준다. 존재는 기본적으로 경험하기 위해 태어난 것이다. 그리고 모든 존재들은 경험하고자 하는 한편 다양한 현상들로 점철된 이 세상으로부터 자유로워

29 미르치아 엘리아데, 『신화 · 꿈 · 신비』, 강응섭 역, 고양 : 도서출판 숲, 2006, 185쪽.

30 Sankarankarayanan Kalpakam, *Rasakalika of Rudrabhatta*, Wheaton: The Adyar Library and Research Centre, 1988, p.126.

31 Swami Satyananda Saraswati, *Four Chapters on Freedom-Commentary on the Yoga Sutras of Patanjali*, Munger: Yoga Publications Trust, first edition 1976, reprinted 1979, 1989 by Bihar School of Yoga, reprinted 2000, 2002 published by Yoga Publications Trust, pp.169~170.

깔라만달람 벵키따라만의 나와라사

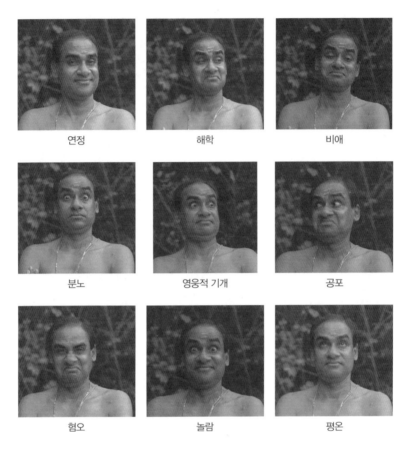

연정	해학	비애
분노	영웅적 기개	공포
혐오	놀람	평온

제1부 우리 자신의 얼굴을 우리 자신의 방식으로

지기를 목적한다. 다시 말해 자신이 시작하였던 근원으로 돌아가고자 하는 것이다. 이것을 라사와 결부시키자면 여덟 라사는 경험의 차원이 되고, 샨타 라사는 자유의 차원이 된다. 여덟 라사를 통해서 우리는 라사의 개념이 가지고 있는 경험적 측면으로서 현상적 세계를 이해할 수 있고, 샨타 라사를 통해서 궁극의 자유, 즉 해탈을 지향하는 존재론적 근본 목적을 자각할 수 있게 되는 것이다. 따라서 라사에는 존재의 본질적 속성이 녹아 있고, 존재의 근원인 브라흐만을 향한 목적성이 함축되어 있다.

그래서 우파니샤드에서는 라사의 의미를 해탈(목샤)로 사용[32]하기도 한다.

구나와 라사

여기서는 라사가 구나와 어떤 식으로 관계를 맺고 있는지 구체적으로 살펴보겠다. 샹키야 다르샨에서는 라사가 세계를 구성하는 근본 물질인 세 구나의 결합이라고 이해한다. 사뜨와의 주된 특징인 미덕은 현명함, 아름다움, 진실을, 라자스의 주된 특징인 열정은 활동성, 힘, 폭력성, 잔인함을, 타마스의 주된 특징인 둔감은 어둠, 무지, 어리석음, 불행, 침울 등을 동반한다. 이러한 세 성질이 다양한 양상으로 결합하여 9가지의 형태로 나타나는 것이 나와라사[33]다. 존재하는 모든 것들은 세 구나를 가지고 있지만 어느 특정 구나가 지배적으로 되면서 그 존재를 특징짓게 된다. 마찬가지로 나와라사 안에도 세 구나가 모두 존재하지만 특성을 두드러지게 만드는 지배적인 구나와 부수적인 구나가 결합하여 특정한 양상으로 표현된다.

사뜨와가 지배적인 특성을 가진 라사는 연정과 비애인데 두 라사 모두 사뜨와적인 특성을 가진 사랑과 연민에 기반을 두고 있기 때문이다. 라자스가 지배적인 특성을 가진 라사는 해학, 영웅적 기개, 놀람이며 라자스적인 특성을 가지고 있기 때문에 역동성과 활력이 넘치는 라사들이다. 분노, 공포, 혐오는 타마스적인 특성이 주를 이룬다. 분노와 두려움, 혹은 혐오의 감정은 인간 정서 중에서도 가장 어둡고 무거운 영역으로 타마스적인 정조를 대표한다.

라사의 목적지인 평온의 라사의 경우 라자스와 타마스 구나가 조화를 이루어 사뜨와 구나만 남아 있는 상태다. 이는 지고한 의식적 고양상태이자 초월적 존재와의 합일로 가는 단계라 할 수 있다. 요가를 비롯한 정

---

32 이재숙, 앞의 논문, 41쪽.

33 Avinash C. Pandeya, *op.cit.*, p.20.

신 수련과 인도 전통예술 훈련(사다남)의 실천적 목적이 사뜨와 구나를 기르는 데 있는 것도 여기서 기인한다. 사뜨와는 본질적으로 더 밝고 높은 곳을 지향하기 때문이다. 라사의 실현은 '드러나는 차원'을 통해 '드러나지 않는 차원'을 발견하는 것이며 이렇게 보이지 않는 것을 보는 눈은 사뜨와적인 자질 속에 있다. "여덟 라사를 통해서 우리는 라사의 개념이 가지고 있는 경험적 측면으로서 현상적 세계를 이해할 수 있고, 샨타 라사를 통해서 궁극의 자유, 즉 해탈을 지향하는 존재론적 근본 목적을 자각할 수 있다"는 말은 다시 말해 다양한 정서들을 경험하며 사뜨와, 라자스, 타마스가 역동적으로 상호 결합하여 여덟 라사를 만들어낸 뒤 궁극적으로는 사뜨와 구나만이 오롯이 남아 있는 평온의 라사를 거쳐 절대적 자유, 브라흐만과 합일을 이루는 과정이 나와라사에 담겨 있다는 말이 된다.

이러한 라사와 구나의 관계성을 연극 속에서는 어떻게 녹여낼 수 있을까? 사실 우리가 라사나 구나라는 특정 용어를 사용해서 개념화하였을 뿐 무대 위의 배우들의 연기에서, 혹은 시각적 효과나 의상과 분장 등에서도 그것들은 드러난다. 달리 말해 아비나야 구현방식에서 이러한 구나의 속성들이 녹아 있는 것이다. 때로는 지배적 정서와 일시적 정서의 배치를 통해서, 때로는 생체 에너지 운용법을 통해 육체적 제스처와 움직임으로, 때로는 음성적이거나 시각적 표현으로 무대화하는 것이다. 그렇기 때문에 인도 전통극, 혹은 그것을 현대적으로 계승하고자 하는 여타의 연극들은 라사의 연극, 구나의 역동적 현현이라 할 수 있다.

〈표 3〉 라사와 구나 관계도

라사	지배적 정서	지배적 구나	부수적 구나
스링가라(연정)	사랑(좋아함)	사뜨와	라자스
하씨야(해학)	웃음(유쾌)	라자스	타마스

까루나(비애)	연민(슬픔)	사뜨와	타마스
라우드라(분노)	증오(성냄)	타마스	
비라(영웅적 기개)	용맹(의욕)	라자스	
바야나카(공포)	두려움	타마스	사뜨와
비발싸(혐오)	혐오(싫어함)	타마스	라자스
알부타(놀람)	경이	라자스	사뜨와
샨타(평온)		사뜨와	

3) 와찌카 아비나야

스와띠가 아비나야의 핵심이 라사에 있다면 와찌카 아비나야의 핵심은 라가에 있다. 기본음정이 가지는 기본 정서에서 다양한 박자와 음의 조합으로 주제가 있는 선율과 만나게 되면 라가가 되고, 라가는 라사로 발전한다. 음악적·문학적 측면의 표현방식인 와찌카 아비나야를 이해하려면 인도 음악의 기본 개념을 살펴보는 것이 도움이 된다. 그중 음악의 재료라 할 수 있는 박자와 음정, 속도와 라가의 개념을 먼저 살펴보고, 소리의 근원을 담고 있는 침묵에 대해 고찰해보겠다.

라가

인도 음악의 백미랄 수 있는 이 다양한 라가의 체계는 복잡하고 미묘한 인간사, 세상 만물의 이치를 전달하고 궁극적으로는 라사의 구현을 목적으로 한다. 세계가 진동하는 에너지로 이루어져 있고, 그 진동하는 대우주 속의 소우주인 개인이 파장이 맞는 주파수를 찾는 행위가 곧 라가를 통한 라사의 경험이다. 라가 혹은 음악의 종착지도 연행 행위의 목적지와 동일하다. 원래 하나였던 곳으로 돌아가는 삶의 방향타이자 주파수를 조율하는 것이다. 라가는 아름다운 선율을 듣고 그것에 그저 심취해 있는 것을 넘어 초월적 존재와 합일하는 데 그 목적이 있다.

인도 음악은 서양 음악처럼 정해진 악보에 따라서 연주하거나 가창하는 것이 아니라 기본 라가[34]를 토대로 연주자나 가수가 라가를 어떻게 해석하고, 정교화하고 표현하는지에 따라 할 때마다 즉흥적으로 다르게 표현한다. 절기에 따른 라가, 시간대에 따른 라가, 정서적 상태에 따른 라가 등 다양한 양상으로 존재한다. 라가는 특정한 멜로디의 패턴이 형성하는 모드를 지칭하는 말로 음악적 색채로 이해할 수 있다. 치환과 결합, 규모에 따라 한 라가를 다양한 변형 라가로 만들 수 있다. 보통 4840여 종의 라가가 있다고 이야기하며 규모에 따라 한 라가를 72개로 쪼개면 348,480여 라가로 늘어나고 여기에 변형적 패턴을 포함하면 수백만 라가를 만들 수 있다. 이는 인도 음악이 즉흥성이 강하고 멜로디를 기준으로 하는 수평의 라인과 각기 다른 악기와 음성적 변형을 축으로 하는 수직 축이 서로 교직하면서 완성된 음악적 구성을 갖는 특성 때문에 나타난다. 그렇기 때문에 가수나 연주자들은 작곡자가 되기도 한다.[35]

우리가 판소리 창자에 따라 판소리 맛을 분별하듯이 라가도 같은 라가를 하더라도 가수가 누구인지에 따라 라사의 전달력은 달라진다. 특정한 정조를 표현하기에 적합한 라가가 있지만 이때의 정조의 표현은 단지 육체로 듣는 측면만을 고려하는 것이 아니라 내적인 세계, 심리·정신적 세계도 함께 표현하기 때문에[36] 한 정조를 표현함에 있어서도 가수와 연주자에 따라 라가 표현방식은 달라진다.

인도 음악을 이해하기 위한 핵심적 개념은 침묵과 순환이다. '순환'은 브라흐만으로 돌아가 태초의 모든 것이 하나이던 완벽한 균형과 침묵,

---

34 Sri Aurobindo Institute of Research in Social Sciences, *Alaap A Discovery of Indian Classical Music*, Pondicherry: Sri Aurobindo Society, 1998, p.67.

35 *Ibid*., p.22.

36 *Ibid*., p.25.

그 상태로의 귀의함을 담고 있다. 그것의 실제가 지속음, 음정(스와라), 박자(딸라와땀), 빠르기(라야)인데 이것은 순환과 침묵을 음악적으로 구현한 것이다.

　지속음은 인도 음악 연주에서 매우 중요하지만 결코 돌출되지 않는 근본요소[37]다. 가수들이 노래를 할 때나 악기 반주를 할 때 사, 빠, 마 삼음을 연속적으로 이어가는데 이 지속음은 음악적 소리뿐 아니라 소리의 근원인 태초의 울림을 상기시키는 기능을 한다. 인도의 연주자들은 이 지속음의 전개를 브라흐마, 비슈누, 시바의 편재성을 상징한 것으로 믿고 있다. 즉 그들이 발현하고 있는 음악구조의 순환적 체계는 음악적 사고에서 나타난 순환적 관점과 연관될 수 있을 뿐 아니라, 인간존재의 회귀성을 음악구조에서의 순환적 체계와 상징적으로 동일시하는 것[38]이다.

스와라(음정), 딸람(박자), 라야(속도)

　인도 음악의 기본 7음을 일컫는 말인 스와라(Swara)는 '자아'(자신)를 뜻하는 '스와'와 '바깥으로 빛나는'이란 뜻을 가진 '라'의 합성어다. 스와라는 음정으로서의 한 음만을 뜻하는 것이 아니라 어떤 존재의 내적인 흐름을 지칭하는 말로 우리가 '득음'이라 하여 소리를 마스터하듯 음악가들은 자신의 진정한 내적 흐름을 찾아 자연스럽게 소리가 흘러나오는 상태를 일컬어 '스와라'를 찾았다고 말한다. 스와라는 '호흡'이란 의미도 함축하고 있는데 음악적 소리가 기본적으로 연주자와 악기의 몸 안에 있는 공기 순환의 진동과 연결되는 것처럼, 악기의 소리는 들숨과 날숨의 순환적 체계를 가지고 있다. 스와라는 이러한 들숨과 날숨, 이완과 긴장의 완급 조절이 만들어내는 음악가 개인 안의 순환이자, 음악가와 관객을 이어주는 순환이며, 개인과 우주를 이어주는 보다 넓은 차원의 순환까지

37　윤혜진, 앞의 논문, 581쪽.

38　위의 논문, 583쪽.

포함하는 개념[39]이다.

"사—리—가—마—빠—다—니"의 기본 스와라 7개 중에서 첫 음 '사'와 제5음 '빠'를 지속음으로 쓰는데 다른 음정이 내림이나 올림, 가창방식의 변화를 허용하더라도 이 두음은 변화하지 않는다. 각 음정과 음계의 각 음은 동물의 울음소리를 본 딴 것이라 전해지며 각각에 상응하는 라사가 있고, 상징적 의미와 색깔이 있는데 그 내용은 다음[40]과 같다.

'사'(Ṣaḍja)는 기쁨에 넘친 공작의 울음소리를 닮은 음으로 분노, 영웅적 기개, 놀람의 라사에 적합하다. 중심과 지구를 상징하며 노란색으로 표현한다.

'리'(Ṛṣabha)는 소가 구슬피 우는 소리를 닮은 음으로 분노, 영웅적 기개의 라사에 적합하다. 반음 높은 '리'는 부드러움과 매력 또는 헌신을 표현하며 온음 '리'는 나약함과 걱정을 표현한다.

'가'(Gāndhāra)는 양이 떼 지어 우는 소리를 닮은 음으로 비애의 라사에 적합하다. 반음 내린 '가'는 부드러움과 사랑을, 온음 '가'는 기쁨을 표현한다.

'마'(Madhyama)는 백로의 울음소리와 닮은 음으로 연정과 해학의 라사에 적합하다. 달빛 또는 평화를 상징하며 흰색으로 표현한다. 온음 '마'는 매력과 모호함을, 반음 높은 '마'는 활동성을 표현한다.

'빠'(Pañcama)는 꾀꼬리 소리를 닮은 음으로 연정과 해학의 라사에 적합하다. 햇빛과 기쁨을 상징한다.

'다'(Dhaivata)는 말 울음소리를 닮은 음으로 공포와 혐오의 라사에 적합하다. 반음 높은 '다'는 복종이나 굴복을, 온음 '다'는 확신과 생동감을 나타낸다.

---

39 위의 논문, 573쪽.

40 『나띠야샤스뜨라』 제29장 1~6절. 이재숙 역주, 『나띠야샤스뜨라』(하), 297~298쪽.

'니'(Niṣāda)는 코끼리가 포효
하는 소리를 닮은 음으로 비애
의 라사에 적합하다. 반음 높은
'니'는 아름다움과 사랑스러움
을, 온음 '니'는 부드러움과 요
염함을 나타낸다.

이와 같은 스와라는 7개로
된 음정이고 그 음정과 음정사
이의 음역을 나누어서 다양한
음을 형성하는데 이를 스루티
(Śruti)라 부르고 보통 한 옥타브
안에 22개의 스루티로 나눈다.

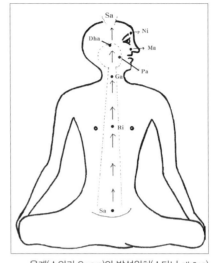

음계(스와라 Swara)와 발성위치(스타나 sthāna)

이 스루티들 중에서 5~7개 음을 연결하여 라가를 만든다.

온박자를 일컫는 '딸라와땀'에도 순환의 개념이 녹아 있다. 딸람은 리
듬 패턴의 규칙을 결정하는 음길이에 관한 규칙[41]으로서 박자를 일컫는
말이다. 딸+람 두 단어가 결합하고 있는데 여기서 '딸'은 딴다와의 거칠
고 파괴적인 특성에서, '람'은 라시야의 부드럽고 온화한 특성에서 유래
하였다. 이 둘의 결합은 음과 양, 남성성과 여성성, 거침과 부드러움 등
상반되는 특성의 공존을 의미한다. 이는 곡구성과 춤의 기본이 되는 딸
람의 본원적 특성이자 인도 연행예술의 특성이기도 하다. 일반적으로 딸
람은 새의 울음소리를 본따 만들었다고 전해지며[42] 딸람의 쪼개짐 없이
는 곡 구성이 불가능하다. 딸람은 빠르기에 따라서 다양하게 나누어지기
도 하는데 분위기, 정조, 장면의 구성에 따라서 다채로운 딸람을 사용한

41 서우석, 「인도 음악의 현상학적 이해」, 『음악연구』 6권, 한국음악학회, 1988, 165
    쪽.

42 Avinash C. Pandeya, *op.cit.*, p.147.

다. 즉 하나의 딸람은 여러 가지로 나누어져 다양한 라가를 구성할 수 있게 한다. 딸라와땀은 딸람+와땀의 결합어인데 '와땀'은 한 바퀴 또는 원을 의미한다. 한 박자를 시작하고 끝낼 때 직선적으로 맺는 것이 아니라 끝 박이 다시 첫 박이 되는 구조를 가지고 있는데 이를 일컬어 '딸라와땀'이라 말한다. 인도 음악은 시작과 마무리가 일치하면서 그 중간에는 무궁한 변형가락이 가능해지고 때로는 엇박으로 빗나가듯 다채로운 박의 쪼개짐으로 현란하게 연주할 때도 있지만 마지막에는 결국 다시 시작했던 자리로 돌아오게 된다. 딸라와땀은 단순한 반복으로서의 순환이 아닌 변화와 발전 가능성을 함축하고 있다.

음정과 박자에 이어 빠르기도 라가를 변화시킨다. 빠르기(라야)를 굵직하게 분류하면 가장 느린 빌람빗(Vilambita)과 중간 정도의 마디야(Madhyā), 가장 빠른 두루따(Druta)로 나눌 수 있다. 이는 우리 나라의 진양조, 중모리, 자진모리와 비슷하다고 할 수 있다.[43] 빠르기도 느린 속도는 혐오와 공포의 라사를 담고 있으며, 빠른 속도는 영웅적 기개, 분노, 놀람의 라사를, 중간속도는 연정과 해학의 라사를 나타낸다.

하나의 음계인 스와라(음정)가 딸람(박자)과 결합하여 라야(빠르기)에 따라 음의 지속과 상승, 하강을 조직함으로써 리듬과 감정, 분위기를 포함하고 있는 것이 라가다.

4) 아하르야 아비나야

앙기카 아비나야, 스와띠카 아비나야, 와찌카 아비나야가 연희자들의 맨몸과 마음, 에너지와 정신에 관련한 유기성을 체현하는 방식이라면 아하르야 아비나야는 그 맨몸에 옷을 입히고 색을 칠하는 시각적 총체화의 과정이다. 인도 전통극에서 갖는 첫 인상은 강렬한 원색과 육중한 무게

---

43 전인평, 『비단길 음악과 한국 음악』, 중앙대학교 출판부, 1996, 50쪽.

감을 배합한 분장과 의상에서 오는 독특한 시각적 이미지가 지배적이다. 이렇듯 장관 표현의 가장 일차적인 차원에 해당하는 아하르야 아비나야를 통해 인도인들의 아름다움에 대한 관점을 엿볼 수 있다. 10세기에서 14세기 정도에 쓴 극작과 공연 비평에 대한 산스크리트 비평서『나탄쿠사』[44]에서는 공연의 최종목적을 장관의 라사를 현실화하는 것이라 하였다. 아리스토텔레스의『시학』에서 장관이 극 요소의 말미에 언급된 부차적인 것이라면 인도 예술에서 장관은 예술 표현의 시작이자 최종 목적인 라사의 핵심 요소라 볼 수 있다. 여기에서 장관의 개념은 단지 눈으로만 보는 시각적인 면에 국한하는 것이 아니라 그것이 시각화되기까지의 신체적 · 심리적 · 정서적 작용의 원인과 그것이 이루어지는 과정과 결과까지 포괄하는 것이다. 아하르야 아비나야는 육체적 몸과 정서, 소리가 만들어내는 표현을 보조하는 부차적인 요소가 아니라 그것들을 완성시키면서 각각의 표현방식에도 상호 영향을 미치면서 발전해왔다.

아하르야에는 분장과 의상을 비롯하여 소도구와 커튼 같은 외적인 요소가 전반적으로 포함된다. 이러한 제반 요소들은 사실적인 경우도 있지만 주로는 양식적인 유형성을 띤다. 무대장치와 같은 대도구는 쓰이지 않고 소도구는 인물의 특징을 드러내는 상징적인 도구를 사용하는 경우가 많다. 시간과 공간의 변화를 연기 속에 녹여내는 전통극의 특성상 대부분의 춤극은 아무런 도구 없이 무드라나 움직임으로 표현한다. 꾸디야땀이나 카타칼리와 같은 전통춤극의 분장과 의상은 양식화의 전형성을 보여준다.『나띠야샤스뜨라』23장에서 아하르야의 특성은 구나를 반영한다고 말한다. 이러한 구나를 반영하여 사뜨와, 라자스, 타마스, 또는 복합적 구나로 주요 역할을 구분[45]할 수 있다.

---

44 Ravivarma Granthavali, *NATANKUSA*, New Delhi: Munshiral Manoharlal, 1988, p.15.

45 Pramod Chavan, *op.cit.*, p.266.

******

인도 전통극을 이해하기 위해서는 마치 밤새 공연을 지켜보는 것처럼 긴 호흡이 필요하다. 인도 현대연극이 전통연극과 조응하는 방식을 고찰하기 위해 탈식민연극운동으로서의 뿌리연극운동과 께랄라의 타나두 나타캄을 살펴보고 다시 그것들의 원천이 되는 개별 연행예술을 거쳐, 연행예술의 원리를 고찰하고 그 원리들이 드러나는 방식인 아비나야를 이해하고자 하였다. 전통을 현재화하기 위한 일련의 노력들을 제대로 이해하기 위해 '전통'을 살펴보는 과정이 지난하게 여겨지기도 할 터이다. 하지만 이러한 과정들은 2부의 공연을 실제로 분석하는 데 쉽게 접근시켜 주기 때문에 조금 더디게 책장을 넘기더라도 짚고 넘어갈 필요가 있다. 내 경험을 많이 녹여보려 하였으나 경험이란 것의 주관적 특성 때문에 주저할 때가 많았고, 가능한 개념들을 쉽게 풀고 싶어 참고문헌의 도움을 받았으나 오히려 너무 학술적인 접근으로 간 느낌이 없지 않다. 그래서 여전히 생소한 용어들과 용어들에 담긴 의미들을 다 파악하기에는 어려움이 있으리라 본다. 어쩌면 인도 전통극을 직접 체험해본 뒤라면 1부의 의미는 두어 줄로 요약 가능하리라. 인도의 세밀화를 본 적이 있는 사람들은 인도 연극이 마치 몸 위에 그리는 세밀화와 같은 인상을 많이 받을 것이다. 빈틈없이 빼곡한 선들과 색들로 들어찬 세계. 하지만 또 다른 한편으로 인도 연극은 무에서 와서 무로 돌아가는, 아무것도 없으면서 전부이기도 한, 아주 가까우면서도 아득히 멀게 여겨지는, 가장 무거우면서 한없이 가벼울 수 있는 '몸을 겪는 일'이다. 그 몸이 무대 위에서 어떤 방식으로 소통을 하는지 2부에서 살펴보겠다.

전통극의 미학은
무대 위에서 어떻게 실현되는가?

〈마디아맘비아요감〉

〈카르나바람〉

〈아봐나완 카담바〉

〈샤꾼딸람〉

주요 반주악기들

| 모히니아땀 | 다마얀티 | 카타칼리 |

다마얀티 의상 비교

| 카타칼리 카리 | 깔리 | 카타칼리 까루따 타디 |

깔리 의상 비교

의상 스케치

수요다나

두료다나

아쇼따마

발라데와

간다리와
드리타라스트라

두르자야

두료다나의 부인

압사라

병사들

깔리

날라

다마얀티

나탄의 부인

티라실라카란

제1장
카발람 나라야나 빠니까르의 연극실천

1부에서 살펴본 인도 전통극의 연행원리는 께랄라의 타나두 나타캄을 이끌었던 카발람 나라야나 빠니까르의 연극실천 속에 용해되어 있다. 카발람은 전통 연행 원리의 정수를 계승하여 인도 연극의 '제다움'을 현대를 사는 관객들과 공유하고자 노력하였다. 카발람이 주창한 타나두 나타카 웨디(우리의 연극을 우리의 방식으로)는 께랄라 전통문화를 기반으로 한 남인도 토착문화의 고유성과 나띠야샤스뜨라의 미학을 토대로 한 인도 연극의 보편성을 동시에 고찰하기에 적합하다. 먼저 카발람의 생애를 살펴보며 카발람의 성장배경과 창작의 영감이 되었던 문화환경을 먼저 고찰한 뒤 카발람의 대표적인 레퍼토리인 〈우루방감〉과 〈깔리베샴〉 플롯과 주제 분석에 들어가겠다. 그리고 카발람이 무대화한 아비나야 구현방식을 살펴봄으로써 그 작품들이 현대적 컨텍스트로서 어떤 가능성을 담지하고 있는지 파악해보도록 하겠다.

1. 생애와 창작 활동

1) 생애와 연극활동의 궤적

카발람 나라야나 빠니까르(1928~2016)는 께랄라 현대연극을 대표하는 극작가이자 연출자로 1928년 4월 28일 남께랄라 알라뿌라 꾸따나드(Alapuzha Kuttanad) 지역인 카발람(Kavalam)의 찰라일(Chalayil) 가문에서 태어났다. 이 지역은 께랄라의 곡창지대로 팜파강이 뱀바나드 호수로 흘러들어가는 끝 지점에 위치하고 있으며, 지역민들은 농업공동체 속에서 자연에 가까운 삶의 방식을 살았다. 카발람 집안은 모계전통을 따라 집안의 가장이 외삼촌이었는데, 외삼촌(Sardar Panikkar)을 비롯하여 사촌(Ayyappa Panikkar)도 말라얄람 시인이었다. 외삼촌과 돈독한 관계를 맺고 있었던 께랄라 시성(詩聖) 발라톨이 집으로 방문하여 나눈 다양한 이야기들과 카발람 지역의 다채롭고 풍요로운 축제 문화는 카발람의 창조적 영감[1]을 꽃피워줄 씨앗이 되었다.

이러한 카발람의 주변 환경뿐 아니라 문화와 전통에 열려 있던 집안의 가풍도 카발람 창작활동의 원천이 되었다. 카발람에게 라마야나와 마하바라타에 대한 흥미를 처음 고취시켜주고 문학을 소개해준 사람은 아버지 고다바라마(Godabharama)다. 어린 시절부터 집안의 전통을 따라 아버지로부터 대서사시를 전해 들으며, 어머니와 주변의 이웃 여성들이 모여 매일 서사시를 영창하던 관습 속에서 카발람도 서사시와 바가바드기타, 음악 등을 매일 수련해야 했다. 이러한 문화적 환경은 성장기의 카발람에게 삶에 대한 개념과 접근법을 형성[2]하도록 만들었고, 원형적 상상력, 신화, 우화 등은 카발람이 지역의 특색이 살아 있는 방식으로 시를 창

---

1 കാണ്ട കളിയാട്ടിൽ ed., *op.cit.*, p.237.

2 *Ibid.*

작하게 하였다. 그리고 전통적 리듬과 운율에 따라 영창하는 방식은 이후 카발람이 공동체 일원들과 모여 께랄라 여러 지역에서 말라얄람 시인들과 함께 대중들을 위해 시 낭송회를 공공으로 조직[3]하는데 영감을 주었다. 또한 지역문화예술운동으로서 도서관 운동은 카발람이 지식을 형성할 수 있는 토대를 제공[4]하였다. 카발람이 결혼으로 이룬 가족들도 모두 문화계에 종사하였는데, 아내 사라다마니(Saradamani)는 카발람이 이끌던 소파남 극단을 지원하던 든든한 응원군이었고, 큰아들 하리크리스난(Harikrishnan)은 2009년 불의의 사고로 사망할 때까지 소파남 극단 사무국장으로 활동하였다. 둘째 아들 스리꾸마르(Sreekumar)도 잘 알려진 께랄라 민요 가수로 활약하고 있으며 소파남 극단의 여러 작품들에서 보컬을 담당하며 작품의 음성적 표현을 더욱 풍부하게 만드는 데 기여하였다.

카발람은 연극계에 다소 늦은 나이에 입문하였고, 그전에는 법조계에 종사하였다. 기초적인 교육을 고향인 카발람 지역에서 마치고 마드라스 법과대학으로 진학하여 졸업 후 1955년까지 남께랄라 알라뿌라에서 변호사 수련을 하였다. 1955년부터 6년 동안 같은 지역에서 변호사 생활을 하면서도 계속해서 예술에 대한 관심을 유지하다가 1961년에 께랄라 상기타 나타카 아카데미(이하 KSNA) 의장직 후보에 오르면서 획기적인 전환기[5]를 맞는다. 이를 계기로 카발람은 자신의 거처를 께랄라의 문화수도인 트리슈르(Thrissur)로 옮겼다.

의장으로 재직할 당시 카발람은 께랄라의 외진 지역을 찾아다니며 다양한 고전 연행예술과 민속 예술 대부분을 경험하였다. 이 과정 속에서 예술 형식의 창조적인 역동성에 대해 탐구 영역을 확장하게 되었다. KSNA는 카발람에게 께랄라 주 전체에 걸쳐 예술가들이 상호 교류할 수

---

3 Trilok Mehra Singh, *op.cit.*, p.71.

4 ഷാണു കിളിത്തട്ടിൽ ed., *op.cit.*, pp.238~239.

5 *Ibid*.

있는 기회를 제공하도록 만들었고 또한 새로운 다른 형식들뿐 아니라 산스크리트어 고전예술과 민속예술 양쪽이 서로 조우할 수 있도록 해주었다. 이를 계기로 카발람은 께랄라 전역의 고전과 민속 양쪽을 연구하며 전통문화에 대한 조예를 깊이 하고 자신의 연극 미학의 토대를 형성할 수 있는 기회를 가졌다. 카발람은 KSNA 의장직에 재직하는 동안 KSNA 주관으로 많은 축제를 조직하였고, 조직을 재정비하고 기능을 강화하는 데 이바지하였다. 카발람은 그 재직 기간이 자신의 예술적 성장을 확장할 수 있는 것을 도왔다[6]고 술회하였다.

카발람은 초기 연극 활동을 리얼리즘 연극 연기로 시작하였고 〈판차야트〉를 비롯한 사실주의 작품도 몇 편 썼다. 하지만 대중적인 사실주의 연극 전통에 맞춰 썼던 이들 초기 실험 작품들은 성공하지 못했고 카발람은 계속해서 자신의 진정한 정체성을 찾는 연구를 계속하였다.[7] 더불어 말라얄람으로 극작을 하기 시작했는데 〈샥시〉(Sakshi : 목격자, 1964)가 첫 작품이다. 이 작품은 델리 NSD(국립연극원) 졸업 후 께랄라로 돌아와 활동하던 꾸마르 베르만(Kumar Verman)이 연출하였다. 카발람은 그 작업을 가까이서 지켜보았지만 연출에 개입하지는 않았고 연출적 텍스트 삽입에 조언을 주고, 연출자와 텍스트 해석에 대한 의견을 조율하는 정도로만 참여하였다. 극작가로서 카발람의 연극적 실험의 전환점은 〈다이와타르〉(Daivathar, 1973)를 통해서다. 이 작품을 기점으로 카발람은 전통 연행예술을 창조적으로 발전시킨 자신만의 극작 방식을 구축하였고, 이후 〈오따얀〉, 〈깔리베샴〉 등을 비롯하여 말라얄람으로 많은 작품을 집필하였다. 이 시기에 집필한 대부분의 작품들은 다른 연출자들이 연출하였는데 그중 가장 대표적인 연출가는 지금은 영화감독으로 더 잘 알려진 아라빈단(G. Aravindan)이다. 아라빈단은 〈아봐나완 카탐바〉를 연출한 뒤 동

---

6   Trilok Mehra Singh, *op.cit.*, p.73.

7   *Ibid.*

명의 영화도 제작하였다. 아라빈단의 영화 제작 시 카발람은 극작가로서 많은 관여를 하였으며 앙상블 연기[8]가 이루어지도록 기여하였다. 〈아봐나완 카탐바〉는 카발람 극작의 정점이라 할 만큼 그 인지도가 높고 대중적인 성공을 거둔 작품이다. 이 외에도 카발람의 진면목이 드러나는 작품들을 발표하여 연극계의 주목을 받았는데 〈티라노땀〉(Thiranottam, 1966), 〈카림꾸띠〉(Karimkutty, 1983) 등이 대표적이다.

자신이 극작한 작품 연출자들을 돕기만 하다가 그 자신이 직접 연출자로서 데뷔하게 되면서 카발람은 연극활동에서 획기적인 발전을 맞이하게 된다. 그 기회는 인도 중부 마디야프라데쉬주의 우짜인에서 열린 깔리다사 축제(Kalida Samaroh of Ujjain)에서 의뢰한 산스크리트 연극 〈마디아맘비아요감〉을 제작하면서부터 마련되었다. 카발람의 첫 연출작인 〈마디아맘비아요감〉은 1978년 11월 2일에 공연하여 관객들로부터 대단한 갈채를 받으며 카발람이 연극 애호가들에게 연출자로서 뚜렷한 존재감을 각인받는 계기를 만들어주었다. 카발람은 이 작품을 통해 산스크리트 연극도 놀이적으로 연행할 수 있다는 인식을 심어주었고, 산스크리트 연극에 생명력을 불어넣었을 뿐 아니라 께랄라의 연행예술과 산스크리트 연극을 연계[9]시켰다.

위와 같은 연계는 바사의 작품을 발굴하면서부터 본격화하였다. 19세기부터 연출가들은 인도의 높은 문화적 수준을 대표하는 작가로서 깔리다사에 많은 관심을 보였고, 1980년대까지 인도 전역에 걸쳐 다양한 언어로 깔리다사의 작품을 제작[10]하였다. 그러나 아무도 나띠야샤스뜨라의 관습을 어긴 바사 작품의 문학적 가치를 알지는 못했다. 그러다 1970, 80

---

8 *Ibid.*, p.74.

9 *Ibid*, p.75.

10 Erin Mee Baker, "Decolonizing Modern Indian Theatre: The Theatre of Roots", pp.396~397.

년대 이르러 몇몇 뿌리연극활동가들이 바사에게 관심을 돌려 탐구를 시작하자 연극계는 바사를 재조명하게 되었다. 카발람은 자신의 첫 연출작으로서 〈마디아맘비아요감〉을 택했다. 이 작품을 연출하며 카발람은 산스크리트 텍스트들의 이론과 께랄라 연행예술을 실천적으로 결합시켰다. 꾸디야땀, 카타칼리, 칼라리파야투, 떼이얌에 이르는 지역 안에서의 다양한 장르의 결합도 꾀하였다.

첫 연출작 이후로도 카발람은 우짜인의 축제 때마다 거의 매년 공연하곤 했으며 카발람에게 있어 우짜인은 제2의 고향이나 마찬가지가 되었다. 카발람은 대부분의 산스크리트 연극 데뷔 무대를 우짜인에서 기획한 축제에서 가졌다. 이 축제에 참가함으로써 카발람은 더 넓은 관객층을 만날 수 있는 기회를 제공받았고, 델리를 비롯한 전국 순회공연을 통해 인지도를 전국적으로 확대하게 되었다. 이 외에도 네미찬드라 제인이나 우다얀 와즈뻬이 등과 협업하여 힌디어로 작품을 올림으로써 제작 환경의 폭을 넓힐 수 있었다. 네미찬드라 제인(Nemichandra Jain 1919~2005)은 시인인자 극작가, 비평가로 인도 현대연극의 발전에 많은 기여를 하였는데 1959년부터 1982년까지 국립연극원에 재직할 당시 카발람을 초청하여 협업을 하곤 하였다. 우다얀 와즈뻬이(Udayan Vajpei 1941~)는 마디야프라데쉬주를 대표하는 시인으로 우짜인 축제 기획시 카발람과 함께 〈우따라마 차리탐〉의 힌디어 번역과 각색 작업을 하였다. 이들과 협업으로 만든 작품들은 뉴델리와 폰디체리를 비롯한 인도 각지에서 공연하였다. 카발람은 이러한 인지도의 상승에 자극받아 바사의 다른 작품들도 연출하였고, 깔리다사의 모든 작품들과 중세 산스크리트 극작가인 샥띠바드라(Shaktibhadra)와 바바부티(Bhavabhuti)의 작품들도 연출하였다. 〈마디아맘비아요감〉(1979), 〈카르나바람〉(1984), 〈우루방감〉(1988), 〈두타와키얌〉(1996), 〈태양의 지배〉(1989), 〈스와쁘나바사바다땀〉(1996) 등은 카발람이 각색·연출한 대표적인 바사의 작품들이고, 〈비크라모르바시얌〉(1981), 〈샤꾼딸람〉(1982), 〈말라위카그니미트라〉(2006) 등은 깔리다사의 작품들이다.

이후 국립연극원 학생들과 함께 산스크리트어와 힌디어로도 작품을 연출하였는데 카발람의 활동 영역은 지역적인 것에서 점차로 국가적인 것이 되어갔다. 이는 뿌리연극운동이 국가적인 지원을 받아 전국적으로 활동반경을 넓히던 것과 맥락을 같이한다. 카발람은 바사와 깔리다사의 산스크리트 연극 대부분을 무대 위에 올렸으며 타고르의 시극에도 많은 관심을 가지고 타고르 축제 조직에 참여하며 그 작품들을 연출하였다. 뿐만 아니라 셰익스피어와 사르트르의 연극도 각색·연출하였다.

카발람의 연극 활동 반경은 그리스 극단 볼로스(Volos)와 협업한 〈일리야야나〉(Iliyayana)를 통해 세계로 확장하였다. 이 작품은 그리스 서사시 일리아드와 인도 서사시 라마야나를 결합하여 만든 것인데 작품 제작 과정에서 양국의 전문가들과 학자들이 함께 작업하였다. 당시의 경험에 대해 카발람은 두 문화 사이의 경이로운 조합이었고 기억에 남는 작업이었다고 술회[11]하였다. 하지만 카발람의 국제적 협업 작업은 〈일리야야나〉이후 지속적으로 이루어지지 않았다. 때로 미국의 위스콘신대학이나 도쿄의 국제연극제 등과 같은 해외공연 참가와 세미나는 지속하였으나 문화상호교류적인 활동이 아니라 인도 전통연행의 미학이나 실천과 관련한 워크숍 위주로 그쳤다.

카발람은 〈떼이야 떼이얌〉, 〈깔리베샴〉 등과 같은 대중적인 작품들을 비롯하여 26편 이상의 말라얄람 연극을 썼으며 이 밖에도 어린이극 〈꿈마띠〉와 〈짜키 찬카람〉도 썼으며 소설도 세 작품을 남겼다. 그리고 위대한 꾸디야땀 연희자인 마니 마다바 짜끼야르에 관한 영화 〈마스터가 작업할 때〉(1994), 〈파르바티 위라함〉(1993)도 두 편 감독하였다. 작사가로서도 많이 알려진 카발람은 〈바다카코구 흐르다얌〉(임대 마음, 1978), 〈마르마람〉(휘파람, 1982) 두 영화의 음악 작사를 통해 께랄라주에서 수여하는 최고 작사가상을 받았다. 께랄라 TV 채널인 아시아넷 커뮤니케이션 자

---

11 *Ibid.*

카발람 나라야나 빠니까르

문과, 뉴델리 상기타 나타카 아카데미 부
의장도 지냈다.

1960년대부터 시작하여 1970~80년대
이르러 왕성한 극작과 연출 활동을 하던
카발람은 1990년대에 이르러 신화의 현대
적 컨텍스트를 찾아 인도 전역으로 활동영
역을 확장하였다. 그리고 한국, 일본, 오스
트리아, 미국, 소비에트연방, 그리스 등 세
계 각지에서 초청받아 공연함으로써 께랄
라뿐 아니라 인도를 대표하는 '뿌리운동'
의 선구자로서 그 업적을 인정받았다. 이

러한 활동들을 통해 1974년 께랄라 문학국(Kerala State Shitya Akademi Award)
에서 수여한 최고 말라얄람 극작상을 비롯하여 1983년 상키트 나탁 아카
데미 연출상(The Critic Circle of India Award for Theatre Direction)을 받았다. 1985
년 상키타 나타카 아카데미상과 국가 연극상(National Award of Theatre)을 수
여받았고, 1988년과 1998년에는 난디카르 국립 상(Nandikar National Award)
을, 1994에서 1996년에 걸쳐 안드라프라데쉬 정부가 주는 깔리다사 삼
만 상(Kalidasa Samman Award)을 연이어 수상했다. 2002년에는 상키타 나타
카 아카데미가 수여하는 가장 높은 성취를 이룬 사람에게 주는 상키트
나탁 아카데미 펠로우십을 수여받았다. 2007년 문화적 성취도가 혁혁한
이들에게 수여하는 최고 영예의 빳뜨마부샨을 수여받음으로써 카발람이
성취한 연극계의 업적은 명실공히 국가적이자 세계적인 것이 되었다.

카발람은 2016년 6월 26일 노환으로 별세(향년 88세)하기 전까지 께랄
라 전통 음악과 연행예술에 관한 저서인 Sopanamtatvam(소파남따뜨왐 : 소
파남의 철학)의 영문번역판을 출간하고 〈샤꾼딸람〉 등과 같은 작품 활동
을 하였으며, 어린이들을 위한 께랄라 전통 연행예술워크숍 '꾸룬누꾸
땀'(Kurunnukuttam)을 개최하였다. 카발람 사후 소파남 극단은 어린이 캠

프를 매년 여름 방학 기간에 열고 있으며, 카발람을 기리는 '카발람 마홀사범'(카발람 대축제)도 개최하고 있다. 또한 〈꾸드와 꾸다〉, 〈샤꾼딸람〉, 〈마디아맘비아요감〉, 〈깔리베샴〉, 〈깔루루띠〉 등과 같은 소파남 극단의 레퍼토리 공연들도 인도 각지에서 계속 상연하고 있다.

카발람은 '고향의 흙, 물, 바람은 그대로지만 그것들의 이야기를 전달해줄 혀를 잃어버린' 작금의 상황을 안타까워하며 평생을 타나두 언어(우리 자신의 언어) 탐구에 바쳤다. 이 과정에서 한계와 난관에 부딪칠 때마다 자신의 언어와 자신의 땅, 자신의 흙과의 커넥션을 통해 해답[12]을 찾곤 했다. 고향인 카발람에 대한 기억과 영감은 카발람의 정신에 깊이 뿌리를 내려, 카발람이 고향 카발람의 리듬과 언어가 담긴 연극 언어를 창조할 수 있도록 만들었다. 카발람은 그 이름 그대로 카발람(지역)이 된 셈이다.

2) 소파남 극단 운영

카발람이 연극 실험을 이론이 아닌 실천으로 연결시킬 수 있었던 것은 자신이 설립한 센터와 극단의 힘이 컸다. 카발람은 인도 전통 연행 미학에 기반한 연극 원리 연구를 목적으로 1964년에 티루바난타뿌람에 연행예술, 리서치, 트레이닝 센터인 바사바라티(Bhasabharathi, Centre for perfroming arts, research and training)를 설립하였다. 바사바라티에서는 인도 연극의 이론과 실기, 모히니아땀 단기 과정, 소파남 음악 리서치와 트레이닝 과정[13]을 열었다. 바사바라티는 소파남 음악과 모히니아땀을 교육하는 활동 외에도 고대연극을 현대적으로 재창조하기 위해 시나 민요, 설화를 극화하여 새로운 연극 공연[14]을 올리며 공연미학을 탐구하였다.

---

12 ꕒꕒ ꔰꔰꔰꔰꔰꔰ ed., *op.cit.*, p.239.

13 소파남 브로셔.

14 *Ibid.*

바사바라티의 연극분과가 소파남 극단이다. 카발람은 1974년에 자신과 작업하던 초창기 연희자들과 함께 께랄라 주도인 티루바난타뿌람으로 거처를 옮겨 소파남 극단을 창단했다. 소파남 극단은 바사바라티의 이론을 실천에 옮겼고, 바사바라티는 소파남의 실천을 이론화하는 상호 역동적이고 건설적인 관계를 형성하고 있었다. 이 과정에서 칼라리파야투로 배우들의 신체훈련을 시켰고, 탄트라 등에서 음성훈련을 취하였다. 또한 카타칼리의 몸동작과 꾸디야땀의 발성법을 응용하여 점프, 걷기, 몸 던지기, 정지 동작 등과 같은 창작품의 양식적 표현방식을 정교화하였다. 다양한 방식으로 새 악기를 결합하였으며 새로운 방식과 낡은 방식을 작품을 바꿔가며 연습하였다. 이 과정에서 전통연행의 기교나 양식을 그대로 모방하는 차원에서 벗어나 창의적으로 발전시켜 전통예술이 가진 잠재성을 일깨우도록 만들었다. 카발람은 극단 소파남에 뛰어난 배우들과 함께 작업을 했는데 그중 몇몇은 영화계로 진출하여 뛰어난 연기자로 께랄라를 대표하는 배우로 이름을 굳히기도 하였다.

이러한 활동들을 가능하게 하였던 극단의 재정 운영은 극단이 대외 활동으로 벌어들인 공연료와 연출료 등을 비롯하여 포드재단(1984년)과 정부의 지원을 받아 이루어졌다. 1990년대 카발람에 대한 인지도가 국가적으로 상승하자 다년간 포드 재단으로부터 지원[15]을 받았다. 이러한 지원을 통해 카발람은 자신과 배우들의 급료를 지급하였고, 떼이얌, 꾸디야땀, 파다야니와 같은 장르의 전문가를 불러 워크숍을 개최할 수 있었다. 1992년에 포드 재단 지원이 끝나자 소파남 극단은 극단 경비를 KSNA의 지원에 의존해야 했다. 그런데 KSNA의 지원은 당시 8명의 배우에게만 가능했기 때문에 경력과 부양가족의 유무에 따라 서로의 급료를 나눠가져야 했다. 극단의 경비를 마련하기 위해 카발람은 텔레비전 드라마 각

---

15 Erin Mee Baker, "Decolonizing Modern Indian Theatre: The Theatre of Roots", pp.81~84.

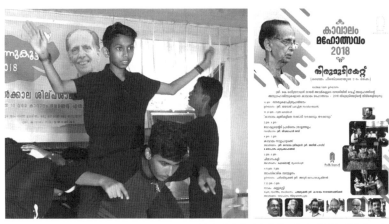

2018년 소파남의 어린이 워크숍과 카발람 대축제 포스터

본을 썼고, 이를 통해 극단의 배우들은 브라운관으로 진출할 기회를 얻었다. 그들 중에는 계속 브라운관에서 활동하며 극단의 활동을 접는 경우도 있었고, 브라운관과 연극무대를 오가며 양쪽에서 활동하는 경우도 있었다. 정부의 지원도 끝났을 때 소파남 극단은 재정난을 겪을 수밖에 없었는데 이때문에 신입단원들은 선배 배우의 개인지도 중심으로 훈련받아 집중적으로 연기훈련을 받을 기회를 제공받지 못했다. 또한 자신들의 생계를 위해 다른 직업을 가져야 하는 경우도 생기자 리허설 시간은 자연히 줄어들 수밖에 없었다. 관광청의 '문화적 쇼'나 관광객들을 위한 전통공연 시연, 축제 참여 등을 통해 소파남 극단은 이 시기의 재정난을 극복해갔다.

이후 카발람은 자신의 집 뒤에 극장을 지어 언제든 원할 때 리허설 할 수 있도록 만들었고, KSNA도 지원자수와 지원금액을 늘렸다. 2003년에 단원은 19명으로 늘었고, 단원들은 일정한 급료를 지급받으며 일주일에 6일간 오전 9시부터 오후 6시까지 정규 리허설 시간을 가질 수 있었다. 공연 일정은 한 작품을 길게 하는 것보다 단발적으로 하는 경우가 많았으며, 일 년에 한두 편의 새로운 작품을 제작하였다. 소파남 극단이 재정적 어려움에도 지속적으로 유지할 수 있었던 것은 극단 체계가 가족적인 분위기에서 위계를 따지지 않고 친화적이었기 때문이라고 단원들은 술회하였다.

기리쉬 소파남(Gireesh Sopanam), 모히니 위나얀(Mohini Vinayan), 사지꾸마르(Sajikumar)를 비롯한 초창기 멤버들은 30여 년을 카발람과 협업하며 소파남 극단을 이끄는 동력이 되어왔고, 카발람이 연출했던 작품에서 중심역할을 맡으며 카발람의 안무와 연출을 보조하였다. 그리고 카발람의 사후에는 카발람 재단과 소파남 극단이 중심이 되어 카발람의 업적을 아카이빙하고 있으며 카발람이 연출하고 집필했던 소파남 극단의 레퍼토리를 계속 상연하고 있다.

3) 평가와 위상

카발람의 생애를 통해 카발람의 성장배경과 그것이 작품에 미친 영향력, 그리고 극작가와 연출가로서 카발람의 성과 등을 수상 이력과 작품활동을 중심으로 살펴보았다. 많은 연극비평가들은 카발람을 인도 현대연극계에서 가장 성공을 거둔 연출가 중 한 사람이자 아시아에서 가장위대한 연출가 중 한 사람으로 간주한다. 카발람은 40여 년 동안 활동을지속하였고 한편으로는 고전 산스크리트 연극 전통을 빌려서 예술형식과 민속예술 사이의 상호연관성을 정립하였으며, 퓨전 작품을 성공적으로 창조하여 현대관객들을 사로잡았다. 카발람은 현대인도 연극에서 국가적 연극을 형성하는 주요한 구성인자로서 지역적 연극 움직임의 발전을 스스로 개척하였다.

카발람은 현대적 드라마투르기와 그것의 가능성을 체현한 작가로서도알려져 있다. 카발람 드라마투르기가 다른 작가들과 차별되는 중요한 지점에 대해 트릴록 싱은 "글로 쓴 텍스트보다 행동하는 텍스트, 해설이 아닌 움직임, 플롯이나 인물 중심이 아닌 연행적 구조, 텍스트를 확장한 무대 해석에 있다."[16]고 보았다. 다시 말해 카발람 공연이 주제적으로 풍부할 수 있는 원인은 복잡한 플롯에 있는 것이 아니라 행동으로 보여줌으로써 텍스트의 의미를 관객들과 더 강하게 소통한다는 데 있다는 것이다.

카발람 극작의 또 다른 특성은 '드리쉬아 카비아'(Drishya Kāvya 보여주는 시)의 실천에 있다. 그리스 연극과 마찬가지로 전통적으로 인도 연극은 시극이고, 춤과 노래를 가미한 춤극이다. 그래서 인도에서 연극은 전통적으로 '보여주는 시'라 불리어오며 시청각적으로 표현하는 특성을 가지고 있다. 이는 조명, 무대, 분장, 의상과 같은 요소들의 통합이 유기적으로 이루어지는 총체극으로서의 특성만을 뜻하는 것이 아니라 보다 내밀한 텍스트의 이해와 미학적으로 높은 시각을 지닌 관객의 동참이 필요함을 뜻하기도 한다. 민요처럼 께랄라 대중들이 많이 흥얼거리는 노래 중 많은 곡들을 카발람이 작사했을 정도로 시인으로서 잘 알려진 카발람이었기에 자신의 극작이나 연출활동에서 드리쉬아 카비아를 강조했던 것은 지극히 필연적인 일이라 할 수 있다. 카발람은 드리쉬아 카비아를 실현하기 위해 대사보다 대사가 가지는 내적인 행동을 시각화하기 위해 고심하였다. 대사가 갖는 음악적 힘을 전달하기 위해 배우들의 몸을 활용하였다. 배우들의 음성뿐 아니라 움직임을 확장하여 청각적 이미지와 시각적 이미지를 결합한 비언어적 요소를 부각시켰다. 그리고 시를 보여주기 위해 삶에 기반한 사람들의 리듬이 담긴 민속형식과 방법, 개념, 이미지를 동원하였고, 전통을 존중하면서도 그것이 가진 한계와 변화한 환경을 인식하고 오늘날에 맞는 방식을 연구하고 자신만의 방식으로 형상화하고자 하였다.

이 밖에도 카발람은 극작을 할 때 무대화 가능성과 총체적 구조의 조

---

16 Trilok Mehra Singh, *op.cit.*, p.243.

화에 초점[17]을 맞추었다. 카발람은 연극은 공연화했을 때만 연극다워진다고 생각했고 이야기와 시를 동시에 포함하고 있는[18] 연극의 특성을 고려하여 극작가는 총체적 구조를 생각하며 어디에 무엇을 넣을지에 대한 분명한 생각을 갖추고 있어야 한다고 보았다. 또한 카발람의 드라마투르기는 기존의 사실주의적 방식에서 벗어나 실험적인 작업을 통해 이루어졌으며 실제 삶에서 취한 근심, 투쟁, 혼란 등과 같은 주제를 형상화했다. 이는 사실적 연기와 양식적 연기 양쪽에 모두 적합한 내구성 있는 특성을 부여했다. 대사 사용을 가능한 절제하여 카발람의 희곡을 읽는 데는 보통 10~15분이 걸리지만 실제 상연에는 60~90여 분이 소요되곤 한다.

카발람은 연출자와 극작가로서 명실공히 '국가적인' 위상을 지녔음에 틀림없다. 이는 서론에서 주지하였듯이 인도의 문화상황을 고려할 때 상당히 이례적인 경우라 할 수 있다. 이러한 카발람의 활동에 대해 카발람을 비판하던 편에 서 있던 마하라스트라주의 비평가이자 극작가인 데쉬빤데(G. P. Deshipande)는 카발람이 연출자로서 주로 활동하기 시작하자 그 진가를 인정하며, '인도 연극의 새로운 연출가의 탄생'[19]으로 평가하였다. 또한 KSNA 사무국장이었던 아브라함(T. M. Abraham)은 카발람을 관객과 원활하게 교류하며 전통의 정수적 맥락을 제대로 짚어낸 연출자로 인정[20]하였다. 카발람의 활동배경과 미학적 특징에 대한 논문("Creative Use of Elements of Indian Traditional Theater in Modern Play Productions for Evolving an Indigenous Style – An Analytical Study")을 집필한 트릴록 싱은 "카발람의 작업은 서사시적 내러티브와 고전적 연극과의 관계를 이론화했고, 전통에 기

제2부 전통극의 미학은 무대 위에서 어떻게 실현되는가?

---

17 Erin Mee Baker, "Kavalam Narayana Panikkar: Meaning into action," *Performing Arts Journal*(1997.Jan.), Vol.19 No.1, pp.10~11.

18 ꠥ꠪ ꠛꠤꠝꠧꠍꠤꠇꠤ ed., *op.cit.*, p.243.

19 『타고르 축제 합평회 문집』, p.8.

20 *Ibid*, p.10.

반한 연행자 중심의 실천으로서의 현대연극 작업을 했다는 점에서 다른 작업자들과 구별되는, 새로운 세대를 위한 횃불을 품은 작업"[21]이라고 평가하였다.

　카발람의 작품을 영어로 번역하기도 하고, 자신이 재직하던 위스콘신 대학으로 카발람을 초청하여 공연하곤 하였던 필립 B. 자릴리는 지역적 전통과 현대적 연극 형식과 스타일을 창조적으로 개척한 카발람의 전 인도적 활동이 '기적에 가까운' 일이라 여겼다. 필립 B. 자릴리는 "카발람은 진실하고 활동적인 연극인으로서, 오늘날의 현대인도 연극에서 전통과 현재를 잇는 다리로서 풍부한 가능성 탐구에 빠져 있다. 카발람은 전통을 존중하면서도 그것이 가진 한계와 변화한 환경을 인식하고 오늘날의 인도에서 특정한 전통이 어떤 방식으로 존재해야 하는지 자신만의 방식으로 연구하였다는 점에서 양쪽 세계 모두에 든든하게 발을 딛고 산다."[22]고 카발람을 평가하였다. 이 밖에도 인도와 미국에서 카발람의 작품을 연출하기도 하였던 에린 베이커는 카발람이 연극 용어를 씀에 있어서도 외국의 용어를 쓰기보다 가능한 인도 용어를 사용하기를 주장한 것에 대해 "연극에 대해 생각하는 방식에 있어서도 고유의 인도를 재활성화하는 데 기여"[23]하였다고 평가하였다.

2. 주요 연극 작품

　지금까지 카발람의 성장배경과 그것이 작품에 미친 영향력을 알아보

21　Trilok Mehra Singh, *op.cit.*, p. 257.

22　Kavalam Narayana Panikkar, "Karimkutty", Phillip B. Zarilli ed., Paul Zacharya trans, *Asian Theatre Journal*, vol.2, 1985 Autumn, p.172.

23　Erin Mee Baker, "Decolonizing Modern Indian Theatre: The Theatre of Roots", pp.399~400.

앉고, 소파남 극단을 중심으로 한 연극 활동과 함께 극작가와 연출가로서 카발람의 연극적 위상을 살펴보았다. 이 장에서는 카발람의 위상을 공고히 하는데 발판이 되었던 주요 연극 작품을 중심으로 그 작품세계가 어떻게 펼쳐지고 있는지 고찰하고자 한다.

1) 바사의 산스크리트 연극

〈마디아맘비아요감〉(Madhyamamvyāyogam : 중간의 것, 초연 1978년)

〈마디아맘비아요감〉은 〈중간의 것〉으로 번역한 제목으로 〈카르나바람〉, 〈마야〉와 함께 국내에서도 상연하였다. 〈중간의 것〉은 1997년 세계 연극제 서울/경기 참가작으로 1997년 9월 4일, 국립중앙극장 소극장에서, 〈카르나바람〉과 〈마야〉는 2007년 세계 국립극장 페스티벌 참가작으로서 2007년 10월 4일과 5일, 국립극장 달오름극장에서 상연하였다. 〈마디아맘비아요감〉은 마하바라타 서사시 중에서 베딕 전통에 바탕을 두고 있다. 판다바 가문의 장자인 유티스티라가 카우라바 가문과의 주사위 놀이에 져서 왕가의 모든 재산과 형제들, 심지어 부인까지 잃고 12년 동안 숲에서 은거할 때가 이야기의 배경이다. '마디아맘'이란 '중간의 것'이란 의미를 담고 있는데 여기서 '중간의 것'은 판다바 가문의 둘째인 비마와 브라민 3형제들 중 둘째 아들, 이 두 사람을 동시에 함축하고 있다. 그리고 '비아요감'이란 산스크리트 연극 형식 중에서 하루 동안에 일어나는 단막극을 지칭하는 말로 사랑의 정조보다는 영웅의 이야기가 주된 테마가 되는 극형식[24]이다.

중심 줄거리는 다음과 같다. 한 브라민이 아내와 세 아들과 함께 숲속을 헤매다 가톳까짜(Ghatotkacha)의 포효하는 굉음을 듣고 두려움에 떤다. 잠시 가톳까짜에 얽힌 이야기를 하자면 가톳까짜는 비마와 아수라인 히

---

24 이재숙 역주, 『나띠야샤스뜨라』(하), 157쪽.

딤비 사이에서 난 아들이다. 히딤비는 히딤바라고 하는 막강한 힘을 가진 숲속의 난봉꾼 동생인데 오빠의 명령으로 먹이를 구하러 나갔다가 비마와 맞닥뜨리자 첫눈에 비마에게 반하고 만다. 마법의 힘으로 아름다운 여성으로 둔갑한 뒤 히딤비는 비마를 향한 자신의 사랑을 고백하며 청혼한다. 비마는 히딤비가 아들 하나를 낳으면 자신을 떠난다는 조건으로 청혼을 받아들이고 히딤비는 약속대로 아들 가톳까짜를 낳은 뒤 숲으로 돌아간다. 태어날 때부터 큰 몸을 갖고 태어난 가톳까짜(빛나는 항아리)는 괴력을 소유하고 있었고, 무기를 다루는데 따를 자가 없었다. 이후 판다바와 카우라바 사이의 전쟁에서 아버지가 속한 판다바 쪽에 참전하여 용맹을 떨치다 전사하였다. 다시 본 줄거리로 돌아가서 가톳까짜는 어머니를 위해 인간 먹이를 구하던 중 브라민 가족 일행을 만나 어머니의 먹이로 삼기 위해 한 사람을 데려가려 한다. 첫째 아들이 나서자 아버지가 만류하고 셋째 아들이 나서자 어머니가 만류하는 통에 결국 둘째 아들은 자신을 희생하기로 결심한다. 그런데 둘째가 죽기 전 목을 축이고 싶다 하여 호수로 보내주었으나 바로 돌아오지 않자 가톳까짜는 '마디아맘'을 외쳐 부른다. 마침 근처 숲에서 수련 중이던 비마가 자신을 부르는 소리에 다가온다. 브라민은 비마를 알아보고 도움을 요청하고, 비마는 이 요청을 받아들인다. 비마는 자신의 아들인 가톳까짜를 알아보고서도 시험삼아 일부러 싸움에 져주어 브라민 둘째 아들 대신 히딤비 앞으로 잡혀간다. 비마를 보고 기쁨에 들뜬 히딤비는 가톳까짜를 시켜 인간을 잡아오라 한 것은 사실 오랜 세월 보지 못한 비마를 보기 위한 것이었다고 털어놓는다. 브라민의 가족들과 비마의 가족들 모두가 재회한 가운데 극은 행복하게 막을 내린다.

〈마디아맘비아요감〉에서 바사는 브라민 둘째 아들과 비마를 재치있게 병치해서 판다바에서 항상 둘째로 밀려나곤 했던 비마의 처지를 압축적으로 보여준다. 왕국의 결정권에서는 항상 장자 유티스티라에 밀리고, 활쏘기와 부인의 사랑을 얻는 부분에서는 늘 셋째 아르주나에게 밀리는 중간적 처지였던 비마의 상황이 브라민 형제들 중 둘째 아들의 상황과 중첩한다. 장자가 나서자 아버지가 말리고, 막내가 나서자 어머니가 만류하지만 둘째 아들은 자신이 희생을 자진했음에도 '중간의 것'으로서의 유예적 처지를 면하지 못한다. 이러한 슬픔의 상황을 대하는 극작가로서의 바사는 애환이나 동정과 같은 밀착한 감정보다는 특유의 비꼼과 우스움이라는 거리를 둔 관조적 자세로 임한다. 그래서 현대의 비평가들은 바사를 하씨아의 대가로 평가한다.

하씨야(Hasya)는 보통 '경멸' 또는 '해학'으로 번역하는데 약간 비꼬거나 냉소적으로 상대를 바라볼 때 일어나는 라사다. 비평가들은 바사가 이러한 하씨아 라사를 드러내는 데 탁월하다고 하여 두 단어를 결합하여 '하사'(Hasa)라는 별칭으로 부르곤 하였다. 이처럼 바사는 미묘하고 복잡한 인간심리의 다채로운 지점을 잘 포착해내었고, 그것을 묘사하는 방식이 현대적이다. 그리고 이 작품은 히딤비가 자신의 의도를 숨기고 비마와 가톳까짜를 재회시켰다는 점과, 비마가 자신의 아들을 알아보고서도 그 사실을 함구하고 아들과 대결하는 점에서 비마가 의도하였든 의도하지 않았든(바사의 작품에서는 미묘한 암시가 있을 뿐 표면적으로 드러나는 비마의 의도는 없다) 히딤비를 동조하게 되었다는 점에서 흥미로운 극적 장치를 발견할 수 있게 만든다. 이렇듯 구성적 재치가 뛰어나다는 점뿐 아니라 단막극임에도 다양한 라사들을 풍부하게 경험할 수 있기 때문에 〈마디아맘비아요감〉은 바사의 드라마투르기가 갖고 있는 강점들의 결정체라고 할 수 있다.

카발람은 바사 텍스트의 풍부한 상상력을 무대화하여 기존에 볼 수 없었던 현대적 모습의 전통극으로 창조해내었다. 카발람은 자신의 첫 연출 작품인 〈마디아맘비아요감〉이 가지고 있는 흥미로운 극적 요소들을 부각시키기 위해 춤, 움직임, 자세, 무드라 등에서 카타칼리적인 요소를 가지고 왔고, 발성에서는 꾸디야땀의 요소를 효율적으로 접목시켰다. 이러한 극적 처리는 기존의 산스크리트 전통극에서는 볼 수 없었던 새로운 방식이었다. 등·퇴장할 때 구음에 맞춰 하는 독특한 걸음걸이는 이후 카발람 작품에서 전형적 요소로 자리 잡았다. 카발람의 〈마디아맘비아요감〉은 깔리다사에 가려서 빛을 보지 못했던 바사를 재발견하도록 만드는 데 선구자적 역할[25]을 수행했을 뿐만 아니라 전통극의 창조적 현재화라는 측면에서 뿌리연극운동을 촉발시키는 강렬한 매개체가 되었다.

〈카르나바람〉(Karṇabhāram : 카르나의 고뇌, 초연 1984년)

〈카르나바람〉은 마하바라타에 전하는 이야기로 비극적 운명을 타고난 영웅 카르나를 주인공으로 하여 슬픔의 정조를 띠는 서정성 짙은 작품이다. 카르나에 얽힌 이야기는 바사뿐 아니라 인도 여러 지역에서 민속연희나 소설, 시를 비롯한 많은 여타의 예술장르에서 작품의 제재로 삼을 만큼 대중적 인지도가 높다. 이야기의 발단은 판다바 가문의 어머니 꾼티(Kunti)에서부터 시작한다. 꾼티는 야다바 가문 족장의 딸이자 판다바 가문의 어머니로서 판다바와 카우라바 사이의 전쟁인 '꾸루쉡뜨라'에서도 중추적 역할을 한 인물이다. 꾼티는 아버지의 성을 방문한 성스런 현자 두르바사를 극진히 대접하여 그 대가로 신비한 마술적 힘을 축복으로 부여받는다. 그 힘이란 자신이 원한다면 어떤 신이든 이름을 부르면 나타나게 할 수 있고 그 신의 아이를 낳을 수 있게 만드는 것이었다. 그러던 어느 날 꾼티가 호기심에서 수리야 신을 불렀는데 당혹스럽게도 수리야 신이 정말 자신 앞에 나타난다. 수리야 신은 꾼티가 여전히 처녀인 채로 자신의 아이를 낳을 수 있도록 약속하며 꾼티를 안았고 그래서 생긴 아들이 카르나다. 카르나는 신성한 태양 장식을 입고 태어났는데, 그중 귀걸이가 유난히 반짝였기 때문에 카르나(귀)란 이름을 얻었다. 한편 처녀로서 아이를 낳았다는 사실이 알려질 것을 두려워한 꾼티는 아이를 상자에 담아 강물에 떠내려 보냈는데 이를 본 어느 전차수가 카르나를

---

25 കാണ്ടു കിളിത്താട്ടിൽ ed., *op.cit.*, p.247.

데리고 가 길렀다. 카르나는 겸손한 집안에서 자라나 무기를 다루는 뛰어난 실력을 인정받아 카우라바의 수장 두료다나로부터 왕족의 지위를 얻었고, 죽을 때까지 두료다나를 위해 복무하며 우정을 지켰다.

〈카르나바람〉은 이러한 이야기를 배경으로 꾸루쉐뜨라 전장의 막바지에서 꾼티가 카르나를 찾아가는 장면을 담고 있다. 판다바가 열세에 몰리자 꾼티는 카르나를 찾아가 출생의 비밀을 밝히며 판다바가 카르나의 형제들이니 죽이지 말 것을 당부한다. 충격적인 진실을 전해들은 카르나는 두료다나를 향한 충성을 거역할 수도 없고, 친어머니의 부탁을 거절할 수도 없는 곤란한 처지에서 갈등한다. 결국 카르나는 어머니의 당부 때문에 다른 형제들을 죽이지는 않겠지만 자신의 최대 라이벌인 아르주나는 죽일 수밖에 없다는 말로 꾼티를 돌려보낸다.

바사의 〈카르나바람〉은 주로 전능한 용사로서만 부각되던 카르나의 내면적 심리 갈등에 초점을 맞춘다. 꾸루쉐뜨라의 전장을 마주한 그 짧은 순간 카르나가 자신의 삶을 돌아보자 깊은 곳에 잠재해 있던 근원적인 고뇌와 후회가 밀려오면서 위기와 선택의 순간을 맞게 된다. 카발람은 카르나를 통해 한 인간이 자신의 잘못 때문이 아니라 타고난 운명의 힘 때문에 좌초하는 모습을 그린다. 카발람은 필멸의 인간이 궁극의 자유를 위해 불굴의 투지를 발휘하지만 결국 몰락하고 마는 모습을 담아냄으로써[26] 개인이 아무리 불가피한 운명에 처하더라도 기꺼이 응답하고 대면해야 함을 강변한다. 이는 필멸과 불멸 사이의 경계를 초월함으로써 나오는 자유를 즐기기 위해 죽음을 용감하게 직면해야한다는 인도인의 사고를 극화한 것이다.

카발람은 카르나의 모습이 현대 관객들과 공명하도록 만들기 위해 부족민의 제의식과 칼라리파야투의 경배 시퀀스를 통해 장엄한 전체 분위기를 만들어 작품 중간 중간 삽입하였다. 그리고 거기에 신성한 소라 고

제2부 전통극의 미학은 무대 위에서 어떻게 실현되는가?

---

26 Pramod Chavan, *op.cit.*, pp.317~318.

동과 쇠로 만든 심벌즈 소리, 께랄라 전통음악인 소파남의 대중적인 라가를 적절히 추가하여 장면의 감흥을 북돋았다. 바사의 〈카르나바람〉은 여섯 페이지에 지나지 않는 아주 짧은 텍스트이지만 카발람의 연극적 상상력을 통해 90분으로 확장하였고, 확장한 시간만큼 긴 여운과 깊은 메시지를 남겼다. 이후 〈카르나바람〉은 소파남 극단의 가장 대표적인 레퍼토리가 되었고 현재까지 공연을 이어오고 있다.

2) 말라얄람 연극

〈아봐나완 카탐바〉(Avanawan Katamba : 우리 자신의 장애물, 초연 1975년)

〈아봐나완 카탐바〉는 풍자적이고 정치적인 카발람의 초기 작품으로 제목 자체가 주제를 함의하고 있다. '카탐바'는 전통적으로 경계가 없던 께랄라 주거 문화에서 임시로 자신의 거주지나 농작물을 보호하기 위해 허리 아래 정도 높이로 만든 표시문을 일컫는 말이다. 많이 높지 않아서 남자들은 보통 카탐바를 타고 넘어갈 수 있고 여자들은 가로지른 막대를 치워 문을 열고 들어갈 수 있다. 작품에서 '아봐나완 카탐바'는 무대 오른편을 지칭하는데 등장인물들이 장소를 벗어나거나 무언가를 시도할 때 반드시 건너야 하는 일종의 '관문'과 같은 역할을 한다. 이 관문은 통과의례의 성장을 위한 관문이자, 개인의 발전을 방해하는 에고를 상징한다.

1970년대 인디라 간디의 서슬 퍼런 계엄령하에서 대다수의 사람들이 침묵하고 있을 때 카발람은 이 작품을 썼다. 당시 총리였던 인디라 간디(Indira Gandhi : 1917~1984)는 부정선거로 피선거권이 박탈당할 것을 우려하여 1975년부터 1977년까지 전 인도에 계엄령을 선포하였다. 의회를 해산하고 정치적 반대파들을 처단하였으며, 언론을 통제하였는데, 이러한 분위기 때문에 정치·사회·문화예술계는 숨을 죽일 수밖에 없었다. 이 시기는 해방 후 인도 현대사에서 암흑의 역사로 불린다. 이 작품은 문화예술계의 침묵을 깨는 행위이자 구조와 표현방식에서도 기존의 관습을 깨는 일종의 '사건'이었다. 카발람은 관객과 공연자의 높낮이 차이가 없는, 나무가 있는 야외 어느 곳에서든 무대를 설정하여 기존의 프로시니엄 중심의 무대에 대한 개념을 깨뜨렸다. 연기의 구역도 무대와 객석의 경계를 벗어나 관객이 더욱 적극적으로 공연에 참여하고 포함되는 느낌을 창조하였다.

〈아봐나완 카탐바〉를 이끌어가는 등장인물들은 춤꾼 무리들(아뜨빤다람)과 노래꾼 무리들(빠뜨빠리샤)로서 코러스와 가무악을 담당한다. 이들은 수시로 말싸움이나 실랑이를 벌이며 서로를 이죽거리거나 조롱하며 춤과 노래 대결을 벌이기도 한다. 축제를 하고 있는 왈라디카브로 향하고 있던 이들은 도중에 강 위를 떠다니는 목 없는 시체들에 대한 흉흉한 소문을 듣고 시체가 누구의 것인지 진위를 알고자 한다. 한 춤꾼이 시체들은 착취를 일삼던 고리대금업자들 것이며 그들을 위해 송장 리듬에 맞춰 춤추고 노래하자고 제안한다. 이때 자신이 고리대금업자들을 죽인 범죄자라고 자처하는 도적 에라따깐난(눈이 갑절인 남자)이 나타난다. 에라따깐난은 "도적질을 하든 동냥질을 하든 당당하게 자부심을 갖고 하라!"고 카리스마 있게 외치며 춤꾼과 노래꾼 무리를 이끌며 함께 왈라디카브로 향한다. 사실 에라따깐난은 무리 중 노래꾼 한 명을 꼬드겨 자신의 라이벌인 마을 지주의 아들을 죽이려는 음모를 실행하려고 무리에 접근한 것이다. 자신의 딸인 찌뜨라빼느와 지주의 아들인 와디벨라가 정분이 난 것에 불만을 품고 있었기 때문이다. 지주의 꼬임에 빠진 한 노래꾼은 평소 찌뜨라빼느를 마음에 품고 있었지만 찌트라빼느가 딴 남자를 좋아하자 질투가 나 주술의 힘으로 와디벨라를 죽게 만든다. 극은 지주가 등장하여 에라따깐난과의 대결국면으로 접어든다. 둘은 지금은 적수이지만 사실 어릴 적부터 함께 뛰어놀던 친구사이였다. 지주는 마을의 수장으로서 재판을 벌일 수밖에 없게 된다. 사랑하는 사람을 잃고 반실성한 모습의 찌트라빼느를 보게 된 지주는 화가 나 에라따깐난의 목을 치려 하는

데 그 순간 에라따깐난은 죽기 전 소원을 빈다. 그 소원은 지주가 무리를 이끌고 왈라디카브로 모두를 데려가는 것이다. 그 소원을 받아들인 지주가 모두와 함께 아봐나완 카탐바 앞에서 제의식을 행하여 액을 풀어내자 죽은 줄 알았던 와디벨라가 살아 있음을 알게 된다. 찌트라삔느와 와디벨라는 행복하게 결합하고 무리들은 함께 아봐나완 카탐바를 뛰어넘는다.

풍자적 색채가 농후한 〈아봐나완 카탐바〉는 우리 삶에서의 카탐바(장애물)는 과연 무엇인지에 대한 질문을 담고 있다. 에고가 되었든, 이기심이 되었든, 폭력성이 되었든 누구나 자기만의 한계를 가지고 있으며 그것을 넘어서지 못하면 축복과 즐거움으로 세상을 경축하며 즐기지 못한다. 카발람은 이러한 우리 삶의 편린을 드러내기 위해 '리듬'을 전면에 내세웠다. 께랄라 전통 민속에서 취한 리듬은 춤꾼과 노래꾼의 몸짓과 소리에 깃들어 있다. 이 리듬은 극을 진행하는 동안 끊임없이 이어지며 인물에 따라, 상황에 따라, 분위기에 따라 바뀐다. 카발람은 민속극 파다야니의 의상과 가면을 활용하여 주술적이고 제의적인 분위기를 조성하였다.

또한 다소 무거울 수 있는 주제를 모두가 한마음으로 구음을 외치며 삶의 엑스타시를 즐기는 모습으로 형상화함으로써 당시의 정치적 암흑기에서 '아봐나완 카탐바'를 넘어서는 꿈[27]을 그린다. 〈아봐나완 카탐바〉는 삶의 의미에 대해 다양한 정서로 표현하고 정신적 차원으로 재해석함으로써 현대적으로 재맥락화하였고, 1970년대 선풍적 인기를 끌면서 많은 이들의 주목을 받았다.

〈오따얀〉(Ottayan : 고립된 코끼리, 초연 1988년)

〈오따얀〉은 꾸디야땀 연행자인 빠라메스와란에 얽힌 단순한 플롯을

---

27 കാവാലം കളിയരങ്ങ് ed., *op.cit.*, p.240.

가지고 있으면서 인도 전통극의 '탈바꿈'에 관한 연기적 묘미를 즐길 수 있는 흥미로운 작품이다. 빠라메스와란은 공연 도중 아내가 박자를 잘못 쳐서 싸운 뒤 숲으로 들어섰다가 길을 잃게 되었는데 무리에서 떨어진 고립된 코끼리를 목격하게 된다. 무리 생활을 하는 코끼리의 특성상 고립된 코끼리는 정신이 온전치 못하거나 발정기 상태여서 아주 사납고 공격적인 성향을 띤다. 불행하게도 그 코끼리가 자신을 발견하고 돌진하는 모습을 보게 된 빠라메스와란은 기지를 발휘하여 자신이 마치 코끼리인 척 연기한다. 빠라메스와란을 코끼리로 착각하고 고립된 코끼리가 자신을 지나치자 위기를 모면한다. 하지만 뒤이어 숲속에 사는 원주민이 빠라메스와란을 코끼리로 알고 포박하여 자신들의 우두머리인 무빠나르 앞에 데리고 가 버린다. 무빠나르가 빠라메스와란을 희생 제물로 바치기 위해 칼로 목을 베려 하자 빠라메스와란은 자신의 가방에 든 심벌로 주의를 끌며 자신이 사실은 연기자라고 밝힌다. 무빠나르는 빠라메스와란이 연기자라는 사실을 증명하기를 재촉하고 빠라메스와란은 그들의 주의를 끌면서 집짓는 연기에 동참시키고 그들이 연기에 몰두해 있는 동안 탈출한다.

〈오따얀〉 관극의 재미는 빠라메스와란이 두 번의 절체절명의 순간을 맞아 어떻게 '탈바꿈'을 하는지, 그리고 그 탈바꿈이 성공했는지의 여부를 지켜보는 것에 있다. 첫째 위기는 고립된 코끼리를 만나는 순간이고 둘째 위기는 원주민들로부터 코끼리로 오인 받아 희생 제물로 바쳐지는 순간이다. '고립된 코끼리'는 빠라메스와란이 위험에 처한 상황을 상징하면서, 동시에 위험을 피해갈 수 있는 돌파구로서의 변신가능성을 내포한다. 이는 연행자들의 예술적 상황을 함축한다고도 할 수 있다.

〈오따얀〉의 주제라고 할 수 있는 이 연행자의 탈바꿈의 순간은 두 위기의 순간뿐 아니라 작품 전체를 관통하고 있다. 빠라메스와란이 정글로 들어가며 '이 야생 정글에 들어갈까'라고 말하는 순간 이야기는 멈추고 빠라메스와란은 숲에서 만나는 몇몇 동물들을 묘사한다. 이때의 빠라메스와란은 숲을 지나는 야생동물이 되었다가 다시 그것을 묘사하는 연행자로서의 빠라메스와란이 되었다가를 반복한다. 호랑이를 만났을 때의 놀라움을 표현한 뒤 한 바퀴 돌아 호랑이가 되어 꾸디야땀식의 몸짓과 무드라, 얼굴 표정으로 호랑이를 묘사하였다가 다시 자신으로 돌아오기를 계속하는 것이다. 연행자들은 이러한 설명 방법을 통해 텍스트와 서브텍스트 사이를 관객들이 볼 수 있도록 시각화하며 각자의 능력껏 상상력의 공간을 무한대로 펼칠 수 있다.

〈오따얀〉은 기존 인도 전통극처럼 구성이 이미 대중들에게 잘 알려진 신화나 전설이 아닌 '결말을 알지 못하는' 이야기다. 그렇다고 플롯 중심의 연극도 아니다. 우화적인 색채를 가미한 단순하고 소박한 플롯이지만 전통연극이 가지고 있는 연기자로서의 탈바꿈에 대한, 그리고 관객의 자질에 대한 철학적 깊이를 가지고 있는 작품이다. 이는 빠라메스와란이 무빠나르 앞에서 연극을 시작하기 전 관객들이 갖춰야 할 자세를 말하는 부분[28]에서 분명하게 드러난다.

> **빠라메스와란** 나는 연극을 해야 합니다. 그런데 그러기 위해서는 몇 가지 준비가 필요합니다.
> **무 빠 나 르** 무엇이 필요하냐?
> **빠라메스와란** 두 분 다 볼 준비가 되어 있어야 한다는 겁니다. 준비되셨나요?
> **무 빠 나 르** 나는 준비되었다.
> **원 주 민** 나도 준비되었다.
> **빠라메스와란** 그렇다면 반은 이룬 셈이군요. …여길 보세요, 친구들, 당신들이 단지 공연을 볼 준비가 되었다고 해서 충분한 건 아닙니다. 모든 주의를 기울여서 내 공연에 깊이 몰입해서 봐야 할 것입니다.

---

28 Kāvālam Nārāyaṇa Paṇikkar, "The Lone Tusker", K.S. Narayana Pillai trans, *Journal of South Asian Literature*, Vols. XV–II, Summer, Fall, 1980, p.253.

빠라메스와란은 집 짓는 과정을 대·소도구 없이 몸짓에 의존하여 보여준다. 들보를 혼자 들 수 없었던 빠라메스와란은 두 나무꾼에게 다가가 혼자 할 수 없는 일이니 동참해달라고 부탁하며 상상적 현실을 창조한다. 원주민들이 그 상상적 현실에 동참하게 됨으로써 빠라메스와란의 탈바꿈은 성공을 거둔다. 이는 관객 교육을 넘어서 관객들의 미학적인 '실천'까지 이끌어낸 것으로 '아비나야'의 궁극적 목적을 성취한 것이다.

〈떼이야 떼이얌〉(Theyya Theyam : 떼이얌 중의 떼이얌, 초연 1990년)

떼이얌이 죽은 영혼이나 영웅의 영혼이 환생한 것이라 할 때 '떼이야 떼이얌'은 그 영혼의 재-환생을 의미한다. 라마야나의 서사적 주제를 재-환생시키고 재창조한 이 작품은 구성에서도 주제성을 담고 있다. 중심 줄거리는 라마야나를 시골마을 사람들의 버전으로 바꾼 이야기와 떼이얌을 연행하는 주인공에 얽힌 이야기다. 이 두 이야기는 병렬하거나 상호 교차하면서 주제에 이바지한다.

원전 라마야나는 아요디아 왕국의 왕이었던 라마가 의붓어미의 질시를 받아 부인 시타와 함께 숲속으로 추방당했을 때 시타를 보고 반한 라바나가 시타를 납치하여 간 것을 라마가 구하는 내용을 담고 있다. 마을 버전에서는 라바나가 파랑키라는 마술적 힘을 가진 해적으로 등장하고, 원전에서 라마를 도와 시타를 구하는 데 일조한 원숭이 대왕 하누만은 베뿌란으로 바뀌어 파랑키의 마술적 힘이 허리띠에서 나온다는 것을 발견하여 파랑키를 없앤다. 이 파랑키는 떼이얌으로 환생하는데 파랑키 떼이얌을 연행하는 마을 사람이 극의 주인공인 람운니다. 람운니는 마을의 존경받는 원로의 딸 까니뿌와 사랑하는 사이다. 어느 날 마을의 지주가 까니뿌를 범하려는 모습을 목격한 람운니는 마을사람들을 데려와 지주에게 경고한다. 그러나 지주는 다시 까니뿌를 범하려 하고 숨어서 이를 지켜보던 람운니는 지주를 죽인다. 람운니와 까니뿌는 함께 도망치지만 떼이얌을 해야 할 때가 다가오자 까니뿌의 만류에도 불구하고 람운니는

제2부 전통극의 미학은 무대 위에서 어떻게 실현되는가?

마을로 돌아가려 한다. 자신의 천직이 떼이얌이고 결코 떼이얌을 거르지 않기로 맹세했기 때문이다. 람운니가 떼이얌을 연행하기 위해 마을로 돌아왔을 때 딸의 도주로 분노하고 있던 까니뿌의 아버지는 수행원들을 시켜 람운니가 떼이얌을 연행하는 동안 때려죽인다.

떼이얌에서는 다양한 배경을 가진 신격화한 존재가 강림하게 된다. 그 중에는 신적 존재나 영웅도 있지만 억울한 죽임을 당한 뒤 신격화한 일반인들도 존재한다. 람운니의 경우 그 자신이 떼이얌 연행자인 데다 정의로운 목적으로 살인을 했음에도 그 자신이 살해당하기 때문에 이중의 죽음과 연관이 있다. 떼이얌을 연행하던 신의 환생으로서 람운니가 현실적 삶에서 살해당한 뒤 다시 떼이얌으로 신격화함으로써 떼이얌의 떼이얌이 되는 것이다.

이 극은 람운니가 정의롭게 악인을 처단하였음에도 살해당하는 비극적 아이러니를 관객들이 대면하도록 만든다. 아무리 고귀한 종교적 사고라 할지라도 흔들리는 도덕적 기반을 가지고 있는 사회적 가치 체계 앞에서는 무너지게 됨을 목격하는 것이다. 그래서 람운니가 '떼이얌의 떼이얌'으로 재-환생하게 됨은 가치체계의 본성에 대해 관객들이 질문하도록 만드는 현대적 컨텍스트로서 되살아나게 된다.

카발람은 연출 과정에서 떼이얌의 특성에 주목히였다. 떼이얌은 공연과 삶을 분리하지 않는다. 떼이얌의 의식은 사회적 요소로서 연행해왔기 때문에 연행으로서보다 제의식으로서 더 많은 비중을 둔다. 카발람은 제의식은 실제 삶에서 기반하고 있기 때문에 떼이얌에서도 연행자가 실제 삶 속에 긴밀하게 소속되어 있음을 발견하였다. 실제 삶과 신화 속의 삶 사이의 이중적 상황이 연행을 이끌어가는 영감을 준 것이다. 그래서 〈떼이야 떼이얌〉에서 이중적 플롯을 통해 현대적 컨텍스트로 이끌었다.

코러스들은 해설과 영창, 노래를 담당할 뿐 아니라 움직임에 상응하는 타악 반주를 하는데 이 악기들은 일상에서 흔히 사용하는 것들이다. 수확철에 사용하는 막대기는 죽음을 위협하는 무기가 되기도 하는데 이러한 악기들의 취급은 이 작품의 주제와도 연결된다.

배우들은 때로는 마을 주민이 되었다가 라마야나의 등장인물로 탈바꿈하기를 반복한다. 구성에서도 병렬하는 두 이야기는 만나고 떨어짐을 반복한다. 이러한 탈바꿈과 역전은 극 중에서 잠재적인 역동성을 갖추고 있으며 연기 구역의 나뉨을 통해 의미심장한 정당성을 부여한다.[29] 『나띠야샤스뜨라』에서는 마따와리니(Mattavāriṇi)라 하여 영역을 분리한 연기구역을 설정하였는데 카발람은 이 연기구역 설정을 통해 나띠야샤스뜨라의 개념을 실천한다.[30] 이는 객석에서 가까운 무대의 1/2 지점에 있는 연기 구역 옆에 위치한다. 마따와리니의 용도와 개수에 대해서는 학자들마다 의견이 분분한데 무대 양쪽으로 만들어졌다는 의견, 하나였다는 의견, 위 무대와 본무대로 나누어졌다는 의견이 있다. 용도에 대해서도 연기구역이었다고 주장하는 사람들도 있고 무대를 받치며 문양을 담은 단으로 설치한 것이었다고 주장하는 사람들도 있다.

카발람은 마따와리니의 기능을 무대 양쪽에 위치하며 탈바꿈이 일어나는 연기구역으로 이해하고 있으며 실제 공연에서도 역할로 변신할 때 이 구역을 사용하고 있다. 마따와리니는 탈바꿈이 일어나는 과정을 보여주는 지정학적 구역이다. 대부분 무대의 윙 옆에 있는 특정 지점이 되는데 거기서 배우들은 역할로 탈바꿈하며 관객을 만나게 된다. 그러나 탈바꿈의 메커니즘은 배우의 마음속에서 일어나고 관객의 눈에 보이기 전에 일어나야만 한다. 배우의 심리적 전개과정은 몇 단계에 걸쳐 역할의 영역으로 발전하고, 탈바꿈이 어느 특정 지점이라는 한계를 가지지는 않는다. 관객들은 마을 사람/배우, 배우/연행자 그리고 연행자/역할 모두를 보게 된다. 연행자들은 한 플롯에서 다른 플롯으로, 한 역할에서 다른 역할로 가면서 코러스도 병행한다. 코러스들은 관객들과 직접 교류하기

제2부 전통극의 미학은 무대 위에서 어떻게 실현되는가?

---

29 *Theyya theyyam* Pamphlet, 2004, presented by Bharat Rang Mahotsav.

30 Pramod Chavan, *op.cit.*, p.449.

도 하는데 이는 배우들이 일상에서 다양한 정체성을 가지고 있기 때문이기도 하다. 카발람은 〈떼이야 떼이얌〉을 통해 역할과 배역 사이에서 일어나는 탈바꿈의 메커니즘을 민속연행인 떼이얌의 탈바꿈과 병치하여 관객들의 심리적 탈바꿈을 촉진하는 원초적 기능[31]을 가진 연극적 가능성을 실험하였다.

3) 깔리다사의 산스크리트 연극

〈샤꾼딸람〉(Shākuntalam, 초연 1982년)

〈샤꾼딸람〉은 가장 대중적인 산스크리트 연극으로 깔리다사가 마하바라타를 토대로 쓴 작품이다. 독일 시인 괴테의 잘 알려진 비유대로 '지상과 천상의 단일어'라 할 정도로 깊이 있는 예술적 작업이다. 깔리다사의 원작은 7장으로 되어 있는데 카발람은 샤꾼딸람이 지내던 칸바 아쉬람을 네 장으로 묘사하고, 두샨타와 샤꾼딸람 사이의 사랑의 테마를 한 장으로 묘사하였다. 줄거리는 아래와 같다.

하스티나뿌라의 왕인 두샨타가 왕궁의 일상인 사냥을 나와서 막 사슴에게 활을 쏘려는 찰나 한 수행자가 그 사슴이 칸바 아쉬람에 속한 것이라며 사냥을 제지한다. 아쉬람으로 간 두샨타는 세 여인이 물을 길어 꽃에 뿌리는 모습을 보게 되는데, 그중 칸바의 수양딸인 샤꾼딸람을 보고 첫눈에 반한다. 사랑에 빠진 두샨타는 사냥꾼 일행과 아쉬람에 머물며 자신의 사랑을 추구한다. 샤꾼딸람도 새로운 방문자의 우아함과 매력에 이끌렸고 둘은 서로 사랑에 빠진다. 두 사람은 일종의 연애결혼이라 할 수 있는 간다르와 혼례를 올리고 두샨타는 자신의 신분을 각인한 반지를 샤꾼딸람에게 준다. 한편 샤꾼딸람이 아쉬람에 홀로 남아 있을 때 두샨타에 대한 생각에 골몰해 있던 샤꾼딸람은 마침 아쉬람을 방문한 성자

---

31 *Ibid.*, p.451.

두르바사에 대한 대접을 소홀히 한다. 이에 다혈질의 성자는 화가 나 샤꾼딸람이 골몰해 있던 그 사람이 샤꾼딸람을 잊어버리게 되는 저주를 내리고 만다. 이에 샤꾼딸람의 친구들이 성자를 찾아가 모욕을 줄 의도가 없었다며 두르바사에게 저주를 거두어줄 것을 청한다. 그러나 두르바사는 저주를 완전히 거두는 것은 불가능하므로 샤꾼딸람이 인식의 증표를 내보이면 망각을 일깨울 수 있도록 저주를 약화시켜준다. 그러나 두샨타를 찾아가던 샤꾼딸람은 배 위에서 반지를 잃어버리고 두 사람이 재회했음에도 두샨타는 샤꾼딸람을 기억하지 못하고 왕궁에서 쫓아내고 만다. 시름에 잠겨 있는 샤꾼딸람을 두샨타의 백성들이 돌보고 있을 때, 한 어부가 물고기의 뱃속에서 반지를 발견해 두샨타에게 공물로 올린다. 그덕에 두샨타는 기억을 되살리게 되어 두 사람은 행복하게 재결합한다.

〈샤꾼딸람〉은 왕으로서의 의무와 집단과 개인 사이의 상호관계성에 관한 메시지를 담고 있다. 왕과 백성들은 한 쪽이 다른 쪽을 위한 의무를 수행해야 하며 인과관계의 사슬에 엮어 서로를 위해 절충해야 한다. 두샨타가 자연을 상징하는 샤꾼딸람과 함께 숲속에서 오롯이 개인적인 사랑에 깊이 몰두해 있을 때는 백성들을 내팽개쳤다고 볼 수 있다. 그럼에도 백성들은 두샨타로부터 내쳐진 뒤 절망에 빠진 샤꾼딸람에게 휴식처를 내준다. 또한 반지를 공물로 바쳐 두샨타의 기억을 상기시켜줌으로써 둘이 재결합할 수 있도록 만들어준다. 카발람은 "그 사람이 지배자든 지배당하는 자든 상관없이 누군가의 권리의 제한은, 사회적 균형에 방해받지 않도록 너무 과도하지 않은 구속에 의해 규정되어야 한다. 이러한 문제들은 현대 사회에서도 당면한 문제들이다."[32]라고 연출의 변에서 언급하고 있다. 이와 같이 카발람은 〈샤꾼딸람〉을 지도자와 국민 사이에 관한 시의성 있는 작품으로 보았다.

---

32 *Panikkar Prasang* Pamphlet, 14th November 2010, presented by Indira Gandhi Rashtriya Manav Sangrhalaya.

카발람은 사랑의 정조 묘사에 뛰어난 깔리다사의 작품을 표현하기 위해 께랄라를 대표하는 영화배우인 만주 와리얼(Manju Warrier 1979~)을 샤꾼딸람에 캐스팅하였다. 뛰어난 연기자이자 무용수인 여배우가 그 역량을 마음껏 발휘하여 자연스런 연기방식으로 사랑의 정조를 형성하도록 유도하였던 것이다. 또 모히니아땀과 같은 곡선적인 여성무를 삽입하여 샤꾼딸람의 자연미를 더욱 부각시켰다. 무대의 시각화에 있어서도 자연을 상징하는 녹색과 황토색 계열의 의상과 푸른 빛깔의 소도구를 미니멀하게 활용하여 연기적 환경을 보조하였다. 〈샤꾼딸람〉은 카발람이 작고하던 해까지 무대 위에 올렸던 소파남 극단의 대표적인 레퍼토리 중 하나가 되었다.

〈비크라모르바시얌〉(Vikramōrvaśīyam : 용기로 승리한 우르바시, 초연 1981년)

〈비크라모르바시얌〉은 필멸의 존재인 뿌루라와 왕과 불멸의 존재인 우르바시에 얽힌 사랑 이야기다. 뿌라나에는 둘에 대한 다양한 버전이 존재하는데 깔리다사는 그 이야기들에 자신만의 상상력을 더해서 각색하였고, 카발람은 원작의 5막 중에서 4막을 공연하였다. 우르바시는 본래 천상의 존재로서 불멸하지만 뿌루라와와 사랑에 빠져 지상으로 내려온 뒤 필멸의 존재로 바뀌었다. 어느 날 둘이 같이 산에 갔다 우르바시는 뿌루라와가 강가에서 젊은 처녀를 쳐다보는 모습을 목격한다. 우르바시는 질투심에 왕을 떠나 여성의 출입을 금한 전쟁의 신이 사는 꾸마라 숲에 들어간다. 꾸마라는 자신이 명상에 든 동안 방해를 받으면 누구든 넝쿨로 만들었는데 우르바시는 그 저주 때문에 자스민 넝쿨이 되고 만다. 우르바시의 부재 때문에 슬픔에 잠긴 뿌루라와는 자신의 연인을 찾아 다니지만 눈에 띄지 않는다. 숲속의 동물들에게도 물어보지만 헛수고만 하던 차에 우연히 바위 틈에서 붉게 반짝이는 무언가를 발견한다. 그것은 '상가마니얌'이라는 보물로 사랑을 합일시켜주는 힘을 가진 것이었다.

뿌루라와가 보물을 들고 넝쿨에 다가가 포옹하자 우루바시는 다시 깨어나고 이를 본 왕은 놀라 기절한다. 왕이 의식을 차렸을 때 우루바시는 그간의 자초지종을 얘기해준다. 뿌루라와는 보물을 우루바시 이마에 붙여주고 둘은 행복하게 다시 결합한다.

〈비크라모르바시얌〉은 한 인간이 물질적 끌림에서 정신적 영광으로 성장하는 과정[33]을 보여준다. 뿌루라와는 우루바시가 늙지 않는 불멸의 존재이자 신의 선물이라는 믿음 때문에 사랑한다. 하지만 필멸의 존재로 바뀐 뒤 우루바시는 나이가 든다. 이 때문에 젊은 여인에게 시선을 뺏기지만 우루바시가 없어진 뒤 왕은 젊음은 지나가는 한순간에 지나지 않음과 자신이 지금까지 신기루를 쫓고 있음을 깨닫게 된다. 상가마니암은 뿌루라와가 자신의 깨달음을 얻게 되는 계기가 되며 자신의 정체성을 찾고 우루바시와 다시 만날 수 있도록 도와준다.

원전에서는 뿌루라와와 우루바시의 관계를 '번개를 따르는 천둥'에 비유하곤 한다. 우루바시가 번개라면 뿌루라와는 천둥인 셈인데, 우루바시는 필멸의 존재가 가질 수도, 범접할 수도 없는 바람과 같은 자연을 체현화한 것으로서 자연의 본성을 나타낸다. 카발람은 〈비크라모르바시얌〉을 연출하면서 경솔하게 자연을 취급하는 인간의 모습을 담아내고, 보편적인 주제로서 자연을 보존하는 데 대한 문제의식을 제기하였다. 〈샤꾼딸람〉을 비롯하여 카발람의 많은 작품들은 자연을 주제로 삼고 있는데, 주로 여성 주인공이 자연에 대한 메타포다. 모계중심 사회에서 성장한 카발람에게 '여성'이라는 개념은 자연이나 대지처럼 우리 삶을 구성하는 원천이면서 우리가 주의를 돌리지 않거나 잘못된 방식으로 접근할 때 필연적으로 그 대가를 지불하게 되는 인과적 관계성을 상징한다. 〈비크라모르바시얌〉에서 뿌루라와와 우루바시의 재결합은 뿌루라와의 정신적 성찰과 발전을 통해 가능해지는데 이러한 변화를 추동하는 힘은 우르바

---

33 *Sopanam* Pamphlet.

시로서 께랄라 전통에서 변화를 이끄는 진정한 여성적 힘인 '샥띠'의 발현이라 할 수 있다.

4) 기타 : 타고르 시극, 힌디어 연극, 셰익스피어와 사르트르 번역극

카발람은 벵갈 지역의 시성이자 스승(구루데브)으로 추앙받는 타고르의 고고한 위상에 비해 타고르의 시극에 대한 가치평가가 낮다는 현실을 한탄하였다. 그래서 타고르 작품의 가치를 알리기 위해 타고르의 출생지역인 벵갈과 께랄라에서 타고르 축제를 기획하였고 본인이 직접 각색·연출한 작품을 무대 위에 올리기도 하였다. 우리에겐 시인으로 잘 알려진 타고르(Rabindranath Tagore 1861~1941)는 음악, 미술, 연극, 소설 등과 같은 다양한 예술장르에서 활동하였으며 비유럽인으로서는 처음으로 노벨문학상을 1913년에 수상하였다. 타고르는 당시 유행하던 화려한 빅토리안 양식에서 벗어나 다른 연극적 가능성을 탐색하였다. 대표작으로 〈바사르잔〉(Bisarjan 1890), 〈라자〉(Raja 1910), 〈다카르〉(Dakghar 1912), 〈락따카라비〉(Raktakarabi 1924) 등이 있다. 타고르의 희곡들은 해방 이전에는 주목받지 못하다가 해방 후 솜부 미트라, 하빕 탄위르, 카발람과 같은 연출가들의 재조명을 통해 부상하였다. 특히 카발람은 타고르의 시극들이 나띠야샤스뜨라의 정수를 제대로 보여주면서 그 원리를 독특한 언어적 감수성으로 정립하였음에도 서구의 리얼리즘에 밀려 그 진가를 인정받지 못했으며, 사회적인 이슈를 직접적으로 다루지 않아 세인의 관심을 받지 못했다[34]고 보았다. 카발람은 〈라자〉(Raja 원제 : 〈어두운 방 안의 왕〉, 1910작, 초연 2006), 〈묵따다라〉(Mukttadhara : 폭포, 1922 작, 초연 2012), 〈나티르뿌자〉(Natirpuja : 춤추는 소녀의 경배의식, 1926 작, 초연 2012)를 각색하고 연출하면서 타고르 시극의 미묘하면서 압축된 복잡한 층위의 언어와 시적인 운

---

34 *Share Tagore* Pamphlet, 2013, presented by Tagor Theatre Festival.

율을 무대화하고자 하였다.

카발람이 연출한 타고르의 세 작품은 모두 신성에 대해 이야기한다. 〈라자〉는 우리가 개인의 에고를 신의 발아래 굴복시킬 때에만 비로소 신의 존재를 자각할 수 있다는 메시지를 담고 있다. 〈라자〉는 아무도 볼 수 없는 어두운 방 안에서만 사람들을 만나는 왕과 그 왕을 찾는 왕비 수다르사나에 얽힌 이야기다. 수다르사나의 하녀는 오염되지 않은 눈으로 보기 때문에 왕을 쉽게 찾을 수 있지만 수다르사나는 그럴 수 없기에 증오와 적의에 찬다. 그러던 수다르사나는 가짜 왕을 보고 진짜 왕으로 착각하고, 왕궁에 불이 났을 때 가짜 왕을 구하려다 진실을 알아챈다. 어두운 방은 물질적 환영에 휩싸여 진실을 보지 못하던 수다르사나를 우화적으로 비유한다. 〈라자〉의 대사들, 문구들, 은유들은 다른 문학 형식과 다르게 특정한 대상을 가지고 있지 않으며 깊이 있는 상징들로서 다층적인 층위의 의미들을 가지고 있다.[35] 카발람은 타고르의 은유적 시어를 표현하기 위해 무대를 즉흥적으로 움직이는 껍질처럼 만들었는데 이는 떼이얌 의식의 마지막에 건초더미를 태우는 것과 흡사한 느낌을 불러일으켰다. 특정한 역할의 눈에만 보이거나 들리는 연기방식은 양식적 연기를 통해 표현하였다.

〈묵따다라〉는 산업화와 농업 사이의 이슈를 그리고 있다. 타고르는 발전이란 명목 앞에서 자연을 파괴하거나 해치는 행위는 오히려 신으로의 길을 방해하는 것이라는 메시지를 이 작품에 담았다. 줄거리는 독재적인 왕이 주민들의 반대를 무릅쓰고 최신 기계를 도입하여 댐을 건설하려 하자 계승자인 아들은 아버지에 맞서 기계를 부수고 물줄기를 자연의 흐름에 맞춰 흘러가도록 만든다는 내용이다. 이 극에서 안바는 발달이라는 이름 앞에서 자신의 아이들을 잃어버린 어머니를 상징한다. 안바는 자신의 생명이나 마찬가지였던 아들을 빼앗긴 뒤 미친 듯이 아들을 찾아다니

---

35 *RABINDRA UTSAV* Pamphlet, 4th-7th August, 2006, presented by Rabindra Utsav.

며 슬픔의 정조를 불러일으킨다. 직접적으로 자신의 의도를 대사나 글로 설명하는 일이 없는 타고르의 복합적이고 중층적인 시극을 표현하기 위해 카발람은 양식적 연기와 사실적 연기 사이의 조율을 성공적으로 성취하였다. 그리고 댐을 만들고 댐을 부수며, 저항하는 군중을 형상화함에 있어 조명을 적절히 사용하여 아름답게 처리하였다.

〈나티르뿌자〉는 부처에 얽힌 이야기를 줄거리로 하여 신성을 추구할 자유가 없는 삶은 삶이라 할 수 없다는 메시지를 전한다. 불교를 받아들이는 사람과 거부하는 사람, 불교와 힌두교 사이의 갈등도 다루고 있지만 이 작품은 기본적으로 계급에 상관없이 진정으로 신성을 구하는 사람들이 신에 가까워질 수 있다는 주제를 담고 있다. 이 작품에서는 왕비와 무용수 두 여성의 역할이 대조적으로 나온다. 왕비 로케스와리는 궁정의 화려한 삶을 즐기면서도 공허함을 느껴 부처에 귀의하지만 동시에 부처를 따르는 사람들에게 적의를 띠기도 한다. 나르따기는 자신의 춤을 통해 신에 다다르기를 염원하는 신심어린 무용수다. 나르따기는 왕이 오로지 힌두 성전 앞에서만 경배드릴 것을 강요할 때 부처를 향한 기도를 계속하며 처형당한다. 카발람은 나르따기의 희생을 춤과 노래를 결합한 춤극으로 무대화하면서 양식적 연기로 시각화하였다. 카발람은 앞의 세 작품을 연출하면서 템포를 중간과 **빠르게**, 느리게 등으로 살려 다양한 층위를 가진 내적인 의미들을 무대 위의 살아 있는 에너지로 구축하였다. 이 세 작품 외에도 타고르의 시를 각색한 〈꾸드와 꾸다〉를 연출하였는데 이 작품에서 카발람은 이미 우리 안에 신성이 자리 잡고 있으나 그것을 알아채지 못하고 사방으로 찾으러 다니는 우리의 모습을 그리고 있다.

카발람은 산스크리트어와 말라얄람어로 만든 작품들을 영어와 힌디어로 번역하여 해외나 다른 지역에서도 공연하였다. 그중 힌디어로만 공연을 올린 작품은 바바부티(Bhavabhuti)의 〈우따라마 차리탐〉(Uttaramacharitam, 2010 초연)이다. 바바부티는 7세기로 추정하는 산스크리트어 극작가이자 시인으로서 그 생애는 작품에 비해 많이 알려져 있지 않지만 학자들 사이에서는 깔리다사에 버금가는 극작가로 그 가치를 인정받는다. 대표작인 〈우따라마 차리탐〉은 라마야나의 다양한 버전 중에서 라마가 추방당한 후 왕국으로 귀환한 뒤 부인 시타와 재회하는 이야기를 담고 있다. 이작품은 시적인 언어의 아름다움으로 문학도들 사이에서 가장 많은 사랑을 받고 있는 작품 중 하나다. 이 작품은 슬픔, 사랑, 용맹의 정서가 어우러져 백성들과 사랑 사이에서 고뇌하는 라마와 시타의 존재론적 갈등 양상을 표현하였다. 라마를 용자로 추앙하는 백성들이 라바나에게 납치되어 간 시타의 순결을 의심하며 추방하기를 바라자 이 때문에 시타는 고통받는다. 이를 볼 때면 라마는 슬픔으로 괴로워한다. 이러한 갈등의 경험을 통해 라마는 궁극의 승리는 밝음이 어둠을 물리치는 인간다움의 기본적 개념에 의지했을 때라고 깨닫는다. 카발람은 슬픔, 사랑, 용맹의 세정서를 꼭지점으로 하여 배우들의 우아한 움직임과, 인도 전통음악의 라가, 바바부티의 시적 에센스를 유지하면서 시적인 감수성이 살아 있는 춤극으로 〈우따라마 차리탐〉을 무대화하였다.

이 밖에도 카발람은 셰익스피어와 사르트르의 작품도 연출하였다. 〈템페스트〉(2000년 초연)에서는 셰익스피어가 창조한 음모, 마법, 모험과 로맨틱한 계시로 가득한 섬을 표현하기 위해 사실주의나 상징주의적 표현 대신에 사실적 연기와 양식적 연기, 즉흥 연기로 대체하였다. 이런 움직임과 발성은 셰익스피어의 서브 텍스트를 새롭게 창조하는 데 기여하였다. 사르트르의 〈트로이의 여인들〉을 연출할 때는 여성들이 어머니 대지를 부르며 통곡하는 것으로 끝내었다. 이는 시대를 막론하고 인간의 존엄성이 위협받을 때나 여성성이 잔혹하게 유린당했을 때와 같은 인간 심리의 심연에 대한 경험을 표현하기에 적합하였다. 또한 여성들의 고통이 영원한 사랑의 깊이 속에 해소되기를 염원하는 표현이었다.

카발람은 축제조직위원회에서 요청을 받아 〈파우스트〉(1992)도 극작하였고, 그리스와 협업으로 〈일리야야나〉(Iliyayana, 1989)도 제작하였다. 〈일리야야나〉는 작품 제작 당시 그리스와 인도의 학자들이 참가하여 각국의 서사시에 대한 연구를 병행하였다. 이를 통해 인도의 연극학계에서 아직도 많은 논란의 여지를 남기고 있는 그리스와 인도 연극 사이의 연관성을 다시 재고하는 계기를 마련할 수 있었다. 그리고 주로 지역 안에서의 전통의 현재화 작업에 매진하던 카발람이 교류의 폭을 세계로 확장하는 계기도 되었다.

****

제1장에서는 카발람의 생애를 통해 작품 활동의 밑거름이 되었던 성장배경과 극작가와 연출자로서 본격적인 작품활동을 시작하게 된 궤적을 살펴보면서 카발람이 인도 현대연극사에서 가지는 위상을 고찰하고 카발람의 주요작품들을 살펴보았다.

어린 시절부터 풍부한 민속 전통과 산스크리트 전통을 접하면서 그 자신이 전통을 체현한 산 표본이기도 했던 카발람은 자신의 저서와 많은 인터뷰를 통해 자신의 작품 미학을 형성시킨 것은 민속적 철학과 이데올로기였으며 자신의 작품은 그것들을 실현시키기 위한 실험이었다고 말하곤 했다. 카발람은 예술이 형식과 내용에 있어서 삶보다 더 많은 것들을 표면에 드러내고 재창조하기를 바랐다. 그래서 께랄라 지역의 풍부한 생동적이고 다채로운 음악, 춤, 연극적 형식을 밑거름으로 삼았고, 표현 양식에 있어서는 사실적 연기와 양식적 연기를 결합했으며, 테마는 실제 삶과 더 근접하는 것들로 투쟁과 혼란, 근심 등을 다루었다. 과도한 대사나 표현보다는 중도의 가치를 드러내는 미니멀한 표현법을 추구하였고, 내적인 바바를 드러내기 위한 외적인 음성과 몸짓의 발견을 위한 탐구를 하였다.

제2장에서부터는 제1장에서 살펴본 카발람의 특성이 고스란히 녹아 있는 두 작품 〈우루방감〉과 〈깔리베샴〉의 공연 분석에 들어가도록 하겠다.

〈우루방감〉과 〈깔리베샴〉 플롯과 주제

1. 신화적 배경

바사 원작의 〈우루방감〉은 소파남 극단의 대표적인 레퍼토리이고, 〈깔리베샴〉은 카발람이 쓴 말라얄람 연극인데 역할과 배우 사이의 충돌이라는 현대적 함의를 담고 있어 논의할 여지가 풍부하다. 이 두 작품의 공연 분석을 위해 먼저 두 작품의 신화적 배경을 살펴보고 각각의 플롯과 인물분석을 들어가겠다. 그리고 〈우루방감〉과 〈깔리베샴〉의 등장 인물들의 연관성을 고려하여 인물관계도를 형성시킴으로써 카발람의 작품세계를 관통하는 주제의식도 조감해보고자 한다.

1) 〈우루방감〉의 신화적 배경

〈우루방감〉은 방대한 마하바라타의 중추적 이야기인 판다바와 카우라바 가문 사이의 전쟁을 배경으로 하고 있다. 두 가문 사이의 전쟁터가 '꾸루쉘뜨라'여서 이 전쟁을 꾸루쉘뜨라로 약칭한다. 꾸루는 마하바라타 이야기의 시조인 바라타의 9대손인데 꾸루쉘뜨라는 '꾸루 가문의 평원'이란 의미를 담고 있다. 〈우루방감〉은 전쟁의 막바지에서 판다바에 전멸 당한 카우라바 가문의 장자인 두료다나의 죽음을 묘사하고 있다. 이는 꾸루쉐뜨라의 절정에서 대단원으로 이어지는 가장 극적인 순간이라 할 수 있다. 〈우루방감〉의 서사적 구조를 제대로 이해하기 위해서는 두 가문에 얽힌 원한과 갈등의 뿌리를 이해할 필요가 있다. 많은 이본들에서는 판다바와 카우라바에 대해 다른 평가와 관점으로 접근하는데 위야사의 버전은 판다바에 편향적으로 치우쳐 있다. 그래서 판다바들은 선과 다르마의 수호자들로서 견줄 데 없는 용맹함을 갖춘 천상의 신과 같은 신성함과 영웅성을 가진 존재들로, 카우라바들은 사악하고 질투심이 강한 악의 수호자들로 묘사한다. 헌데 정작 꾸루쉐뜨라 실전에서는 갖은 권모술수로 승리를 쟁취하였던 판다바에 비해 카우라바들은 정의롭고 용맹스럽게 싸움에 임하는 상반된 모습을 보여준다. 이처럼 판다바와 카우라바를 향한 상반된 묘사와 평가들을 왕권 교체가 이루어졌을 가능성[1]으로 보는 역사학자들도 있다. 이런 사실을 염두에 두면서 카발람의 작품 분석을 위해 필요한 서사를 중심축으로 그 이야기를 요약[2]하자면 아래와 같다.

판다바와 카우라바에 얽힌 이야기는 샨따누 왕에서부터 시작한다. 샨따누는 사띠아와티와 결혼해 두 아들을 두었지만 첫째 아들은 왕위를 물려받은 뒤 얼마 안 가 전장에서 전사하고, 둘째 아들은 슬하에 자식 없이 암비카와 암발리카라는 부인만을 남겨둔 채 절명하고 만다. 자식 없이 사망한 왕의 가장 가까운 친척이 왕위를 이어받아야 하는 절도에 따라 이복형제인 위야사(마하바라타 편집자)가 두 부인과 합방을 하게 되었

---

1 박경숙, 『마하바라따』 2권, 서울 : 새물결, 2012, 929쪽.
2 마하바라타 이야기의 뼈대는 박경숙, 『마하바라따』 1~8권, 서울 : 새물결, 2012에서, 카타칼리 이야기의 뼈대는 David Bolland, *A Guide to Kathakali*, New Delhi: Sterling Publishers, 1996와 Agatha Jane Pilaar, *Kathakali Plays in English*, vol.I–IV, Kottayam: Agatha Jane Pilaar, 2000를 참조하였다.

다. 그런데 산속에서 수행하던 성자였던 위야사의 볼품없는 입성과 냄새에 암비카는 혐오스러워 눈을 감고 마는데 그 결과로 눈이 먼 아들, 드리타라스트라를 낳게 된다. 암발리카는 위야사를 보고 안색이 창백해졌는데 그 결과로 흰 얼굴의 아들, 판두를 낳게 된다.

힘이 장사였던 드리타라스트라는 간다라 왕의 딸 간다리와 결혼을 했는데, 간다리는 앞이 보이지 않는 남편을 따라 자신의 눈을 평생 동안 가리고 살면서 남편이 할 수 있는 것보다 더 많은 경험을 하지 않겠다고 서약한다. 그런데 둘 사이에 태어난 아이는 형체가 없는 살점으로 태어났다. 사띠아와티가 위야사에게 도움을 요청하자 위야사는 그 살점을 101개의 토기에 나눠 담았다. 각각의 토기에서 건강한 아이가 탄생했는데 이 아이들이 드리타라스트라의 100명의 아들과 한 명의 딸이다. 그들 중 장자가 두료다나, 둘째는 두샤사나, 딸은 두쌀라다.

판두는 꾼티와 마드리 두 아내를 맞이했지만 사냥을 나갔다가 사슴으로 변신해 암사슴과 짝짓기 하던 성자를 활로 쏘아 죽인 죄로 자신이 아내를 만지게 되면 죽게 된다는 성자의 저주를 받고 만다. 왕손을 낳을 수 없었던 판두는 크게 실망했지만 꾼티를 설득하여 신들의 아이를 낳으라고 요청한다. 꾼티는 처녀 시절에 성자를 극진히 대접한 대가로 원할 때 다섯 신을 만트라로 소환하여 그들의 아이를 낳을 수 있었기 때문이다. 그리하여 꾼티는 만트라로 야마(죽음의 신)의 아들 유티스티라, 와유(바람의 신)의 아들 비마, 인드라(천둥의 신)의 아들 아르주나를 낳는다. 그리고 마지막 남은 만트라는 마드리에게 양보하였는데, 마드리는 쌍둥이 신 아쉬원(의술의 신)을 불러 나쿨라와 사하데와 두 쌍둥이 아들을 출산한다.

드리타라스트라는 당시 아직 젊은 나이이던 카우라바와 판다바를 훌륭한 전사이자 스승인 드로나에게 보내 함께 단련시킨다. 드로나는 베다에도 능통하고 전술에 있어 누구도 따를 수 없는 위대한 전사였다.

판다바와 카우라바는 사촌지간으로 처음에는 건전한 라이벌 관계였지만 드리타라스트라가 가장 나이가 많은 유티스티라에게 왕위를 물려주면서부터 카우라바의 질시와 증오가 시작되었고 두 가문의 관계는 적대적으로 변한다.

한편 판다바는 크리스나의 지원을 등에 업고 악한을 처치함으로써 명성을 더 높였고, 그 왕권과 재력을 점차 늘려간다. 반대파의 위협을 무릅쓰고 유티스티라가 왕위 대관식(라자수야)을 훌륭하게 치러내자 두료다나의 증오와 질투는 더욱 깊어진다. 두료다나는 외삼촌 샤쿠니와 모의하여 평소에 노름을 좋아하던 유티스티라를 초대하여 주사위 놀이를 벌인다. 유티스티라는 게임을 벌일 때마다 사쿠니의 속임수에 넘어가서 번번이 지게 되고 내기로 걸었던 자신의 왕국과 모든 재산, 그리고 군대까지 잃어버린다. 거기다 자신의 형제들을 차례로 잃고 종국에는 자기 자신과 아내까지 내기에 걸었다가 그것들마저 잃게 된다. 두료다나는 두샤사나를 시켜 자신들을 비웃은 데 대한 앙갚음으로 생리 휴식에 들어가 있던 드라우빠디를 끌고 오라고 명령한다. 자신의 머리채를 잡아끌고 온 두샤사나가 만인이 보는 앞에서 사리를 벗기려 하자 드라우빠디는 남편들에게 도움을 청한다. 하지만 그들은 이미 무력한 상태였고 드라우빠디는 크리스나에게 도움을 간청한다. 크리스나는 신적 힘으로 드라우빠디의 사리가 끝없이 늘어나게 만들어 두샤사나의 의도를 좌절시킨다. 치욕으로 분노하던 드라우빠디는 비마가 두샤사나의 내장을 찢어발겨 그 피로 자신의 머리채를 씻겨줄 때까지 두샤사나가 헝클어뜨린 머리채를 빗지 않겠다고 맹세한다. 그리고 자신의 사리가 벗겨지려 할 때 허벅지를 쓰다듬으며 음란한 제스처를 한 두료다나의 허벅지를 비마가 부러뜨릴 것이라 저주한다. 드리타라스트라는 드라우빠디를 측은하게 여겨 노름을 무효로 한 뒤 판다바를 자신들의 왕국으로 돌려보낸다.

하지만 두료다나는 판다바가 풀려난 뒤 보복할 것을 염려하며 아버지를 설득하여 다시 주사위놀이를 제안한다. 진 자들은 12년간 숲속으로 추방당해야 하고 그 후 1년 동안 신분을 가장하여 숨어 지내야 하는데, 그동안 정체가 들통나면 다시 12년 동안 숲속으로 추방당한다는 것이 그

내기였다. 가던 도중 다시 돌아온 유티스티라는 두료다나의 내기를 받아들여 마지막 주사위놀이를 하지만 또 지고 말았고 결국 판다바는 숲속으로 추방당한다.

12년간의 숲속에서의 고행과 1년 동안의 위장 생활을 들키지 않고 판다바가 무사히 완수했지만 카우라바는 판다바에게 왕국을 되돌려줄 의사를 내비치지 않는다. 이에 유티스티라가 크리스나에게 도움을 요청하고 크리스나는 두료다나에게 판다바와 왕국을 반으로 나누자고 협상을 요청한다. 드리타라스트라도 그러라고 권유하지만 두료다나는 왕국의 절반은커녕 집 한 채조차 내주지 못하겠다고 단호히 못 박는다.

더 이상 평화로운 공존이 불가능하게 된 두 가문 사이에는 결국 전쟁이 벌어지게 된다. 판다바와 카우라바 모두와 혈연관계에 있던 크리스나는 두 가문이 자신을 놓고 어느 편에 설 것인지로 경쟁할 때 오로지 자신

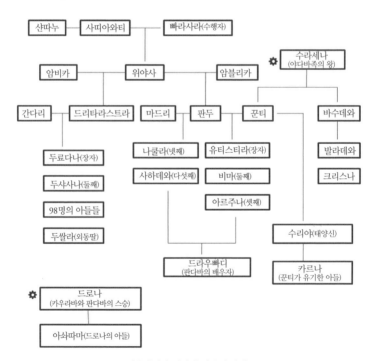

카우라바와 판다바 가문의 가계도

꾸루쉐뜨라에서의 크리스나와 아르주나를 그린 께랄라 벽화

하나와 자신의 왕국이 가진 모든 병사와 병력 중에서 선택할 기회를 준다. 그러자 두료다나는 군대를 선택하고 아르주나는 크리스나를 선택한다. 이때부터 크리스나는 아르주나의 전차수로 복무하며 위대한 책략가로서의 면모를 유감없이 발휘하여 온갖 전략을 구사한다. 사촌 형제들과의 전쟁을 앞두고 전쟁의 잔혹함과 무의미함에 좌절한 아르주나에게 신성한 연설을 하는 것이 그 유명한 '바가바드기타'다. 꾸루쉐뜨라에서 판다바가 승리할 수 있었던 것은 크리스냐의 모략이 있었기에 가능한 일이었다.

꾸루쉘드라 전쟁은 18일간 이어졌다. 전쟁에 얽힌 참혹한 죽음에 대한 상세한 이야기가 마하바라타에 실려 있다. 양쪽의 스승이었던 드로나를 비롯하여 비마의 아들 가톳까짜, 아르주나의 아들 아비만유, 꾼티가 버린 아들 카르나 등 대부분의 위대한 영웅들이 전장의 이슬로 사라졌다. 비마는 드라우빠디의 염원대로 두샤사나의 배를 갈라 내장의 피로 드라우빠디의 머리를 감겨준다. 또한 아흔아홉의 형제들을 모두 잃고 마지막에 혼자 남은 두료다나는 비마와 맞서 거의 승리를 목전에 두고 있었지만 허벅지를 곤봉으로 가격당한 뒤 처참한 죽음을 맞이한다. 아쇼따마는 두료다나가 부도덕한 속임수로 죽임을 당한 것에 대한 앙갚음으로 두료다나가 죽던 날 군대를 끌고 가 판다바 쪽 군인들을 몰살시킨다.

이렇게 해서 판다바와 카우라바 사이의 전쟁은 과부들의 통곡 소리가 커지는 가운데 막을 내렸다.

2) 〈깔리베샴〉의 신화적 배경

〈깔리베샴〉에서는 신화와 현실 속의 이야기가 이중으로 교직하고 있다. 연기자인 나탄과 나탄의 몸의 빌려 자신의 욕망을 성취시키려는 깔리 사이의 대결과 갈등이 한 축을 이루고 있고, 깔리의 조종을 받아 왕국을 잃고 부인을 버리게 된 날라 왕의 이야기가 다른 축을 이루고 있다. 날라의 이야기는 마하바라타에서 유티스티라가 노름에서 져서 왕국을 잃고 숲속에서 추방생활을 하고 있을 때 자신들을 방문한 성자에게 자신의 처지를 한탄하자 성자가 유티스티라보다 더 처참했던 왕인 날라의 이야기를 들려주는 것으로 시작한다. 이 마하바라타의 이야기를 18세기 카타칼리 대본 작가인 운나이 와리얼(Unnayi Warrier)이 서정성과 문학적 가치가 뛰어난 시극으로 창작하였다. 날라 이야기를 첫째 날부터 넷째 날까지 네 편으로 나눈 운나이 와리얼의 〈날라 차리탐〉은 카타칼리 레퍼토리 중에서도 가장 대중적으로 많은 사랑을 받는다. 〈날라 차리탐〉은 무대경험이 많고, 카타칼리 라사 전달에 뛰어난 배우들만이 연기할 수 있다고 여겨진다. 〈깔리베샴〉의 신화적 배경을 카타칼리 대본을 중심으로 요약하자면 다음과 같다.

쿤디나뿌리 왕국의 왕 비마의 영애 다마얀티는 신들마저 탐을 낼 정도로 미모가 빼어난 여성이었다. 한편 니샤다 왕국에는 덕 많고 잘생긴 날라 왕이 있어 많은 여성들이 흠모하고 있었다. 두 사람은 서로에 대한 소문을 전해 듣고 만나보지 못한 상대에 대한 사랑을 키워갔다. 마침 다마얀티가 결혼간택제를 연다는 소식을 듣게 된 날라는 다마얀티를 향한 욕망을 불태웠다. 다마얀티를 머리속에 그리며 정원을 거닐던 어느 날, 날라는 아름다운 금빛 털을 가진 백조 세 마리를 발견하고 그중 한 마리를 잡는다. 그러나 백조가 울면서 자신에겐 처자식이 있으니 제발 죽이지 말아달라고 애처롭게 사정하자 날라는 백조를 날려 보내준다. 백조는 날라의 은혜에 보답하기 위해 다마얀티와 결혼할 수 있도록 해주겠다고 약속하며 날라의 사절로서 다마얀티에게 날아간다.

다마얀티도 마침 날라를 생각하며 친구들과 함께 정원을 거닐고 있는데 너무나 아름다운 백조가 정원에 내려앉자 친구들과 함께 백조를 잡기 위해 쫓아다닌다. 백조는 다마얀티를 유인해서 혼자 남게 한 뒤 다마얀티 앞에서 날라의 아름다움과 덕을 칭송하며 둘이 맺어지게 되기를 기원한다. 다마얀티가 백조에게 자신도 날라에게 마음이 있음을 전해달라고 부탁하자 백조는 기쁜 마음으로 돌아가 날라에게 이 사실을 전해준다.

마침 다마얀티는 결혼간택제를 열게 되는데 이 소식을 듣고 천상의 신들까지도 청혼을 하기 위해 지상으로 내려온다. 인드라, 아그니(불의 신), 와루나(바다의 신), 야마(죽음의 신)가 가던 길에 날라를 만나게 되는데 그들은 날라를 사절로 보내 자신들 중 다마얀티가 누구를 선택할지 알려달라고 부탁한다. 날라는 자신도 청혼자임에도 신들의 강요에 못 이겨 어쩔 수 없이 다마얀티 방으로 소환당해 신들의 요청을 다마얀티에게 전달하게 된다. 다마얀티는 자신의 마음은 오직 날라를 향해 있으니 날라도 결혼간택제에 지원하라고 당부한다.

결혼간택제에서 다마얀티는 자신이 날라를 찾아낼 수 있을 거라 여겼지만 신들이 수를 써서 모두 같은 모습으로 변신해버리자 그 속에서 날라를 찾지 못해 혼란스러워한다. 다마얀티는 자신은 오로지 날라만을 남편으로 생각하고 있으니 부디 신들의 표식을 알려달라고 기도한다. 다마얀티의 신심어린 마음을 알게 된 신들은 자신들의 표식을 드러내고 다마얀티는 날라를 골라 결혼간택의 표시로 목걸이를 걸어준다. 신들은 둘의 사랑에 탄복하며 축복을 내려주고 자리를 떠난다.

한편 다마얀티의 결혼식에 참석 후 천상으로 돌아가던 신들은 도중에 드와빠라와 동행한 깔리를 만난다. 다마얀티와 결혼하기를 갈망하던 깔리는 이미 결혼식이 끝났다는 이야기에 앙심을 품고 날라와 다마얀티가 절대로 함께 행복하게 살게 내버려두지 않겠다고 분노에 서린 맹세를 한다.

깔리가 두 사람을 갈라놓을 묘안을 궁리하고 있을 때 드와빠라는 날라를 주사위 놀이에 끌어들여 함정을 파자고 제안한다. 깔리와 드와빠라는 날라의 남동생 뿌쉬까라를 설득하여 속임수로 날라의 모든 재산을 빼앗고 왕위까지 박탈한 뒤 숲속으로 추방할 계획을 세운다.

깔리의 계획대로 날라는 주사위 놀이에서 계속 지게 되고 결국 왕위와 모든 왕국의 재산을 빼앗기고 만다. 뿌쉬까라는 옷 한 벌씩만 걸치게 한 채 날라와 다마얀티를 나라 밖으로 추방한다.

절망에 빠진 날라와 다마얀티는 배고픔과 갈증으로 힘겨워하며 숲속을 헤맨다. 이때 깔리와 드와빠라가 새로 가장하여 이 둘 앞에 나타나자 날라는 자신의 옷을 벗어 그물로 삼아 새를 사냥하려고 하지만 실패하여 옷만 뺏기고 만다. 숲에 어둠이 찾아와 더 길을 나아갈 수 없게 되자 날라는 거친 잡목 사이에 다마얀티가 쉴 자리를 마련하며 다마얀티에게 자신의 왕국으로 돌아가라고 당부한다. 하지만 다마얀티는 부인으로서의 의무를 다하겠다며 날라와 함께 남겠다고 거절한다. 지칠대로 지친 다마얀티는 날라의 무릎을 베고 이내 잠이 들었다. 자신의 어리석음이 낳은 기막힌 불행에 통한을 느끼며 긴 밤을 뜬 눈으로 지새우던 날라에게 깔리가 다가와서 날라가 다마얀티를 떠나도록 부추기자 결국 날라는 다마얀티의 옷자락을 반으로 찢어 자신의 몸에 걸치고 추위에 떠는 다마얀티를 홀로 남겨둔 채 곁을 떠난다. 잠에서 깬 뒤 날라의 부재를 알게 된 다마얀티는 홀로 남아 온갖 역경을 견뎌낸다.

이런저런 생각으로 정처 없이 숲속을 떠돌던 날라는 산불 속에서 타 죽을 위험에 처해 있는 까르꼬따까(신성뱀)의 비명 소리를 듣게 된다. 신의 은혜를 입어 그 자신이나 자신과 닿아 있는 존재가 불에 타지 않는 날라는 불 속으로 들어가 까르꼬따까를 구해준다. 하지만 까르꼬따까는 구해준 은혜를 배신하고 날라를 물어 날라의 모습을 흉측하게 만들어버린다. 분노와 슬픔에 빠진 날라는 왜 자신을 물었는지 까르꼬따까에게 항의한다. 까르꼬따까는 자신도 성자의 저주를 받아 날라가 구해줄 때까지 기다리고 있던 처지였으며 자신이 날라의 몸에 독을 주입했기 때문에 날라의 몸속에 있는 깔리는 고통 받다가 언젠가는 그 몸을 떠날 것이며 깔리의 마력에서 벗어나면 곧 다마얀티와 재회할 수 있을 거라 말해준다. 그리고 까르꼬따까는 날라에게 바후카로 가장하여 르뚜빠르나 왕 밑에서 봉사하라고 조언한다. 르뚜빠르나 왕의 신임을 얻어 왕으로부터 주사위 놀이에서 반드시 이기게 되는 주문을 배우게 되면 깔리의 장악에서부터 완전히 풀려나 다마얀티와 재결합이 가능해지리라는 것이다. 그런 뒤 까르꼬따까는 날라에게 마법의 옷을 선물로 주며 그 옷을 걸치면 날라가 원래 자신의 모습으로 돌아갈 수 있다고 말해준 뒤 사라진다.

까르꼬따까의 조언대로 날라는 바후카로 변장하여 르뚜빠르나 왕 밑에서 요리사와 전차수로 복무한다. 한편 딸과 사위의 안위를 걱정하던 다마얀티의 아버지 비마는 사람들을 풀어 그들을 찾도록 만든다. 마침 쩨디 왕국을 방문했던 수데바라는 브라민이 시녀로 일하던 다마얀티를 알아보게 되어 다마얀티는 마침내 아버지 왕국으로 돌아갈 수 있게 된다. 다마얀티는 어떻게 해야 날라를 찾을 수 있을지 어머니와 함께 고민한다. 그러다 꾀를 내어 자신들의 처지를 암시하는 시를 지어 브라민들이 사방으로 다니며 음송하게 만들고, 그 시에 반응하는 사람이 있으면 브라민들에게 알려달라고 당부한다. 그러던 중 르뚜빠르나 왕국을 찾았던 한 브라민이 바후카에 대한 이야기를 들려주자 다마얀티는 바후카가 날라임을 직감한다.

다마얀티가 수데바에게 자신과 날라가 재결합할 수 있도록 도와달라고 간청하자 수데바는 최선을 다하겠다고 약속한다. 수데바는 르뚜빠르나 왕을 찾아가 바후카와 함께 있을 때를 노려 다마얀티의 결혼간택제 소식을 전한다. 다마얀티를 차지할 욕망에 불타던 르뚜빠르나는 바후카에게 당장 마차를 몰라고 명령한다. 다마얀티가 재혼을 할 거라 생각지 않았던 바후카는 충격과 분노에 휩싸였지만 내색하지 않고 마차를 몰아 내달린다. 가던 길에 르뚜빠르나의 외투가 바람에 날려 떨어지자 왕은 바후카에게 마차를 멈추라고 말하지만 바후카는 외투와 결혼 중에 무엇이 더 중요한지 물어본다. 바후카의 성격에 반한 르뚜빠르나는 가면서 나무에 매달린 나뭇잎의 수를 세는 요령을 가르쳐준다. 바후카는 기세를 몰아 더 많은 배움을 하사해달라고 간청하고 이에 못 이긴 르뚜빠르나는 주사위 놀이에서 이기게 해주는 기술을 가르쳐준다. 이로써 날라는 깔리의 지배에서 완전히 벗어날 수 있는 방법을 찾게 된다.

바후카 덕분에 비마의 왕국에 빨리 도착한 르뚜빠르나는 자신의 기대와 달리 다마얀티 결혼간택제에 참가한 왕이 자신밖에 없음에 놀란다. 결혼식 준비의 흔적조차 찾을 수 없었던 르뚜빠르나는 자신이 어리석게 속아 넘어간 것을 눈치채고 이를 들키지 않기 위해 비마 왕을 방문한 척 꾸민다. 다마얀티와 부인의 꾀를 모르던 비마 왕은 르뚜빠르나가 왜 자신의 왕국을 방문했는지 의아해하지만 내색하지 않고 예를 갖춰 일행을 환대한다. 친구를 시켜 바후카를 몰래 지켜보게 한 다마얀티는 바후카가 자신의 남편임을 확신하지만 왜 모습이 변했는지 의아해하며 바후카를 만나러 간다. 두 사람은 원망과 자책을 뛰어넘어 행복하게 재결합한다.

다마얀티와 함께 자신의 왕국으로 돌아온 날라는 뿌쉬까라에게 전 왕국과 목숨을 건 내기를 제안한다. 뿌쉬까라도 다마얀티를 얻을 욕심에 제안을 받아들이지만 내기에 져서 왕국과 목숨을 잃을 지경에 놓이고 만다. 하지만 날라는 동생을 용서하고 재산의 반을 나누어준다.

2. 플롯과 인물

이 절에서는 〈우루방감〉과 〈깔리베샴〉 각각의 주제를 개별적으로 파악함과 동시에 두 작품을 관통하는 주제의식도 살펴보고자 한다. 주제의식을 구현하는 방식이 카발람의 연출의도와 어떤 맥락으로 연결되는지 파악함으로써 카발람의 작품세계가 현대와 만나는 접점을 살펴보겠다.

1) 〈우루방감〉 플롯 분석

원전 작가 바사의 발견

〈우루방감〉의 원전 작가는 20세기에 들어 께랄라 지역에서 새롭게 발견한 바사(Bhāsa)다. 1906년에 가나파티 사스트리(Ganapati Sastri)가 트레반꼬르 왕립 도서관에서 바사의 13작품을 발견한 뒤 1912년에 트리반드럼 산스크리트 시리즈(The Trivandrum Sanskrit Series)를 출간[3]하였다. 가나파티 사스트리는 13작품이 모두 깔리다사보다 앞선 4세기경의 유명한 극작가인 바사의 작품이라고 여겼다. 하지만 어떤 학자들은 바사가 기원 후 2~3세기의 인물이라 주장하기도 하고, 7세기 이후의 인물이었다는 견해도 있다. 또한 한 작품 안에서도 극작의 우수성 수준이 각 장별로 현저하게 차이가 난다고 보아 후대에 이르러 편집을 한 것이 아니냐는 가정을 제기하는 학자들도 있다.[4] 이러한 논쟁들은 현재까지 이어지고 있지만,

---

3 출간한 책에 실린 순서에 따른 13작품은 *Prtijñāyaugandharāyana*(대신의 맹세), *Swapnavāsavadattā*(와사와다따의 비전), *Cārudatta*(짜루다따), *Pāñcarātra*(다섯 밤), *Madhyamavyāyoga*(중간의 것), *Pratimā−nātaka* (동상연극), *Dūtavākya*(중대한 사명), *Dūtaghatotkacha*(사절로서의 가톳까짜), *Karnabhāra*(카르나의 고뇌), *Ūrubhaṅga*(부러진 허벅지), *Avimāraka*(아위마라카), *Bālacharita*(크리스나의 어린 시절 이야기), *Abhishekanātaka*(봉헌) 등이다.

4 Bhasa, *Thirteen plays of Bhasa*, A.C. Woolner & Lakshman Sarup trans., 2nd reprint,

바사가 실존했다는 사실에 대해서는 인도나 서구에서도 모두 동의하고 있다. 그리고 바사의 문학적 성취에 대해서도 깔리다사가 자신의 작품 〈말라위카그니미트라〉에서 고대 극작가로 언급하고 있고, 『기타고빈다』를 쓴 자야데바도 '시의 웃음'(The laugh of poetry)이라 칭하며 깔리다사보다 먼저 바사에 대해 언급[5]할 정도로 높이 인정하고 있다.

바사 작품들에서 특기할 만한 점은 전통적 형식과 내용을 탈피했다는 것이다. 바사의 많은 작품들은 비아요감이면서도 내용과 극적 행동에서 정확히 비아요감 형식에 들어맞지 않는다. 비아요감[6]은 여성 역할이 나오지 않고 영웅의 갈등을 그리는 극작법이며 지배적인 라사는 영웅적 기개이고 남성 영웅은 폭력적인 성향을 가진 잘 알려진 사람을 그린다. 바사의 〈마디아맘비아요감〉을 예로 들자면, 여성 캐릭터로 비마의 부인 히딤비와 브라민 아내가 등장하고, 지배적인 라사도 영웅적 기개뿐 아니라 비애와 해학의 라사도 중요하게 취급하고 있다. 이렇듯 바사는 내용과 형식 모든 면에서 관습에서 벗어난 극작 양상을 보여준다. 이러한 양상은 다양한 측면에서 발견할 수 있다.

바사의 작품은 폭력적이거나 죽음을 묘사하는 장면이 포함되어 '폭력의 실질적 묘사를 금지'한 나띠야샤스뜨라의 원칙에 위배된다. 하지만 어떤 연구자들은 『나띠야샤스뜨라』에서 명기한 '폭력의 실질적 묘사 금지'란 오역의 가능성을 내포하고 있다고 본다. 나띠야샤스뜨라는 생명과 창조에 관한 모든 측면을 담고 있고 여기에는 선과 악, 사랑과 폭력, 빛과 어둠 등과 같은 다양한 성질들을 포함하고 있기 때문이다. 그런 측면에서 나띠야샤스뜨라 전통이 금하는 것은 '어두운' 특성을 묘사하는 것을

New Delhi: Motilal Banarsidass Publishers, 2015, p.vi.

5 Sastri Banerji, "The plays of Bhasa", *The Journal of the Royal Asiatic Society of Great Britain and Ireland*, III, July 1921, p.47.

6 Bhasa, *Thirteen plays of Bhasa*, p.41.

금지하는 것이 아니라 배우가 어두운 기질을 느껴 무대 위에서 실제 살인이나 폭력을 행하지 않도록 만들려는 의도[7]로 해석할 수도 있다고 보는 것이다.

바사는 극 언어를 구사함에 있어서도 전통적 관습에서 벗어난다. 바사의 극 언어는 슬픔 속에서 조롱을 발견하는 유머와 재치를 가지고 있으며 이러한 극작방식은 나띠야샤스뜨라의 극작관습을 깨는 것으로 여겨졌다. 또한 바사는 비극적 상황을 빗대어 묘사할 때 독특하고 생생한 공감각적 언어를 사용하여 공감을 얻어낸다.

> **드리타라스트라** *세상에, 이게 우리 대왕이라고?* (두료다나를 더듬으며) *거대한 황금 기둥 같은 위업을 쌓아 세상을 다스리는 왕 중의 왕이었던 내 아들이 비참하게 내려앉은 문짝의 빗장처럼 무너져 내려 있다니.*[8]

위 인용은 〈우루방감〉에서 양쪽 허벅지가 부러진 상태로 처참하게 쓰러져 있는 아들을 본 드리타라스트라의 대사다. 드리타라스트라는 눈이 보이지 않지만 손으로 더듬어 아들의 상태를 확인하고 '비참하게 내려앉은 문짝의 빗장'에 빗대고 있다. 이 문장은 두료다나의 처지뿐 아니라 아비로서 자신의 참담하고 구슬픈 심정을 동시에 드러낸다.

이뿐만 아니라 같은 시기의 다른 작가들에 비해 바사는 구성에서도 자유로웠다. 바사는 구성에 얽매이기보다 신화적이거나 역사적인 인물을 독특한 관점으로 관찰하며 정서적인 부분에 강세[9]를 두었다. 미묘하고 섬세한 인간심리를 포착하는 데 탁월했던 바사는 주제의식을 전달함에

---

7   Padma Subramanian, *op.cit.*, pp.120~121.

8   Bhasa, *Thirteen plays of Bhasa*, p.54.

9   Richmond Farley, Darius L. Swann, and Phillip B. Zarrilli, *op.cit.*, p.55.

있어서도 문법을 파괴하였다. 기존의 산스크리트 연극이 문법에 따라 전형화한 영웅적 주인공을 묘사하는데 주력했다면 바사는 주인공이 처한 상황 속에서 솟구치는 '다르마'를 창조하는 데 역점을 두었다. 이에 대해 카발람은 "기존의 드라마가 '주인공을 창조'했다면 바사는 '주인공 안에 있는 다르마를 창조'함으로써 드라마를 새롭게 정의하도록 만들었다."고 평가하였다.[10] 이렇듯 전통적 관습을 과감하게 깨었던 바사의 작품은 단순하고 직접적이고 극적이며, 과도하게 시적이거나 화려하지 않다. 그래서 바사의 작품은 더욱 현대적이라 할 만하다.

원작의 극적 유형과 특성

〈우루방감〉은 마하바라타 4권 82장 '가다육따 빠르완'(Gadāyuddha-parvan)[11]에 신화적 배경을 두고 있으며, 66 슬로캄으로 이루어진 단막극이다. 슬로캄은 정해진 음절과 운율을 띤 산스크리트어로 된 시구를 의미한다. 『나띠야샤스뜨라』에서는 극의 내용과 형식을 세분화하여 내용에 있어서는 주인공의 특성과 등장인물의 수, 이야기의 내용과 주제, 사용하는 라사의 종류를 지정하고 있다. 그리고 형식에 있어서는 장막인지 단막인지, 각 막의 구성이 어떠한 연관성을 가지며 작은 단위의 마디로 나누어지는지에 따라 극의 종류와 플롯의 유형, 플롯의 구조를 상세하게 설명하고 있다.

그런데 〈우루방감〉에서 특이한 점은 형식에 있어서 비아요감이지만 내용적 측면이나 연결부분, 라사의 전달에 있어 나타카와 같은 긴밀한 구성을 갖는다는 점이다. 바라타는 10종의 극 유형들 중에서 5막에서 10막 구성의 나타카를 가장 높은 차원의 극 유형이라 평가하고 있는데 다양한 라사와 감정들이 극의 흐름과 긴밀하게 조직되어 있기 때문이다.

---

10 Kavalam Narayana Panikkar, *Sopanatatvam*, p.11.

11 Bhasa, *Thirteen plays of Bhasa*, p.41.

나타카의 구성요소들 중에서 흥미로운 개념은 '씨앗'(Bija)이다. 씨앗은 이야기의 소재나 제재와 관련한 원천이라 할 수 있고, 한 막에서 다음 막으로 이어지는 사건의 토대라고도 할 수도 있다. 씨앗에서 줄기와 가지와 꽃과 열매가 맺히듯 모든 이야기는 이 씨앗을 중심으로 연결되어 일관된 흐름을 가져야 한다는 것이 바라타가 정의하는 '좋은 구성'[12]의 나타카다. 달리 말해서 나타카의 막 구성은 씨앗의 전개와 종결로 이해할 수 있다. 〈우루방감〉의 경우 '두료다나의 부상과 죽음'이라는 하나의 씨앗을 중심으로 이야기가 전개되고 종결하지만 아쇼따마가 두료다나의 아들인 두르자야에게 약식 대관식을 올려줌으로써 또 다른 불행의 씨앗을 잉태시키고 있다. "막이 끝난다고 해서 전체 이야기의 씨앗까지 끝나서는 안 된다."[13]며 극의 일관된 흐름을 중시하였던 바라타의 관점에서 보자면 바사의 〈우루방감〉은 극 형식의 내연은 전통적 관습을 따르지만 외연은 파괴하는 구성을 띰으로서 이중적 양상을 드러내고 있다.

그리고 바사는 설명 장면(Viskambhaka)을 효율적으로 배치하여 극적 일관성과 집중도를 높였다. 〈우루방감〉 원작은 수트라다라가 나와 극에 대해 설명하는 프롤로그와 막간극이 있어 설명 장면의 구실을 한다. 설명 장면은 나타카에서 중간 비중의 배역이나 낮은 비중의 배역이 이미 일어난 일이나 앞으로 일어날 일에 대해 설명하며 매개의 역할을 하는 것이다. 〈우루방감〉 프롤로그에서는 수트라다라가 보조자와 함께 등장하여

---

12 인도 연극과 그리스 연극의 비교 연구는 오랫동안 인도와 유럽의 많은 학자들의 주의를 끌고 있다. 국내에서도 조동일의 저서 『카타르시스, 라사, 신명풀이』를 비롯하여, 정순모·허동성의 「동양전통연극 시학과 아리스토텔레스 시학 비교 시론」, 『동양전통연극의 미학』, 변상형의 「미적 경험으로서의 라사—아리스토텔레스의 카타르시스와 비교를 중심으로」 등의 논저들을 비롯하여 많은 소론적 연구들이 있다. 이 논제는 동서양 미학의 비교연구란 측면에서 흥미로운 지점을 선사한다.

13 이재숙 역주, 『나띠야샤스뜨라』(하), 149쪽.

그동안 있었던 꾸루쉑뜨라의 전쟁을 요약하고 앞으로 벌어질 두료다나와 비마 사이의 전투를 알려준다. 또 막간극에서는 병사 셋을 등장시켜 시체들과 피로 낭자한 전장의 끔찍한 현장과 두료다나와 비마 사이의 격투 장면, 비마가 전장의 규칙을 어기고 두료다나의 허벅지를 가격하는 장면을 묘사한다. '우루방감' 이후의 시간은 짧은 동안이지만 그 전에 있었던 이야기의 배경이 상당한 분량을 요구하므로 바사는 설명 장면을 효율적으로 사용하여 전사(前史)로서 '극적 사건진행의 통일성과 전체성에 기여'[14] 하도록 만들었고, '두료다나의 죽음의 순간'이 가지는 절정으로서의 집중도를 유지할 수 있게 만들었다. 바사는 비아요감이라는 전통의 형식을 과감하게 파괴함으로써 극적 목적을 분명하게 달성하고 있다.

뿐만 아니라 라사에 있어서도 비아요감의 주된 라사인 영웅적 기개뿐 아니라 다양한 정조를 삽입하여 나타카처럼 '라사와 감정들이 다양한 방법으로 펼쳐져 기쁨과 슬픔을 불러일으키고'[15] 있다. 죽음을 앞둔 비애와 그 앞에서도 당당하게 자아의식을 발현하는 영웅적 기개는 〈우루방감〉의 지배적 정조를 형성한다. 여기에 부모님과 처자식, 동지를 향한 연정의 라사, 불의를 향한 분노와 혐오의 라사, 두료다나가 판다바를 향해 보내는 해학(비웃음)의 라사까지 더해 일관성을 가지면서도 다양한 정조를 짜임새 있게 구축하고 있다. 바사의 〈우루방감〉은 비아요감 형식을 파격적으로 재배치하여 그 구성과 형식을 치밀하게 재구성한 뛰어난 극작술을 보여주고 있다.

그리고 〈우루방감〉은 내용을 중심으로 나누는 플롯의 유형 중에서 '혼합된' 플롯의 유형을 띤다. 이는 친숙한 이야기를 바탕으로 작가가 창작한 이야기를 가미한 것이다. 바사는 제재를 마하바라타의 꾸루쉑뜨라에서 가져왔지만 위야사의 마하바라타에 전하는 내용과 다른 전개로 자신

---

14 민병욱, 『현대희곡론』, 서울 : 삼영사, 1997, 80쪽.

15 이재숙 역주, 『나띠야샤스뜨라』(하), 148쪽.

의 창작을 가미하였다. 마하바라타에서는 비마에게 허벅지를 가격하라는 신호를 보내준 것은 아르주나다. "정정당당하게 싸워서는 비마는 결코 두료다나를 이길 수 없다."는 크리스나의 언질을 듣고 아르주나가 왼쪽 허벅지를 치자 이 행위를 본 비마가 두료다나의 허벅지를 내리쳐 으깬다. 하지만 바사는 극 행동의 배후를 뚜렷이 하기 위해 아르주나가 아닌 크리스나의 신호를 본 비마가 결행하는 것으로 각색하였다. 그리고 마하바라타에서는 비마의 반칙을 목격한 발라데와가 비마를 비난하자 크리스나가 이를 제지하는 통에 발라데와는 수긍하지 못하고 자리를 뜨는 것으로 나온다. 하지만 바사는 발라데와가 끝까지 남아 두료다나의 죽음까지 목격하도록 만들었다. 또한 마하바라타에서는 '우루방감' 이후 크리스나는 판다바의 승리를 독려한 뒤 드리타라스트라와 간다리를 위로하기 위해 그들이 있던 곳으로 찾아가는 것으로 나온다. 그런데 바사는 극적인 정서를 배가시키기 위해 드리타라스트라가 아내와 손자, 며느리들을 데리고 두료다나를 찾아나서는 것으로 바꾸었다. 극 중에서 두 아내와 아들이 등장하고, 아들이 아버지의 무릎을 찾는 장면은 모두 바사의 창작이다. 다음으로 마하바라타에서는 아쏴따마의 야습 후 다음 날까지 혼수상태에 빠져 있던 두료다나가 판다바의 전멸 소식을 전해 듣고 만족해하며 떠난다. 이에 반해 바사는 두료다나가 야습을 반대하고 그 결과를 보기 이전 먼저 죽음을 맞이한 것으로 각색하였다. 이와 같이 위야사의 마하바라타 원작에 비추어볼 때 바사는 상당히 다른 방식으로 서사를 전개하고 있음을 알게 된다. 바사는 창작자의 상상력을 발휘하여 두료다나의 죽음을 슬픔의 단조로운 정조로 처리하지 않고 고통과 장엄함, 열락과 복수라는 상반하는 다양한 정서를 중첩시켜 보여줌으로써 또 다른 차원의 비극적 결말을 제시하였다.

바사가 그린 두료다나의 죽음은 선인과 악인이라는 이분법적 도식에서 벗어나 악인은 최후에 벌을 받는다거나 자신의 과오를 반성하며 선한 본색을 드러낸다거나 하는 등의 고루한 결말을 답습하지 않는 것이다. 뿐만 아니라 죽음을 비극으로 등치시켜온 관습적 인식을 전복시켰다. 〈우루방감〉에서 죽음은 두료다나의 다르마를 완성시켜 숭고한 자아의 모습을 목격할 수 있도록 만들어주는 탁월한 극적 장치가 되기 때문이다.

〈우루방감〉의 원전 플롯 분석

『나띠야샤스뜨라』에 따르면 플롯은 목표를 향해 가는 주인공의 행동을 중심으로 시작-전개-성취가능성-성취확정-성취의 단계를 밟아야 하고, 각각의 단계는 그것을 규정하는 특정요소를 가져야 한다. 그 요소들은 씨앗-발아-삽화-부수적 사건-결론으로 이루어져 있어야 한다. 그리고 행동과 구성요소를 갖춘 이야기의 연계부인 산디(마디)는 최종적 목표 성취를 위해 여러 행동들을 논리적이고 유기적으로 조직하여야 하는데 그 조직의 단계들은 발단-전개-발전-반추-결말로 이루어진다. 『나띠야샤스뜨라』21장에서는 각각의 구성에 대한 연관성에 대해서는 별도의 해설이 없기 때문에 후대에 이르러 행동과 구성요소 사이의 상호연관성을 도식화[16]하기도 하였으나 일부 학자들은 이에 동의하지 않는다.

각각의 산디는 주된 목적에 기여하는 세부적인 마디로 다시 나누어지는데 각 산디별로 하위 마디는 발단에 12마디, 전개에 13마디, 발전에 13마디, 반추에 13마디, 종결에 14마디가 있다. 이 세부 마디들은 작가가 임의로 구성, 선택할 수 있으며 바라타는 세부 마디들이 "의도한 목적을 표현하고, 줄거리의 핵심을 놓치지 않으며, 연극에 몰입하게 만들고, 줄거리 상 숨겨야 할 것들은 숨기고, 밝혀야 할 것은 밝히며 놀랄 만한 이야기로 관객들을 경이롭게 만들기 위해"[17] 적용되어야 한다고 말한다. 각 구성 단계별 원리와 구조는 아래와 같다.

---

16 허동성, 「인도 희곡의 구조와 원리」, 고전극본의 기록사 · 연구사와 세계고전희곡』, 서울 : 한국고전희곡학회, 2001, 6쪽.

17 이재숙 역주, 『나띠야샤스뜨라』(하), 170쪽.

〈표 4〉『나띠야샤스뜨라』에 따른 이야기 구성 단계

명칭		아와스타(Avastha)	아르타쁘라크리티 (Artha – Prakriti)	산디(Sandhi 마디)
구성 원리		중심 줄거리의 단계 (주인공의 행동 단계)	플롯의 구성요소 (각 행동단계별 구성요소)	중심 줄거리의 연계결과와 조직화 양상
특징		주인공의 내적 느낌, 반응, 행동	주인공의 외적 조건, 물질적 환경	중심줄거리의 단계 + 플롯의 구성요소
1단계	명칭	**시작(Prarambha)**	**씨앗(Bija)**	**발단** (Mukha – 얼굴, 입구)
	내용	최종목적을 향해 호기심을 자아내는 개시 단계	발아하여 열매 맺는 중심 동기	주인공의 행동의 '시작' 부분이자 '씨앗'이 제시되는 부분, 다양한 라사와 정서로 씨앗이 연관되어 드러나는 단계
2단계	명칭	**노력(Prayatna)**	**발아(Bindu – 방울)**	**전개(Pratimukha –** 얼굴(입구)에서 멀어짐)
	내용	성취여부를 모르는 상태에서 주인공이 계속 노력을 기울이는 단계	극의 주도적 동기를 유지 확장시키는 요소	주인공의 노력이 본격화하는 '노력' 부분이자 '발아'의 단계, 표면으로 드러나지 않는 단계
3단계	명칭	**성취가능성** (Prapti sambhava)	**삽화(Pataka – 깃발)**	**발전(Garbha – 자궁)**
	내용	성취의 가능성에 대한 느낌이 약간 암시되는 단계	지속성을 갖는 계기성 사건	발아한 씨앗에서 새싹이 돋는 단계, 목표 실현의 가능성 여부가 미정인 단계

명칭	아와스타(Avastha)		아르타쁘라크리티 (Artha-Prakriti)	산디(Sandhi 마디)
4단계	명칭	성취의 확신 (Niyatapti)	부수적 사건 (Prakari)	반추(또는 정지Vimarsa- 평가)
	내용	주인공이 성취 가능성을 확신하는 단계	지속성이 없는 일회성 사건	장애물로 인해 발전이 정지하여 반추하는 단계, 관객의 관심을 극대화하는 단계
5단계	명칭	성취(Phala prapti-열매 맺음)	결론(Karya)	종결(Nirvahana)
	내용	목표를 완전히 성취하는 단계	줄거리의 최종해결지점	발단의 씨앗이 의도대로 열매를 산출하는 단계

나띠야샤스뜨라의 형식을 고수하지 않았던 바사의 특징상 극 구성 양상도 전통적 단계를 정확히 따르지 않으며 해피앤딩으로 끝나는 전통극과 달리 열린 결말의 비극적 특성을 지닌다. 이러한 바사의 드라마투르기적 특성을 염두에 두면서 나띠야샤스뜨라의 구성원리를 토대로 〈우루방감〉을 분석해보고자 한다.

〈우루방감〉의 경우 나타카와 같이 구성을 복잡하게 만드는 발전과 반추의 산디가 없이 발단-전개-결말의 세 산디로 이루어져 있다. 허벅지가 부러진 상태로 치명적인 부상을 입은 뒤 전장에서 패배한 두료다나의 죽음은 등장인물들뿐만 아니라 관객들도 의심의 여지없이 알고 있는 사실이기 때문에 '발전'이나 '반추'의 산디가 제공하는 긴장감과 호기심을 불러일으키지는 않는다. 대신 바사는 등장인물이 새롭게 등장할 때마다 두료다나의 공고한 자아가 더욱 빛을 발할 수 있도록 '전개'의 단계를 치밀하게 조직하였고, 종결에 이르러 주인공의 뜻에 반하며 아쇼따마가 또다른 갈등의 씨앗을 심어둠으로써 갈등의 연속성을 암시한다.

〈우루방감〉의 중심이 되는 행동이자 줄거리를 이끌어가는 '씨앗'은 '자신의 다르마를 실행하려는 두료다나의 자아'라 할 수 있으며 허벅지가 부러지고 전쟁에서 패배한 사건을 통해 두료다나의 자아가 발단 단계에서 명료하게 드러나며 죽음 앞에서도 다르마를 실행에 옮기려는 목적을 드러내기 시작한다. 이 발단 단계에서 발라데와가 등장하여 두료다나는 허벅지를 부러뜨린 비마의 배후에 크리스나가 있었음을 알면서도 복수하려는 발라데와를 만류한다. 이로써 두료다나의 최종목적이 복수가 아니라 자신의 자아를 뚜렷이 자각하고 자신이 옳다고 생각하는 다르마를 실행하는 데 있는 것임을 보여주어 호기심을 자아낸다.

전개의 단계에서는 두료다나의 가족들과 아쏴따마가 등장하여 괴로워하고 분노할 때 두료다나는 그들의 분노를 가라앉히려 노력한다. 두료다나는 자신이 삶의 초목적을 이루었음을 강변하며 괴로움을 거두고 부질없는 분노를 삭이라고 설득한다. 관객들은 이 '발아'의 단계에서 두료다나가 자신의 의지를 관철시킬 수 있을지 불명확한 상태에서 두료다나의 뚜렷한 자아를 더욱 선명하게 각인 받게 된다.

종결에 이르러 두료다나는 자신의 의지대로 분노와 슬픔을 초월한 상태로 죽음을 맞으며 아쏴따마는 두료다나의 아들 두르자야에게 약식 대관식을 치러주고 판다바를 공격하기 위해 떠남으로써 또 다른 갈등의 '씨앗', 즉 두르자야의 자아를 심게 된다.

그 세부마디를 원작의 극 구성에 따라 분류하면 아래와 같다.

〈표 5〉〈우루방감〉 원전의 세부 마디

산디			세부마디
발단	암시	기능	암시를 통해 행동의 목표를 알림
		내용	피아 구분 없이 참혹한 전장의 실상을 병사들을 통해 전달
	놀람	기능	호기심을 동반한 놀라움을 유발시킴
		내용	치명적 부상을 입고 패배 당했음에도 왕의 위엄을 유지하는 두료다나의 태도에 탄복하는 발라데와

산디			세부마디
발단	지시	기능	극 행동의 내용을 지시
		내용	부정의에 항의하며 복수하려는 발라데와의 화를 가라앉히려는 두료다나
	환기	기능	씨앗의 존재와 목표를 환기
		내용	비마의 부정한 행위는 자신의 위대함을 반증하는 것이며 자신의 목표는 복수가 아니라 자신의 다르마를 행하는 데 있음을 환기시켜주는 두료다나
전개	탐색	기능	잃어버리거나 사라진 대상에 대한 탐색
		내용	아들을 찾아 헤매는 드리타라스트라와 간다리
	갈망	기능	애욕이나 욕구 대상을 얻으려는 간절한 염원을 드러냄
		내용	부모와 아내들, 아들에 대한 사랑을 표현하고 싶어 하는 두료다나
	거부	기능	요청이나 진전의 거부
		내용	자신을 따르려는 아들 두르자야의 요청을 거부하며 아들에게 판다바를 따르라고 권유하는 두료다나
	번민	기능	다가오는 위험을 예감하고 고민하거나 원치 않는 것을 생각하거나 보아야 함
		내용	아들의 죽음과 가문의 패배를 보아야 하는 드리타라스트라
	응답	기능	어떤 말에 대한 적절한 응답이나 꼬리에 꼬리를 무는 문답
		내용	가족들을 차례로 대면하며 슬픔을 거두고 자신의 다르마를 실천한 당당한 군주로서의 모습을 각인시키는 두료다나와 그 뜻에 응답하는 부인들과 아들.
	장애	기능	난관이 닥치거나 재난으로 행동이 저지됨
		내용	불타오르는 분노와 적개심으로 복수를 계획하는 아쏴따마
	달램	기능	화가 난 이를 달래거나 자신의 과오에 대한 사과나 보상
		내용	자신이 판다바에게 행한 과오에 대해 설명으로써 아쏴따마의 분노를 가라앉히려는 두료다나

산디			세부마디
전개	설명	기능	앞뒤가 맞게 설명하여 설득하거나 어떤 책략을 표현하는 언술
		내용	판다바를 급습하여 쳐부수겠다고 선언하는 아쇠따마
	암시	기능	암시를 통해 연극의 내용을 알림
		내용	두르자야의 대관식을 통해 갈등의 씨앗을 다시 심는 아쇠따마
종결	접근	기능	발단부의 씨앗이 결실에 연계되는 부분
		내용	자신의 다르마를 당당하게 수행한 뒤 죽음을 맞이하려는 두료다나
	예시	기능	씨앗의 결실이 임박하였음을 제시하여 극의 종결을 암시
		내용	우르바시와 선조들의 환영을 보며 죽음을 맞는 두료다나
	기원 (암시)	기능	왕과 나라를 위해 축원
		내용	은둔의 길을 떠나려는 드리타라스트라와 복수를 실행에 옮기려는 아쇠따마의 축원

이상과 같이 산디와 세부마디를 통해 〈우루방감〉 원작의 구성을 살펴보았다. 일반적으로 산스크리트 연극은 종결부에서 국가와 왕을 위한 안녕과 평화를 기원하며 끝맺는다. 이에 비해 바사는 모든 아들과 왕국을 잃고 은둔의 길을 떠나려는 드리타라스트라의 비탄에 젖은 모습과 복수를 통해 적을 처단하여 왕도를 실현시키려는 아쇠따마의 비장한 결의에 찬 모습으로 마무리하여 열린 결말을 보여준다. 죽음 앞에서도 흔들림 없이 자신의 자아를 오롯이 각성한 상태에서 장엄하게 최후를 맞이하는 두료다나의 숭고한 자아와 또 다른 불행을 암시하는 복수의 진행을 병치함으로써 관객들은 해소로서의 결말이 아닌 현실을 직시하는 긴장과 자각의 상태를 경험하게 된다.

카발람이 각색한 〈우루방감〉 플롯

카발람은 바사의 원작 구조에서 프롤로그(1~3 슬로캄)를 삭제하고 거의 같은 구성을 유지한다. 막간극에서 병사들의 설명 장면이 원작에서는 22 슬로캄으로 상당한 분량(전체 66슬로캄의 1/3)을 차지하고 있다. 카발람은 꾸루쉐뜨라 전장의 처참한 광경을 묘사한 부분과 왕들의 전투 장면을 묘사한 많은 부분을 삭제하여 6 슬로캄으로 압축하였고 칼라리파야투로 형상화하여 삭제된 부분을 대체하였다. 그리고 원작에서 길게 묘사하고 있는 비마와 두료다나의 대결 부분도 단축시켰다. 설명 장면이 끝나고 나머지의 구성은 발라데와−두료다나의 가족들−아쇠따마 순으로 주변인물을 등장시켜 원작의 구성을 그대로 따르고(38째 슬로캄 제외), 마지막 66 슬로캄은 삭제하여 두료다나의 대사로 마무리 짓는다. 카발람은 반복하는 전장의 장면이나 짧은 대사식 슬로캄을 삭제하여 원작 66 슬로캄을 27 슬로캄으로 줄였다. 슬로캄 순서에 따른 각색 장면은 아래 표와 같다.

〈표 5〉 카발람이 각색한 〈우루방감〉 플롯

슬로캄 번호	장면 내용	삭제한 슬로캄	카발람이 각색한 장면
1~3	프롤로그 : 수트라다라와 보조자가 나와 꾸루쉐뜨라 막바지 묘사	1~3	병사들의 움직임과 타악 소리

슬로캄 번호	장면 내용	삭제한 슬로캄	카발람이 각색한 장면
4~26	막간극 : 병사들의 설명 장면으로 전장의 참혹한 모습과 두료다나와 비마의 대결장면 묘사(발단)	6, 9~15, 17~ 18	4 : 용자들의 용기와 명예를 시험하는 전쟁터의 모습
			5 : 절멸당한 코끼리들과 전차들과 왕들의 모습
			7 : 시신을 파먹는 독수리들의 모습
			8 : 무기고의 화살처럼 언덕을 이룬 코끼리들의 시체들과 주인 잃어 널브러진 무기들
			16 : 비마와 두료다나의 격렬한 곤봉 사투
			19 : 열세에 놓인 비마에게 신호를 보내는 크리스나와 두료다나의 우루방감
27~ 35	발라데와의 복수를 만류하는 두료다나와 수요다나(발단)	28	27 : 부정한 전투를 목격한 발라데와의 분노
			29 : 우루방감 후 처참한 두료다나의 모습에 대한 발라데와의 묘사
			30 : 두료다나와 수요다나의 등장
			31 : 발라데와의 화를 가라앉히려는 수요다나
			32 : 여전히 분노하여 쟁기를 들고 판다바에게 복수하려는 발라데와
			33 : 전쟁의 덧없음에 발라데와의 복수를 만류하는 두료다나
			34 : 부정의를 저지를 정도로 위급했던 비마의 상황을 설명하는 두료다나
			35 : 비마의 곤봉 뒤에는 크리스나가 있었고 자신을 죽인 것은 크리스나임을 설명하는 두료다나

슬로캄 번호	장면 내용	삭제한 슬로캄	카발람이 각색한 장면
36~54	두료다나의 가족들인 드리타라스트라, 간다리, 두르자야, 말라위와 빠우라위 등장과 두료다나의 당부 (전개)	46 ~ 49, 54	36 : 눈먼 드리타라스트라와 가족들을 두르자야가 이끌고 등장
			37 : 백 명의 아들을 모두 잃은 드리타라스트라의 슬픔
			39 : 두료다나를 찾는 드리타라스트라와 가족들
			40 : 두료다나 가족들의 슬픔을 묘사하는 발라데와
			41 : 가족을 발견하고 인사조차 할 수 없는 자신의 몸에 대해 한탄하는 두료다나
			38 : 부인들의 등장에 깊은 상처를 받는 두료다나
			42 : 아들을 향한 사랑과 연민으로 괴로워하는 두료다나
			43 : 아들을 향한 강한 사랑을 토로하는 두료다나
			44 : 아들에게 무릎을 내어주지 못하는 처지를 한탄하는 두료다나
			45 : 위용 넘치던 아들의 최후에 가슴이 미어지는 드리타라스트라
			50 : 어머니의 아들로 다시 태어나기를 축원하는 두료다나
			51~52 : 말라위를 향한 두료다나의 당부
			53 : 두르자야를 향한 두료다나의 당부
55~66	아쏴따마의 복수에 대한 결의와 두료다나의 최후 (전개와 종결)	55 ~ 56, 58 ~ 59, 66	57 : 살아남은 용사의 위용을 자랑하며 복수를 다짐하는 아쏴따마
			60 : 크리스나의 속임수를 책망하는 아쏴따마
			61 : 모든 형제와 동지를 잃고도 아쏴따마의 복수를 만류하는 두료다나
			62 : 비마의 비겁함을 비난하는 아쏴따마
			63 : 자신이 판다바에 저지른 악행을 반추하는 두료다나
			64 : 복수에 대한 결의를 굽히지 않는 아쏴따마
			65 : 두르자야에게 약식대관식을 치러주고 복수를 위해 떠나는 아쏴따마와 두료다나의 최후

카발람이 연출한 〈우루방감〉은 주인공 두료다나를 중심으로 구분할 수 있다. 먼저 두료다나의 등장 전과 후로 나누어 전반부는 전장의 역동적이고 파괴적인 전사들의 전투장면이고 후반부는 한 인물인 두료다나와 수요다나가 분리하여 대치하는 장면이다. 수요다나는 치명적인 부상을 입고 등장한 두료다나의 신성이자 높은 차원의 의식을 상징한다. 〈우루방감〉을 다시 시각적으로는 나누자면 크게 네 부분으로 나눌 수 있는데 첫째는 전장의 모습이고, 둘째는 비마와 두료다나의 전투이며, 셋째는 수요다나와 떼이얌의 교류이고, 넷째는 필멸의 존재 두료다나와 떼이얌의 합일로 나눌 수 있다. 이 네 부분을 연출한 방식은 아래와 같다. 먼저 도입부에서 병사들이 전쟁터를 묘사하는 대사를 살펴보자.(괄호 안은 원전의 슬로캄 번호)

네 병사 대지 위는 거대한 코끼리들의 시체더미가 융단처럼 깔려 산을 이루었네. 사방을 둘러보아도 용자들은 사라지고 텅 빈 전차들뿐 독수리들은 그곳에 둥지를 틀었으니. 오랫동안 서로의 용맹을 대적하며 맞섰던 곳에서 대지의 왕들은 모두 천국으로 사라졌고, 그들이 남긴 행위들만이 전장에서 대적하고 있네.(5)

노래 오랫동안 서로의 용맹을 대적하며 맞섰던 곳에서 대지의 왕들은 모두 천국으로 사라졌고

스산한 바람소리와 함께 독수리들이 시체 사이를 날아다닌다.

노래 서로를 대적하여 시험하듯 전투 뒤에 살해된 위대한 왕들의 시체들이 전장에 깔려 언덕을 만들고, 그 시체의 피를 들이키고 살을 뜯어먹는 독수리들이 사방에 널렸으니.

한 병사 상대편의 통로에는 서로가 죽인 목숨들이 산더미처럼 깔렸고, 새들은 피칠갑이 된 부리로 장신구들을 끌러

풀어헤치고 있네.(7)[18]

위와 같이 첫째 부분의 전장의 묘사에서 바사가 전쟁에 대한 참혹함과 경각심을 일깨웠다면, 카발람은 바사의 의도를 칼라리파야투의 정형화한 움직임으로 표현하여 전장의 폭력성을 이미지로 드러내었다. 카발람은 병사들의 전투를 느린 동작의 창이나 칼과 방패의 대결로 표현하였고, 발성은 대사톤이 아닌 영창톤의 음율을 사용하였다. 이런 표현은 사실적인 전투의 긴장감이나 긴박함보다 '전쟁' 그 자체를 관조하며 사고할 수 있는 여지를 제공한다.

둘째 부분인 비마와 두료다나의 전투는 네 코러스들이 일렬로 뒤에 늘어서 창을 수평으로 놓고 관조하는 가운데서 벌어지도록 표현한다. 비마와 두료다나의 대결을 재연하는 장면 사이사이 관조하던 병사들이 개입하여 전투의 상황을 읊는다. 이때 가수와 반주자들은 노래와 타악 반주로 율동감을 생성시킨다. 비마와 두료다나 역할을 하는 병사들은 결전의 순간마다 타격을 입은 쪽이 쓰러지며 정지의 포즈를 취한다. 크리스나가 전장의 규칙을 어기고 허벅지를 가격하도록 신호하는 장면은 밝은 풍의 크리스나를 상징하는 피리 소리에 맞춰 병사 역할의 코러스가 해학적인 마임으로 연기한다. 이는 긴장감이 절정에 이른 결전의 순간과 극명한 대조를 이루게 한다.

셋째 부분인 두료다나와 수요다나의 등장 장면부터 카발람의 연출적 진면목과 철학성이 본격적으로 드러난다. 카발람은 치명적 부상을 입고 죽음을 목전에 둔 두료다나에게서 수요다나가 분리되어 나오도록 연출하였다. 전장에서 패배하였으나 강한 자존감을 지닌 현세의 '두료다나'와 궁극의 초월의식이자 고차원적인 신성과의 합일상태를 상징하는 '수요다나'를 분리시켜 이 둘의 상호교류를 통해 주제의식을 형상화하였

---

18 Bhasa, *Thirteen plays of Bhasa*, p.46.

다. 카발람은 두료다나와 수요다나가 완전한 합일(죽음)을 이루기까지 크게 세 번의 장애를 만나 분리를 경험하도록 장면을 구축하였다. 첫째 합일의 시도는 발단의 산디에서 모든 형제들을 잃고 패배한 뒤 전쟁의 무상함을 깨닫고 죽음을 맞으려는 찰나 발라데와가 개입하여 가로막힌다. 둘째 합일의 시도는 전개의 산디에서 아들을 뒤로한 채 다른 형제들을 따라 죽음을 맞으려는 찰나 두르자야가 아버지를 따르겠다며 나섬으로써 가로막힌다. 셋째 합일의 시도는 종결부에서 죽음에 임박하여 현세에서 저지른 최대 과오를 상징하는 아비만유의 모습을 환영으로 보게 되면서 가로막힌다. 아비만유는 아르주나의 아들이자 두료다나의 사촌조카가 된다. 어린 나이에 꾸루쉐뜨라에 참전하여 용맹을 떨치다 카우라바 측 장수들의 포위망을 뚫고 나오지 못한 채 죽임을 당한다. 이렇게 합일의 시도는 번번이 다른 사람들의 개입으로 가로막히기도 하지만 결국에는 완전한 합일에 이르게 되고 아들 두르자야는 제2의 두료다나가 될 씨앗을 품게 된다. 신화 속의 두료다나는 바사의 극작으로 새롭게 탄생하였고, 카발람의 비관습적 연출로 재탄생하게 된 것이다.

2) 〈깔리베샴〉 플롯 분석

〈깔리베샴〉은 3장으로 구성한 단막극이다. 〈깔리베샴〉의 텍스트는 주플롯인 카타칼리 배우 나탄과 부플롯인 신화 속의 날라의 이야기가 내면의 악을 상징하는 깔리를 매개로 중첩하는 구조다. 카발람이 창작한 주플롯과 마하바라타에 있던 부플롯은 교차하기도 하고, 한 인물이 다른 플롯에 개입하여 상호 영향력을 행사하며 메타연극적 연쇄고리를 가진다. 그리고 주제를 심화시키고 신화와 현실이 공존하는 연극적 공간을 창조해낸다. 극의 도입부인 다음의 인용에는 〈깔리베샴〉을 이끌어가는 씨앗이 잘 드러난다.

나탄 (카타칼리 연희자들이 손에 커튼을 들고 있는 것처럼 한동 안 반주에 맞춰 연기한다) 나는 연기자입니다. 의상이 없는 연기자. 티라실라 없이 티라노땀을 하는 배우지요.(무드라와 함께 대사한다) 이게 무슨 말인고 하면 배우는 역할을 담는 그릇, 즉 카타 파트람이 되어야 하는데 나는 아니란 말이지 요. 나는 그저 밝은 성정을 가진 카타칼리 연기자일 뿐이 랍니다. (브라민 신분을 나타내는 실을 쥐며) 이거요? 이것 이 뿌눌입니다. 카스트를 나타내는 증표지요. 사회적 기표라 고나 할까. 뭐 중요한 건 아니고요. 이 무드라는 높은 계급을 나타낸다고도 하지요. 약간 맞는 말이기도 하지요. 근데 내 경우는 사실이 아니랍니다. 나는 이걸 끊어버릴 수도 있소. 내 아트마에는 분명히 뿌눌이 있기 때문이죠. 근데 더 엄밀 히 얘기하자면 내게는 뿌눌이 있기도 하지만 또 한편으로는 뿌눌이 없기도 하다오. 아무리 밝은 성정을 타고 났다할지라 도 내가 맡은 역할이 어두운 성정을 갖고 있기 때문이죠. 그 게 어떤 역할이냐고요? (카타칼리 스텝을 밟는다) 날라 차리 탐의 깔리.

첸다 악기의 역동적인 반주소리 들린다. 무대 뒤에서 깔리가 소 리를 내지른다. 두 사람이 검은 티라실라를 들고 나탄 앞에 등장하 여 나탄을 감춘다.

나탄 (커튼 밖으로 고개를 내밀며) 날 깔리 만들려고 하지 마시 오. 날 나쁜 놈 만들지 말라고. (티라실라카란들이 커튼을 나 탄 위로 덮어두고 옆으로 물러선다. 나탄, 커튼을 잡으며) 깔 리, 너 악마의 역할! 아수라 같은 놈! 착하고 온순한 나를 따 돌림 당하게 만들지 마! (커튼을 티라실라카란들에게 집어 던진다)

티라실라카란 (나탄을 커튼 안으로 강제로 집어 넣으려 한다) 나 타나 시로마니! 나타나 시로마니! 멈춰서 주시오! 당신을 홀 리려고 깔리가 덮치려고 하고 있소. (나탄 쪽으로 다가서며) 아삭띠! (나탄과 대치하다 나탄 앞에 티라실라를 놓는다)

나탄 지금은 허락하지 않겠소. 나 자신을 잃어버리고 당신을 받 아들일 공간이 내게는 없소. (티라실라카란들과 나탄이 서로

대치한다)

티라실라카란 (다시 나탄을 커튼 안으로 잡아넣으려 하며 커튼
을 둘이서 높이 든다) 이 밤은 바로 당신이 깔리를 연기할 시
간.

나탄 (커튼 밖으로 나와 거리를 두고 서며) 깔리 베샴을 벗어놓
으면 나는 낮이라오.[19]

브라민인 배우 나탄은 철저하게 종교적인 원칙을 따르는 사람이지만
자신에게는 교활한 역할만이 주어진다. 관객들이 항상 깔리 역할만을 요
구하기에 나탄은 깔리 역할을 빼고 다른 역할이면 어떤 것이라도 맡겠다
며 깔리 역할을 거부한다. 이러한 배우로서의 갈등은 자신의 사적 영역
에까지 영향을 미친다. 자신의 일상에서도 깔리의 지배를 받는 것이다.
이 과정에서 나탄은 배우로서의 정체성과 일상을 사는 브라민으로서의
정체성 사이에서 혼란을 겪게 되고, 이 혼란은 신화 속 이야기와 현실 속
의 삶을 중층으로 엮는 매개가 된다. 카발람은 배우의 '되기' 과정을 자신
만의 방식으로 무대화하면서 신화적 삶, 삶 속의 신화를 연극적 형식과
내용 양쪽 측면에서 실험하고자 하였다. 이런 실험을 통해 이루고자 하
였던 이 극의 목적은 인간에게서 가치(미덕)의 침식을 탐구하려는 것이 아
니라 인간의 삶이 이데아와 만나서 어떻게 주제를 형성하고 위기를 그리
며 딜레마를 극복하는지를 조명하는 것이다.[20] 〈깔리베샴〉 각 장별 플롯
과 내용은 다음과 같다.

19 Kavalam Narayana Panikkar, *കാവാലം നാടകങ്ങൾ*, Kottayam: DC books, 2013,
pp.671~672.

20 *Kalivesham* Pamphlet, 3rd October 2009, presented by META(Mahindra Excellence in
Theatre Awards & Festival).

〈표 6〉 〈깔리베샴〉 플롯

장	산디	세부마디	행위 줄거리
1장	발단	**확인** (극의 목표를 확실하게 공표)	나탄과 깔리의 만남 : 자신의 밝은 성정에 어긋나는 역할에 대해 불만을 가진 나탄의 열망이 깔리를 부른다.
		암시 (목표 실현의 의지 제시)	날라와 다마얀티의 사랑 : 뱀을 본 다마얀티의 두려움이 깔리를 개입시킨다.
		갈등 (정서적 갈등이 양립)	나탄과 깔리의 갈등 : 다마얀티를 향한 성적 욕망을 드러내는 깔리를 나탄이 제지한다.
		자극 (목표를 향한 극 행동을 고무시키는 동기 제공)	나탄의 몸을 빌려 날라의 이야기에 개입하려는 깔리 : 깔리는 나탄이 날라의 역을 맡을 때 그 몸을 빌려 다마얀티를 향한 카마를 실현시키려 한다.
2장	전개	**거부** (요구를 거절하는 부분)	나탄과 부인의 갈등 : 밤새 깔리에게 시달리다 지쳐 돌아온 나탄은 불안함에 잠을 못 이룬 부인을 안쓰럽게 여기지만 일상에서마저 깔리가 출현하자 발작을 일으키고 이를 본 부인은 두려워서 나탄을 피한다.
		지시 (극행동의 전개를 지시)	깔리를 받아들이는 나탄 : 나탄은 좋은 배역에 대한 욕망이 좌절되자 실현시키지 못한 욕망에 대한 울분으로 깔리를 받아들인다.
3장		**탐색** (욕구 대상에 대한 반복적 환기)	날라와 다마얀티의 시련과 나탄과 깔리의 결합 : 숲속으로 추방당한 뒤 지치고 허기진 날라와 다마얀티 앞에 나탄과 깔리가 새로 변신해 날라의 옷을 낚아챈다.
		갈망 (욕구를 성취하려는 간절한 염원)	다마얀티의 역경 : 깔리에게 조종당한 날라 때문에 숲에 홀로 남겨진 다마얀티 앞에 깔리의 의식을 입은 나탄이 접근해 겁탈하려 하자 다마얀티는 내면의 힘으로 불을 일으켜 도망친다.

장	산디	세부마디	행위 줄거리
3장	전개	**장애** (행동의 저지)	까르꼬따까의 다르마와 아다르마 : 신의 저주로 불길 속에서 도움을 요청하던 까르꼬따까를 날라가 구해주지만 까르꼬따까는 날라를 물어 그 몸에 독을 퍼뜨린다.
	종결	**해명** (설명하거나 책략을 표현)	까르꼬따까의 보은 : 까르꼬따까에게 물린 날라가 배덕한 행위를 힐난하자 까르꼬따까는 자신의 독이 날라 몸속의 깔리를 처치할 것이라 말한다.
		구원 (난관의 해결)	깔리로부터 해방되는 날라와 나탄 : 독에 물려 괴로워하던 깔리는 고통에 몸부림치다 날라와 나탄으로부터 분리된다. 깔리가 용서를 구하자 날라는 이후로 좋은 사람들을 괴롭히지 말라고 경고한다.
에필로그		**축복** (축도 의식)	나탄의 기원 : 선과 악이 순환하는 삶이 근본으로 돌아갈 것을 기원한다.

〈깔리베샴〉의 플롯을 이끌어가는 씨앗은 인간 내면에 존재하는 '아샥띠'(강렬한 열망) 중에서 애욕이다. 아샥띠는 즐거움을 수반하는 인간의 욕망으로서 애욕이나 성욕(카마), 재물욕(아르타) 등이 이에 해당한다. 이 열망들은 생존을 위한 필요라기보다는 애착이나 집착을 낳으며 잃어버리게 될까 봐 두려워하게 만드는 욕망들이다. 주플롯의 주인공 나탄과 부플롯의 주인공 날라를 이어주는 매개자인 깔리는 이러한 열망들 중에서 부정적인 열망에 편승해서 인간내부에 자리 잡게 되는 '악의 화신'이라고 할 수 있다. 다마얀티를 차지하고 싶은 깔리의 애욕은 극을 이끌어가는 주된 동력이 된다.

또한 〈깔리베샴〉에서 깔리는 극의 내용적 측면뿐 아니라 형식적 측면에서도 배우의 역할 되기에 대한 함의를 지니고 있다. 나탄, 깔리, 날라는 서로 교류하며 영향력을 행사한다. 깔리는 육체적 몸이 없기 때문에 나탄을 홀려 몸을 빌려야만 힘을 행사할 수 있다. 깔리에 홀린 나탄은 배우로서의 자신의 역할, 깔리가 다마얀티에게 두려움을 심어주기 위해 만들어낸 뱀으로서의 역할, 그리고 깔리와 날라와 나탄 자신이 삼위일체가 된 또 다른 차원의 역할을 만들어 냄으로써 역할을 삼차원으로 확장[21]시킨다. 이러한 역할의 확장은 배우와 역할 사이의 충돌과 갈등을 매개로 일어난다. 나탄이 평소 자신에게 주로 맡겨지는 역할에 대한 불만이 그 첫 갈등이 되고, 다마얀티에 대한 욕정을 품지만 육체적 몸이 없으므로 그것을 실현할 수 없는 깔리의 이룰 수 없는 욕정이 둘째 갈등이 된다. 이 갈등을 비집고 끼어든 깔리는 나탄과 날라의 육체뿐 아니라 정신까지 장악하여 나탄과 날라가 자신의 악행을 실행할 수 있도록 만든다. 나탄, 날라, 깔리를 세 각으로 하는 역할은 한데 얽히어 갈등의 정점에 이르렀다가, 까르꼬따까의 독을 통해 깔리로부터 분리되어 나오면서 갈등이 해소된다.

카타칼리의 주제를 현대적 극장으로 새롭게 옮겨놓은 〈깔리베샴〉은 배우와 역할 사이의 동일시에 대한 질문을 제기하면서 연극에 있어 가장 기본적인 탈바꿈의 예술 형식은 무엇인지에 대해 생각하도록[22] 만든다. 역할과 배우 사이의 거리는 배우가 그 역할과 일체가 되어 동일시를 하는지, 그 경계에 있는지, 혹은 그 경계를 넘어서는지의 여부를 결정하게 만든다. 〈깔리베샴〉에서는 이러한 복잡하게 얽힌 역할과 배우 사이의 관계로 독특한 메타연극적 형식을 창출해내었다. 카발람은 자신의 초기작에서부터 이러한 주제를 계속 제기해왔고,[23] 〈깔리베샴〉에서 보다 발전된 양상을 보여주며 무대화 가능성을 실험했다.

〈깔리베샴〉에서 '깔리'는 내용과 형식적 측면에서 이중적 의미를 담고

---

21 രാജാ വാര്യർ, കേരളത്തിലെ തിയേറ്ററും കാവാലം നാടകങ്ങളും, Thiruvanandapuram : Kerala Bhasha Institute, 2008, p.171.

22 Pramod Chavan, op.cit., p. 441.

23 രാജാ വാര്യർ, കേരളത്തിലെ തിയേറ്ററും കാവാലം നാടകങ്ങളും, op.cit., p.172.

있다. 그 속에는 개인(인간성)이 가지고 있는 선과 악의 경계로서의 깔리와, 배우와 역할이라는 연극적 형식을 창출해내는 매개자로서의 깔리가 들어 있다. 이러한 깔리의 의미는 카발람이 정의한 카타 파트람(이야기를 담는 그릇)으로서 배우의 역할에 대한 방향성을 제시하면서 동시에 선과 악을 통해 영적 진화를 갈망하는 개인의 정신적 진화에 관한 딜레마를 담고 있다.

3) 등장인물 분석

〈우루방감〉과 〈깔리베샴〉의 구성과 드라마투르기의 특징을 살펴보았다. 두 작품은 모두 단순한 구성을 가지고 있으면서 각각의 인물이 상징하는 바와 성격 구축에 있어 연극성을 두드러지게 드러낸다. 각 인물이 지닌 신화적 배경을 살펴봄과 동시에 카발람이 연출했던 인물의 모습을 파악함으로써 다음 절에서 하게 될 주제 분석의 토대를 제공하고자 한다.

두료다나와 수요다나

위야사가 편집한 마하바라타에는 판다바를 선의 화신으로, 카우라바를 악의 화신으로 묘사하며 선악구도를 선명하게 대비시키고 있다. 판다바의 후손인 위야사로서는 인지상정이라 그럴 수밖에 없었겠지만 수많은 이본들에서는 카우라바를 다르마에 따라 산 것으로 묘사한다. 판본들에 따라 같은 인물들을 대조적으로 묘사하는 원인은 인도의 전승방식에서도 기인한다. 유일신을 섬기는 유럽의 전승문화가 정확한 복제에 가까우리만치 번역하고 전승해왔다면, 인도는 만신을 모시는 나라답게 같은 번역이 아닌 '해석'을 위주로 발전해왔기 때문이다. 혹자들은 이러한 해석의 차이들로 혼란을 겪을 수도 있지만 또 다른 측면으로는 관점의 차이를 비교하여 인식을 확장할 수 있는 여지를 제공받을 수 있다. 바사의 경우도 작가적 상상력으로 두료다나의 최후를 위야사가 편집한 마하바라타와 다른 형태로 창작하였고, 두료다나의 성격 또한 위야사의 마하바라타와 상당히 다르게 그리고 있다. 어떤 상황에서도 자신이 옳다고 여길 때 '할 말은 하는' 성격을 가진 두료다나의 모습은 바사의 〈우루방감〉과 마하바라타 양쪽 모두에서 동일하다. 그러한 두료다나의 면모는 치명적 부상을 입은 뒤에도 여지없이 드러난다. 마하바라타에서는 허벅지가 부러진 채로 기어다니는 두료다나를 판다바들이 조롱할 때 이를 만류하던 크리스나가 두료다나에게 '아다르마(다르마를 거스르는 행위)에 대한 인과응보'라고 말한다. 그러자 두료다나는 "크리스나가 속임수로 승리를 얻을 때, 유티스티라가 과부들의 나라를 통치하려 할 때, 나는 정정당당하게 전장의 원칙을 지켰고, 번성하게 나라를 다스렸다."고 말한다. 그런 뒤 자신은 샥뜨리야로서 자신의 다르마에 따라 살았으며 오히려 승전 후 얻은 것보다 잃은 것이 더 많은 쪽은 판다바 쪽이라며 조롱한다. 위야사가 편파적으로 신들의 화신으로서 판다바들을 선의 상징으로 거들었지만 정작 신화에서는 판다바 가문의 장자 유티스티라를 빼고는 모두 지옥으로 떨어졌다. 반면 두료다나와 카르나는 천국에서 유티스티라를 기다리는 것으로 묘사하는 것을 보았을 때도 두료다나의 주장이 더 신빙성을 갖는다. 이러한 신화 속의 이율배반을 잘 포착해낸 바사는 그 자신의 독특한 방식으로 전통의 관습을 파괴하면서 다른 어떤 작품에서도 볼 수 없었던 새로운 인물 두료다나를 창조해내었다.

어떤 학자들은 바사의 두료다나는 나띠야샤스뜨라에서 다르마를 표현하기에 적합한 인물로 상정한 영웅 또는 고귀한 성품이 아님에도 다르마를 표현하는 데 주저하지 않는다고 평가[24]하며, 죽어가는 과정에서 회한, 자책, 반성의 모습을 통해 초월적인 신적인 의지를 발현하고 있다고 말한다. 그렇지만 두료다나는 이러한 일반적인 '악인으로서 죽기 전 후회하고 반성'하는 인물은 결코 아니다. 오히려 '남들이 악인이라 부른다할지

---

24 *Ibid.*, p.120.

라도 자신의 다르마와 책무에 누구보다 충실했던' 당당한 왕국의 지도자로서의 면모를 더 강하게 가지고 있다. 그리고 패배하여 자신의 생명까지도 잃어가는 순간에서 빛을 발하는 강인한 인간존재의 모습을 드러낸다. 바사가 구현한 두료다나라는 존재는 악인의 몰락으로 인한 해피앤딩이라는 뻔한 도식을 전복하여 진흙구덩이에서 하나의 연꽃을 피우는 존재적 역설을 목격하도록 만든다. 바사는 비극에서 관객들이 얻을 수 있는 진정한 라사의 힘을 간파하고 있었던 것이다.

바사가 그린 〈우루방감〉의 두료다나는 '오만과 불평, 시기와 야심으로 가득 찼던 카우라바가의 장자'로서가 아니라 '생의 마지막 순간에 자신의 일부였던 인간적 천박함의 얼룩이나 결점을 신성한 경지로 끌어올리고 극기하며 용서하는'[25] 카발람이 구현한 수요다나에 더 가깝다. 신화 속에서 늘 외부에 적을 두던 두료다나가 자기 자신의 과오를 자각하면서 현세에서 자신을 머물게 하는 애착(동지애, 가족애)을 벗어던지는 자기투쟁의 과정에 바사는 더 많은 비중을 둔 것이다. 관객들은 필멸의 존재로서의 몸을 벗어던지기까지 두료다나라는 한 인간의 자아가 이를 수 있는 최고로 신성하고 높은 차원의 승화를 목격하게 된다.

카발람은 두료다나를 그 떼이얌으로 분리시키면서 두료다나 성격의 대반전을 효과적이고 시의적절하게 무대화하였다. 떼이얌의 문자적 의미는 '신' 또는 신성, 환생 등을 뜻하는데 이는 께랄라 전통 연행예술에서 선조 숭배를 위한 전형적 이미지다. 이 떼이얌을 카발람은 '수요다나'로 명명한다. 수요다나는 두료다나의 선한 측면을 보여주는 명명법으로 두료다나의 긍정적 측면을 드러낸다. 가족들도 두료다나의 장점이 부각되거나 애정을 표현할 때 수요다나로 부른다. 산스크리트어에서 '수'는 '좋은, 뛰어난'이란 의미고, '두'는 나쁘다는 뜻을 가지고 있다. 극중에서 수요다나는 발라데와나 아쇼따마와 같이 극도의 분노의 상태에 있던 상대

---

25 Pramod Chavan, *op.cit.*, p.387.

방의 분노를 가라앉히고, 적들을 용서하고 임박한 죽음을 받아들이도록 인식시켜준다.[26] 두료다나의 눈에만 보이는 이 수요다나의 존재는 두료다나가 육신이 건재할 때는 드러나지 않던 의식이다. 죽음에 임박해서야 초월적이고 궁극적인 자아를 지향하는 신비로운 몸인 수요다나가 현현한 것이다. 이 몸은 신화 속에서 두료다나가 혼수상태였던 것처럼 의식과 무의식, 삶과 죽음의 경계에서 범속한 존재성을 벗어던지기 위한 매개가 된다.

카발람은 두료다나가 갑작스런 인간성의 변화를 겪는 데 착안하여 그것을 수요다나로 표현하는 데 초점을 맞춘다. "여기 한 '영웅'이 있다, 아다르마 편에 서 있었던. 그 '영웅'의 삶 전체는 아다르마였지만 어쩔 수 없는 상황에 놓이자 다르마, 의미와 법, 정의와 미덕이 생겨나기 시작한다."[27] 카발람이 이와 같이 연출의도에서 밝혔듯 두료다나가 부상을 입은 뒤 그 떼이얌인 수요다나가 나오는 것도 위의 개념과 관련이 있다. 수요다나는 두료다나의 잠재의식에 존재하던 정신이자 죽음 그 자체가 될 수도 있다. 하지만 이 죽음은 종말이 아닌 궁극의 존재와의 합일을 의미한다.

드리타라스트라와 간다리

드리타라스트라는 꾸루쉐뜨라에서도 중요한 역할을 담당하였고 마하바라타전체에서도 존재감이 있는 역할이다. 드리타라스트라의 어머니 암비카는 방 안의 불을 환히 밝힌 상태에서 위야사의 흉측한 몰골을 보지 않기 위해 눈을 감았고 이것이 화근이 되어 드리타라스트라는 눈이 먼 상태로 태어났는데 이는 카우라바의 몰락을 가져온 '눈먼' 결정을 예

---

26 *Ibid.*, p.386.

27 *National Theatre Festival* Pamphlet, 27th March to 3rd April 2009, presented by Kozhikode National Theatre Festival oranization.

견한 것이라 할 수 있다. 드리타라스트라는 그것이 잘못된 결정인 줄을 알면서도 자식들을 향한 눈먼 사랑으로 인해 두료다나의 요구를 따를 수밖에 없었고 결국 그것이 자식들을 몰락으로 이끄는 원인이 되고 만 것이다.

마하바라타에서는 드리타라스트라의 자식에 대한 사랑을 묘사하는 구절[28]이 자주 나온다. 두료다나의 탄생 시 날고기 먹는 짐승들의 무시무시한 소리가 들려왔고, 암자칼들도 음산한 소리로 울부짖기 시작했다. 이모든 불길한 징조에 위두라는 드리타라스트라에게 "지금 태어난 아기는 필시 왕가를 망하게 할 것입니다. 여기 두었다간 큰 재앙이 닥칠 것입니다. …(중략)… 가정을 위해서라면 아들 한 명쯤은 버릴 수 있어야 하고, 마을을 위해서라면 가정 하나쯤은 버릴 수 있어야 하고, 나라를 위해서라면 마을 하나쯤은 포기해야 합니다. 더 나은 자아를 성취하기 위해서라면 온 세상을 다 버려야 합니다." 하고 충고했지만 드리타라스트라는 아들에 대한 정이 너무 깊어 그 말을 새겨들을 수 없었다. 이러한 드라타라스트라의 아들에 대한 사랑을 바사는 아래와 같이 묘사하였다.

> **발라데와** 의연한 위인, 자신의 눈을 백 명의 아들에게 나눠준 분.(36)
> **드리타라스트라** 그들은 내 눈이었다.
> **발라데와** 드높은 긍지를 갖추신 위대한 분, 황금빛 기둥처럼 위엄 있는 긴 팔을 가진 용자. 데와들이 그 힘을 감당할 수 없어 악의에 찬 질투의 힘으로 태어나자마자 눈을 멀게 했으니.(36)
> **드리타라스트라** 이럴 수가! 이런 수치스런 일이 다 있다니!
> 내 아들이 속임수로 쓰러졌다니. 눈먼 내 눈이 눈물로 한

---

28 박경숙, 『마하바라따』 2권, 513쪽.

번 더 가로막히네.(37)[29]

드리타라스트라가 태생적 원인으로 눈이 멀었다면 간다리는 자신의 의지를 따라 선택적으로 눈이 먼다. 눈먼 드리타라스트라의 아내로 정해진 날 간다리는 그날부터 지아비보다 더 많은 경험을 하지 않겠다며 헝겊으로 자신의 눈을 가려 평생 드리타라스트라의 동반자가 되었다. 간다리의 '자발적인 눈 멈'은 인도에서 이상적 여인상으로 그려지는 빠티브라타의 변형된 형태라 볼 수 있다. 전통적으로 인도 여성은 '어려서는 아버지를 따르고, 결혼해서는 지아비를 따르며, 늙어서는 아들을 따르는' 여필종부를 이상적 여성상으로 그려왔다.[30] 남편과 사별 후 남편을 화장하는 장작더미 속으로 몸을 던지는 행위는 종속적 여성들의 관습이었다. 간다리는 화장하는 장작더미 속으로 몸을 던지는 대신 자신의 눈을 가림으로써 남편에 대한 복종적 의지를 드러낸다. 전통적으로 '눈'은 볼 수 있는 시력으로써만이 아니라 인식하고 이해하는 '소화'의 의미로 이해되어 왔다. 소화의 핵심 요소는 불이라고 할 수 있는데 간다리는 이렇게 다른 차원의 '불 속으로' 자신을 희생시킨 것이다. 이는 더 이상 세상 보는 것을 마다하고 스스로의 비전을 포기한 수동적인 인간의 모습이지만 빠티브라타의 관점에서 보자면 가장 '적극적인' 여필종부의 모습이 된다.

드리타라스트라와 간다리에게 있어 '본다는 것'의 의미는 또 다른 차원으로도 이해할 수 있다. '보는' 방식의 차이는 기본적으로 인도의 경험에 관한 사유체계를 더욱 발전시킬 수 있는 계기가 된다. 본다는 것은 기본적으로 불완전하고 주관적인 것이어서 누구나 자신의 '해석'을 개입시키기 때문이다. 그 해석은 단지 현재만이 포함된 것이 아니라, 개인만이 포함된 것이 아니라, 한 개인이 속한 사회와 그 사회가 진화해온 역사까

---

29 Bhasa, *Thirteen plays of Bhasa*, p.35.

30 류경희, 앞의 논문, 135쪽.

지 포함하는, 다시 말해 문화 그 자체가 '보는 것'이다. 그렇다면 〈우루방감〉에서 본다는 것은 어떤 의미를 가질까? 드리타라스트라의 '눈'은 많은 맥락적 의미를 내포하고 있다. 드리타라스트라처럼 거스를 수 없는 운명의 결과로서든, 간다리처럼 자신의 의지의 결과로서든 '보는 것'은 카우라바뿐 아니라, 꾸루쉘뜨라 전체, 마하바라타 전체, 우주 전체와 연관된 '인식'의 수단이다. 어떻게 보면 모든 인간은 자신만의 색깔을 입혀 세상을 보는 '눈먼' 삶을 살고 있는지도 모른다. 이런 인식과 해석의 수단(차이)으로서 눈은 앞서 마하바라타와 다르마에서 고찰하였던 〈우루방감〉의 주제의식과도 밀접한 관련을 맺는다. 다르마도 관점에 따라 다양한 방식으로 '볼'(해석할) 수 있기 때문이다.

발라데와와 아쇠따마

발라데와와 아쇠따마는 두료다나 편에서 카우라바를 응원하며 두료다나의 심장 구실을 하던 인물이다. 그런데 두 사람은 같은 편을 응원하면서도 입장 차이를 가지고 있다. 발라데와는 중립적 입장에서 한 걸음 떨어져서 객관적 거리를 유지하던 인물인 반면, 아쇠따마는 판다바의 심장을 노리며 두료다나의 심장을 충만 시키던 핵심 인물이다.

발라데와는 야다바 족장 바수데와의 장자로 꾸루쉘뜨라에서 판다바를 승리로 이끄는 핵심적인 책략가인 크리스나의 형이다. 크리스나는 판다바의 어머니인 꾼티의 고종 조카로서 카우라바와도 인척지간이긴 하지만 판다바의 셋째 아르주나에 대한 애정이 각별하여 언제나 판다바를 두둔하였다. 그런데 어린 시절부터 남다른 우애를 가진 크리스나와 함께 악당들을 물리치며 수많은 신화적 일화를 간직하고 있는 발라데와가 꾸루쉘뜨라에서는 카우라바 편에 서서 카우라바를 응원하였다. 그 원인은 판다바 측에서 많은 속임수로 전쟁의 규율을 위반했기 때문이었다. 발라데와는 사실 꾸루쉘뜨라가 있기 전부터 양쪽의 대립과 전쟁보다는 화평을 주장하였으나 대립하며 팽팽하게 맞서던 양쪽의 지지층에 비해 그

세력이 크지 않아서 그 의견이 묵살되곤 하였다. 크리스나가 판다바 편에 서서 전쟁을 지휘하게 되었을 때 발라데와는 중립을 선언하며 전장에서 멀리 떨어진 성지순례를 떠나기로 선포하였다. 발라데와는 직접 적진에 뛰어들어 전투에 참여하거나 진두지휘는 하지 않았지만 한 걸음 뒤로 물러서서 관조하며 카우라바를 응원하였다. 그런데 순례에서 돌아와 우루방감을 목격하게 된 발라데와는 분노가 극에 달하여 전쟁에 환멸을 느끼게 된다. 바사는 이러한 중립적 입장의 발라데와가 우루방감뿐 아니라 두료다나의 죽음을 목격하고, 또한 아쏴따마의 야침도 목격하는 것으로 묘사하고 있다. 발라데와는 거리를 두고 '지켜보는 눈'으로서 극 중에서 양편의 무게를 유지하도록 만든다.

아쏴따마의 아버지는 판다바와 카우라바 양쪽 가문의 스승인 무기술의 대가 드로나다. 드로나는 무술뿐 아니라 베다에 능통하여 그 이름이 신들계에서도 자자할 정도였다. 이런 아버지의 뒤를 이어 많은 무기술을 연마한 아쏴따마는 적진의 파괴자이자 기력 넘치는 영웅으로 연꽃 눈의 승리자로 불렸다. 드로나는 꾸루쉐뜨라에서 카우라바 쪽의 총사령관이었는데 누구도 이길 수 없는 천하무적의 무기술과 전투기술을 가졌기 때문에 전쟁의 막바지에서 크리스나는 드로나가 생존하는 한 판다바 쪽에 승산이 없다고 판단한다. 그래서 속임수를 쓰기로 작정하고 드로나의 최대 약점인 아들 아쏴따마가 죽었다고 헛소문을 퍼뜨린다. 비마의 입을 통해 이 소문을 전해 들은 드로나가 유티스티라가 한 말만 믿겠다고 말하자 유티스티라는 "아쏴따마는 죽었습니다." 하고 말한 뒤 적진에 들리지 않을 만큼 작은 소리로 "코끼리이긴 하지만." 이라 말끝을 흐렸다. '다르마의 수호자'로서 도덕성이 높았던 유티스티라의 말을 믿었던 드로나는 이 말을 듣고 심리적으로 큰 타격을 입고 무저항 상태에 빠졌다. 이때 드라우빠디의 오빠인 드리쉬따듐나가 전장의 규칙을 어기고 드로나를 죽였다. 아쏴따마는 이렇게 아버지가 부도덕하고 비겁한 방식으로 억울하게 죽음을 맞이한 데 대한 앙심을 품은 데다가 두료다나마저 부정직한 방식으로 죽임을 당하자 그 분노가 극에 달하게 된다. 이런 점을 고려할 때 우루방감을 대하는 발라데와의 분노가 부도덕한 행위에 관한 보편적인 것이라면 아쇄따마의 경우 개인적 응어리와 한을 풀어내는 개인적인 것에 더 가깝다. 아쇄따마는 복수의 방식을 고민하다 우연히 밤눈이 보이지 않는 까마귀를 공격해서 죽이는 부엉이를 보게 되고 자신도 야습을 결심한다. 판다바가 번번이 전쟁의 규율을 어겨왔으니 자신들도 같은 방식으로 보복하기로 결정한 뒤 밤에 잠든 판다바 적진으로 들어가 판다바의 모든 아들들을 몰살시키고 수장들을 대부분 살해했다. 이후 아쇄따마는 복수와 한의 화신이 되어 '원한을 절대 잊지 않는' 빠까를 상징하며 여러 유가를 떠돌고 있다고 전해진다. 빠까는 자신에게 상처를 주거나 손해를 입힌 자들을 결코 잊지 않고 받은 대로 갚는 '사무친 원한에 대한 복수'를 의미한다.

바사의 〈우루방감〉에서 아쇄따마가 중요한 것은 복수의 씨앗을 심는 역할을 하기 때문이다. 전장의 원칙대로라면 카우라바 왕국은 판다바에 복속되어야 하는 것이지만 아쇄따마는 두료다나의 후손이 왕국을 이어가도록 만들어 이후에 일어날지 모를 불씨를 남겨둔다. 두료다나는 죽음의 순간에 회한과 자기인식을 통해 복수와 분노를 초월한 단계로 승화하고 있지만 아쇄따마는 다시 증오와 분노의 씨앗을 심어 다시 올지 모를 전쟁을 대비하고 있는 것이다. 이러한 전쟁과 폭력의 악순환을 예지하였던 바사의 텍스트는 상당히 현대적인 시의성을 지니고 있다. 우리는 오늘날 이 세계에서 벌어지는 수많은 폭력과 증오의 불씨로서 아쇄따마의 화현을 곳곳에서 목격할 수 있기 때문이다. 그래서 피터 브룩은 자신의 연출작 〈마하바라타〉[31]에서 아쇄따마가 가진 가공할 위력의 아스트람을 원폭으로 암시하고 있다. 아스트람은 화살과 비슷한 신성한 무기로 고행을 통해 자격을 갖춘 자들에게만 신이 부여하는 선물이다. 이 아스트람

---

31 피터 브룩, 『마하바라타』, 남은주 역, 서울 : 예니, 1999, 267쪽.

에 대해『마하바라따』번역자인 박경숙은 '날탄'으로 번역하며 그 위력이 미사일에 버금가는 것으로 묘사하고 있으며, 현대의 학자들은 이 무기가 원자폭탄과 비슷한 파괴력을 지니고 있었다고 추정한다. 바사는 전통적 내용을 전복시킴으로써 자신의 작품이 동시대성을 가질 수 있는 무게를 제공한다.

코러스들

카발람은 바사의 원작에서 시체를 파먹는 독수리들, 전투용 코끼리들의 모습을 병사 복장을 한 코러스들을 통해 형상화하였다. 바사의 원작에서 주로 등장하는 병사 4인의 경우 각각의 개성을 가지고 있지만 카발람의 코러스들은 특정한 개성을 가진 것이 아니라 장면의 지배적인 정조를 형성하는 데 기여하는 무개성의 인물들이다. 이 코러스들은 영창과 노래를 독창하거나 합창하면서 전투 후의 광경에 대한 분위기를 전달하고, 전투하는 병사들의 그림자처럼 움직임으로 대열을 만들어 블로킹의 변화를 주기도 하며, 때로는 두료다나와 비마로 분하여 둘의 대결을 묘사하기도 한다. 〈우루방감〉에서뿐 아니라 카발람의 작품에는 코러스가 항상 등장하는데 나는 이들을 '티라실라의 인격화'로 칭하고자 한다.

반(半)무대막을 지칭하는 용어인 티라실라는 고정된 설치물이 아니라 두 명의 무대 진행자들이 양 끝을 잡고 연희자들과 호흡을 맞춰 가며 이리저리 움직이는 독특한 이동식이다. 티라실라는 고대인도 연극에서 '야와니까'(Yavanika) 혹은 '냐와니까'(Javanika)로 호칭한다. 이에 대해 그리스 연극의 영향을 주장하는 학자들도 있고, 인도 토착문화라는 주장이 아직까지 대립하고 있다.[32] 이 반막 커튼이 연극에 신비감을 불어넣고 마치 꿈

---

32 Chandra Bhan Gupta, *The Indian Theatre*, New Delhi: Munshiram Manoharla Publishers Pvt, 1991, pp.48~49.

속 신의 계시처럼 배우를 등장시키는 제의적 기원[33]을 드러내는 것으로 이해하기도 한다. 티라실라는 인물의 등장 전에 막으로 가려 흥미를 불러일으킴으로써 극 진행에 중요한 역할을 한다. 연희자들은 등장 전에 무대막을 잡고 등장 인물의 근엄함과 영웅성을 과시하기도 하고, 악역의 경우 막 뒤에서 날카로운 내지름을 통해 포악함과 섬뜩함을 유발하기도 하면서 캐릭터의 특성을 부각시킨다.

별도의 배경막이나 무대장치를 쓰지 않던 인도 전통극의 관습상 티라실라는 장소를 암시하기도 하고, 공간을 두 개 이상으로 구분할 때도 사용한다. 인물이 각기 다른 공간에 있음을 나타내거나 시간적 태도나 거동을 나타내기 위해 사용하는 무대장치의 구실도 한다. 또한 반막에 상징적 문양을 그려 이미지를 시각화하기도 한다. 카타칼리나 무디에투와 같은 전통춤극에서는 캐릭터의 위용과 장엄함을 보여주는 차양 같은 역할도 한다. 카발람은 이렇게 다양한 방식으로 드러나는 전통적 반막 커튼을 보다 적극적으로 응용하였다. 주요 인물의 등장이나 의미심장한 장면을 연출할 때면 플롯의 중간에 끼어들어 플롯의 진행을 정지[34]시키고 장면의 시각적 이미지를 극대화시키기도 하였다. 〈우루방감〉에서 두료다나와 수요다나가 등장하는 장면도 티라실라의 응용이 두드러진 장면이다. 두료다나와 수요다나는 무대 양편에서 각각의 티라실라 뒤에서 등장한 뒤 무대 중앙으로 모이면서 티라실라를 중첩시켜 두 인물이 결국 하나이며 합일을 지향한다는 것을 상징적으로 형상화시켰다. 이러한 티라실라의 운용은 코러스들이 조정하며 때로는 티라실라의 역할이 코러스들의 몸을 입고 인격화하기도 한다. '티라실라의 인격화'는 시각적 장관을 보조하면서 극적 재미를 두드러지게 만든다.

---

33 수레쉬 아와스티, 앞의 책, 62쪽.

34 Pramod Chavan, *op.cit.*, p.289.

압사라들과 두료다나의 두 부인

압사라는 'Ap'(물)과 'Sara'(움직임)의 합성어로 물에서 움직이는 요정을 뜻하는데[35] 보통 인도 신화에서 수라(선신)들이 사는 천상에서 춤추는 무희들로 표현한다. 압사라는 부드러운 여성의 아름다움을 상징하기도 하고 속세에 없을 것 같은 절대적인 아름다움을 지닌 여성을 비유할 때도 쓰인다. 그리고 신화에서는 위대한 영웅의 신성한 행위 뒤에는 천상에서 신성한 고동 소리와 꽃비를 내린다고 묘사하는데 이 꽃비를 뿌리는 것이 압사라다. 바사는 "압사라들이 용맹하게 전투에 임한 뒤 용자로서 전사한 영웅들을 선택할 수 있는 혼례의 장"으로서 무수하게 전사한 용사들의 시체가 널린 전장을 묘사하고 있다. 카발람은 압사라를 표현하기 위해 흰 옷을 입은 여성 코러스들을 등장시켰다. 그들은 밝은 표정으로 모히니아땀과 같은 여성무를 추며 결혼을 상징하는 목걸이를 걸어주는 무드라를 한 뒤 죽은 병사들을 이끌며 퇴장한다. 병사들은 죽음 이후에야 비로소 천상의 아름다움과 결합하는 것이다. 압사라들의 부드러운 동작과 밝게 빛나는 흰 옷은 병사들의 창을 든 직선적인 군무와 붉은 조명 뒤에 서린 검은 실루엣과 대조를 이루며 삶과 죽음이 행운과 불행이라는 분명한 경계로 규정할 수 있는 것이 아님을 암시한다.

두료다나의 두 부인인 빠우라위와 말라위는 머리채를 풀어헤치고 등장하여 전쟁에서 지아비를 잃은 전형적인 '불행한' 과부의 슬픔을 표현한다. 전통적으로 인도에서는 지아비를 잃은 과부들은 머리채를 풀고 흰 옷을 입으며 결혼한 여성들이 이마에 찍는 '신두람'이라 부르는 붉은 파우더를 바르지 않는다. 두 사람은 가녀린 목소리로 흐느끼거나 울부짖으며 불행한 자신들의 처지를 한탄하며 슬픔의 정조를 상승시킨다.

두료다나 *말라위, 잘 들으시오.*

---

35 Padma Subranmanyam, *op.cit.*, p.126.

전투에서 내 이마는 곤봉의 타격으로 깨졌소. 내 가슴은 피로 넘쳐흘러 목걸이를 걸 자리가 없소. 내 두 팔을 보시오, 상처가 황금 팔찌처럼 장식되어 있소. 당신들의 남편은 적들에 정면으로 맞서 싸웠소. 왜 울음을 그치지 않는 거요, 용사의 아내여?(51)

말라위 *제가 비록 여자라곤 하지만, 백년언약을 맺은 당신의 부인인데, 어찌 울지 않을 수 있겠어요?*

두료다나 *빠우라위, 내 말을 잘 들어 두시오.*

우리는 베다의 말씀을 따라 금욕하며 우리 동족을 지원하였소. 누구보다 나를 사랑하고 따랐던 백 명의 아우들은 적들을 물리쳤소. 나와 우리 부하들은 절대로 서로를 저버리지 않았지. 수많은 군대를 거느린 뛰어난 용병장이었던 18부의 왕들을 강력하게 진두지휘하던 자가 바로 나였소. 자부심을 갖고 나의 영광을 생각하시오. 이런 왕의 아내들은 울지 않소.(52)

빠우라위 *저는 무엇을 할지 결심했어요. 그러니 더 이상 울지 않겠어요.*[36]

두 여성이 몰락한 지아비의 운명에 따라 자신들도 몰락해감을 슬퍼할 때 두료다나는 왕으로서 사명을 다해 자신의 다르마를 완수한 자의 아내로서 슬퍼하지 말고 눈물을 그치라고 당부한다. 빠우라위와 말라위는 '마음의 정처를 찾았으니 더 이상 울지 않겠다'고 말한 뒤 쓰러지는데 이는 속세를 떠나 숲으로 가 생을 마감하거나 두료다나를 화장하는 불 속으로 따라 뛰어들 것(사티)을 암시한다. 이 둘은 간다리와는 또 다른 방식의 '빠티브라타'의 전형을 보여준다.

이상과 같이 〈우루방감〉에 등장하는 인물들의 역할을 분석해보았다.

---

36 Bhasa, *Thirteen plays of Bhasa*, p.52.

바사는 내용과 형식에서 전통적 관습을 깨고 현대적 시의성을 지닌 인물을 창작하였다. 카발람은 그러한 바사의 의도를 전달하기 위해 고전 산스크리트극에서 쓰지 않던 민속극의 떼이얌이나 코러스 역할을 통해 양식적인 방식으로 바사의 텍스트를 구현하였다. 다음부터는 〈깔리베샴〉의 인물을 분석하여 두 작품에 등장하는 인물들의 관계도를 살펴보고 카발람의 작품세계를 관통하는 주제의식을 고찰해보도록 하겠다.

깔리

'깔리'란 말은 '검다'와 '시간'[37] 두 의미를 모두 가지고 있다. 〈깔리베샴〉에서는 깔리의 다양한 측면이 모두 망라되어 있다. 깔리는 도박, 술, 살인, 여색, 물욕 등의 다섯 욕망을 지배한다고 여겨진다. 깔리는 인도에서 경우에 따라 다양한 의미를 함축하게 되는데 일반적으로 나쁜 성정이나 악한 마음을 가리키며, 인간 내부에 도사리고 있는 부정적인 측면의 내면적 악을 상징한다. 누군가 나쁜 짓을 하거나 자신을 잃고 욕망의 노예가 될 때 사람들은 '깔리에 사로잡힌', 혹은 '깔리에 홀린' 상태라 한다. 또 상대가 자신을 나쁜 쪽으로 몰아갈 때 '나를 깔리 만들지 말라'고 말하기도 한다. 깔리란 악의 화신으로서 악 그 자체를 상징하기도 하고, 육체적으로든 심리적 · 정신적으로든 악을 행하는 그 상태를 지칭하기도 하는 것이다. 〈깔리베샴〉에서 깔리는 나탄이 가진 역에 대한 불만과 다마얀티가 가진 뱀에 대한 두려움이라는 '부정적' 정서의 틈을 파고 들어 나탄을 '깔리화'시킨다. 이렇듯 나쁜 성정으로서의 깔리는 인간적인 본성 저변에 깔려 있는 부정적이거나 불안정한 심리 · 정신적 요소의 현현이라고 할 수 있다.

이 외에 깔리가 상징하는 중요한 또 다른 의미는 '순환하는 시간'과 관

---

37 조지프 캠벨, 『신화의 세계』, 과학세대 역, 서울 : 까치글방, 초판 1998, 2판 1999, 191쪽.

련이 있다. 이 순환하는 시간을 인도에서는 '유가'라 부르는데, 유가는 세계 또는 한 시대가 지속하는 기간을 가리킨다. 힌두 신화에서는 네 유가가 있다[38]고 말한다. 첫째는 끄르따 유가로 신들의 시대다. 이 유가에서는 신들이 이 세상을 다스리며 모든 생명이 신앙심과 환희로 가득 차 있다. 노력하지 않고도 모든 것을 얻을 수 있으며 다르마를 지탱하는 다리가 넷이기 때문에 세상이 악에 빠질 염려가 없다. 둘째는 뜨레따 유가인데 이때 인간들은 목적을 갖고 행동하기 시작한다. 다르마를 지탱하는 다리가 셋으로 줄어들기 때문에 악을 물리치기 위해 희생제를 지내야 한다. 셋째는 드와빠라 유가로 각종 행사와 제사들을 행하는 시기다. 다르마를 지탱하는 다리는 이제 둘 뿐이며 질병과 욕망이 많아져 이를 이겨내기 위해서는 고행을 할 수밖에 없다. 넷째는 깔리 유가 또는 말세라고 한다. 다르마는 다리 하나로 겨우 유지되고 있으며 제사와 고행과 베다 공부가 무시되고 투쟁과 질시, 싸움 그리고 질병이 끊이지 않는다.[39] 우리가 살고 있는 이 시대를 깔리 유가라 부르는데 전쟁과 폭력이 난무하는 현대사회의 부정적 측면은 깔리 유가의 전형성을 띤다. 그런데 이 유가는 계속 반복하며 지속하다 완전한 소멸의 상태로 들어가게 된다. 유가의 끝이 오면 눈에 보이는 것이든, 눈에 보이지 않는 것이든 모든 존재가 사라진다. 그리고 다시 처음으로 돌아가 생성과 확장을 반복한다. 존재의 바퀴는 이처럼 시작도 끝도 없는 생성과 소멸의 근원이 되어 시작함도 다함도 없는 이 세상을 굴리는 것[40]이다. 깔리는 이렇듯 생성과 소멸의 순환적 바퀴를 상징하는데 이런 상징성은 〈깔리베샴〉의 종결부와 에필로그에서 잘 드러난다.

---

38 하인리히 침머, 『인도의 신화와 예술』, 조셉 캠벨 편·이숙종 역, 서울 : 대원사, 1997, 28쪽.

39 위의 책, 28~32쪽.

40 박경숙, 『마하바라따』 2권, 43~44쪽.

날라 멈춰, 멈춰, 이 사기꾼! 내가 네 목을 베고 말겠다.

깔리 용서해주세요, 내 죄를. 화를 풀고 진정하시오. 나는 깔리, 오염된 자가 아니오. 내가 저지른 속임수를 용서해주시오, 왕이시여! 몸 없는 내가 피난할 수 있는 자리를 조금만 내주시오.

날라 좋은 사람들과 정의로운 사람들, 다시는 건드리지 마라!

깔리 안 할게요. 좋은 사람들과 정의로운 사람들을 절대 해치지 않겠습니다. (깔리, 나탄, 날라 셋이서 대치하다 깔리는 객석으로 뛰어든다.) 여기, 좋은 사람이 어디 있나요? 정의로운 사람은요? 누가 좋은 사람인가요? 누가 나쁜 사람인가요? (객석 여기저기 돌아다니며 관객들에게 물어본다)

— 에필로그 —

나탄이 선창하면 다른 배우들 따라한다

나탄 브라만의 바퀴가 돌아가는 시간 속에, 찰나에 지나지 않는 이 대지 위에서, 공간과 시간이 한 지점에 제대로 만나, 이 이야기를 반복할지니.[41]

위와 같이 깔리가 객석으로 뛰어들어 '누가 선한 사람이고 누가 악한 사람인지' 질문을 던지며 이러한 선악의 고리가 끊임없이 반복될 것을 예고하며 주제의식을 강화시킨다.

〈깔리베샴〉에서 깔리는 메타연극적 기호로서도 해석할 수 있다. 원전인 마하바라타에서 깔리는 날라의 몸에만 잠입하여 악행을 저지르게 만든다. 그런데 카발람은 나탄이라는 제3의 인물을 배우로 설정함으로써 역할과 배우 사이의 역학관계로 깔리의 의미를 확장한다. 육체가 없는 깔리가 다마얀티를 차지하기 위해 날라의 몸으로 들어가기 위한 매개가 나탄이 되는 것이다. 깔리의 욕망이 배우의 몸을 입고 수행성을 가지게

---

41 Kavalam Narayana Panikkar, *കാവാലം നാടകങ്ങൾ*, p.682.

됨으로써 배우는 신화와 현실을 이어주는 '물질화한' 몸으로써의 매개가
된다. 동시에 배우로서 역할에 대한 자신의 내면적 욕구 불만과 깔리의
욕망이 접점을 갖게 만듦으로써 극적 갈등의 내적인 동기를 부여해준다.
〈깔리베샴〉은 순환하는 악의 고리를 극복하고 정신적으로 진화하고자
하는 주제적 측면의 '깔리'와 역과 배우 자신의 되기로서의 '베샴'이 중층
으로 결합하고 있는 메타연극이다.

나탄

나탄은 주로 쪼바나 타디(붉은 수염) 역할을 연행하는 카타칼리 배우다.
쪼바나 타디는 주로 거칠고 사악한 성정을 가진 인물군을 표현하는데 붉
은 수염을 달고 거대한 왕관을 쓰며 역동적인 동작을 많이 한다. 중국의
경극과 달리 카타칼리 연행자들은 한 가지 역할만을 맡아서 평생 연행하
지는 않지만 일반적으로 관중들로부터 선호받는 역할이 있기 마련이다.
나탄은 본인이 선호하지 않음에도 관객들로부터 쪼바나 타디 역할만을
부여받는 데 불만을 가지고 있다. 자신은 신심이 강한 '밝은' 성정의 브라
민임에도 깔리나 두샤사나, 혹은 끼르미라 같은 '어두운' 성정의 역할을
맡는 것이 탐탁지 않다.

이러한 밝거나 어두운 성정의 개념은 샹키야 다르샨의 '구나'에 토대
를 두고 있다. 나탄은 자신이 맡고 있는 역할들이 타마스적인 '어두운'
성정의 것임에 불만을 품고 본디 자신의 성정인 사뜨와적인 '밝은' 성정
의 역할을 맡기를 원한다. 이는 자신이 맡은 배역에서 존재론적 진화를
갈구하는 것이다. 인도에서 정신수행을 하는 수련자들은 사뜨와적인 구
나를 길러 보다 높은 차원의 영적 실현을 이루기를 염원한다. 사뜨와적
인 성정을 가졌으나 타마스적인 배역(역할)을 입어야 하는 나탄과 타마스
적인 성정을 가졌으나 타마스적인 몸이 없는 깔리는 분리와 결합을 반복
한다. 이 둘은 서로 대척점을 이루며 갈등과 결합을 반복하다 결국 까르
꼬따까의 독으로 인해 분리됨으로써 사뜨와적인 구나가 타마스적인 구

나를 소멸시키게 된다. 나탄은 본래 자신의 성정인 사뜨와를 되찾는 것이다. 이 과정은 타마스적인 낮은 차원에서 사뜨와적인 높은 차원으로의 영적 진화를 구현하는 것으로 〈깔리베샴〉의 중심주제가 된다.

날라

신화 속의 날라는 지혜롭고 선량한 반면, 남에게 받은 청탁은 거절하지 못하는 우유부단한 면과 개인적인 결함도 지니고 있다. 카타칼리를 비롯한 많은 연행예술에서는 깔리가 뿌쉬까라를 충동질하여 노름으로 날라의 재산을 빼앗았다고 묘사한다. 날라의 우유부단한 면을 엿보게 되는 부분이다. 하지만 마하바라타에서는 날라의 빈틈을 기다리던 깔리가 어느 날 날라가 소변을 본 뒤 오줌이 튄 발을 씻지 않고 저녁 제의를 모시는 모습을 본 뒤 날라의 몸 속으로 들어가 날라를 조종하는 것으로 나온다. 그런데 〈깔리베샴〉에서 날라는 사뭇 결단력이 있고 종결부에서 깔리를 엄준하게 꾸짖을 정도로 카리스마를 지닌 인물로 묘사하고 있다. 이는 카발람이 주제 의식을 강화하기 위해서 마련한 장치다. '정의로운 사람들을 더 이상 괴롭히지 말라'는 날라의 꾸짖음에 객석으로 뛰어든 깔리는 관객을 향해 '누가 정녕 정의로운 사람인가'에 대해 반문한다. 이를 통해 깔리가 언제, 어디서든 사람들과 결합하여 새로운 갈등을 조장할 여지를 남겨놓도록 만든다.

날라의 지혜는 함사와 관련을 맺고 있다. 함사는 백조(혹은 거위 과의 조류)를 일컫는 말이다. 함사는 날라가 결혼 전 다마얀티를 흠모하던 시절 날라와 다마얀티의 메신저 역할을 담당하던 새다. 함사는 땅 위에서도, 물속에서도, 높은 공중에서도 즐겁게 살아가는 새이기 때문에 천상, 지상, 지하 세 세계의 지배자의 영혼을 상징하며 세계의 모든 것에 대해 말할 수 있다[42]고 여겨진다. 그래서 날라와 다마얀티의 소식을 전달하며 그

---

42 조지프 캠벨, 앞의 책, 184쪽.

둘을 맺어주는 역할도 가능했던 것이다. 함사가 중요한 또 다른 원인은 그것이 생명의 원천이자 에너지인 호흡과 연관이 있기 때문이다. 함사의 '함'은 들이쉴 때의 소리, '사'는 내쉴 때의 소리로 함사는 호흡을 상징한다. 요가 수행자들은 호흡 수련을 할 때 듣게 되는 들이쉼과 내쉼의 음향을 내면의 백조가 현현하는 것으로 간주[43]한다. 이 음향은 수행자들의 내면에서 지혜를 계시하는데, 날라도 함사를 통해 지혜를 발휘한다고 볼 수 있다. 날라의 이야기에서 그 지혜는 함사라는 현실에서의 백조를 통해 암시되는데 날라가 깔리의 지배를 받게 되는 동안 함사는 나타나지 않는다. 함사 대신 깔리가 만들어낸 새가 옷을 채가게 만듦으로써 날라가 부인을 숲속에 혼자 내버려두고 도망치는 잘못된 선택을 하도록 만든다. 함사와 동행할 때 날라는 지혜로운 반면 함사가 없을 때 날라는 깔리의 환영 아래서 다르마를 저버리는 오류를 범하고 마는 것이다. 그런 점에서 날라는 진리와 지혜를 수호하고자 하는 다르마의 측면과 그 반대급부로서 아다르마적인 개인의 약점과 불합리한 측면을 동시에 가지고 있는 인간의 유형을 대표한다 하겠다.

다마얀티와 나탄의 부인

〈깔리베샴〉을 비롯하여 카발람의 많은 작품들에서 여성들은 자연의 정신을 상징한다. 〈아람반〉의 쩨끼, 〈비크라모르바시얌〉의 우르바시, 〈샤꾼딸람〉의 샤꾼딸람 등 카발람의 많은 작품에서 여성들은 아름답고 풍요로운 자연의 모습으로서 춤추는 여성으로 형상화하였다. 〈깔리베샴〉에 등장하는 두 여성 다마얀티와 나탄의 부인은 깔리의 주술적 힘에 대적하여 자연성을 회복하려는 내면의 상징으로서 불과 연관을 맺고 있다. 다마얀티는 깔리에게 홀린 나탄이 자신을 덮치려 할 때 명상의 힘으로 불을 피워 난관을 극복하게 된다. 그리고 나탄이 '가정의 등불'로 빗대

---

43 하인리히 침머, 앞의 책, 96쪽.

어 표현하는 나탄의 부인은 나탄이 깔리의 환영 때문에 고통스러워할 때 기도의 힘으로 이끌고자 한다. 다만 다마얀티가 보다 적극적인 방식으로 깔리에 대적하는 반면 나탄의 부인의 경우 깔리에 홀린 남편의 행동에 놀라 기절하거나 도망을 치는 등의 소극적인 도피로 그치고 만다.

다마얀티가 지핀 내면의 불은 두 가지 측면에서 의미심장한 역할을 한다. 그중 첫째는 생명을 정화시키는 정수로서의 역할이고, 둘째는 주술적 권능으로부터 해방시켜주는 자연성의 상징으로서의 역할이다. 불에 대해 인도 전통에서는 상반하는 두 관념[44]을 가지고 있는데, 감각적 욕망으로서의 불은 꺼야 하고 생명을 유지시키는 불은 더욱 지펴야 한다는 것이다. 특히 생명으로서의 불은 일종의 정화장치로서 높은 경지의 정신수행에 필수적인 요소이다. 그래서 많은 수행자들은 이 내면의 불을 키우기 위한 수련을 거듭한다. 이러한 수련에 정통한 다마얀티가 깊은 명상의 힘으로 일으킨 불로 인해 까르꼬따까는 그 불 속에 갇히게 되고 까르꼬따까를 돕기 위해 다가선 날라를 물게 만들어 결과적으로 깔리에 중독된 날라를 정화시켜주게 된다.

다마얀티가 일으킨 불의 둘째 역할은 세속적인 인간조건을 초월하고 신성을 육체에 담음으로써 초자연적인 열기[45]를 경험함으로써 얻을 수 있는 것이다. 인도인들은 진정한 수행자는 초월적 경지에 이르러 완전히 제약받지 않는 상태를 얻기 위해 주술적 권능의 유혹을 이겨내야 한다고 믿는다. 〈깔리베샴〉에서 깔리는 애욕에 불타 자신의 욕망을 주술적 힘으로 얻으려는 경향을 띤다. 그 욕망을 실현하는 과정에서 깔리는 불에 갇힌 까르꼬따까를 대면하게 되고, 다마얀티는 그러한 주술적 힘을 무력화하는 자연성의 상징으로서 불을 일으켜 깔리의 애욕을 식히는 역할을 다

---

44 조지프 캠벨, 앞의 책, 127쪽.

45 미르치아 엘리아데, 『신화 · 꿈 · 신비』, 강응섭 역, 고양 : 도서출판 숲, 2006, 185쪽.

하게 된다. 깔리는 우리가 주술적 힘들을 악용하거나 과용하는 것에 대한 위험을 경고하고 있다.

코러스들(티라실라카란)

〈우루방감〉의 코러스들처럼 〈깔리베샴〉에서도 코러스들은 '티라실라의 인격화'로서 보다 적극적으로 극 진행에 개입한다. 전통극에서 티라실라가 평면적으로 높이 조절만 하는 데 비해 〈깔리베샴〉에서 티라실라를 든 코러스들(티라실라카란)은 티라실라를 나탄에게 덮어씌우기도 하고, 다마얀티가 일으킨 불을 형상화하기도 하면서 적극적으로 극 진행에 개입한다. 뿐만 아니라 티라실라카란만 티라실라를 조종하는 것이 아니라 나탄도 혼자서 티라실라를 조종하다 그것 자체를 티라실라카란에게 집어던지며 역할에 대한 거부 의사를 분명히 밝힌다. 또한 티라실라카란들은 까르꼬따까와 깔리가 변신한 새들과 같이 작품에서 중요한 배역을 수행한다. 티라실라카란들의 적극적인 개입은 〈깔리베샴〉에서 가장 두드러진다. 이처럼 〈깔리베샴〉에서 티라실라는 '베샴'(역할)을 상징하는 메타연극적 등장인물임이 분명하다.

티라실라카란의 역할 중 작품의 주제와 밀접한 연관을 맺는 인물은 까르꼬따까다. 까르꼬따까는 신들이 감로수를 만드는데 참여했던 뱀들의 왕 와수끼의 손자로서 신성한 뱀으로 여겨진다. 깔리가 시간과 공간의 구속을 받는 존재자들의 불완전한 상태를 현현한 것이라면 이러한 신성한 뱀은 시간과 공간의 구속을 벗기는 존재[46]다. 이 뱀은 끝없이 환생한다고 믿고 있으며 시간의 구속에서 벗어나는 존재다. 이 까르꼬따까가 날라를 물자 그 몸속에 들어 있던 깔리가 날라 대신 육체적 고통을 당하게 된다. 깔리는 자기 자신의 몸이 없음에도 자신이 홀린 몸속의 독에 영향을 받을 정도로 불완전한 존재인 것이다. 이 불완전한 존재의 환영을 벗

---

46 조지프 캠벨, 앞의 책, 169쪽.

기는 역할이 까르꼬따까가 된다. 뱀은 허물을 벗음으로써 재생한다. 낡은 몸을 버리고 새로운 몸을 얻는 것은 생명 에너지를 상징한다. 까르꼬따까로 인해 깔리라는 욕망으로 점철한 의식의 몸을 벗고 날라는 다시 태어나게 되는 것이다. 이러한 의식과 생명은 시간의 영역, 탄생과 죽음의 영역과 관련[47]이 있다. 일반인들이 뱀에게 물렸을 때는 죽음을 맞이하게 되지만 날라의 경우 자신의 의식을 장악한 깔리로부터 해방됨으로써 죽음을 극복한 범상한 신화적 인물로 그 지위가 격상된다.

이상과 같이 〈깔리베샴〉의 등장인물에 대하여 분석해보았다. 〈깔리베샴〉은 순환하는 선과 악의 대립을 주제로 하여 깔리와 나탄, 날라의 삼각 구도에서 신화 속의 이야기를 현실 속의 나탄의 이야기와 중첩시켜 배우와 역할에 대한 메타연극적 질문을 던지고 있다. 다음 절에서는 〈우루방감〉과 〈깔리베샴〉에서 전달하고자 하는 주제의식에 대하여 연출 의도와 연관시켜 고찰해보도록 하겠다.

3. 주제의식과 연출의도

마하바라타가 신화적 이야기를 통해 다르마의 군상을 드러내고 있다면 이 절에서는 카발람이 전달하고자 하는 〈우루방감〉, 〈깔리베샴〉의 다르마는 무엇일지 고찰해보고자 한다. 또한 두 공연 텍스트의 주제적 맥락에서 등장인물들의 상호 연관성을 파악하면서 두 작품을 관통하는 주제의식도 살펴보고자 한다. 카발람의 연출의도가 주제의식을 어떻게 구현하고 있는지를 고찰하는 것은 〈우루방감〉과 〈깔리베샴〉에 구현한 전통극 연행원리를 전망하는 일이기도 하다.

---

47 위의 책, 28쪽.

〈우루방감〉과 〈깔리베샴〉을 관통하는 주제의식은 상반하는 태도를 가진 대립적 인물들을 중심축으로 한 다르마에 대한 고찰이다. 〈우루방감〉의 구성은 두료다나의 등장 전후를 기점으로 크게 두 부분으로 나뉘는데 전반부는 전장의 역동적이고 파괴적인 전사들의 전투장면이고 후반부는 한 인물인 두료다나와 수요다나가 분리하여 대치하는 장면이다. 〈우루방감〉에서는 두료다나와 비마(크리스나)의 대립과 두료다나와 수요다나의 대립이 주제적 측면에서 주된 갈등을 이룬다. 전자의 경우 외면적인 갈등요소이고, 후자의 경우 내면의 갈등요소다.

비마는 크리스나의 사주를 받고 전장의 규칙을 어기면서 두료다나의 허벅지를 내리쳤는데 이는 아다르마적인 행위이지만 '다르마를 지키기 위한' 것이라고 크리스나는 항변한다. 같은 잣대를 적용한다면 아쏴따마가 두료다나에 대한 복수로 거행한 야습도 아다르마적인 행위이지만 '다르마를 지키기 위한' 것이 될 수 있다. 두료다나는 아다르마적인 부상으로 죽어가면서도 왕으로서의 다르마를 완수했다고 할 수 있으며 비마를 포함하는 판다바들은 아다르마적인 방식으로 전쟁에서 승리하여 자신들의 다르마를 완수했다고 볼 수 있다. 이렇듯 다르마는 절대적이라기보다 상대적이며, 명제적이라기보다 해석적이라 할 수 있다.

이러한 다르마의 상대적인 측면을 부각시키기 위해 카발람은 수요다나를 등장시켜 내면적 갈등의 또 다른 축을 생성시킨다. 수요다나는 고차원적인 신성과의 합일을 지향하는 두료다나의 정신이다. 속세에서의 두료다나가 자만심에 가득 차 있고, 과오를 범하는 욕망을 가진 인간이라면(위야사가 쓴 마하바라타에 따르자면) 수요다나는 인간적 의식을 초월하는 신성에 가깝다. 두료다나의 몸은 치명적인 부상으로 회복불능의 상태이지만 의식은 그 어느 때보다 명료하고 정화된 상태로 자아가 가질 수 있는 최상의 상태에 도달하고 있다. 그렇기 때문에 전쟁에서 패한 왕임에도 당당하게 "내가 여기 간다!"고 외치면서 신성과의 합일을 이룬 상태로 현생의 몸을 벗게 된다. 두료다나는 현생에서는 아다르마적인 삶을 살았지만 자신은 다르마를 따랐다는 자부심에 차 있었으며 결국 최상의 경지인 신성과 합일을 이룸으로써 궁극적인 정신 실현을 이루었다. 두료 다나의 이러한 합일은 다르마가 현상적 세계에서와 같이 옳고 그름, 선과 악의 이분법적인 잣대를 초월하는 자리에 있음을 역설적으로 반증한다.

〈깔리베샴〉에서도 다르마의 상대적 측면이 부각된다. 〈깔리베샴〉의 텍스트는 크게 나탄을 조종하는 깔리의 이야기와 날라와 다마얀티의 이야기로 나뉜다. 이 두 이야기 구조가 서로 영향을 미치면서 기존의 신화적 서사의 틀을 깬다. 두 이야기에 공통하는 인물은 '내면의 악'을 구현한 존재인 깔리인데 깔리는 모든 등장인물들과 대립하며 갈등을 유발한다. 그들 중 나탄과 깔리, 날라와 깔리의 대립은 〈깔리베샴〉의 중심적인 갈등을 이루고 있다.

현실에서 깔리는 나탄이 가진 불만에 편승하여 나탄을 조종하게 된다. 이 과정에서 나탄의 부인은 브라민으로서의 다르마에 충실하던 남편의 변화한 성정 때문에 두려움을 가진다. 이 두려움은 현실과 신화를 이어주는 공통의 매개가 된다. 다마얀티도 뱀을 본 뒤 두려운 마음을 가지게 되고 깔리가 이 두려움에 편승하여 이야기에 개입하기 때문이다. 하지만 두려움을 대하는 두 여성의 태도에는 차이가 있다. 나탄의 부인은 남편을 통해 깔리의 존재를 느끼며 도망을 치지만 신화 속의 다마얀티는 두려움을 뛰어넘어 내면의 힘으로 불을 일으켜 깔리를 물리치고 자신의 다르마를 지킨다. 또한 다마얀티가 일으킨 이 불은 까르꼬따까를 위험에 처하도록 만들고 그 위험은 연쇄 작용을 일으켜 날라를 끌어들인다. 날라 또한 까르꼬따까에게 물려 위험에 직면하지만 이 때문에 결과적으로는 깔리의 지배를 벗어날 수 있게 된다. 자신을 도와준 날라를 물어 독을 퍼뜨린 까르꼬따까의 행위 자체는 아다르마지만 결과적으로는 날라를 깔리로부터 해방시켜 다르마를 실현시킨다. 이처럼 〈깔리베샴〉에서 깔리는 악을 대변하며 다르마를 행하려는 다른 인물들과 대립하여 선과 악의 경계를 분명하게 드러내도록 만든다. 하지만 한편으로는 악한 행위가 선한 결과를 가져다주기도 하는 것을 목격하게 함으로써 다르마가 가진 상대적 측면을 역설적으로 보여주기도 한다.

마하바라타를 원전으로 하는 〈우루방감〉과 〈깔리베샴〉은 신화적 배경에서 상호 연관성을 지니고 있다. 판다바 가문이 노름에 져서 숲으로 추방당한 상황에서 자신들의 처지를 비관하고 있을 때 성자가 자신들의 처지보다 더 비참한 왕의 이야기로서 날라의 이야기를 들려주기 때문이다. 그리고 신화와 현실이라는 구성상의 차이는 있지만 주제적 측면에서 '다르마'를 다루고 있다는 점에서도 공통된다. 또한 등장인물들의 상징하는 바도 주제적 맥락에서 상통하는 면이 있다. 카발람은 상호연관성을 지니고 있는 마하바라타의 '꾸루쉩뜨라'와 '날라 이야기'에 카타칼리 연희자인 나탄 이야기를 삽입함으로써 신화 속의 현실과 현실 속의 신화라는 중첩구조를 형성시킨다. 이로써 신화 속의 다르마는 현실 속의 다르마로 그 의미를 확장하게 된다. 이것은 신화를 관통하는 주제인 다르마가 인도인들의 삶 속에서 어떤 의미를 지니고 있으며 영향을 미치는지에 대한 질문을 제기한다.

그렇다면 현대인들에게 이렇듯 상대적인 측면을 가진 다르마의 의미는 무엇일까? 다르마는 우주를 지배하는 진실에 관한 법칙으로서 모든 존재를 조화롭게 만들고 더 높은 차원으로 성장시키고 발전시키는 원리[48]다. 그런데 한편으로는 자가당착적이거나 모순적인 상황을 만들기도 하면서 사람마다 다른 입장 차이를 드러낸다. 이러한 다르마의 특성은 근원실재가 자신을 드러내는 속성에서 기인한다. 근원실재인 브라흐만은 태초에 모든 존재를 품고 있었던 완전한 균형과 조화의 잠재태를 일컫는다. 브라흐만은 모든 존재를 품고 있으면서 동시에 모든 다르마의

---

48 David Frawley, *Yoga & Ayurveda*, reprinted, Wisconsin: Lotus Press, 2009, p.9.

토대[49]가 된다. 브라흐만에서 균열이 생기면서 완전한 균형과 조화의 상태는 깨어지고 존재들은 다양한 양상으로 그 모습을 드러내게 되었다. 그래서 현상적 존재들은 불균형과 불평등, 부조화 속에서 고통과 죄악, 부조리와 결점들을 가지게 되었고 서로 몰이해와 오해를 낳아 폭력의 카오스를 만들기도 한다. 그렇지만 이 모든 존재들은 거듭 확장을 반복하다가 결국은 왔던 곳으로 되돌아가게 된다.

> 인간의 시간으로 43억 2000만 년을 브라흐만의 하루, 1겁이라 하는데 100브라만년 동안 지속한 뒤 모든 존재들은 거대한 하나의 우주적인 해체로 끝맺는다. 그런 다음 가시적 영역뿐 아니라 온갖 존재의 모든 영역과 높은 세계의 영역들조차 자취를 감춘다. 이러한 우주적 순환을 깔리라 일컫는다.[50]

깔리의 거대한 수레바퀴 속에서 한 개인의 삶은 찰나보다 짧은 순간에 지나지 않는다. 그래서 인간의 삶이 짧으면 짧을수록, 다르마의 양상이 상대적이면 상대적일수록 눈앞의 환영의 실체를 제대로 파악하기 위한 혜안이 요구된다. 이 혜안을 폭풍 속에서도 흔들리지 않는 내면의 불꽃, 자기중심이라 말한다. 이러한 불꽃에 대한 이야기가 〈우루방감〉과 〈깔리베샴〉이다. 이 정신적인 불꽃은 "더 높은 차원의 다르마로 이끌어주며 물질적이거나 외적인 것을 좇지 않고 더 높은 의식의 차원으로 이끌어 우리의 진정한 본성을 깨닫도록"[51] 이끌어준다.

이 불꽃은 수요다나와 다마얀티를 통해 상징적으로 압축되어 있다. 수요다나는 현실에서의 약점을 지닌 두료다나가 신성과 합일을 이루고자 하는 정화된 상태의 정신적 현현이고 다마얀티는 두려움을 극복하는 강

---

49 *Ibid.*, p.13.

50 하인리히 침머, 앞의 책, 28~32쪽.

51 David Frawley, *op.cit.*, p.10.

력한 내면의 힘으로 불꽃을 일으키는 높은 차원의 정신적 현현이다. 이러한 정신적 진화의 단계를 〈우루방감〉과 〈깔리베샴〉의 등장인물들을 통해 분석할 수 있다. 그 관계를 배치하면 아래 그림과 같다.

수요다나를 신성한 존재와 합일한 상태로서 최상의 단계로 놓고 보았을 때 깔리는 욕망의 화신으로서 본능적이고 물질적인 육욕에 지배당하는 가장 낮은 차원에 놓이게 된다. 나탄의 부인은 두려움에, 두료다나의

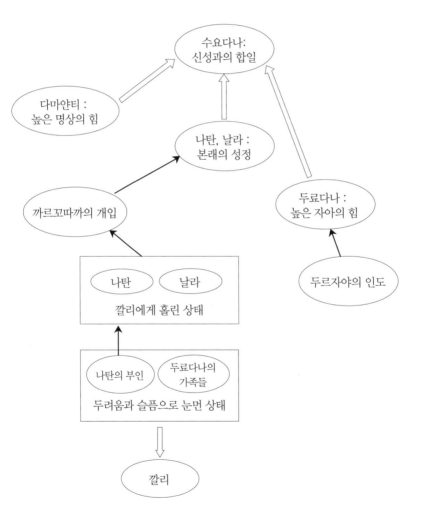

정신적 진화의 맥락에서 살펴본 인물 배치도

가족들은 슬픔에 지배당하며 가장 원초적인 감정들에 빠져 어둠 속에 놓여 있는 상태다. 나탄과 날라는 본디 밝은 성정을 타고 났지만 개인적인 결함으로 인해 깔리의 지배를 받게 되면서 어두운 성정으로 타락하지만 까르꼬따까의 독을 매개로 깔리와 분리되면서 본래의 밝은 성정으로 돌아간다. 드리타라스트라와 간다리, 두료다나의 부인들은 아이의 천진한 밝은 눈을 가진 두르자야의 인도로 자신들이 찾아 헤매던 두료다나를 만날 수 있게 된다. 두료다나는 자신의 육체를 벗기 직전에 고고한 자신의 자아를 깨달으면서 수요다나와 합일에 이르게 되고 다마얀티는 높은 명상의 힘으로 불을 일으켜 자신은 위험에서 벗어나고 까르꼬따까를 불 속에 가둠으로써 날라와 까르꼬따까의 만남을 성사시킨다. 자기중심이자 정신력을 상징하는 내면의 불꽃은 개인에게 정신적 비전을 제시할 뿐 아니라 슬픔과 두려움을 정화시키는 내적인 에너지가 되어 더 높은 정신적 합일을 이루기 위한 힘을 제공한다.

신성과의 합일을 향한 정신적 진화의 과정에서 〈우루방감〉과 〈깔리베샴〉 모두 육체에 중요한 의미를 부여한다. 여기서 육체는 높은 차원의 정신적 합일을 이루는 데 방해물이 되기도 하고, 때로는 매개체가 되기도 한다. 〈우루방감〉은 전자에 해당하고 〈깔리베샴〉은 후자에 해당한다. 〈우루방감〉에서 두료다나가 수요다나와의 합일을 이루는 과정에서 부상당한 육체는 방해가 되는 반면 〈깔리베샴〉에서 나탄과 날라의 육체는 깔리의 조종을 통해 육욕에 지배당하기도 하지만 다마얀티처럼 더 높은 차원에 이르는 통로가 되기도 하는 것이다.

그래서 인도 전통에서는 육체를 쉡뜨라(사원)에 비유하였다. 인간의 거주지가 신의 거주지를 모방한 것이듯 인간의 정신이 거하는 몸도 인간과 우주를 연결하는 통로로 간주[52]하는 것이다. 〈깔리베샴〉에서는 이러한 성화된 공간으로서 '몸'을 각성시키는 계기를 까르꼬따까를 통해 만들어준

---

52 M. 엘리아데, 『상징, 신성, 예술』, 박규태 역, 서울 : 서광사, 1991, 218쪽.

다. 신성뱀 까르꼬따까는 나탄과 날라의 몸에 신비한 주술적 힘을 불어넣어 깔리로부터 분리시키고 나탄과 날라의 몸이 본디 신성의 거처로서 제 구실을 할 수 있도록 만든다. 현상계에서의 몸은 본능적으로 물질적인 욕구와 욕망을 실현시키고자 하는데 이러한 욕망에서 분리될 때 몸은 신성과의 합일에 이르도록 만드는 통로 구실을 하는 것이다. 인간은 욕망을 좇는 육체적 몸이라는 한계적 조건을 가지고 있으면서 동시에 육체를 통해서 초월의 경험을 얻을 수 있는 것이다. 까르꼬따까의 개입은 이러한 인간 육체의 한계를 드러냄과 동시에 초월을 향한 가능성을 제시해준다. 〈우루방감〉과 〈깔리베샴〉은 부조리와 모순으로 가득 찬 세상을 사는 다양한 인간군상들 속에서도 개별적 존재가 간직하고 있는 지고지순한 근원실재의 현현을 목격할 수 있도록 만들어준다.

이상과 같이 〈우루방감〉과 〈깔리베샴〉은 상반하는 가치를 지닌 등장인물들의 대립과 병치를 통해 다르마가 상대적인 측면을 가진 것임을 드러내었다. 이것은 근원실재가 자신을 드러내는 현상적 측면이고, 이렇듯 다양한 가치가 상충하고 있는 이 세계에서 흔들림 없는 자기중심을 갖기 위해 물질적인 욕구나 욕망을 정화하여 내면의 불을 지피는 과정을 거쳐야 함을 다마얀티와 까르꼬따까를 통해 계시하였다. 이 과정에서 육체는 물질적인 가치에 집착할 때 방해물이 되기도 하지만, 또한 신성이 거하는 사원으로서 더 높은 정신적 합일을 이루기 위한 통로가 되기도 하는 것이다.

제2장에서는 〈우루방감〉과 〈깔리베샴〉의 플롯 구조와 주제를 분석하여 카발람이 전달하고자 하였던 다르마의 상대적 의미가 가지는 시의성을 살펴보았다. 나띠야샤스뜨라의 전통을 형식과 내용 모두에서 전복시킨 바사의 원전을 카발람은 민속적 요소를 결합시켜 시각적으로 부각시켰으며 등장인물들의 대립과 병치를 통해 카오스적 현상 세계를 이해하는 자기중심의 가치를 역설하였다. 두 작품 모두에 공통하는 이러한 주

제의식은 다음 장에 이어질 무대 구현 양상에서 육체적, 시각적, 음성적, 심리적 측면과 결합하여 총체적으로 구현된다. 다음 장에서는 본격적인 공연 분석으로서 두 작품의 아비나야 구현 양상을 살펴보겠다.

제3장
〈우루방감〉과 〈깔리베샴〉의 무대 구현 양상

카발람 작품의 현저한 특징은 소통을 위한 매개로서 과도한 언어 사용을 하지 않는다는 것이다. 그 대신 카발람은 즉흥이나 재해석을 위한 풍부한 공간을 제공하기 위해 강력한 전달체로서 정서나 아비나야를 사용하였다. 카발람이 연출한 모든 작품들은 작가적 실험의 일부이며 인도적 맥락에서 구조적 패턴과 그것의 가능성들을 발전시키기 위한 실험들[1]이다. 카발람의 작품은 양식적 연기와 사실적 연기가 공존하고 완전한 고전도 아니고 완전한 민속도 아니다. 완전히 유형화한 것도 아니며 완전히 사실적인 것도 아니다. 카발람은 전통들에서 정수를 골라내어 자신만의 독특한 연극언어로 만들었으며 때로는 진지한 철학적인 주제를 담기도 하고 정반대의 것들을 다루기도 하였다. 카발람의 연극은 인도 전체에서 가장 철학적인 연극 중 하나이면서 상상력의 연극이자, 라사의 연극이라 할 수 있다. 몇몇 연극연출가들은 대사에 더 많은 비중을 두어서 마치 스토리텔링과 비슷한 경향을 띠기도 한다. 어떤 연출가들은 볼거리로서의 의상과 소품에 가장 큰 방점을 찍는다. 그러나 카발람은 네 아비나야의 모든 측면을 골고루 실천하였고 특히 연기의 요소들은 시적으로

---

1 *Panikkar Prasang* Pamphlet, 14th November 2010, presented by Indira Gandhi Rashtriya Manav Sangrhalaya.

균형을 갖추면서도 독립적인 존재감을 가져 아시아를 대표하는 전통 드라마투르기로서 손색이 없는 것들로 평가받는다.

1. 앙기카 아비나야의 실제 : 라사를 담는 그릇으로서의 몸

나띠야샤스뜨라를 현대적 언어로 바꾸는 작업에 매진하였던 카발람에게 앙기카 아비나야(Āṅgika Abhinaya)는 몸의 언어를 실험하는 방식으로 아비나야 중에서 가장 중요한 측면이었다. 그것을 실현하는 방식은 '카타 파트람'(Katha Patram 이야기 그릇=배우)과 '사리라 바바'(Sarira Bhāva 몸의 정서)에 응축되어 있다. 카발람은 '드라마'의 중심축에 몸을 놓았고, 몸・마음・언어의 상호교직이 아비나야의 기본 개념이자 가장 인도적인 것[2]이라 여겼으며, 아비나야를 통해 일어나는 정서가 공연의 목적인 라사가 된다고 여겼다. 이러한 라사를 실어 나르는 그릇으로서 배우를 규정하는 것이 카타 파트람이다. 카발람은 배우의 '역할 되기'를 위해 전통적인 카타 파트람의 개념을 따른다. 카발람은 배우들에게 '자신을 잃고, 캐릭터와 일체가 되어 그 역할이 되는 것'이 아니라 음식을 담는 그릇처럼 맛을 전달하기만을 요청하였다. 배우가 역할을 위해 배우의 개인적 경험이나 품성・정서를 모델화하지 않고 그 역할이 보여주고자 하는 신호와 상징을 표출함으로써 자신들의 자질을 모델화[3]하기를 원하였던 것이다.

사리라 바바(사리라비나야)는 몸을 통해 표현되는 몸의 정서를 일컫는 말이다. 이 말은 칼라리파야투에서 수련자가 오랜 훈련을 거듭한 끝에 고도의 심신통제를 통해 힘들이지 않고 내적인 에너지가 자연스럽게 흘

---

2 ഷാജു കില്ലിങ്ങൽ ed., *op. cit.*, p. 245.

3 Erin Mee Baker, "Decolonizing Modern Indian Theatre: The Theatre of Roots", pp.417~418.

러나와 더 이상 스승의 지도 없이 내적인 에너지를 체현할 때를[4] 일컫는 말이다. 사리라 바바를 연기에 응용하자면 '배우의 몸이 확고하게 자리 잡아 마치 나무처럼 뿌리가 깊이 박힌 안정적 자세에서 잎과 꽃과 열매가 피듯 바바가 일어나는 것'[5]이라 할 수 있다. 이때의 몸의 개념은 구체적이고 물질적인 대지에 뿌리를 두고 있으며, 그러한 몸이 내면적 휴식을 취할 때 마음의 미묘한 측면까지 표현할 수 있게 된다. 이러한 표현을 위해 카발람은 리허설과정에서도 역할의 정서보다는 관객에게 어떻게 보여줘야 할지 육체적 움직임에 대해 질문하곤 했다. 카발람에게 있어 배우의 연기는 '외현의 육체적 리얼리티 모방을 통해서가 아니라 내적인 에센스(아누크리티 Anukriti)를 통해서 존재의 상태(아와스타 Awastha)를 재창조하는 것'[6]이다. 사리라 바바는 우리가 눈으로 볼 수 있는 일차원적인 육체 이면에 있는 보이지 않는 심층의 육체를 드러낼 수 있게 한다. 카타파트람이 앙기카 아비나야의 토대가 되는 배우의 몸에 대한 기본 개념이라면 사리라 바바는 그러한 개념을 실어 나르는 과정이자 결과라 할 수 있다.

이런 메커니즘의 앙기카 아비나야를 운용함에 있어서 카발람은 세부화하고 정밀화한 움직임보다는 큰 움직임 위주로 단순한 동작을 취하였다. 정교한 신체 움직임과 세밀한 사지 운용은 꾸디야땀이나 카타칼리와 같은 특정 연행방식을 상기시켜 카발람이 성취하고자 한 연기에서의 '정수적' 맥락을 놓칠 수 있기 때문이다. 카발람은 전통적 양식을 있는 그대로 보여주기보다 다양한 실험을 통해 현대적 맥락으로 이어지기를 바랐다. 카발람은 사지의 움직임이나 무드라의 운용 방식과 마찬가지로 얼굴

---

4 Phillip B. Zarrilli, *When the Body Becomes All Eyes*, paperbacks, New Delhi: Oxford University Press, 2001, p.118.

5 Pramod Chavan, *op. cit.*, p.516.

6 Erin Mee Baker, "Decolonizing Modern Indian Theatre: The Theatre of Roots", p.426.

표현에 있어서도 전통극의 '문법'을 그대로 따르지는 않는다. 이 절에서는 카발람이 '이야기 그릇'에 '몸의 정서'를 실어 나르는 앙기카 아비나야의 구체적인 공연적용 양상을 살펴보도록 하겠다.

1) 나띠야 다르미, 양식적 연기

카발람은 배우의 육체와 심리를 총합적으로 반영한 양식적 연기와 사실적 연기를 절충하고 조화시켜 무대 위에서 미학적 이미지들로 구현하였다. 존재의 상태를 전달하는 데 심혈을 기울였던 카발람에게 양식적 연기인 나띠야 다르미는 특히 중요한 연기 매뉴얼이 되었다. 카발람은 "비범한 예술적 재능은 양식적 스타일이 살아 있으면서 사실주의적 느낌에서는 벗어날 때 상상의 가능성과 함께 확대된다. 연극의 진정한 목적에 봉사하려면 나띠야 다르미를 따를 수밖에 없다.["](7)며 양식적 연기가 인도 연기예술의 핵심적 측면임을 강조하였다. 인도 전통극은 양식화의 전범이라 할 만큼 고도로 세밀화한 양식적 연기가 발달하였는데, 이것은 앙기카 아비나야의 가장 두드러진 특성이라 하겠다. 카발람은 양식적 연기를 신화적 이야기를 설명하거나, 보이지 않는 역할을 연기하거나, 라사의 시각화가 필요할 때 효율적으로 접목시켰다. 양식적 연기의 구체적 접목 양상을 살펴보겠다.

제스처와 포즈를 이용한 시청각적 율동감

〈우루방감〉과 〈깔리베샴〉에서는 고도로 발달시킨 제스처나 포즈, 시선 처리 속에서 양식적 연기가 율동감 있게 살아 있다. 인간관계의 진실은 발화하는 언어보다 '제스처나 자세, 시선, 침묵 등을 통해'[8] 드러난다.

---

7 Pramod Chavan, *op. cit.*, p.385.

8 백승무, 「행위와 윤리 : 메이예르홀트의 연극이론을 중심으로」, 『노어노문학』 제

이런 사실은 카발람의 작품에서 그림과 같은 정지의 포즈로 상대역이 연기를 하고 있을 때나, 장소나 상황이 바뀌었으나 등장인물들이 무대 위에 계속 남아 있을 때, 지배적인 정조를 지속하고자 할 때 반복하여 적용된다. 이 방식은 특히 〈우루방감〉에서 효과적으로 드러난다. 두료다나가 죽음을 면전에 두고 가족들에 둘러싸여 있을 때 가족들은 슬픔의 정조를 유지한 채 포즈를 취함으로써 지배적인 정조는 마치 배경그림처럼 관객들의 시야에 잔영을 만들어준다. 여기에 두료다나가 자신의 치적이나 크리스나의 음모에 대해 말할 때 정조는 증오, 분노, 경멸, 공포, 용맹 등과 같은 정서로 시시각각 교차되지만 지배적인 정조는 지속할 수 있게 된다. 이렇게 함으로써 두료다나는 사랑하는 가족들을 뒤로 한 채 죽음을 맞아야 하는 비애의 라사를 작품 전체에서 일관성 있게 유지한다. 칼라리파야투로 형상화하는 전장의 장면도 마치 슬라이드 쇼처럼 연속동작들이 느리게 연결되어 격정적이고 역동적인 전투가 아닌 춤이나 그림처럼 관객들이 관찰할 수 있는 여유를 제공한다.

〈깔리베샴〉에서는 신화 속의 장면에서 포즈가 효과적으로 작용한다. 예를 들어 날라와 다마얀티가 사랑의 정조에 빠져 있을 때 두 인물은 그 정조를 유지하며 포즈를 취하고 있고, 그 한쪽 옆에서 깔리가 두 사람의 사랑을 질투하며 날라에게 욕을 퍼붓는다. 이때 날라와 다마얀티의 연정의 정조는 깔리의 해학(비웃음)·분노의 정조와 병렬하면서 극적인 대조를 이룬다. 이렇듯 정지나 느린 동작들은 정형성을 유지하고 지배적 정서를 강화하기도 하며 현실을 다른 각도로 볼 수 있는 여지를 만들어 준다.

포즈나 정지동작들과 함께 제스처와 시선 처리도 양식적 연기를 형성하는 데 도움을 준다. 정형화한 제스처의 표현은 〈우루방감〉에서 두료다나 역을 맡은 기리쉬의 연기에서 두드러진다. 만약 허벅지가 부러져서

2권 4호, 안양 : 한국노어노문학회, 2015, 190쪽.

움직일 수 없는 상태라면 사실적인 연기로는 걸음을 옮길 수 없을 뿐 아니라 스스로 몸을 일으키기조차 힘든 상태로 무대 위 한 곳에 붙박여 있는 것 외에는 다른 행동을 할 수가 없다. 그러나 이러한 방법으로는 역할이 처한 진정으로 혼란스런 상황을 제대로 표현할 수 없다. 그래서 카발람은 두료다나를 언제나 절름발이의 상태도 아니면서, 그렇다고 언제나 건장했을 때의 모습으로 연출하지도 않는다. 두료다나 역의 기리쉬는 일상적으로 움직이다가 간혹 갑작스럽고 발작적인 움직임을 보여줌으로써 부상의 격통과 좌절을 드러낸다. 그리고 두료다나가 정신이 고양된 상태로 대사를 하거나 떼이얌과 대면할 때는 고고한 자아에 대한 자부심을 드러내며 영웅적 자태를 드러낸다. 기리쉬의 사리라 바바는 내적인 우아함을 성취한다. 이를 통해 두료다나가 자신의 악덕의 소산으로 패잔병이 되어 회한과 자책·반성만 하는 약한 인간에 지나지 않는 것이 아니라 자신의 다르마에 충실했던 고고한 자아를 가진 존엄한 존재로 거듭나도록 만들었다.

〈깔리베샴〉에서는 깔리가 나탄과 날라의 몸을 조종할 때 무릎을 어깨너비 정도로 벌리고 다리를 90도 각도로 구부려 상체와 하체가 같은 높

나탄의 아라 만달람

이가 되는 '아라 만달람'으로 일렬종대를 이룸으로써 정형화한 제스처를 취한다. 아라 만달람은 기하학적으로 가장 안정적인 신체비율을 만들어줌으로써 연행자가 어떤 역할이든 소화할 수 있는 자세를 형성할 수 있도록 만들어준다. 그래서 인도 전통 연행예술의 기본자세로 사용한다. 카발람은 깔리가 사람의 몸을 빌려 베샴을 입게 될 때 이러한 자세를 취하도록 하여 역할과 배우 사이의 구도를 자

세로 드러내었다.

제스처나 포즈와 함께 상대배우를 마주 보지 않고 멀찍이 바라보는 시선 처리는 양식적 연기에서 전형화한 자세다. 이러한 시선 처리는 '거리두기'를 가능하도록 만든다. 이 거리두기에는 배우와 역

연기하는 배우들과 포즈를 취한 배우

할, 배우와 배우, 배우와 관객 사이의 거리가 포함되어 있다. 예를 들어 〈깔리베샴〉에서 날라와 다마얀티가 사랑의 정조로 서로를 향해 사랑을 속삭일 때도 두 사람의 시선은 서로의 눈을 응시하지 않고 먼 곳을 바라본다. 관객들은 그 순간 두 배우 사이에 흐르는 감정의 진실함보다 배우들의 시선을 따라 신화 속에 있었던 순간을 역사화하여 현재로 되가져오게 된다.

무드라와 스텝이 만드는 압축적 언어

카발람은 텍스트에 내재한 라사의 정수를 드러내기 위해 전통극이 갖춘 복잡하고 어려운 외현적 형식에서 많은 장식과 꾸밈을 덜어내어 단순하고 절제된 동작으로 대체하였다. 무드라 연기도 인도 전통극에서와 같이 세밀하고 정교하게 하지 않고 '움직임 연기'를 통해 텍스트가 전달하고자 하는 의미를 확장시킨다. 움직임 연기(일라기아땀)는 무드라의 표현이 전체 몸으로 확장된 것이다. 이것은 보통 배우가 무드라를 하면서 연기하는 것을 의미하거나 때로는 각각의 무드라를 취할 때 따르는 움직임의 규칙을 지칭하는 말이다. 하지만 카발람은 이 과정에서도 전통적인 움직임 연기 매뉴얼을 준수하기보다 중립적 자세를 취하거나 하나의 동

작을 반복해서 보여줌으로써 의미를 확대·강화시킨다.

> 말로 표현할 수 없는 의미 전달에 유효한 것이 무드라이고 이는
> 함축적 의미를 표현하는 데 적합하다. 하나의 말에도 몸과 성격이
> 있고 연기로 표현한 말을 통해 우리는 말을 '볼 수' 있게 된다. 명사
> 든 동사든 그 언어의 질을 제대로 표현할 수 있는, 그래서 우리가 말
> 의 의미를 배우의 몸을 통해서 체현할 수 있게 된다.[9]

위와 같이 무드라는 몸으로 하는 함축적 언어로서 특히 심오하고 성스러운 신화적 존재나, 비밀을 간직한 초자연적 동·식물을 형상화[10]하는데 탁월하다. 순간의 눈빛이나 상황이 많은 상황을 대변하듯이 무드라를 통해 내적 의미를 표현하고 사상을 연장하거나 확대할 수 있다. 또한 손의 움직임에서도 신성한 의미를 표출해내고 그것을 통해 신을 찬미[11]하기도 한다. 〈우루방감〉과 〈깔리베샴〉에 나오는 신성뱀 와수끼와 까르꼬따까가 대표적이다. 이 뱀들은 신격을 동물의 형상으로 드러낸 것으로서 인간에게는 미지의 세계인 우주적인 성스러움과 신비를 상징화하고 있다. 카발람이 뱀들을 형상화하는 방법은 무드라와 칼라리파야투의 와디브 (동물포즈)를 결합한 것이다. 빠르게 방향 전환하는 뱀의 특성을 몸에 담고 손으로 뱀 무드라를 함으로써 인도인들에게 익숙한 신화적 정경을 상상하도록 이끈다. 무드라는 이뿐 아니라 전장에서 몰살당하는 코끼리나 시체를 파먹는 독수리를 묘사할 때도 활용된다. 또한 날라와 다마얀티가 숲속을 헤맬 때 숲에서 만나는 경치(나무, 꽃향기, 야생동물)를 묘사하는 장면도 무드라로 처리한다. 이러한 형상화 방식도 인도인들에게 친숙한 방

---

9 Padmanabhan Nair, *op. cit.*, p.31.

10 M.엘리아데, 『상징, 신성, 예술』, 박규태 역, 서울 : 서광사, 1991, 118~119쪽.

11 최효정·강인숙, 「나띠야샤스뜨라의 하스따무드라에 나타난 인도무용의 특성」, 『대한무용학회논문집』 제70권 5호, 서울 : 2012, 218쪽.

드리타라스트라 일행의
등·퇴장 스텝

식인데 관객들은 이런 장면을 볼 때 배우들마다의 다른 구현방식에 더욱 흥미를 가지게 되고 상상 속의 신화적 세계를 보다 가까이 느낄 수 있게 된다.

　무드라 외에도 '등장인물에 따른 특색 있는 등·퇴장 스텝'은 카발람 작품의 대명사라 할 만큼 대표적인 양식적 연기방식이다. 타악 반주의 빠르고 느림에 따라, 등장인물의 구나적 특성에 따라, 극적으로 중요한 전환이 있을 때마다, 특정한 제스처나 포즈에 맞춰 스텝은 변화한다. 배우들은 전후의 라사와 상관없이 정형화한 발걸음으로 입장하고 퇴장한다. 그 걸음에는 두료다나와 수요다나처럼 비장하고 무게감 있는 것이 있고, 아쏴따마처럼 요동치고 휘몰아치며 잦은 회전을 하는 격정적인 것도 있으며, 드리타라스트라와 간다리처럼 느리고 비틀거리는 걸음도 있다. 전쟁 중인 병사들의 역동적인 말 탄 걸음이 있는가 하면, 압사라들의 파도처럼 일렁이는 부드러운 걸음도 있다. 이러한 특색 있는 걸음들은 한 장면을 마무리할 때면 춤을 추듯 율동감 있게 반복하며 배우들이 이전 장면의 라사에서 벗어나 자신이 구현했던 것이 역할이었음을 각인하도록 만든다. 〈우루방감〉에서 슬픔에 눈이 먼 드리타라스트라와 간다리도 입·퇴장을 할 때는 흥겨운 느낌마저 드는 피리 소리에 맞춰 스텝을 맞춤으로써 슬픔의 정조를 정리하는 것이 대표적인 예다.

2) 로카 다르미, 사실적 연기

사실적 연기는 깊이 있는 심미성으로 인해 발생할 수 있는 양식적 연기의 모호성이나 현학성을 절충시켜준다. 카발람은 사실적 연기를 양식적 연기와 교차시키면서 정조를 환기시키고, 관객들이 몰입과 관조를 넘나들며 연극을 지켜볼 수 있도록 극적 분위기를 조성해 주었다. 로카 다르미는 〈우루방감〉에서는 두르자야를 통해, 〈깔리베샴〉에서는 메타연극적 장치에서 가장 두드러진다.

〈우루방감〉에서 두르자야는 발랄한 음악에 맞춰 천진한 행동과 움직임을 함으로써 무겁고 어두운 슬픔의 정조를 환기시킨다. 두르자야는 사실 마하바라타에서 별도의 언급이 없는 존재로서 바사가 아쏴따마를 통해 분노와 원한, 불행의 씨앗을 심기 위해 창작한 존재라고 할 수 있다. 카발람의 작품에서 두르자야는 다른 등장인물들이 양식적인 연기와 영창 또는 노래로 인물을 형상화하는 것에 비해 사실적인 연기에 회화체로 주로 대사하고, 실제 두르자야처럼 어린 배우가 배역을 맡았다. 이는 연기를 하는 배우와 배역 사이의 동일시에 반대하던 카발람의 평소 연기관에 상반하는 것이다.

그러나 카발람의 〈우루방감〉에서 두르자야의 사실적 연기는 오히려 극 전체에서 '이화' 효과를 갖는다. 두르자야는 가벼운 타악반주와 피리 소리를 배경으로 눈이 먼 조부모를 끈으로 연결하여 앞에서 끌며 슬픔으로 거의 눈이 멀다시피 한 두 어머니도 함께 안내하며 등장한다. 장난기 가득한 어린아이의 놀이와 닮은 이 행동은 그 전 장면인 발라데와와 두료다나 사이의 비장한 정조를 깨뜨리는 이화효과를 낳는다. 또한 두르자야는 양쪽 허벅지가 부러진 두료다나의 처참한 몰골을 개의치 않으며(혹은 자각하지 못한 채) 아이다운 천진함으로 평소처럼 아버지에게 무릎베개를 요구하기까지 한다. 이러한 '아이다움'은 두르자야가 두료다나와 수요다나 사이에 끼어들게 만들어 두료다나가 떼이얌과 합일하기 위해 죽

으려는 찰나를 지연시킨
다. 이는 죽음을 앞둔 두
료다나의 참담한 심정을
역설적으로 배가시킨다.
슬픔으로 사물을 제대로
분별하기 힘든 두료다나
의 가족들과 비장하고 날
선 자아의식으로 숭고함
을 자아내는 두료다나 사

이에서 두르자야는 두 무거운 정조의 무게를 덜어내는 한편 극적인 몰입
을 차단시키고, 관객들에게 상황을 객관적으로 볼 수 있는 여지를 제공
한다.

그리고 두르자야는 감정으로 때 묻지 않은 아이다운 순수한 '눈'의 역
할을 한다. '슬픔으로 이중으로 눈이 먼' 드리타라스트라 내외는 두료다
나를 애타게 찾으면서도 지척에 있는 자식을 보지 못하고, 두료다나의
부인들도 눈물에 가려 두료다나를 찾지 못한다. 결국 두료다나를 찾은
것은 두르자야인데 카발람은 이러한 두르자야의 천진성을 담은, 있는 그
대로의 상징적 '눈'을 드러내기 위해 다른 역할들과 대비되는 사실적인
연기를 병치한 것이다. 두르자야의 사실적인 연기는 역설적으로 내적인
측면에서 '비'사실성을 추구하는 극적 장치라 할 수 있다.

> **나탄** (관객을 보며) 다르마를 겁내서 지금 부들부들 떨고 있는
> 거요? 브라만으로서 명예에 상처를 입는 건가? (나탄의 발작
> 적인 감정의 변화에 부인은 겁먹고, 나탄은 관객을 향해 더
> 욱 더 흥분한다) 저리 가시오! 저기 멀리 꺼지란 말이요! 가!
> 가시오! 사기꾼! 남을 등쳐먹는 나쁜 놈들! 깔리한테 홀린 인
> 간들! 저 멀리 꺼져! (평정을 잃고 발작하다 극에 달했을 때
> 겁먹은 부인은 도망하여 퇴장하고 나탄이 뒤돌아 앉자 깔리

가 깔라샴 후 퇴장) 깔리한테 홀려 정말 나쁜 놈이 돼버렸구나. 운이 나빠 불운한 처지여라. 부끄럽기 짝이 없네! 밤에 쏘다니는 귀신이나 다름없이 되었어. 원치도 않았는데 완전히 깔리가 돼버렸어! (관객들을 돌아보며) 역할 놀이라고 생각했더니 이건 그야말로 내가 진짜 깔리가 되어 심각한 꼴이라니! 나한테 다른 역할을 주시오! 뭐요? 축제 때 할 두샤사나 역할을 준다고요? 드라우빠디 사리를 벗기면서 즐기는? 아이구, 사양하겠소! 그걸 하느니 차라리 깔리를 하겠소. 적어도 다르마뿌뜨라를 한 번이라도 하게 해 줄 순 없겠소? 한 번만! 〈끼르미라 바담〉에서처럼 멋진 모습을 보여주는 다르마뿌뜨라 말이오. (혼자서 다르마뿌뜨라 역할을 하며 즐긴다. 사랑의 정조로 노래) 소녀여, 소녀여, 여기로 오시오. 아름다운 이여. 당신은 마치 부드러운 바람과 같이, 내 심장을 간질이는구려. (포옹하다) 뭐라고 했소? 다르마뿌뜨라 역할을 줄 수 없다고요? 내가 그 역할을 하기엔 모자란다고요? 뭐, 끼르미라 역할을 하라고요? 쳇! 그럴 순 없소! 그냥 깔리베샴이나 하겠소! (성내며 퇴장하려다 다시 돌아서며) 이제 성에 차시오?[12]

〈깔리베샴〉에서는 위와 같이 '메타연극적' 상황에서 사실적 연기가 효과를 발휘한다. 나탄은 자신이 맡은 타마스적인 역할에 불만을 가지며 사뜨와적인 역할을 대표하는 다르마뿌뜨라(유티스티라) 역할을 맡겨달라고 당부하며 카타칼리 노래에 맞춰 양식적인 연기를 한다. 하지만 그것이 거절당하자 연기를 중단하고 돌연 객석을 향해 "이제 성에 차시오?" 하고 비꼬듯 되물으며 홱 돌아 퇴장한다. 그리고 다마얀티와 한껏 연정의 무드에 빠져 있던 날라의 대사에서도 메타연극적 장치를 볼 수 있다.

날라 (노래) 쿤티나 왕국의 딸, 이 세상 누구와도 비교할 수 없

---

12 Kavalam Narayana Panikkar, കാവാലം നാടകങ്ങൾ, p.678.

는, 이 여인에 대한 이야기를 들은 날 뒤부터 이 날라의 행운
과 불행이 동시에 시작되었네···. 그 이야기 속의 주인공이
나고···. 지금 들어오는 저 미인은 그 이야기 속의 여주인공
아닌가? (다마얀티 등장)

날라 (노래) 남자의 사랑을 이끌어내는 여성, 사랑의 연꽃, 지금
우리에겐 카마데바가 필요하네. 카마데바 노릇이 중요하지.

···(중략)···

(깔리에 자극 받은 나탄은 깔리와 함께 뱀을 연기한다.)
다마얀티 저기!
날라 당신의 결혼간택제에 참여한 와수끼 외에도 여러 뱀들이
당신과 결혼하고 싶어 다녀가지 않았소. 그 뱀들 중 하나가
당신과 결혼 못한 안타까운 마음을 전하려고 여기 들른 모양
이오.(나탄이 뱀처럼 다마얀티를 더욱 위협하자 다마얀티 두
려움에 떤다.)
다마얀티 저걸 제발 쫓아내버려요.
날라 (뱀을 쫓아낸다. 나탄과 티라실라카란 퇴장. 다마얀티 날라
품에 쓰러진다) 남녀의 사랑 이야기란··· 어디든 있고, 언제
나 볼 수 있는 흔한 것들이죠. 그런 흔한 이야기를 더 흥미진
진하게 만드는 역할은 내가 할 게 아니죠. 바로 깔리가 해야
지요. (깔리 소리 지른다.)[13]

위에 인용한 날라의 첫째 대사는 다마얀티와 사랑을 나누기 전 날라가
신화 속을 빠져나온 배우처럼 메타연극적으로 말하는 것이다. 그리고 마
지막 대사는 둘이서 사랑을 나누던 중 뱀을 보고 두려움을 느낀 다마얀
티를 보고 날라가 하는 것이다. 날라는 다마얀티와 연정의 정조로 연기
하다 위와 같은 대사를 하며 마치 자신이 깔리를 불러들이듯 메타연극적

---

13 *Ibid.*, pp.673~674.

대사를 한다. 이러한 대사들을 할 때 나탄과 날라는 역할을 입었을 때의 정형화한 몸짓과 운율적 대사에서 벗어나 일상의 몸짓과 대사로 말한다. 이렇듯 사실적 연기는 양식적 연기의 정제화한 분위기를 환기시켜주며 때로는 무겁고 진중한 주된 정서를 깨며 관객들이 몰입에서 빠져나와 지켜보기를 할 수 있도록 만든다.

3) 전통극의 연기 매뉴얼을 활용한 정조의 창출

꾸디야땀의 연기 매뉴얼 : 배우의 '되기를 보여주기'

카발람은 나띠야샤스뜨라에 언급된 연행원리를 심층적으로 발전시킨 꾸디야땀의 역할 해설(니르와하남 Nirvahanam), 1인 다역(빠가르나땀 Pakarnattam), 즉흥연기(마노다르맘 Manodharmam) 등과 같은 연기 매뉴얼(아타쁘라카람 Athaprakaram)을 적극적으로 활용하였다. 꾸디야땀은 여러 날에 걸친 연행기간 동안 전날에 이어 다음 날에 등장인물이 등장하여 자기 자신과 이야기를 소개하는 역할 해설을 통해 순환하는 이야기 구성을 가진다. 〈우루방감〉과 〈깔리베샴〉에서는 배우가 직접 대사를 통해 역할이나 이야기를 설명하지는 않지만 '와땀 베뀨카'(Vattam Vekkuka 원형으로 걷기)를 많이 사용한다. 힌두 사원 의식에서 유래한 이것은 새로운 장소로 도착하거나 새로운 국면의 전환이 일어나거나 현실과 다른 세계로 진입했음을 암시할 때 사용한다. 두료다나의 가족들이 두료다나를 찾아 헤맬 때, 날라와 다마얀티가 숲속으로 들어갈 때, 나탄과 다마얀티, 나탄과 깔리가 대치하는 상황에서도 원형으로 걷기를 한다. 세트나 무대 배경막 사용을 하지 않던 관습이 연기적 매뉴얼로 정착한 것이 원형으로 걷기인데 이때 배우들은 일종의 움직이는 세트가 되는 셈이다. 또한 원형으로 걸음으로써 관객들에게 '처음으로 돌아가는' 의식적인 순환을 경험시킨다.

1인 다역은 꾸디야땀뿐 아니라 인도 전통극에 보편적으로 존재하는 연기방식인데 관람하기에 가장 흥미로운 요소 중 하나다. 여기에는 연기자의 역량과 상상력이 고스란히 반영되기 때문이다. 배우들은 자신의 역할뿐 아니라 자신의 역할에서 빠져나와 묘사하고자 하는 상대역 또는 신화 속의 인물을 자기가 맡은 역할만큼 정교하고 자세하게 묘사한다. 일종의 메타연극적 요소를 띠는 셈이다. 〈우루방감〉에서 병사들이나 두료다나가 크리스나의 술책을 묘사하거나, 〈깔리베샴〉에서 날라와 다마얀티가 숲에서의 일을 묘사할 때 1인 다역 연기를 한다.

즉흥연기에 대한 언급은 깔리가 가상의 뱀을 만들어 다마얀티에게 두려움을 심어주는 대목에서 나온다.

> **다마얀티** 아, 저기 뱀이 있어요!
> **날라** 어디?
> **다마얀티** 저기요!
> **날라** 당신이 착각한 거요.
> **깔리** (나탄에게) 다마얀티가 뱀을 무서워하는 맘이 생겼잖아. 그
>   걸 형태로 만드는 역할을 연기자인 네가 하도록 해.
> **나탄** (화내며) 하! 원래 이야기엔 그런 상황이 없잖소.
> **깔리** 있어! 너한테 동기부여를 하기 위해서 내가 만든 거지, 그
>   게 바로 이 깔리가 하는 일. 즉흥연기도 할 줄 모르다니, 그
>   러고도 무슨 연기잔가? 흥![14]

위와 같이 나탄이 뱀이 실제 이야기엔 없다고 하자 깔리는 "즉흥연기도 할 줄 모르다니, 그러고도 무슨 연기잔가?" 하고 비꼬는 장면이 그것이다. 하지만 카발람의 작품에서는 실제로 배우들이 즉흥연기를 하지는 않는다. 즉흥연기의 중요성을 인정하지만 실제 무대 위에서는 즉흥연기가 없는 점은 카발람의 작품에서 아쉬움으로 남는다.

---

14 *Ibid.*, pp.673.

293

제3장 〈우루방감〉과 〈깔리베샴〉의 무대 구현 양상

칼라리파야투의 움직임 : 비어 있는 몸을 만드는 중립의 매체

병사들이 전장의 모습을 묘사하는 장면은 〈우루방감〉 원작에서 전체의 약 1/3의 비중을 차지할 정도로 중요한 부분인데 카발람은 칼라리파야투를 통해 이 부분을 형상화하고 있다. 카발람은 23 슬로캄으로 된 긴 장면을 대사로만 처리하지 않고 칼라리파야투의 몸 언어로 구현함으로써 텍스트를 압축하여 효과적으로 전달했을 뿐 아니라 독특한 장면의 분위기를 성취하였다. 중립적 몸의 매개로서 칼라리파야투를 선호했던 카발람은 〈우루방감〉에서 놀이성과 춤과 같은 요소를 가미하였다. 그래서 칼과 방패, 긴 창, 곤봉 등을 들고 대적하는 병사들의 몸에는 적대감보다는 합을 맞춘 무술 대련자 또는 느린 춤을 상기시키는 느긋함마저 느껴진다. 실제 칼라리파야투 대련은 순식간에 속도감 있게 전개되지만 〈우루방감〉에서는 천천히 전개되어 지난했던 전장의 시간을 슬라이드쇼로 보여주는 듯한 느낌도 자아낸다.

그리고 꾸루쉣뜨라의 절정인 비마와 두료다나의 곤봉 전투에서도 긴박함보다는 놀이적 측면이 부각된다. 특히 일렬로 늘어서 둘의 전투를 지켜보던 병사 중 하나가 앞으로 나와 크리스나가 비마에게 두료다나의 허벅지를 노리라는 신호를 희화적으로 묘사하는 부분이 그렇다. 이런 측면은 전장의 참혹함을 역설적으로 드러냄과 동시에 한편으로는 군인들이 자신들의 힘을 과시하면서 그 대가가 얼마나 크든지 전쟁을 즐기기도 한다는 것[15]을 암시한다. 참

비마와 두료다나의 곤봉 전투

---

15 Erin Mee Baker, "Decolonizing Modern Indian Theatre: The Theatre of Roots", pp.404~406.

혹한 전장의 실상을 때로는 느린 화면처럼, 때로는 놀이처럼 패러디하는 방식을 통해 카발람은 텍스트를 말로 표현하는 것이 아니라 육체화하여 관객들이 보다 다층적인 텍스트의 라사를 경험할 수 있도록 만들어준다.

카타칼리의 깔라샴 : 강렬한 신체 언어

〈깔리베샴〉에서 제목은 주제와 연결되며 제목에서 암시하는 베샴은 역할이란 의미와 의상이란 의미를 동시에 가지고 있다. 카타칼리의 깔라샴과 결합하여 마치 베샴(의상)을 입은 배우가 깔라샴을 함으로써 그 베샴(역할)이 되는 중의적 기호로 작용한다. 깔라샴은 카타칼리에서 한 단위의 텍스트를 마무리할 때 추는 순수무용이다. 탄다와 양식을 대표하는 카타칼리에서는 격정적이고 역동성을 드러내는 남성적 깔라샴이 많다. 깔라샴은 역할과 상황에 따라서 다양한 형태로 존재하며 짧고 간단한 동작에서부터 길고 복잡한 다양한 동작들이 있다. 깔라샴은 동조와 영웅심을 표현하고 성자나 영웅의 압도적 감정을 탁월하게 표현할 수 있는 좋은 매개가 된다. 〈깔리베샴〉에서 카타칼리의 깔라샴은 등장인물의 구나를 드러내거나 상황과 정조에 부합하는 분위기를 강화시키는 이중의 효과를 지닌다.

> **깔리** (티라실라카란과 함께 노래) 밤의 여행자인 나는 깔리. 날라 차리탐에서 아다르마를 무분별하게 저지른 난봉꾼 놀이를 지금도 하고 있네. 무대를 밝히는 램프 앞에서 연행한 깔라샴 기술은 지금이라도 할 수 있지. 멈춰 서 주시오. 멈춰 서 주시오. 어이, 나타나 시로마니! (나탄에게 다가서며) 당신을 통해서 날라를 찾아야겠소. 저 다마얀티의 사랑, 바보 멍청이 시로마니 날라!
>
> **나탄** (어깨 위에 걸친 수건으로 티라노땀) 카타칼리에 영광을 가져다 준 유명한 운나이 와리얼의 위대한 시, 카타칼리의 전설적인 연행자인 웨딴 칼라디 까쁠링카단의 기술적 순수함, 거기다 카타칼리의 맥을 이어온 전통의 힘, 이런 모든 것들

을 연마한 나인데 당신이 나를 잡아들이려면 내 허락을 받아
야 할 거요. (깔리와 나탄이 만나 한 줄로 선다) 내가 없으면
당신도 존재할 수 없지. 진정한 존재감 말이야.(나탄과 깔리
가 함께 깔라샴을 한다)[16]

위에서 살펴본 대사에서처럼 〈깔리베샴〉에서는 깔리가 욕망을 성취
시키고자 할 때나 나탄과 결합하여 역할을 시작하거나 마무리할 때 깔라
샴을 한다. 그리고 깔리가 나탄의 몸을 빌리기 위해서 취하는 자세도 깔
라샴이 되고, 중간중간에 삽입하는 노래의 마무리도 깔라샴으로 끝낸다.
이런 측면에서 보자면 극의 제목을 '깔리 깔라샴'으로 바꾸어도 무방하
다. 그런데 카타칼리에서 깔라샴은 그것 자체가 정조에 기여하는 다채로
운 구나의 구현인 반면 〈깔리베샴〉에서는 주로 일종의 상징적 기호로서
만 작용한다. 카타칼리에서 깔리의 역할은 격정적이고 박진감 넘치는 상
당히 빠른 깔라샴으로 육체적 장관을 연출하는 반면 〈깔리베샴〉에서는
놀이성을 가미한 단순한 몸동작들이다. 카발람은 복잡하고 다채로운 카
타칼리의 깔라샴이 만들어내는 장관으로서의 볼거리와 정조를 창출하
기보다 메타연극적 장치로서 깔라샴의 기호성에 더 많은 비중을 둔 것이
다. 이것이 카발람이 전통을 접목시키는 흥미로운 지점이다. 카발람은
관중들의 흥미를 끄는 볼거리보다 그 이면에서 작동하고 있는 정수(원리)
를 무대 밖으로 끌어내어 보다 의미심장한 연극적 언어로 재창조시킨다.

모히니아땀의 아다브 : 정조의 완충과 대비

모히니아땀의 부드러운 율동은 〈우루방감〉의 지배적 정조인 영웅적
기개, 분노, 비애의 라사와 〈깔리베샴〉의 지배적 정조인 혐오, 공포와 같
은 무겁고 심각한 정조를 완충시켜줌과 동시에 대비시켜준다. 모히니아

---

16 Kavalam Narayana Panikkar, കാവാലം നാടകങ്ങൾ, p.672.

땀의 발걸음은 부드럽고 정적이다. 이런 걸음들이 결합하여 다양한 자세, 몸 동작, 기본 동작, 연속 동작을 형성하는 아다브(자세)는 모히니아땀을 대표하는 곡선적이고 부드러운 움직임들이다. 두 작품 모두에서 이러한 모히니아땀의 부드럽고 여성적이면서 밝은 색채의 사뜨와적인 아다브를 활용하고 있다. 예를 들자면 〈우루방감〉에서는 병사들의 전투 장면 중간에, 〈깔리베샴〉에서는 깔리의 음모가 진행되는 위기의 순간에 등장한다.

〈우루방감〉에서는 병사들이 치명적 부상을 입고 죽음을 목전에 두고 있을 때 압사라로 분한 여성배우들이 흰색 사리를 입고 무드라와 모히니아땀 율동을 하며 결혼식을 상징하는 목걸이를 걸어주며 병사들에게 손짓한다.

> **병사들** (구음) *아- 예- 요-* (반복 영창)
> 우리는 전장이라 불리는 은신처에 도착했네, 적대감의 고향이자 용기의 시금석인 이곳 전장. 이곳은 긍지와 영광의 거처라네. 이곳은 압사라들이 누구와 결혼할지를 결정하는 곳이자 병사들이 험난한 투쟁을 시험하는 장이자 왕들의 죽음을 위한 잠자리, 삶을 불살라 희생하여 천상으로 올라가는 다리라네.(4)[17]

위와 같이 영창하는 병사들 사이로 등장하는 압사라들은 전장의 거친 움직임과 대조되는 부드러운 움직임을 통해 아름다움을 창출한다. 가장 타마스적인 죽음으로 이끄는 움직임을 가장 사뜨와적으로 연출하면서 카발람은 전쟁과 인간존재의 아이러니한 국면을 극적으로 대비시키고 있다.

〈깔리베샴〉에서는 날라와 다마얀티가 숲속에서 연정과 놀람의 라사에

---

17 Bhasa, *Thirteen plays of Bhasa, op. cit.*, p.45.

빠져 모히니아땀 춤을 춘다. 둘 사이의 평화롭고 밝은 분위기는 춤을 통해 더욱 배가되며 이를 지켜보던 깔리의 질투심을 더욱 충동질하는 계기가 된다. 깔리는 나탄과 날라를 불러들여 몸을 지배하려 하고 세 사람이 일렬종대로 추는 거친 깔라샴의 동작은 모히니아땀의 부드러운 동작과 대비되며 극적 긴장감을 고조시킨다.

4) 앙기카 아비나야에 구현한 육체적 몸

카발람이 〈우루방감〉과 〈깔리베샴〉에서 양식적 연기와 사실적 연기로 라사를 구현했던 측면이 앙기카 아비나야를 드러내는 형식이었다면 이러한 형식이 담고 있는 내용은 구나적 전형성이다. 다른 아비나야와 마찬가지로 앙기카 아비나야에는 다섯 층위의 몸이 다 포함되어 있지만 육체적 몸의 경험이 주를 이루고 에너지의 몸 중에서 표면적 층위를 포함한다. 육체적이고 에너지적인 몸에는 타마스–라자스–사뜨와 이 세 구나의 유형성이 드러나고, 여기에는 정신적 진화와 퇴화의 과정이 담겨 있다.

이러한 구나의 이미지도 전형성을 띠고 무대화하는데[18] 사뜨와의 이미지는 명상 자세로 앉아 있거나 양손으로 축복이나 승리의 무드라를 하는 자세다. 라자스의 이미지는 손에 무기를 들고 탈것에 앉아 축복을 내리는 자세이고, 타마스의 이미지는 공포와 두려움을 드러내며 많은 무기를 장착하고 적이나 아수라를 파괴할 때 나타난다. 두료다나의 앙기카 아비나야에는 이 세 구나가 응축되어 있다. 다리를 절거나 갑작스런 발작과 쓰러짐을 반복할 때는 필멸의 몸을 가진 존재로서 타마스적인 상태를 드러내고, 위엄 있는 왕의 위용을 드러낼 때는 라자스적인 상태를, 우아하고 느린 몸짓으로 더 높은 자아를 향해 호소할 때는 사뜨와적인 상태를

---

18 Avinash C. Pandeya, *op. cit.*, p.89.

드러낸다. 이 외에도 〈깔리베샴〉에서 사뜨와의 이미지는 브라민으로서 매일 저녁 기도를 올리는 인간으로서의 나탄과 날라와 다마얀티를 통해 드러난다. 그들의 움직임은 부드럽고 공손하다. 라자스의 이미지는 쟁기를 든 발라데와와 활과 화살을 쥔 아쒀따마의 앙기카 아비나야에 가장 잘 드러난다. 그들의 커다란 보폭과 팔의 움직임은 다소 과장되어 있으며 높이 뛰어오르거나 무기를 휘두르며 큰 회전 동작을 하면서 라자스의 역동성을 여지없이 드러낸다. 타마스의 전형은 깔리에 응축되어 있다. 술, 도박, 살인, 여색, 물욕을 향한 타마스적인 깔리의 욕망은 그 조종을 받는 나탄의 앙기카 아비나야에 형상화되어 있다. 나탄 역의 기리쉬는 원초적 욕망을 표현하기 위해 중심을 하체 쪽에 응집시켜 호흡을 흩뜨리거나 눈동자의 크기를 조절하면서 깔리의 욕망을 대리 분출한다.

카발람은 이러한 구나들의 전형을 고정되어 있는 것이 아니라 변화하는 양태로 구현하여 주제에 기여토록 한다. 이것은 〈깔리베샴〉에서 더욱 두드러진다. 나탄과 날라는 본래 사뜨와적인 구나를 가지고 있었으나 깔리의 지배를 받아 타마스적으로 추락한다. 이 둘의 사뜨와적인 성정이 깔리의 라자스적인 욕망과 질투의 감정을 입어 타마스적인 성정으로 바뀌는 과정은 구나가 높은 차원에서 낮은 차원으로 역전하는 의식적 퇴행이다. 반대로 깔리의 조종으로 타마스적인 감정에 지배당해 부인을 버렸던 날라는 까르꼬따까의 라자스적인 행위를 통해 원래의 사뜨와적인 모습을 되찾음으로써 낮은 차원에서 높은 차원으로의 진화를 겪게 된다. 그리고 〈우루방감〉에서도 물욕과 질투심에 사로잡혀 있던 두료다나의 타마스적인 의식이 비마의 라자스적인 전투에서 패해 치명상을 입은 뒤 사뜨와적인 높은 의식으로 발전하는 모습을 찾을 수 있다. 사뜨와 ↔ 라자스 ↔ 타마스로 이어지는 구나의 퇴화와 진화는 탄생과 죽음, 성장과 소멸의 변화를 겪기 마련인 육체적 몸의 유형적 특징이다.

〈표 8〉 나탄과 날라의 의식의 퇴행과 진화의 양상

상태	의식의 퇴행	의식의 진화
사뜨와	본래 성정	본래의 성정 회복
라자스	개인적 허물과 불만	까르꼬따까의 무는 행위
타마스	깔리의 지배를 받는 상태	깔리의 지배를 받는 상태

　　이상과 같이 카발람이 카타 파트람과 사리라 바바를 실현시킨 방법은 양식화한 연기와 사실적인 연기의 절충과 조화다. 카발람의 앙기카 아비나야 구현방식은 형식적 측면에서나 내용적 측면에서 배우와 배우가 드러내려는 베샴(역할)이 동시에 드러난다. 배우는 무드라를 할 때나 몸짓을 할 때 그 자신이 재현하고자 하는 역할의 정수를 드러낸다. '대상의 리얼리티에서 의도적으로 인물의 정서적 리얼리티로 초점을 바꿈'[19] 으로써 '존재의 상태 혹은 상황에 대한 모방'을 경험할 수 있게 하는 것이다. 카발람이 인물들의 유형적 제스처를 통해서 구나의 변화를 구현하였던 것도 인간 존재를 높은 차원으로 발전시켜 지고의 정신과의 합일을 이루기 위함이다. 그래서 무대 위에 선 배우는 하나의 개인으로서 개성화한 인물을 보여주는 것이 아니라 유구한 역사 속에서 존재하는 '진화의 상태' 속의 한 인간을 구현하는 것이다. 이것이 카발람이 양식적으로 구현한 앙기카 아비나야가 함축하고 있는 정수적 가치다.

---

19 Erin Mee Baker, "Decolonizing Modern Indian Theatre: The Theatre of Roots", p.443.

2. 스와띠카 아비나야의 실제 : 유기적 몸의
과학으로서의 연기

앙기카 아비나야에서 카발람이 육체적 몸을 중심으로 어떻게 라사를
무대화하였는지 고찰하였다면 스와띠카 아비나야에서는 그러한 라사를
일으키는 과정이 어떠한 맥락과 메커니즘으로 발현하는지를 중심으로
살펴보겠다. 각각의 아비나야가 독립적으로 존재하지 않고(그것 자체로 예
술적 완성도를 지니기는 하지만) 상호간 유기적인 관련성을 지니지만 특히 스
와띠카 아비나야의 경우 외현적 측면에서나 내면적 측면 양쪽 모두에서
다른 아비나야와 떼려야 뗄 수 없는 영향력을 주고받는다. 앙기카 아비
나야는 육체와 에너지의 운용을 통한 심리 · 정서적 측면에서, 와찌카 아
비나야는 소리와 은유를 통한 심리 · 직관적 측면에서, 아하르야 아비나
야는 심리 · 정신의 외현적 측면으로 스와띠카 아비나야와 연결된다. 인
도 연극의 궁극의 목적이 라사의 구현에 있기 때문에 앙기카 · 와찌카 ·
아하르야 이 세 아비나야는 유기적이고 총체적인 과정을 통해 스와띠카
아비나야로 수렴된 뒤 라사로 이어진다고도 볼 수 있다. 이러한 상호관
계는 마찬가지로 몸의 층위에 있어서도 스와띠카 아비나야의 층위가 다
층적으로 존재토록 만든다. 물질적 측면의 육체적 몸뿐 아니라 에너지의
몸과 직관의 몸과도 연결되는 것이다.[20]

카발람은 텍스트를 통해 철학적 의미를 소통하고, 육체적 연기를 통해
텍스트를 정교화하고 재해석하였으며, 스와띠카 아비나야를 통해 자신
만의 라사를 구축하였다. 라사의 연극을 하였던 카발람은 '역할의 정서적
삶이 아니라 몸의 움직임과 육체적 삶'[21]을 강조하면서 관객들에게 어떻

---

20 Pramod Chavan, *op. cit.*, p.263.

21 Erin Mee Baker, "Decolonizing Modern Indian Theatre: The Theatre of Roots",
    p.425.

게 라사를 보여주고, 라사의 정수를 소통할 것인지를 고민하였다. 이 절에서는 카발람이 어떻게 스와띠카 아비나야를 구현했는지 그 과정과 운용원리를 중심으로 살펴보겠다.

1) 지배적 정서와 일시적 정서

카발람은 〈우루방감〉과 〈깔리베샴〉에서 지배적 정서와 일시적 정서를 절묘하게 배치하여 라사의 정수를 경험토록 만들었다. 두 작품 모두 지배적 정서는 슬픔이지만 일시적 정서에 따라 같은 정서가 다른 양상으로 경험되도록 한다. 〈우루방감〉에서는 두료다나의 죽음을 앞둔 두료다나 자신과 가족들, 동료들이 슬픔의 정서를 어떻게 다른 양상으로 표현하는지 인물들에 따른 차별성을 두었다. 그리고 〈깔리베샴〉에서는 신화 속의 날라와 현실 속의 나탄이 슬픔의 정서로 교직하는 과정에서 깔리를 매개로 다양한 양상으로 일시적 정서를 전개하였다. 〈우루방감〉과 〈깔리베샴〉은 지배적 정서가 라사로 이어지는 과정을 일시적 정서를 통해 세밀하게 구체화하였다. 일시적 정서가 다양한 양상으로 전개되면서도 지배적 정서가 전달하고자 하는 큰 줄기는 놓치지 않음으로써 관객들의 공감을 얻게 되고 그것은 승화되어 라사가 된다.

〈우루방감〉은 궁극의 라사인 평온의 라사를 구현하는 과정을 두료다나와 수요다나의 합일로 형상화하고 있으며 두료다나와 두료다나를 둘러싼 등장인물들의 다양한 일시적 정서를 통해 극 전체의 지배적 정서인 슬픔을 밀도감 있게 응축시키고 있다. 이러한 과정은 두료다나가 구현하는 지배적 정서의 지속과 일시적 정서의 교차 속에서 가장 두드러지며, 두료다나가 수요다나와 합일을 향해 다가설 때 합일을 방해하는 요소가 되는 다른 인물들의 일시적 정서와의 대비 속에서도 드러난다.

기리쉬는 두료다나가 왕으로서 용기에 넘칠 때의 오만한 모습과 속임수로 자신을 패배시킨 판다바 가문에 대해 실망한 모습, 가족들에 대한 사랑과 연민의 모습 등을 표현할 때 시시각각 다른 정서를 드러내면서도 슬픔의 정서를 지속적으로 밀도감 있게 심화시킨다. 이를 위해 두료다나는 슬픔의 정서를 상대역에 따라 다른 양상으로 표출한다. 발라데와와 아쏴따마 앞에서는 침착과 인내로 의연하게 예를 지키며 영웅적 면모를 보여줌으로써 둘의 슬픔을 극대화시킨다. 그리고 다리를 다쳐 제대로 몸을 가누지 못하여 예를 갖춰 인사드리지 못하는 아들로서, 눈이 멀어 아들이 있는 곳을 제대로 찾아가지 못하는 아버지 드리타라스트라와 재회를 할 때는 서로를 소리 높여 반복적으로 영창하며 이를 지켜보는 관객들의 안타까움을 자아낸다. 이때의 영창과 움직임은 독특한 정서를 창출하면서 슬픔의 정서를 배가시킨다. 또한 어머니 앞에서는 평범한 아들로서 당신의 자식으로 다시 태어나기를 염원하고, 아들 두르자야 앞에서는 사무치는 그리움과 연민을 가진 아버지로서 슬픔의 정서가 극에 달하도록 만든다. 이렇듯 두료다나의 일시적 정서는 유동적으로 다변하지만 결과적으로는 다시 중심축인 슬픔의 지배적 정서로 응집되면서 그것에 독특한 결을 입히게 되고 궁극적으로는 작품 전체의 지배적 정서인 비애의 라사에 기여한다.

두료다나뿐 아니라 〈우루방감〉 전체를 지배하는 슬픔의 정서는 각각의 등장인물에 따라 정서의 표출방식에 차이가 존재한다. 먼저 발라데와와 아쏴따마는 분노의 라사를 기반으로 분노와 성냄의 정서를 지배적 정서로 한다. 부상당한 두료다나를 향할 때나 두료다나의 가족들을 대면할 때는 연민의 정서가, 속임수를 쓴 크리스나와 판다바가를 지칭할 때는 혐오와 화남이 일시적 정서로 표출된다. 한편 발라데와와 아쏴따마 모두 분노의 라사가 지배적이지만 그 정도에 있어서는 약간의 차이가 있다. 발라데와가 강한 분노에서 연민에 따른 비애의 라사로 변화를 겪는 반면 아쏴따마는 분노의 정도에 있어서 발라데와보다 더 강한 증오심을 표출하고 종결부에서도 분노를 지속한다.

두료다나 가족들의 지배적 정서도 이별을 앞둔 자들의 슬픔이다. 간다

합일로 다가서는 두료다나

리는 아들을 향한 애정의 깊이를 드러내며 그 슬픔의 정서를 심화시킨다. 드리타라스트라는 장대한 거인이자 자신감에 찬 용자로서의 면모와 자신의 장례를 치러줄 아들 하나 남기지 못한 가련한 아버지로서의 연민을 일시적 정서로 표출한다. 이 정서들은 슬픔의 정서와 대비되어 지배적 정서를 강화시킨다. 그리고 두르자야는 가족에 대한 애정이 지배적 정서이지만 어린아이다운 천진함으로 허벅지가 부러진 아버지에게 다리 베개를 요구하거나 눈먼 조부모를 끈에 이어 놀이하듯 등장한다. 이러한 행동은 (비)웃음을 유발시켜 슬픔의 정서에 다른 질감의 음영을 입힌다.

이렇듯 다양한 양상으로 정서를 변화시키면서도 슬픔의 정서가 큰 줄기로 관통하는 과정은 두료다나와 수요다나가 합일하여 궁극에는 평온의 라사로 가는 여정이라 할 수 있다. 카발람의 작품에서 이러한 평온의 라사는 주제를 상기시키는 데 일조한다. 〈우루방감〉에서 두료다나가 부상당한 몸을 입고 있을 때는 지배적 정서가 슬픔이지만 몸을 벗고 떼이얌과 합일을 향해 나아갈 때는 평온의 라사로 표현한다. 평온의 라사는 지고의 의식을 향해 다가서는 두료다나의 지향점이다. 〈깔리베샴〉에서는 에필로그를 평온의 라사로 마무리한다. 날라의 준엄한 꾸짖음을 듣고 선한 사람을 괴롭히지 않겠다고 맹세한 깔리가 선한 자들을 찾기 위해 객석으로 뛰어들면 막이 내린다. 그 뒤 무대 위에는 나탄과 등장인물들이 일렬로 늘어서 "브라만의 바퀴가 돌아가는 시간 속에, 찰나에 지나지 않는 이 대지 위에서, 공간과 시간이 한 지점에 제대로 만나, 이 이야기를 반복할지니." 하고 평온하게 영창한다. 다만 두 작품은 평온의 라사를 구현하는 방식에서 차이가 있다. 〈우루방감〉이 평온의 상태를 이루기 직전 격랑의 라사로 암전하며 극을 마무리하였다면 〈깔리베샴〉은 에 필로그에 평온의 라사를 추가하여 주제를 더욱 뚜렷하게 드러내었다. 두 료다나는 죽기 직전 자신이 죽인 사람들과 압사라들의 환영을 보는데 이 때 영웅적 기개, 공포, 경이, 비애 등과 같은 다양한 정조들이 격하게 파 고를 일으키며 요동치며 고조되다 암전으로 끝난다. 이 장면은 마치 폭 풍우가 휘몰아친 뒤 잠잠해질 고요의 바다를 연상시킨다. '아무것도' 없 이 평정한 상태의 고요를 향해 가는 여정에서의 막바지에 라사의 격랑을 형상화함으로써 두료다나의 생전 주요한 기질인 라자스의 힘을 보여준 다. 카발람은 두료다나의 구나를 표현하기 위해 고요한 점진적인 변화가 아니라 많은 움직임을 가진 다채롭고 역동적인 방식을 사용하였다. 가장 어둡고 무거운 타마스의 영역인 죽음을 대면함에 있어 두료다나는 가장 역동적이고 많은 변화를 가진 라자스의 기질로 응수하면서 결국 사뜨와 의 정점인 절대 고요의 평온에 다가섬을 종막의 암전은 암시한다.

〈우루방감〉에서 아쉬운 점은 빠우라위와 말라위 두 부인의 지배적 정 서 표출 방식이다. 둘은 시종일관 통곡하는 곡조로 울부짖거나 바닥에 주저앉는 전형적인 동작을 함으로써 식상함을 불러일으킨다. 두료다나 의 간곡한 당부가 있었음에도 두 사람의 슬픔에는 두료다나를 만나기 전 과 후에 별다른 변화도 없다. 이때 두 사람의 정서는 여염집 아낙의 범상 한 슬픔이라는 정서(바바)에 머물 뿐 라사의 체험으로 승화하지 않는다.

그렇다면 라사는 어떻게 진정으로 체험할 수 있을까? 〈우루방감〉에서 는 두료다나가 수요다나와의 합일을 이루는 과정에서 다른 사람들과 차 별화한 라사를 구현함으로써 관객들은 슬픔을 넘어선 초월의 경지를 자 각할 수 있게 된다. 만약 두료다나가 아쏴따마처럼 분노에만 매몰되어 있거나 가족들처럼 시종일관 비애로 라사를 마무리하였다면 관객들은 속임수로 패배한 패잔병의 말로를 지켜보았을 터이다. 하지만 두료다나 를 통해 누구보다 고고한 자아와 높은 존재와의 합일을 목격함으로써 개 인적이고 일상적 경험이 아닌 초월적 존재로서의 보편화의 과정을 거치게 된다. 이러한 보편화의 과정을 거친 뒤에야 라사는 비로소 그 진정한 실체를 드러낸다. 라사는 '맛'이라는 경험적 측면을 표현하지만 다른 한 편으로는 일상적이고 개인화한 맛이 아닌 거리를 두고 보편화한 과정을 거칠 때야 진정으로 경험할 수 있는 것이다. 라사는 심미주체와 객체의 통합과정, 즉 보편화에 따른 비개인적이고 순수한 환열의 체험[22]인 것이다.

2) 프라나의 운용

카발람은 프라나 운용을 통해 라사를 극대화하였고, 그 완급 조절은 지배적 정서와 일시적 정서의 배치를 통해 이루었다. 라사의 메커니즘을 작동시키는 원리는 프라나(생체 에너지)의 운용에 있다. 프라나는 온 세계를 구성하고 있는 에너지를 의미하는데 이 프라나가 인체에서 각기 다른 양상으로 움직이며 기능함을 '프라나 와유'(Praṇā Vāyu)라 칭한다. 마음을 비롯한 인체의 모든 감각은 이 프라나 와유의 영향 아래에 있기 때문에 이것에 대한 이해는 아비나야의 이해로 이어진다.

프라나는 인체에서 각기 다른 부분에 위치하면서 특정한 방향으로 흐르는데 다시 다섯 겹의 하위 프라나로 나누어진다. 안으로 움직이는 프라나(Prana), 바깥이나 아래로 움직이는 아파나(Apana), 행위의 균형을 가지는 사마나(Samana), 위로 움직이는 우다나(Udana), 확장하는 행위를 가지는 위아나(Vyana)가 그 하위 프라나들이다. 하위 프라나를 이해하기 위해 비하르 요가 학교에서 발행한 *Swara Yoga*[23]에서 사용한 언어들을 빌려보겠다.

프라나와 아파나는 영혼의 양극 에너지로서 양과 음, 끌어당김과 밀어

---

22 허동성 · 정순모, 앞의 책, 148~150쪽.

23 Swami Muktibodhananda, *op. cit.*, pp.42~47.

냄, 들이쉼과 내쉼, 먹는 것과 배설하는 것 등과 같은 일을 담당한다. 프라나는 가슴을 중심으로 호흡기관을 관장하며 에너지를 흡수하는 일을 하고, 아파나는 배꼽 아래에서 골반 쪽에 위치하며 비뇨기와 배설기관을 담당한다. 이 두 프라나는 가장 강력한 에너지로 호흡을 매개로 우주적 에너지를 인체로 실어 나른다.

사마나는 프라나와 아파나를 균등하게 만들어주는 들숨과 날숨 사이 머금는 숨이다. 사마나는 배꼽을 중심으로 형성되어 있고, 일종의 에너지 저장고이기 때문에 생체 에너지를 강화하려면 머금는 숨, 사마나를 늘려야 한다. 사마나는 프라나와 아파나가 합일했을 때 거대한 잠재력을 폭발시켜 의식을 높은 곳으로 상승시킬 수 있는 힘을 축적한 곳이기 때문에 정신적 에너지로서 의미심장한 프라나다. 또한 인도 전통극에서 기본자세가 되는 아라 만달람도 사마나 에너지를 중심부에 두고 어떤 자세를 취하더라도 중심부의 에너지를 배분할 수 있도록 취하는 것이다. 〈깔리베샴〉에서도 기본자세는 아라 만달람이다. 중심인물인 나탄은 역할을 맡게 될 때 기본적으로 아라 만달람을 취하며 신화 속에 나오는 신성뱀 까르꼬따까도 아라 만달람을 중심으로 프라나를 배분하여 상지와 하지의 움직임을 균형감 있게 조절한다.

우다나는 목과 얼굴을 중심으로 위로 올라가는 프라나이며 상지와 얼굴뿐 아니라 하지와 다리의 근육과 움직임에 관여한다. 우다나는 위로 상승하는 에너지이기 때문에 높은 차원의 각성에 이르게 하는데 필요한 에너지가 된다. 위아나는 우리 몸 전체에 퍼지는 프라나로서 영양소와 수액을 골고루 실어 나르며 우리 몸을 유지시켜준다. 위아나는 네 프라나 없이 생성될 수 없고, 네 프라나도 위아나 없이 존재할 수 없다. 이렇듯 하위 프라나의 움직임은 상호영향을 주고받기 때문에 어느 하나라도 없으면 생명을 유지할 수 없다.

이 다섯 프라나는 마음과도 상호연관을 가져 5 감각기관(귀, 피부, 눈, 혀, 코), 5 행동기관(말, 손, 발, 비뇨생식, 배설), 5 인상(소리, 혀, 시각, 미각, 냄

새)을 불러일으킨다. 우리에게 미치는 부정적 사고는 프라나를 낮추고 마음을 지치게 만들지만 긍정적 사고는 프라나를 끌어올려 마음과 의식도 고양시킨다. 몸의 다섯 층위의 상호 조응성도 프라나 없이는 존재할 수 없다. 프라나의 움직임은 삶을 대하는 자세나 방식이기도 하고 나아가 삶, 혹은 생명 그 자체라 할 수 있다. 심신연기방법론을 추구하는 사람들이 몸과 마음이 상호 조응하는 관계임을 역설[24]하듯이 프라나 와유는 인도 연극 전통에서 육체와 심리를 조절할 수 있는 통로이자 둘 사이를 이어주는 매개다. 아비나야를 달리 말하면 프라나 와유의 외현화라고도 할 수 있다.

이러한 연기와 프라나의 유기성은 〈깔리베샴〉에 잘 드러난다. 그 운용 방식을 손짓의 에너지인 무드라와 얼굴의 에너지의 나와라사를 중심으로 살펴보겠다.

무드라와 프라나

카발람은 무드라 연기를 위해 전통 연행원리의 에너지 확장과 회전운동을 활용한 연기법을 접목시켜서 극적 효과를 창출하였다.

> For wherever the hand moves, there the glances follow; where the glances go, the mind follows; where the mind goes, the mood follows; where the mood goes, there is the flavour(rasa).[25]
>
> 손이 가는 곳에 눈길을 보내고, 눈길이 가는 곳에 마음을 보내고, 마음 가는 곳에 바바를 보내면 라사가 일어난다.

---

24 Phillip B. Zarrilli, "Psychophysical Approaches and Practices in India: Embodying processes and States of 'Being-Doing'", *New Theatre Quarterly*, Vols.XXXII-III, London: Cambridge University Press, 2011, p.252.

25 Ananda Coomaraswamy & Gopala Kristnayya Duggirala, *The Mirror of Gesture*, reprinted, New Delhi: Munshiram Manoharalal, 1997, p.17.

카타칼리의 쥴리뿌 · 칼라리빠야투의 뱀 자세

까르꼬따까

쥴리뿌와 와디브를 응용한 까르꼬따까의 동작

아난다 꾸마라스와미는 『아비나야 다르빠나 Abhinaya Darpana』(아비나야 원리에 대한 난디케스와란의 해설서)의 주석서에서 무드라와 프라나의 상관성을 압축해서 위와 같이 설명하고 있다. 아비나야의 제1경구라고 칭하는 위 문구는 무드라뿐 아니라 전반적인 아비나야의 핵심원리를 설명하고 있지만 여기에서는 무드라에 국한하여 고찰해보고자 한다.

손짓 언어인 무드라는 '하스따 프라나',[26] 즉 손의 생체 에너지를 체현하는 것이다. 우선 〈깔리베샴〉에서 중심인물들은 손끝으로 에너지를 보낼 때 먼저 아라 만달람으로 척추는 곧게 세우고 배꼽을 중심부로 해서

---

26 김현옥, 「카타칼리 무용에 나타난 무드라에 관한 연구」, 『한국무용연구』 제22집, 서울 : 2004, 9쪽.

상체와 하체의 비율을 균등하게 잡는다. 이 상태로 복부 쪽의 사마나 프라나를 비축하였다가 겨드랑이를 열고 반경이 큰 몸동작을 사용하여 프라나를 사지와 손끝으로 보낸다. 이러한 프라나의 운용은 까르꼬따까의 뱀 무드라에서 뚜렷하게 드러난다. 까르꼬따까 역의 무랄리(Murali C.)는 불꽃에 휩싸인 절체절명의 순간을 맞이한 뱀의 형상을 표현하기 위해 기본 아라 만달람에서 위기감이 고조될수록 상체와 하체의 움직임을 대폭 확대하여 역동적인 타악반주와 괴이하게 변형을 가한 음성으로 까르꼬따까를 형상화한다. 이때의 까르꼬따까는 일반적인 뱀을 나타내는 무드라와 손 모양은 같지만 전체 몸의 에너지가 훨씬 강렬하고 특색 있다. 양손가락을 붙여 손끝을 구부린 뒤 머리 위로 번쩍 치켜세울 때 호흡을 위로 상승시킨 뒤 손끝으로 프라나를 보낸다. 여기에 커튼 조종자가 커튼을 불꽃처럼 휘저으며 까르꼬따까와 반대 방향으로 움직여 마치 회오리를 일으키듯 에너지를 더 폭넓게 확장시키면서 신비감을 조성한다.

이러한 에너지의 확장과 강도 조절은 카타칼리의 에너지 회전법인 쥴리뿌와 칼라리파야투의 뱀 자세(사르빠 와디브)를 통해 이루어진다. 쥴리뿌는 복부의 사마나 에너지를 회전시켜 역동적인 에너지로 전환하는 움직임이다. 뱀 자세[27]는 뱀의 핵심적 에너지를 본 딴 동물 자세로 땅바닥을 중심으로 바닥과 수평으로 위아래로 움직이며 어느 쪽으로든 재빨리 방향전환을 할 수 있는 뱀의 특성을 드러낸다. 무랄리는 위기에 처한 뱀의 동물적 본능을 이 두 움직임에 담아 휘몰아치는 위기감을 조성하면서 애절함과 간절함을 증폭해서 표현하였다. 이 움직임은 날라가 까르꼬따까를 구할 것인지 말 것인지를 놓고 고민에 빠져 있을 때의 심리적 동요를 투영하는 데도 적절하였다. 이렇듯 프라나와 무드라의 상호 작용은 두 등장인물의 고뇌의 정도를 심화시키며 극 전체의 위기감을 조성하는 데 일조하였다.

---

27 Phillip B. Zarrilli, *When the Body Becomes All Eyes*, p.101.

〈깔리베샴〉뿐 아니라 〈우루방감〉에서도 두료다나의 주요 움직임은 쥴리뿌와 뱀 자세를 통해 표현한다. 바사가 원작에서 두료다나가 치명적 부상으로 제대로 몸을 가누지 못하는 모습을 신성뱀 와수끼에 빗대어 표현했듯이 카발람은 두료다나의 육체적 부상과 심리적 동요를 쥴리뿌와 뱀 자세로 표현한다. 기리쉬는 바닥을 중심으로 다리를 질질 끌며 이동하거나 위아래로 상승하고 하강하는 동작을 통해 동요하는 몸과 마음의 에너지를 표현하였다.

라사와 프라나

무드라와 마찬가지로 라사도 표현방식에서 프라나와 깊은 연관성을 가진다. 카발람은 〈깔리베샴〉에서 나탄의 연기에 나와라사를 응축시켰다. 카타칼리를 비롯한 전통극에서는 9 라사에 따른 특정한 방식의 얼굴 표정과 호흡통제방식을 전형화한 얼굴로 표현한다. 원래 라사는 고착화한 형식을 띠지 않고 끊임없이 변화하는 역동적인 양상을 띤다. 이런 역동성 속에서 한 순간을 포착하여 움직이는 스틸 사진과 같이 스와띠카 아비나야 수련에 활용한다. 수련자들은 몸을 고정한 채로 얼굴 표정을 중심으로 한 전형화한 나와라사를 훈련한다. 연정의 라사를 할 때 "눈썹을 위아래로 잘게 떨면서 입술은 위로 치켜 올려 미소를 띠고 눈동자는 상대를 향해 고정한 채 고개를 좌우로 움직인다" 하는 식이다. 처음 입문한 수련자들에게 나와라사 훈련은 각각의 라사를 응축시켜 라사에 대해 이해하도록 도와준다.

나와라사를 표현할 때도 프라나는 핵심원리가 된다. 복부에 있는 사마나에 비축한 프라나를 손끝으로 보냈을 때 하스따 프라나가 된다면 얼굴로 보내면 '나와라사'가 되는 것이다. 이때의 '나와라사'는 『나띠야샤스뜨라』에서 언급하고 있는 표출정서(사뜨위카 바바)인 '멍하니 있는 것, 땀흘림, 소름 끼쳐 하는 것, 목소리 변성, 덜덜 떠는 것, 안색 변화, 눈물, 실신'[28] 등이 얼굴을 중심으로 발현하는 것이다. 이 표출정서는 정서의 결과로서 나타나는 반사적 정서의 일부라고 할 수 있다. 자연스런 신체표현이 되기 위해서는 오랜 기간의 훈련을 거친 프라나의 통제와 조절이 필요하다.

〈깔리베샴〉의 '나와라사'는 나탄이 깔리의 조종을 받아 깔리의 특성을 대변하는 다섯 욕망을 분출시킬 때 극적으로 표현된다.

> **깔리** 금덩이를 보면 유혹 당하여라! 노름에 중독되어라! 욕망이
> 더 들끓어라! 살인을 연마 하여라! (나탄은 깔리를 죽이려는
> 연기를 하고, 깔리는 피해간다) 여자 앞에 무너져라! (나탄이
> 다마얀티를 탐욕스럽게 쳐다본다)
> **나탄** 깔리의 모든 수업을 받은 연기자인 이 내가 약속을 하노라!
> (나탄은 술을 마시고 비틀비틀거리고 깔리는 이를 보고 즐긴
> 다.) 나는 깔리다! 가장 깔리다운 자![29]

깔리는 나탄 뒤에 서서 조종하고 나탄은 금덩이를 보며 놀람의 라사를, 노름을 하거나 술을 마실 때 해학의 라사를, 살인을 할 때 분노의 라사를, 여자를 탐할 때 연정의 라사를 표현한다. 놀람의 라사를 할 때는 숨을 점차로 크게 들이쉬면서 호흡을 최대한 머리끝까지 가득 채운 상태로 눈썹을 위로 치뜨고, 눈동자를 크게 뜨며 호흡을 눈높이로 높게 유지한다. 주사위를 던질 때는 재빠르게 손동작 하며 동시에 머리는 사선으로 눈동자를 아래로 내려 간 상태로 상대를 향한 비웃음의 정서를 드러낸다. 이때 호흡은 가슴 아래로 가라앉고 입술 모양은 아래로 일그러지며 멸시와 조롱의 정서를 드러낸다. 해학과 반대로 분노의 라사의 호흡은 점차로 가빠지면서 상체와 하체의 움직임을 확대하고 미간에 호흡을

---

28 이재숙 역주, 『나띠야샤스뜨라』(상), 174쪽.

29 Kavalam Narayana Panikkar, *കാവാലം നാടകങ്ങൾ*, pp. 675.

유지한 상태로 눈두덩을 떤다. 이때의 프라나는 눈두덩을 중심으로 강렬한 표현성을 가지면서 얼굴뿐 아니라 몸 전체로 그 강렬한 에너지를 전파시킨다. 분노의 라사는 여자를 향한 탐욕의 연정의 라사로 갑자기 전환하면서 거칠었던 호흡은 다시 정렬되고 점차적으로 욕정을 표출시킨다. 눈썹을 가늘게 떨면서 프라나는 배꼽 아래 아파나로 응집된다. 그리고 시선은 욕정의 대상인 다마얀티를 향하면서 천천히 호흡을 나누듯이 내뱉는다. 깊숙한 호흡은 욕망의 정도가 강렬해지면서 점차로 거칠어져 짧게 들숨과 날숨을 반복한다. 이때의 호흡은 분노의 라사와는 달리 격정적이거나 광폭한 리듬이 아니라 점진적으로 균등하게 배분한다. 나탄역의 기리쉬는 이러한 라사의 변화를 때로는 재빠르고 속도감 있게 전개시키기도 하고 때로는 지긋이 오랫동안 하나의 라사를 유지하기도 하면서 맛을 음미할 수 있도록 만든다. 이때의 기리쉬는 눈썹과 눈동자의 움직임, 턱과 고개짓, 눈두덩의 떨림과 입술 근육의 조절을 통해 카타칼리 연희자로서 전형적인 나와라사를 구현한다.

'나와라사'를 구현할 때 중요한 것은 호흡을 가능한 배꼽 아래까지 깊숙이 들이마시면서 프라나를 몸 전체로 이동시키되 표현은 얼굴로만 할 수 있는 통제력을 키우는 것이다. 이러한 통제력을 키우기 위해 연희자들은 눈동자를 통해 발현하는 프라나 와유에 주의를 보낼 수 있어야 한다. 프라나의 움직임을 통제하는 데 몸의 자세도 도움을 준다. 기리쉬를 비롯한 연기자들은 아라 만달람으로 허리를 곧추 세우고 발바닥으로 땅위에 공고히 뿌리 내린 자세로 턱을 살짝 당겨 에너지가 산만하게 흩어지지 않도록 비축해둔다. 그런 뒤 몸의 움직임과 얼굴 표현을 해야 할 때 그 비축한 에너지를 표현의 핵심이 되는 얼굴 부위로 이동시키는 것이다.

스와띠카 아비나야의 핵심인 프라나 와유 통제는 '배우의 되기' 과정에 시사점을 제공한다. 카발람이 추구하였던 연기의 패턴은 '역할이 되는' 과정에서 고유한 전통적 메커니즘을 추구한다. 역할의 정서를 자기의 정서처럼 느끼고 그 역할과 똑같이 눈물을 흘리거나 화를 내는 것이 아니라 그러한 정서를 일으키는 신체적·에너지적 반응을 프라나 와유를 통해 통제하고 그 통제의 결과 표출되는 정서를 라사로 승화시키는 것이다. 이 과정에서 몸과 마음은 몸의 다섯 층위에 상호 영향력을 행사하면서 감각과 운동기관에 자극을 가하게 된다. 프라나의 통제는 단지 에너지의 몸과 관련한 내부적 기의 영역에 지나지 않는 것이 아니라 다섯 층위를 움직이도록 만든다. 뿐만 아니라 연행하는 배우 개인에만 그치는 것이 아니라 배우에서 관객으로 그 기의 파장을 확장시키는 중요한 동인이 된다.

지금까지 살펴본 스와띠까 아비나야는 육체적인 움직임을 다루는 앙기카 아비나야를 비롯하여 다른 세 아비나야와 상호 유기적인 관련을 맺고 있다. 스와띠까 아비나야를 위해서는 정서를 표출시키는 다양한 양상과 그 정서를 작동시키는 동력인 프라나의 운용이 필요하다. 카발람은 〈깔리베샴〉과 〈우루방감〉에서 지배적 정서인 슬픔의 정서를 유지함과 동시에 다채로운 방식으로 일시적 정서를 삽입시킴으로써 배우와 역할 사이의 거리두기를 유지하였다. 그리고 정서를 표출시키는 프라나의 운용에 있어 가장 안정적인 신체의 삼각구도인 아라 만달람을 기본자세로 취하였다. 이 자세에서 배꼽 아래로 숨을 깊이 들이쉰 뒤 내쉬는 호흡과 함께 프라나가 손끝과 얼굴로 전파되면서 스와띠까 아비나야의 깊이와 질을 결정하게 된다. 프라나의 응집력은 하나의 표정과 감정으로 그 인물의 모든 상황과 감정적 순간을 표현할 수 있게 만들고 라사를 일으키는 핵심동력이 된다. 앙기카 아비나야와 스와띠까 아비나야의 목표는 인위적인 인물을 가공하는 것이 아니라 심신의 메커니즘을 이해하고 정신수련을 하듯 육체를 정진하여 자연스런 흐름에 맡기는 것, 결국 그것이 무대 위에서 라사로 승화하면서 관객들도 그 흐름에 동참시키는 것, 그리하여 지고의 존재와의 합일을 달성하는 것이다.

3. 와찌카 아비나야의 실제 : 땅의 언어를 보여주는 시

카발람은 자신이 시인이기도 했고, 음악가 혹은 작사·작곡가로서의 많은 경험을 가지고 있었기 때문에 특별히 와찌카 아비나야(Vāchika Abhinaya)의 음악적·문학적 측면을 중시하였다. 또한 전통적 테마와 문학성을 중심으로 이론과 문헌을 발전시켜왔던[30] 남인도(까르나틱 Carnatic) 음악과 께랄라 민속 음악에 대한 광범한 지식과 다르샨을 토대로 음악이 가닿을 수 있는 존재의 심원하고 고차원적인 가능성에 무게를 두었다. 소리, 혹은 음악은 인간존재의 다섯 층위에 직접적으로 자극을 주어 축복의 몸까지 경험하도록 만드는 가장 효과적인 수단이라 믿었기 때문[31]이다. 그래서 카발람은 관객들이 자신의 작품을 '귀 기울여 듣기'를 원했다.

이러한 성찰은 카발람이 자신의 작품을 하나의 '보여주는 시'(드리쉬아 카비야)로 만들고자 하는 의도에서 드러난다. 그리고 그것을 실현시키는 방식으로 '노래(기타 Gītā)-춤(느르따 Nṛtta)-연기(나타카 Nāṭaka)의 조화'를 구현할 때도 표현된다. '노래-춤-연기의 조화'는 본디 남인도 음악이 '상기타'라고 하여 음악, 춤, 연기를 따로 구분하지 않고 총체적으로 포괄하던 전통에서 기인한 개념이다. 인도에서는 '투리야 트리카(Thoouryatrika)' 혹은 '타이라트리카 쇼바(Tairatryka sobha)'라 칭하며 상기타 예술의 진정한 맛은 '세 합이 조화를 이루었을 때 비로소 빛을 발한다'고 말한다. 다시 말해 인도 음악은 춤이나 극과 마찬가지로 유기적인 연관성 속에서 이해되어야 한다는 말이다. 카발람은 극작 과정에서는 '보여주는 시'로서의 연극을 완성시킬 수는 없기 때문에 무대화 과정에서 와찌카를 앙기카와 스와띠카에 결합시켜서 노래와 춤, 연기의 삼위일체를 추구하였다.

그리고 카발람은 말의 의미를 전달하기 위해 와찌카를 정형화하여 앙

---

30 전인평, 『인도 그리고 인도음악』, 서울 : 아시아문화, 2018, 246쪽.

31 ed., op.cit., pp.253~256.

기카와 스와띠카에 상응하는, 시각과 청각 사이의 상호소통이 가능한 영역을 탐색하였다. 이를 위해 께랄라 리듬에 양식적 연기, 춤, 마임, 노래, 대사 등을 자연스럽게 조화시킬 방법을 모색[32]하였다. 그리고 고전적인 가치가 민속적 가치 위에 군림하지 않으면서 공존하는 자신만의 '문법'을 창조해내었다. 그래서 카발람의 작품에서는 고전 베다의 영창법과 민속적 정서를 담은 노래가 한데 어우러져 독특한 와찌카 아비나야를 구축하고 있다. 이 절에서는 카발람이 어떠한 방식으로 와찌카 아비나야를 구축하였는지 살펴보겠다.

1) 보여주는 시

인도에서는 전통적으로 '연극의 궁극은 시다'는 말로 시와 연극을 분리시키지 않았다. 카발람도 '시를 정교화한 것이 극이고, 궁극의 연극은 순수시다.'고 천명하며 시적 무대화를 중시하였다. 이를 위해 고려해야 했던 것은 청각적·발화적인 와찌카의 영역을 시각적·비발화적인 영역으로 확장할 방식을 찾는 것이었다. 이는 인간이 구분해온 다섯 감각의 경계를 허물어 독특하고 창의적인 감각세계를 경험하도록 만들어준다. 특히 〈우루방감〉을 무대화하면서 카발람의 시 ↔ 청각적 이미지의 교류는 두드러진다. 이 과정에서 은유와 비유에 탁월했던 바사의 시적 언어는 카발람에게 많은 영감을 제공하였다.

> **발라데와** 용자의 윤기 나던 몸은 붉은 백향목을 칠한 듯 피로 얼룩지고 먼지 가득한 팔로 아기처럼 땅을 기어오네. 암므르타를 만들던 수라와 아수라 손아귀에서 만달라 산을 휘감던 밧줄 노릇을 끝내고 내 팽개쳐진 바다물 위로 똬리를 늘어뜨리

---

32 Kavalam Narayana Panikkar, "Karimkutty", Phillip B. Zarilli ed., Paul Zacharya trans., *Asian Theatre Journal*, vols.II-II, Autumn, 1985, p.172.

와수끼를 표현하는
두료다나

고 기진맥진 풀려난 와수끼처럼. (29)[33]

위에 인용한 바사의 언어는 최후의 일격을 당한 뒤 만신창이가 된 채
로 처참하게 일그러진 두료다나의 형상을 생생한 언어로 담아내고 있다.
신화에서는 수라들이 아수라와 함께 감로수를 만들기 위해 바다 속에 산
을 지지대로 넣어 그 산을 와수끼(신성뱀)로 감아 양쪽에서 밀고 잡아당기
며 바다를 휘저었다고 한다. 일을 마친 수라와 아수라들이 양쪽에서 잡
아당기던 힘을 놓았을 때 기진맥진한 상태로 흐물흐물해진 와수끼의 형
상을 바사는 두료다나에 빗댄 것이다. 이러한 비유는 두료다나의 형상을
더욱 명료하게 가시화시킨다. 이 형상을 표현하기 위해 카발람은 두료다
나가 뱀 무드라를 할 때 두 개의 커튼을 함께 상하좌우로 움직이며 역동
적으로 움직이도록 하였다. 그리고 발라데와가 '와수끼'란 대사를 할 때
떼이얌이 날카로운 고성을 내지르고 동시에 두료다나가 괴로운 비명을
지름으로써 상황을 종료시킨다. 이때의 두료다나는 삶과 죽음의 비일상
적인 경계에서 극심한 통증을 느끼고 있음에도 불구하고 용자로서의 고
고한 자아의 상태를 드러낸다.

'보여주는 시'를 구현한 또 다른 예는 발라데와가 드리타라스트라를 가
리켜 '자신의 눈을 백 명의 아들에게 나눠준 분'(슬로캄 36)이라 칭할 때 드

33 Bhasa, *Thirteen plays of Bhasa*, pp.50~51.

러난다. 드리타라스트라 역할을 맡은 사지꾸마르(Saji Kumar)는 발라데와의 대사를 후창하며 그 내용을 무드라로 표현한다. 기골이 장대하고 아주 특출한 용맹을 갖춘 거인이지만 부모의 잘못으로 눈 없이 태어나 자신의 백 명의 아들들이 눈을 대신해왔음을 묘사한다. 자신의 용맹성을 표출하는 드리타라스트라는 큰 몸짓과 음성으로 위용에 차 있다. 그러나 지금은 늙고 사랑하는 아들들을 모두 잃어 자신이 나누어준 눈마저 잃게 된 아버지로서의 비애를 표현할 때는 동작의 폭이 줄고 음성도 떨리는 곡절음을 주로 사용한다. 카발람은 드리타라스트라의 생애를 무드라와 생체 에너지, 와찌카를 이용해서 압축적으로 형상화하고 있다.

이와 같이 〈우루방감〉 전반에 걸쳐 있는 바사의 문학적인 비유는 정조를 환기시키고, 환기된 정조는 다시 무대화를 통해 텍스트에 잠재하고 있는 시청각적 이미지를 명료하게 드러내어 새로운 공간과 시간을 만들어낸다. '보여주는 시'는 단지 시청각적 이미지에 머무는 것이 아니라 우리가 다양한 감각으로 지각할 수 있는 만물의 상징이자 은유라고 할 수 있다. 이것이 카발람이 '보여주는 시'에 담고자 하였던 서브 텍스트인 셈이다.

2) 운율적 창법

카발람은 베다식 영창법을 기본으로 연희자들이 다양한 음정과 특정한 라사에 따른 목 울림으로 발성하도록 하였다. 특히 배우들은 주로 꾸디야땀의 베다 영창법인 '스와라틸 쫄루카'(Swarathil Cholluka 음정 넣어 말하기)로 발화하고, 필요에 따라 오탄 툴랄과 카타칼리의 노래를 활용하여 라사를 구축하였다. 인도 음악은 베다 중에서 3~4개의 음으로 낭송하는 영창 형태인 사마베다[34]에 기원을 두고 있다고 본다. 베다에서는 모

---

34 윤혜진, 『인도음악』, 서울 : 일조각, 2009, 45쪽.

든 물질적 형태들이 음악의 형상화라고 여기며, 온 세상은 비율과 조화로운 관계들의 연속에 의해 좌우된다고 주장[35]한다. 그래서 소리가 올바르게 응용된다면 몸과 영혼의 음악적 통합을 회복시킴으로써 치료를 가져올 수 있다고 믿었다. 베다 낭송법은 선율을 반복하거나 리듬을 변경하는 방식에 따라 높게 올리는 고음(Udātta 우닷따, 얼굴을 위로 들고 하는 음), 낮게 낮추는 저음(Anudātta 아누닷따, 얼굴을 아래로 하고 하는 음), 높거나 혹은 낮은 음을 유지하는 곡절음(Svarita 스와리따, 얼굴을 오른쪽 방향 대각선으로 하고 내는 음), 떨어서 나타내는 떨림음(Kampita 깜삐따) 등 네 종류가 있다. 베딕 만트라의 전통적 영창은 앙기카에 포함된다.[36] 연희자가 발성을 할 때 내부의 '에너지'가 제대로 순환을 하게 되고 그것이 표출될 때 내적인 진동이 되어 육체적인 움직임과 함께 역할에 맞는 정서를 표출할 수 있게 되는 것이다.

대사 발성에 있어 〈우루방감〉의 등장인물들은 『나띠야샤스뜨라』에서 제시하는 다양한 방식의 발성[37]을 구사한다. 두료다나의 어머니와 부인들은 곡하는 소리를 연상시키는 높은 톤의 고음과 곡절음을 통해 연정과 비애의 라사를 표현하고, 아쏴따마와 발라데와는 고음으로 영웅적 기개와 분노의 라사를 표현한다. 두료다나 역의 기리쉬는 비애와 연정의 라사를 위해 떨림음을, 영웅적 기개와 분노의 라사를 위해 고음을, 공포와 혐오의 상태를 드러내기 위해 저음을 다양하게 구사한다. 특히 남은 이들에게 적의와 투쟁의 무상함을 이야기할 때는 단일한 톤의 저음으로 발성하며 수요다나 역의 떼이얌이 내지르는 날카롭고 예리히게 끊는 발성법과 대조를 이루게 한다. 이는 비일상적이면서 성스러운 분위기를 자아

35 Olivea Dewhurst-Maddock, 『소리치료』, 이정실 · 이정은 역, 서울 : 학지사, 2005, 13쪽.

36 Pramod Chavan, *op. cit.*, p.515.

37 이재숙 역주, 『나띠야샤스뜨라』(하), 140쪽.

내어 궁극적으로는 평온의 라사에 기여한다. 그리고 두르자야는 다른 등장인물들이 영창과 노래를 통해 라사에 적합한 발성을 구사하는데 비해서 일상적인 대사 톤으로 발화함으로써 밝고 해학적인 분위기로 장면을 전환시킨다.

영창은 정조를 창출하거나 강화하는 데 기여하면서 동시에 독특한 분위기를 형성하여 관조할 수 있는 여지를 제공한다. 특히 〈우루방감〉에서는 두료다나를 찾아다니는 간다리와 드리타라스트라가 사무친 슬픔의 정서를 표현할 때 독특한 방식으로 표현한다. 그들은 "내 아들아, 어디 있느냐?" 하고 반복적으로 영창하는데 낮은 음을 부르는 드리타라스트라의 목소리와 높은 음을 부르는 간다리의 목소리가 어우러져 호소력 있는 노래가 된다. 드리타라스트라와 두료다나가 서로를 찾아 외쳐 부르는 방식도 독특하다. 둘은 "어디 있니, 내 아들!" "저 여기 있습니다." 하고 높은 톤의 고음으로 반복적으로 영창하며 꾸디야땀의 '음정으로 말하기' 방식을 사용한다. 그것 자체로 날카로운 특성의 음성적 연기인 이 방식은 처절하고 비극적인 상황을 심화시키고 슬픔의 정조를 강화한다. 동시에 영웅적 기개와 분노의 라사까지 겹치도록 만들면서 복합적인 정서를 만들어낸다. 그리고 이 소리의 질은 텍스트가 전달하고자 하는 의미와 결합하여 그 순간의 정서를 깊이 있게 전달해준다. 또한 이러한 정조의 형성은 관객들이 슬픔에만 몰입하지 않고 그 이상의 것을 경험하도록 만든다. 이렇듯 와찌카 아비나야는 현상학적 특징을 지니고 있기 때문에 분명 말로 설명할 수는 없는 부분이지만 카발람이 주장하듯 경험하는 수위에 따라서 축복의 몸으로까지 상승이 가능해진다.

또 한편 카발람은 유형적 연기를 뒷받침하는 영창법과 노래 외에 사실적인 억양의 대화체를 통해 극의 분위기를 반전시키거나 텍스트를 진전시킨다. 〈우루방감〉에서 영창법을 중심으로 발화하였다면, 〈깔리베샴〉에서는 사실적 대화체가 주가 되고 부수적으로 노래를 통해 와찌까 아비나야를 이끌어간다. 사실적 대사는 인물이 무대 위에 등장하기 전에 무대 뒤쪽에서 발화함으로써 관객들의 호기심을 자아내게도 한다. 〈우루방 감〉에서는 간혹 무대 뒤에서 배우가 등장하기 전에 발화할 때가 있는데 이때 발화방식은 사실적이다. 예를 들어 발라데와가 판다바들에 대한 분 노에 차서 격앙되어 있을 때 두료다나는 "자비를 베푸소서, 자비를 베푸 소서! 쟁기를 다스리는 축복받은 분이시여." 하고 무대 뒤에서 발화한다. 이 발화는 발라데와의 분노를 누그러뜨리고 연민의 정서가 생기도록 만 든다. 이와 반대로 두료다나가 발라데와의 화를 가라앉히기 위해 설득하 고 있을 때 드리타라스트라 일행이 등장하려 하자 무대 뒤에서 "저기로 가십시오, 고귀한 분이시여." 하고 운율이 섞인 영창으로 분위기를 전환 시킨다. 이렇듯 카발람은 운율적 대사들 가운데 사실적 대사를, 사실적 대사 가운데 운율적 대사를 적절히 배치하여 분위기 전환과 주의집중을 이끌어낸다.

그리고 카발람은 〈깔리베샴〉에서 카타칼리의 노래(빠담 Padam)를 통해 정조를 창출하거나 강화시키기도 하고, 오탄 툴랄(Otten Thullal)의 창법을 활용하여 정조를 환기시키거나 이화시키기도 하였다. 이러한 정조를 형 성시키기 위해 카발람은 와찌카 아비나야의 핵심인 라가를 적절히 운용 하였다. 〈깔리베샴〉에서 카타칼리 노래는 신화와 현실을 매개하는 역할 도 한다. 〈깔리베샴〉에서 배우들은 주로 사실적 대사로 진행하다 카타칼 리 배역을 맡았을 때, 다시 말해 신화 속 현실로 들어갈 때면 영창 또는 노래를 한다. 날라와 다마얀티가 사랑을 나누는 장면이나, 둘의 사랑을 질투하는 깔리의 노여움도 카타칼리 노래로 표현한다. 이 노래들은 카타 칼리 레퍼토리 중에서도 상당히 익숙한 곡(라가)들이기 때문에 관객들이 친숙하게 정조에 접근할 수 있게 만들어준다.

특히 〈깔리베샴〉에서는 오탄 툴랄을 활용한 창법이 가장 흥미로운 지 점을 제공한다. 오탄툴랄은 꾼잔 남비야르(Kunchan Nambiar, 1705~1770)가 창안하고 발달시킨 께랄라 구술 연행이다. 오탄 툴랄은 말라얄람의 독립 성을 자각하던 시기에 말라얄람과 께랄라 민속 장단을 사용하여 사회적 비판과 풍자가 가득한 시어를 음악적으로 결합시킨 역동적이고 흥미로운 연행예술이다. 혹자들은 산스크리트를 모르는 일반인들이나 하층 카스트들이 오탄 툴랄에 보다 쉽게 접근할 수 있기 때문에 '가난한 자들의 카타칼리'라고 평하기도 한다. 카발람은 께랄라 사람들이 오탄 툴랄을 평가절하하고 있는 것에 문제의식을 느꼈다. 그래서 오탄 툴랄이 음악과 시의 결합이자 라사를 와찌카 아비나야에 녹여내었으며 또한 청각을 시각적으로 이끌어 올린[38] 전통의 재창조라고 높이 평가하며 자신의 작품에서도 독특한 형태로 결합시켰다. 나탄과 깔리의 장면을 예로 들자면, 나탄이 깔리의 제안을 거부하자 깔리가 나탄을 조소하며 오탄 툴랄의 창법을 사용한다. 그리고 나탄도 깔리에게 몸을 빌려줄지 결정내리지 못한 상태로 혼란이 극에 달했을 때 오탄 툴랄 창법으로 노래한다.

> **부인** 꿈자리가 사나워 잠들기 너무 힘들었네. 뭔가 시커멓게 정체를 알 수 없는 위험해 보이는 것이 나를 덮칠 것 같았지. (남편을 가리키며) 이게 그 나쁜 깔리란 걸까? (다가서는 남편을 피해 선다. 마음을 가라앉히고 남편을 유심히 바라보며) 당신은 시바 신 모시는 사람 맞죠?
>
> **나탄** 그렇소.
>
> **부인** 날라도 시바 신 모시는 사람 맞죠.
>
> **나탄** 그렇지.
>
> **부인** 다마얀티는 비슈누 경배자 아닌가요?
>
> **나탄** (기계적으로) 그렇소.
>
> **부인** 당신도요?
>
> **나탄** (화내며) 그렇다니까! 날라, 다마얀티, 깔리, 날라, 다마얀티, 깔리, … 이런 사람들 얘기를 들으니 화가 나네. (노래) 오늘 이 얘기를 들으니 화가 나네. 저것들을 모함하여 갈라서게 해야겠다. 저 녀석이랑 저 여인을, 저 녀석의 왕국을.

---

38 Kavalam Narayana Panikkar, *Sopanatatvam*, pp.86~87.

한 치의 망설임도 없이. (나탄이 깔리의 깔라샴을 따라 하자 옆에 서 있던 부인이 쓰러진다. 나탄은 평정을 찾아 부인의 얼굴에 물을 뿌려 의식을 깨운다. 슬픈 얼굴로) 여보 부인, 용서해주오. 하지 말아야 할 짓을 하고 말았구려. 나한테 연민을 베풀어주시오.

부인 지금껏 이렇게 난폭하게 구신 적이 없는데 도대체 어쩐 일입니까, 여보?

나탄 경망스럽게도 마음이 산란하여 그만 내 정신을 뺏겨버린 듯하오. (참담하여 흐느낀다) 마음이 너무나 슬프오.[39]

미지의 두려움 때문에 부질없는 질문을 던지는 부인에게 대답하다 갈수록 혼란에 빠져들게 된 나탄은 오탄 툴랄 노래를 통해 울분을 토한다. 그리고 다시 슬픔의 정조에 빠져듦으로써 직전의 감정에 대해 부끄러움을 느끼게 된다. 풍자적이고 비판적 요소가 강한 오탄 툴랄의 특성은 깔리의 경우 해학적 라사를 더욱 강화시켜주고 나탄의 경우 분노의 라사를 증폭시켜준다. 그리고 나탄의 경우 분노와 슬픔이라는 상반하는 정조의 배치를 부각시켜준다. 상반하는 정조의 배치는 까르꼬따까 장면에서 더욱 두드러진다.

티라실라카란 다마얀티의 영혼이 숲속의 불이 되어 퍼져가네. 까르꼬따까가 탐욕의 불 속에 빠지네.

까르꼬따까 운명의 장난과 성자의 잔혹한 저주 때문에 숲속의 이 사나운 불길에 휩싸이게 된 것이 바로 나, 까르꼬따까네. 이것은 도저히 피해갈 수 없는 것 (불 속에서 몸부림친다)

날라 이 빽빽한 숲속에서 어디가 어딘지 방향도 알 수 없는 어두운 숲속에서 이별의 슬픈 파도에 잠긴 니샤다 왕이 지금 걷고 있네.

까르꼬따까 (노래) 숲속의 불 속에 갇혔네. 처참한 불행이 닥쳐

39 Kavalam Narayana Panikkar, കാവാലം നാടകങ്ങൾ, pp.676~677.

왔네. 나한테 와 주세요. 왕이시여, 제 손을 잡아주세요. (애
원한다)

날라　당신도 깔리처럼 속이려는 거 아니오? 드와빠라나 뿌쉬까
라처럼, 눈에 보이는 모든 인간들처럼 깔리한테 홀린 사기꾼
아니오?

까르꼬따까　절대 아니오! 당신에게 축복을 내리기 위해 온 것이
바로 이 까르꼬따까라는 걸 당신은 아셔야 하오. 깔리 베샴
벗기, 당신한테 씌인 깔리를 벗겨주기 위해 내가 온 것이라
오. (날라가 까르꼬따까 손을 잡는다.)

까르꼬따까　(혼잣말로) 잡히면 무는 것이 뱀의 본능! 우파카람
(도움)에 아파카람(복수)이라니! 도움을 주려는 손길에 어떻
게 원수로 갚나! 숲속에 불길이 번지는데 지금 어떻게 해야
옳단 말인가? (결심한 듯, 영창) 손을 잡고 같이 걸어가면 되
겠군. 열 번 셀 동안. 열 발자국 걸어갈 때까지. 다르마, 아다
르마! 생각이 얽혀 머리 속도 불이 붙은 것 같네. 그때까지
결심할 수 있겠지. (노래에 맞춰 놀이하듯 날라 주변을 걷는
다)[40]

화염에 싸인 까르꼬따까가 날라의 도움을 요청하는데 날라가 망설이
자 까르꼬따까는 오탄 툴랄 창법으로 노래하며 국면을 전환시킨다. 불길
에 휩싸여 목숨이 일각에 달린 까르꼬따까는 절실히 도움의 손길을 필요
로 하는데 그런 긴박한 상황에서 오탄 툴랄 음율에 맞춰 노래를 함으로
써 해학적 라사마저 불러일으킨다. 이렇듯 상반하는 정조의 배치는 위기
의 국면이 '만들어진 극적 상황'일 뿐이라는 메타연극적 느낌을 불러일으
킨다. 이렇듯 카발람은 오탄 툴랄이 가지고 있는 풍자적 요소를 〈깔리베
샴〉에서 정조를 환기시키는 데 활용하였고, 의미와 정서에 생동감을 불
어넣으며 역할과 배우 사이에 거리감을 조성하는 데 사용하였다.

---

40 *Ibid.*, p.681.

3) 가장 높은 소리

카발람의 와찌카 아비나야에서 주목을 끄는 또 다른 방식은 가장 높으면서도 강렬한 소리 내지름과 가장 낮은 소리인 침묵을 병치한 것이다. 음성으로 박자를 맞추는 제식적인 구음(와이따이리)과 강하게 포효하며 내지르는 소리(알라르차)는 강렬하고 높은 소리에 해당한다. 제식적인 구음은 〈우루방감〉에서 전장의 병사들이 싸울 때 사용한다. 격렬한 타악 반주가 끝나고 정적 속에서 피리 소리가 들릴 때 병사들이 무거운 분위기를 밝게 전환시키며 "아-에-요-"를 반복적으로 합창하며 입장한다. 이러한 단발 의성어들은 전장의 소용돌이 속에 휘말린 병사들의 처참한 상황을 단적으로 표현하고 다양한 정서와 이미지를 만들어낸다. 때로는 사기를 북돋는 구령처럼 들리기도 하고, 때로는 병사들의 신음소리처럼도 들리고, 때로는 장례식 행렬을 따르는 곡소리처럼 들리기도 한다.

그리고 꾸루쉐뜨라 전장의 격전을 묘사할 때는 병사들이 칼라리파야투에 맞춰 "디띠 디띠 디띠 디띠 따가 떼이떼이떼이떼이 돔-따가 디따까따까 디 떼이 따가 띠따가떼이떼이 돔-따가 떼이떼이떼이떼이 돔"를 반복적으로 영창한다. 이 외에도 전장의 상황이 종말로 치닫는 상황에서는 전차수의 정형화한 발짓에 맞춰 "다가다가다다가다가다 다가다가다가다가다가다 다가다가다가다가다가디구디구다"를 외친다. 칼라리파야투와 카타칼리를 비롯하여 인도 전통춤극이나 움직임과 관련한 수련에서는 이러한 의성어적 구음들을 동작들과 함께 수련한다. 이를 통해 음성적 장단은 움직임에 리듬감을 부여하고 몸 깊숙이 각인되도록 만들어준다. 카발람은 이러한 구음들을 활용해서 제의적인 분위기를 연출한다. 반복하는 구음들 속에서 역사를 거슬러 지속해온 병사들의 반복적인 패턴을 엿볼 수도 있다. 카발람은 의미를 전달하는 텍스트 사이사이에 구음을 삽입하여 언어 이전에 보다 근원적인 울림을 갖춘 소리를 통해 인간의 역사를 압축적으로 형상화하였다.

〈깔리베샴〉에서 포효하는 소리는 깔라샴과 마찬가지로 역할에 빙의한 상태를 상징하는 기호로서 작용한다. 깔리가 등장하기 전이나 나탄이 깔리와 일체가 되어 깔리의 조종대로 움직일 때 포효하며 분노의 라사를 강화한다. 소리를 내지를 때는 정서가 격화하거나 충돌하는 상황이다. '알라르차'라 부르는 이 내지르는 소리는 카타칼리를 비롯한 민속극에서 인물이 등장하기 전 커튼 뒤에서 내는데 보통 인물의 위용을 드러내거나 과시하기 위한 목적으로 사용한다. 〈우루방감〉에서도 수요다나가 웅장한 타악 반주를 배경으로 높은 막대 위에 올라 장관을 연출하면서 고음으로 내지르는 포효 소리를 통해 관객의 주의집중을 이끌어낸다.

그리고 포효하는 소리는 다른 한편으로 두료다나가 육체적인 아픔을 자각할 때 나는 소리로도 활용한다. 발라데와가 두료다나의 모습을 와수끼에 빗대어 말할 때 두료다나, 수요다나, 발라데와 셋이서 함께 소리를 내지른다. 이 순간 관객들은 두료다나의 극심한 고통을 연상할 수 있게 된다. 카발람은 본래 위용에 넘친 자아를 드러내던 소리지름을 필멸의 인간존재가 당면해야 하는 육체적 고통을 형상화하는데도 역설적으로 응용하였다.

카발람은 소리와 함께 침묵도 적절히 배치하였다. 소리 내지름이 발화하는 가장 높은 소리라면 침묵은 발화하지 않는 정신적 차원에서의 가장 높은 소리다. 그렇기 때문에 음악의 영역에서 소리만큼 중요한 것을 침묵이라고 말한다. 침묵은 〈우루방감〉에서 병사들이 구음을 군무와 함께 연출할 때 때때로 삽입하여 제식적인 분위기를 창출한다. 구음을 반복함으로써 때로는 격렬하고 빠른 장단의 타악 반주와 어우러져 광폭한 정서를 창출하는가 하면, 때로는 느린 선율과 함께 격조 있는 정서를 만들어내기도 한다. 그리고 이러한 동작들 사이사이에 무음이 개입하여 소리와 침묵을 모두 경험할 수 있도록 만든다.

이 침묵을 이해하기 위해서는 소리의 근원이라 일컫는 '나다'(Nāda)에 대한 이해가 필요하다. 나다는 음악적 소리의 근원으로서 절대적 존재를 나타내는 것[41]이다. 이는 태초에 아무것도 존재하지 않고 잠재성만을 갖춘 상태에서 처음 존재가 발현하는 계기가 '떨림'에서 시작하였던 것과 연관성을 가지고 있다. 세계를 구성하는 모든 존재는 에너지, 진동을 가지고 있으며 우리 삶에서 이 떨림과 연결되지 않은 순간은 하나도 없다. 시간과 공간을 필요로 하는 예술 행위도 기본적으로 이 소리에 근원을 두고 있으며, 이 소리는 존재가 개별화하게 된 원인이자 다시 처음으로 돌아가게 될 동기를 제공한다. 브라흐만에서 나와서 다시 브라흐만으로 돌아가는 순환적 과정이 '나다'에 함축되어 있다. 이렇듯 '침묵'은 태초의 아무 소리도 없던 상태의 브라흐만의 상징이자 모든 소리의 지향점이 된다.

이 나다는 만트라 옴으로 표현하고 인도 음악에서는 탐부란과 같은 악기에서 내는 지속음으로 지각할 수 있다. 지속음은 즉흥연주를 하던 다른 악기들이 이 음에 의지하여 배음을 찾아 연주하는 것[42]으로 우리나라를 비롯한 동남아 음악에 공통하는 음악적 요소다. 카발람의 작품에서는 소라 고동 소리(샹크)로 시작하여 지속음 소리로 끝맺음으로써 소리(존재)의 지향점을 구현하고 있다. 소라 고동과 지속음 소리는 신성을 상징하는 브라흐만, 비슈누, 시바 삼신을 의미하는데 특히 〈깔리베샴〉 종결부에서 단적으로 드러난다. 깔리의 지배에서 벗어난 날라가 신성뱀이 수여한 특별한 능력을 가진 구절을 암송할 때 나탄과 깔리는 날라의 암송을 들으며 괴로워하다 나무(단상)에서 떨어지게 된다. 이때 절정으로 치닫던 음악반주는 일순 멈추고, 그 순간 침묵이 이어진다. 이 침묵은 찰나로 끝나고 뒤이어 날라가 나탄과 깔리를 상대로 결투를 벌인다. 셋은 고성으로 포효하며 얽히고설키어 충돌 상황을 더욱 격화시킨다. 그리고 상황의 정리는 지속음 소리만 남김으로써 끝맺는다. 〈깔리베샴〉뿐 아니라 〈우루

제3장 〈우루방감〉과 〈깔리베샴〉의 무대 구현 양상

---

41 윤혜진, 앞의 논문, 566쪽.

42 전인평, 『인도 그리고 인도음악』, 487쪽.

방감〉에서도 공연은 지속음으로 시작하고 지속음으로 맺는다. 지속음을 시작할 때 관객들은 공연의 시작을 알고 함께 침묵하게 되고 종결부의 격정적인 장면이 끝난 뒤 다른 모든 소리는 사라지고 지속음 소리만 남게 됨으로써 시작과 마찬가지로 또 다시 침묵하게 된다. 이 침묵은 두료다나가 초월적 존재와의 결합 상태가 되었음을, 존재의 뿌리로 되돌아갔음을 암시한다. 와찌카(Vāchika)도 말을 의미하는 '와끄'(Vāk)에서 유래한 점을 감안하면 와찌카 아비나야는 소리에서 침묵으로, 존재에서 비존재로, 드러나는 차원에서 드러나지 않는 차원으로 절대적 존재와의 합일을 추구하는 표현방식이라 할 수 있다.

4) 정서를 만들어내는 음악의 힘

카발람 작품에서 음악은 신화적 세계와 일치하는 광폭하고 거친 극중의 장면을 재현하거나 사건의 특별한 기분을 전달하는 데 일조한다. 카발람은 가수를 비롯하여 마딸람, 미라브, 므리당감, 돌락 등과 같은 피명악기, 꾸리딸람, 일라딸람, 공 등과 같은 체명악기, 피리와 같은 공명악기, 바이올린과 같은 현명악기 등 다양한 종류의 악기들로 오케스트라를 고루 구성하였다. 가수와 음악반주자들은 〈우루방감〉과 〈깔리베샴〉에서는 배우들의 발성과 함께 정조를 구현하고 국면을 전환시키는 데 중요한 역할을 수행한다. 이들은 시종일관 연희자들을 지켜보고 그들의 감정을 북돋우며 연기를 돕는다. 타악기는 천지를 진동시킬 듯 격렬하게 반주하여 전쟁 장면에 박진감을 더하기도 하고 때론 감미롭고 다채로운 가락의 구현으로 섬세한 연기를 받쳐준다.

반주자들은 연희자의 오른쪽에 앉아 연주하는데 마딸람, 미라브, 므리당감이 타악반주를 주도하고 경우에 따라 돌락이나 심벌즈로 보조한다. 카타칼리에서는 본디 강렬한 타악 반주가 필요한 역동적인 깔라샴 반주에 첸다를 사용하지만 〈깔리베샴〉에서는 첸다 대신 마딸람, 미라브, 므리당감으로 그 역할을 대신한다. 마딸람은 우아하고 깊이 있는 소리와 다양하게 변형된 소리들로 섬세한 연기를 보조하거나 분위기를 조성하는 데 일조한다. 미라브는 동으로 만든 몸통에 소가죽을 씌워 가죽과 쇠소리가 어우러진 독특한 소리를 낸다. 돌락은 인도 전체에 널리 퍼져 있는 민속 악기로 채나 손으로 두드려 반주한다. 므리당감은 본래 불룩한 배를 가지고 있는 모든 유형의 북 종류를 뜻하다가 북 종류가 많아지면서 남인도 음악에서 사용하는 특정 악기[43]가 되었다. 므리당감은 그 빠르기와 주법의 다양성에서 전 세계 다른 타악기의 추종을 불허한다. 또한 『나띠야샤스뜨라』에서도 막명악기로 거론할 정도로 오랜 역사를 가진 남인도 대표 타악기다. 이러한 악기들의 반주자들은 즉흥적인 연주를 하면서 연행자들의 연기에 맞춰 호흡을 밀도감 있게 당겨 긴박감을 조성한다. 이 중 미라브 가락은 〈우루방감〉에서 두드러진다. 연주자들은 미라브, 므리당감, 돌락, 일라딸람(중간 크기 심벌즈), 마딸람 합주로 병사들이 입장할 때나 전투 장면을 연출할 때, 그리고 등·퇴장에 맞춰 일정한 패턴의 행진 장단을 반주한다.

타악 반주가 이끌어가는 리듬에 기본 박을 잡아줄 때는 꾸리딸람(작은 심벌즈)을 사용하고, 강한 금속성 소리를 추가할 때는 일라딸람을 사용한다. 그리고 〈깔리베샴〉에서는 바이올린과 전자키보드를 추가하여 효과적인 공간을 창출하는 데 기여하였다. 바이올린[44]은 앉아서 지판을 아래로 잡고 연주하는 서양과 사뭇 다른 연주법을 갖고 있으며 외지에서 유입된 악기이면서도 지역 색을 띠는 독특한 문화접변 양상을 보여준다. 문화적 고유성을 유지해온 남인도이지만 바이올린의 경우 외국문화를 '자기식'으로 접목한 특이한 사례다.

---

43 윤혜진, 앞의 책, 229~230쪽.

44 전인평, 『Indian Music : 인도음악의 멋과 신비』, 서울 : 아시아음악학회, 2003, 112쪽.

피리 소리는 깨달음을 상징하는데 제의 음악에서 신성한 흐름을 이끌어가는 선율 악기[45]로 아주 중요하다. 또한 피리 소리는 사랑을 부르는 소리이자, 초월적 존재가 합일을 위해 인간을 부르는 신성한 부름으로 여긴다. 피리 소리는 인물의 심리적 상태, 정서들, 움직임의 패턴들, 상황에 대한 분위기 등과 같은 연기의 모든 구성요소들과 상호 영향력을 주고받는다. 이렇게 다양한 음악적 측면들이 결합하여 결과적으로 나타나는 것이 라사인데 피리의 멜로디는 라사의 형성에 중요한 역할을 담당하고 있다. 타악이 격렬해지고 전투가 절정에 달할 때 오히려 조용한 피리 소리와 노래가 들리면서 배우들은 포즈를 취하고 침묵을 삽입함으로써 라사를 극대화한다. 그리고 피리 소리는 비애의 라사를 표현하는데도 적절하게 사용되는데 대표적인 것은 지쳐 집에 돌아온 나탄 내외의 장면이다. 비애의 라사를 위해 전체 분위기는 구슬픈 선율의 피리가 주도하고 연기자들의 무드나 몸짓에 따른 다채로운 연기선의 변화는 마딸람으로 보조한다. 그리고 마딸람은 피리 소리와 대비되어 긴박감을 조성하는 울림으로 심리적 공포를 드러내는 데도 효율적으로 사용된다. 특히 마딸람 왼편의 낮고 울리는 소리에 에코효과를 넣어 깔리에 홀린 나탄이 집에까지 와서 헛것을 보기 시작할 때 이를 지켜보는 나탄 부인의 두려움을 극대화시켰다. 피리 소리와 마딸람은 공포와 비애의 두 라사를 충돌시켜 각각의 라사를 더욱 효과적으로 부각시켜준다.

타악 반주와 피리 소리는 각기 다른 정서를 교대로 이끌어가며 관객의 주의를 환기시키고 인물의 등·퇴장에 박진감을 부여하면서 주의집중을 시켜주는 데도 활용된다. 또한 반주 방식과 빠르기의 변화로 국면과 정서를 전환시킨다. 날라와 다마얀티 사이의 연정의 라사는 피리 소리가 이끌어가고, 분노와 공포, 혐오 등과 같은 격정적인 라사는 타악 장단이 이끌어간다. 예를 들어 깔리가 조종하여 다섯 욕망에 빠진 나탄을 형

---

45 윤혜진, 앞의 책, 232쪽.

상화할 때는 강한 호소력을 가진 큰 소리의 미라브도 함께 결합하여 충돌과 격정의 상황을 드러낸다. 깔리가 날라의 문두를 낚아챌 때 타악 합주는 점점 격렬하게 고조되어 위기 상황을 이끌어가다 고음의 피리 소리를 넣어 극적인 변화를 암시한다. 그리고 다마얀티가 내면의 불을 일으키는 상황에서는 피리 소리와 타악 반주가 함께 어우러져 긴장감을 고조시키고 여기에 쇠로 만든 심벌즈 소리가 더해져 광폭한 불길을 형상화한다. 이때의 반주는 극적 상황을 절정으로 치닫게 만든다. 반대로 커튼 조종자들이 커튼을 조종할 때는 놀이성과 연극성이 가미된 가벼운 장단으로 희극성을 느낄 수 있게 만든다. 이렇듯 타악 합주는 피리 소리와 교대로 상호 개입하여 밝고 가벼운 분위기와 어둡고 무거운 분위기를 교차시켜 보여줌으로써 고조된 극적 국면을 전환시킨다.

가수의 노래도 분위기 형성에 많은 기여를 한다. 가수는 장면을 설명하거나 배우들의 심정을 드러낼 때 적합한 라가로 독립적으로 노래하거나 배우와 함께 노래한다. 나탄이 부인을 보며 연민을 느낄 때는 슬픈 곡조로, 깔리와 나탄과 날라가 얽혀 복잡한 국면으로 들어갈 때는 긴장감을 고조시키는 곡조로 아래와 같이 노래하는 장면을 예로 들 수 있다.

> **나탄** 깔리의 모든 수업을 받은 연기자인 이 내가 약속을 하노라!
> (나탄은 술을 마시고 비틀비틀거리고 깔리는 이를 보고 즐긴
> 다.) 나는 깔리다! 가장 깔리다운 자! (다마얀티를 향해 노래)
> 부드럽고 연약한 아름다운 여인이 가볍지 않은 통제 아래 안
> 식처를 찾네.

> 나탄이 날라를 불러들여 깔리와 함께 셋이서 한 몸이 된다.

> **노래** 깔리의 홀림을 벗어나려고 노름을 준비할 때
>   진짜 깔리가 첫째 깔리가 되고
>   둘째 깔리는 나탄 깔리
>   아름다운 다마얀티의 사랑 날라는 셋째 깔리가 되네

이 모든 셋이 얽히고설키어 상황은 격화하네.[46]

이 밖에도 카발람은 음악적 공간 창조를 위해 장면별로 효과음을 삽입
하였다. 이러한 음악적 공간의 창조[47]는 우리가 여행할 수 있는 공간의 환
영을 제시하고 우리에게 거리 감각을 갖도록 만든다. 예를 들어 독수리
가 죽은 자들의 시체를 파먹는 장면에서 바람 소리를 닮은 효과음은 황
량한 풍경을 만들어낸다. 또한 〈깔리베샴〉에서 지치고 슬픈 상태의 날라
와 다마얀티 앞에 나타난 새의 날개짓은 극적 공간을 창조함과 동시에
긴장감을 고조시킨다. 이러한 긴장감은 자신의 옷으로 새를 잡다 옷을
빼앗겨 벌거숭이가 된 날라의 부끄러움과 이를 향한 깔리의 비웃음을 대
비시키는 효과도 안겨준다. 그리고 두료다나가 수요다나에게 다가서는
잔걸음에 타악 반주와 함께 작은 심벌즈 소리를 실어 역동성과 애잔함,
신성함이 공존하는 기묘한 조합을 완성한다.

음악 반주 중 특기할 만한 것은 '소리 없는' 반주다. 인도는 타악 반주
에서 소리를 내는 연주와 소리 없는 연주 양쪽 모두를 연주에 포함시킨
다.[48] 소리 없는 연주는 소리를 내는 듯 제스처는 취하지만 침묵하는 순간
이다. 이는 음악적 지향점을 상징적 제스처로 보여주는 것이라 할 수 있
다. 〈우루방감〉과 〈깔리베샴〉에서 반주자들에게 따로 조명이 있지는 않
지만 국면의 전환이나 긴박한 상황 중간에 삽입하는 침묵의 순간에서 관
객들은 '소리 없는' 반주를 지각할 수 있다.

지금까지 카발람의 〈우루방감〉과 〈깔리베샴〉에 나타난 와찌카 아비나

---

46 Kavalam Narayana Panikkar, കാവാലം നാടകങ്ങൾ, pp.675.

47 Pramod Chavan, *op. cit.*, p.517.

48 Chun InPyeong, "The Natyasastra's Tala(rhythmic mode) and Korean Jangdan", *Jour-
nal of Korean Culture*, II, Seoul: The International Academic Forum of Korean Lan-
guage and Literature, 2001, p.214.

야의 특성을 고찰해보았다. 앙기카 아비나야가 외현적 율동감의 표현이고, 스와띠카 아비나야가 내면적 율동감의 표현이라면 와찌카 아비나야는 내면적 율동감이 음성을 통해 외현적으로 드러나는 표현이다. 음악과 움직임 사이, 혹은 앙기카와 와찌카의 연관성은 상호 보완적이다. 몸의 움직임에 따라 발성의 형태가 달라지고 이는 우리 몸 내부의 에너지와 공명하여 발화됨으로써 라사를 형성하는 데 기여한다. 카발람은 꾸디야땀과 카타칼리, 오탄 툴랄과 같은 전통적 발화법의 토대가 되는 베다 영창법으로 발성하도록 하였다. 고음, 저음, 곡절음, 떨림음 등과 같은 다양한 발성법으로 배우들은 라사를 구축하였고, 이러한 연희자들의 극적 환경을 음악반주와 노래로 뒷받침하였다. 카발람에게 있어 와찌카 아비나야는 말 그대로 '자신의 땅의 언어'를 찾아가는 여정이었다. 카발람이 추구한 와찌카 아비나야는 새로운 것을 외부에서 받아들이는 것이 아니라 개인의 내부에 잠재하고 있는 신성을 일깨우는 것이자, 신성과 주파수를 맞추어가는 발견과 자각의 과정이다.

4. 아하르야 아비나야의 실제 : 총체성을 실현한 장관

카발람은 사실성과 양식성 사이의 미묘한 줄다리기를 아하르야 아비나야에서도 실천하였다. 이를 통해 극적인 효과를 누리고 앞서의 세 아비나야를 총체적으로 구현하고자 하였다. 그리고 전통극에서의 규모 있는 장관과는 다르게 미니멀한 아하르야를 추구했다. 이는 현대적 가치를 반영한 것이자, 카발람이 추구하던 중도적 가치의 체현이라고 할 수 있다. 또한 탈식민주의적 관점에서 출발한 카발람의 타나두 나타캄이 지향해야 할 방향성이란 측면에서 대중들과 보다 쉽게 접점을 이어갈 수 있는 방식이기도 하였다. 하지만 이러한 미니멀리즘은 인도 전통극이 가지고 있는 '몸의 장관'으로서의 강렬함이나 규모를 제공하는 데는 한계가 있다. 그래서 카발람은 미니멀한 장관이 놓칠 수 있는 '과정과 규모'에서의 미흡한 점을 보완하기 위해 제식적 측면을 추가하였다. 이 절에서는 카발람이 구현한 아하르야 아비나야의 실제적 적용양상에 대하여 구체적으로 살펴보겠다.

1) 존재를 특징짓는 색채

『나띠야샤스뜨라』에서 아하르야는 주로 사실적인 양상을 따르지만 카발람은 사실성과 양식성을 적절하게 배합한다. 카발람은 현실세계의 사람들에게는 로카 다르미를, 비현실세계의 사람들에게는 나띠야 다르미를 적절하게 배합한다. 현실에서의 인물들은 별다른 분장 없이 사실적인 형태로 남성들은 콧수염을 그린다. 그리고 간다리의 경우만 스스로 동여맨 눈가리개를 흰색으로 눈 주변에 그린 것을 제외하고 여성들은 별다른 분장 없이 자연스런 맨얼굴이다. 비현실세계의 인물들은 『나띠야샤스뜨라』에 따라 구나의 색채를 반영하여 양식적인 분장을 하였는데 〈우루방감〉의 수요다나와 〈깔리베샴〉의 깔리가 대표적이다. 카발람은 시각적 장관을 위해 떼이얌의 분장 방식을 절충하여 붉은색과 노란색을 조합한 강렬한 이미지를 전달한다. 구나를 반영한 색채와 역할을 구분하면 아래와 같다.

〈표 9〉 색채와 대표 역할

라사	지배적 구나	대표 색채	대표 역할
연정	사뜨와	녹색	날라
해학	라자스	흰색	두르자야
비애	사뜨와	슬픈 창백한 얼굴, 갈색	드리타라스트라
분노	타마스	붉어진 얼굴	아쏴따마

영웅적 기개	라자스	붉은색 또는 황금색	두료다나
공포	타마스	검은색	깔리
혐오	타마스	청색, 자연스런 얼굴색	깔리
놀람	라자스	황색	발라데와
평온	사뜨와		수요다나

카발람은 〈우루방감〉과 〈깔리베샴〉에서 분장, 의상, 커튼의 색깔을 구나의 특성으로 표현하였다. 이러한 구나적 색채의 응용방식은 라사를 강화시키면서 인물들의 유형성을 더욱 두드러지도록 만든다. 얼굴 분장에서도 각각의 색채는 상징적 의미를 지니는데 녹색은 신적인 성스런 기운을, 붉은색은 야망과 폭력을, 검정색은 악을, 노란색은 인내와 수동성을 의미한다. 의상의 형태도 캐릭터의 특성에 따라 선인에 해당하는 사뜨와, 악인에 해당하는 라자스, 파괴적인 성격의 타마스로 분류된다. 〈우루방감〉의 주요 인물들인 두료다나와 수요다나를 비롯하여 아쏴따마는 라자스적인 붉은 계열의 색상이 주를 이루고, 발라데와는 노란색(황금색), 드리타라스트라와 간다리, 천상의 무희들인 압사라들은 사뜨와적인 흰색 옷을 입었다. 〈깔리베샴〉에서는 날라와 다마얀티, 나탄과 나탄의 부인이 흰색 옷을 입었고, 타마스 성정을 대표하는 깔리는 검정색, 라자스적인 불을 의인화한 커튼 조종자들은 붉은색을 입었다.

〈깔리베샴〉에서는 날라와 다마얀티의 사뜨와적인 성정을 흰 커튼으로, 깔리나 깔리의 지배를 받는 나탄은 타마스적인 검은 커튼으로 표현하고, 불길은 라자스적인 붉은 커튼으로 형상화한다. 나탄의 경우 커튼 조종자들이 검은 커튼을 자신에게 덧씌우며 깔리 역할을 받아들일 것을 종용하자 검은 커튼을 걷어서 내던지며 자신의 어깨에 걸쳐 놓았던 흰 수건을 커튼 대신 사용한다. 이는 사뜨와적인 역할을 지향하는 자신의 의지와 욕망을 드러내기 위함이다.

흰색은 색깔이 아직 묻지 않은 상태로 보통 순결과 고결함을 상징한다. 〈깔리베샴〉에서 검은색을 대변하는 깔리와 대조적으로 다른 등장인물들의 색채는 주로 흰색이다. 여기서 흰색은 다른 색과 섞였을 때 다양한 색채로 변신할 수 있는 바탕색이 되기도 하는데 날라와 나탄의 흰색은 이러한 측면으로 이해할 수 있다. 깔리에 의해 조종당해 성정이 변하기 때문이다. 반면 다마얀티의 흰색은 순결과 고결함을 상징하여 공고한 중심을 잡고 있는 변치 않는 정신적 상태를 암시한다. 또 다른 한편으로 〈우루방감〉에서는 전장에 널브러진 시체를 파먹고 피칠갑이 된 붉은 독수리들 사이로 빛나는 흰 옷을 입은 압사라들을 등장시킴으로써 죽음과 천상을 대비시키는 극적 효과를 가진다.

2) 연행하며 움직이는 커튼

〈깔리베샴〉에서는 메타연극적 특성을 살리기 위한 몇 가지 장치를 기호적으로 사용한다. 카타칼리의 깔라샴이 그렇고, 역할에 들어갈 때 사용하는 음악반주가 그러하며, 이동식 커튼인 티라실라도 그러하다. 티라실라의 활용은 〈우루방감〉에서 두드러지며, 〈깔리베샴〉에 와서 보다 적극적인 극적 장치로 변모하였다. 티라실라는 연극적 환경을 제공하며, 티라실라를 조종하는 연행자(티라실라카란)들은 단지 커튼을 쥐고 있는 보조자의 역할을 넘어서 극중 주요 역할을 맡거나, 코러스의 역할도 담당한다.

카발람은 위와 같은 티라실라의 특성을 자신의 작품에서도 최대한 살려 다양한 방식으로 운용하였다. 수요다나와 깔리와 같은 인물들은 등장 전에 그들의 모습을 가려 호기심을 유발하기도 하고 티라실라 끝을 잡고 이리저리 움직이기도 한다. 깔리의 라자스적이면서 타마스적인 성정을 표현할 때는 날카로운 소리 내지름을 통해 포악함과 섬뜩함을 유발시킨다. 이러한 방식은 민속극 무디에투의 영향을 강하게 받은 것으로 민속

극적 특성을 단적으로 드러낸다.

　이외에도 〈우루방감〉에서는 커튼 앞에 그림을 그려(찌트라 야와니카) 시각적·공간적으로 구분하였다. 이 커튼을 통해 관객들은 각기 다른 인물들을 동시에 보면서 다른 공간과 시간으로 여행을 떠날 수 있게 된다. 그리고 떼이얌이나 두료다나가 등장할 때 차양 같은 역할을 하면서 위대한 인물의 시각적 장관을 성취한다. 특히 두료다나와 수요다나가 등장한 뒤 위아래 티라실라를 두 개 병렬하여 좌우로 엇갈리게 움직임으로써 '수라와 아수라가 바다를 휘저은 뒤 일렁이는 파도 위에서 허물어지듯이 쓰러지는 와수끼' 장면을 탁월하게 시각화한다.

　〈깔리베샴〉에서 티라실라는 시간과 공간의 새로운 차원을 여는 용도로써 유용하게 활용된다. 티라실라는 배우와 역할 사이를 가르는가 하면, 반대로 배우를 역할에 덧씌우는 역할도 하며, 시간의 역행과 순행을 '공간'적으로 형상화한다. 그리고 불이 날 때는 극적 환경을 조성하는 무대장치이자 배경막이 되기도 한다. 티라실라는 시간과 공간을 재창조하는 유용한 소도구가 되는 것이다. 또한 티라실라는 한 역할에서 다른 역할로 변화할 때 배우의 '역할 되기'와 '역할 벗기'를 드러내는 기호로서도 효과적으로 작용한다. 카발람은 티라실라가 가려진 부분을 못 보게 하는 것이 아니라 드러난 부분을 더 잘 볼 수 있도록 유도한다고[49] 여겼다. 무대 뒤를 감추기보다 노출시킨다는 개념은 커튼의 일반적 사용목적을 전복시킨 것이다. 카발람에게 커튼(혹은 커튼 조종자들)은 배우와 마찬가지로 움직이는 '연행자'인 것이다. 이렇듯 카발람은 고전 작품을 무대화하면서 민속적 요소를 결합시켜 성(聖)과 속(俗)을 공존시킨다.

3) 성과 속이 공존하며 제식성이 살아 있는 장관

카발람 작품 전반에서 민속적 제의를 엿볼 수 있지만 〈우루방감〉에서 떼이얌의 접목은 주제의식과 밀접한 관련을 가질 뿐 아니라, 두료다나의 '이중적' 자아를 구현하는 데 크게 기여한다. 카발람은 민속적 제의 속에 녹아 있는 강렬한 표현력과 노래, 춤, 극적 요소에 주목하였고, 드라마와 제의는 완전히 다른 것이 아니라 '제의가 곧 드라마'[50]임을 주장해왔다.

아랴가 중심이 되어 베딕 문화를 형성할 때 토착민들의 신앙, 예술, 관습들도 중요한 기여를 했다는 사실은 이미 언급한 바 있다. 카발람은 산스크리트 연극이 초기에는 제의적이고 '보여지는 시'였지만 점차로 현란한 수사법과 브라만의 가치를 전파하고자 하는 획일적 내용으로 음악과 춤의 요소가 쇠퇴하고 '들려지는 시'로 변질되어가고 있다고 여겼다.[51] 이를 다시 역전시키기 위해 카발람은 제식적 장관을 활용하였다. '보여지는 시'로서 음악적 중요성을 강조하였던 카발람에게 제의성은 단지 고대의 원시문명으로 돌아가는 것이 아니라 인간이 가장 낮은 차원에서 가장 높은 차원으로 진화할 수 있는 여정을 드러내는 실험이었다. 이는 또한

---

49 ᧒᧒᧒ ᧒᧒᧒᧒᧒᧒ ed., *op.cit.*, p.250.

50 *Ibid.*, p.252.

51 허동성, 「인도민속극의 제의적 성격에 관한 연구」, 서울 : 중앙대학교 석사학위 논문, 1991, 40~41쪽.

상류층의 전유물로 갈수록 현학적으로 되어가던 '산스크리트 연극'계를 다시 대중들의 것으로 돌려주기 위한 희망을 내포하고 있는 것이기도 하였다. 결과적으로 카발람의 무대 위에서는 고전극과 민속극, 아랴와 토착문화가 공존하는 새로운 탈바꿈이 일어나게 되었다.

이러한 탈바꿈의 여정에서 께랄라 토착문화를 대표하는 떼이얌의 아하르야는 제식적 장관 연출에 많은 기여를 하였다. 〈우루방감〉에서 수요다나는 떼이얌처럼 강렬한 색채의 분장을 하고 거대한 조형물을 머리에 쓴다. 민속연행으로서의 떼이얌에 비하면 그 규모면에서는 단순화하였지만 〈우루방감〉 전체에서 떼이얌의 아하르야는 가장 강렬하고 화려하다. 그런데 떼이얌에서는 신의 힘과 권위를 상징하는 무구로서의 무기가 가장 중요한 아하르야적 요소이지만 카발람은 무구 대신 '뽀이깔르'라 부르는 대나무 장대다리를 활용하였다. 뽀이깔르는 다리에 인공적인 것을 끼워 연행자를 크게 보이도록 만드는 형태를 일컫는 말이다. 두료다나가 입장하여 티라실라 뒤에서 위용을 자랑하다 부상의 격통으로 쓰러질 때 떼이얌이 긴 대나무 막대를 양 손에 들고 등장한다. 두료다나의 고차원적 의식으로 화한 떼이얌은 수요다나가 되어 커튼과 함께 등장했다가 커튼 밖으로 대나무 막대를 타고 걸으며 의식적 고양 상태를 형상화한다. 이때 수요다나의 걸음은 장단에 맞춰 민속춤처럼 독특한 이미지를 창출하며 커튼, 커튼 조종자들, 두료다나와 함께 시각적 장관을 연출한다. 뽀이 깔르는 종결부에서 두료다나가 합일을 향해 다가설 때 항해를 위한 노가 되기도 하고 두료다나의 의식에서 펼쳐지는 파다 위의 파도가 되기도 한다.

카발람은 '근원적 생산성을 발휘하여 고난을 극복했기 때문에 신격으로 좌정한다'[52]는 특성 때문에 〈우루방감〉에서 떼이얌을 주제와 적극적으

---

52 김정호, 「굿과 떼이얌에 나타난 신화수용 연구-나쁜 여신을 중심으로」, 『한민족어문학』 제72권, 대구 : 한민족어문학회, 2016, 207쪽.

로 조응시켰다. 두료다나가 죽음의 문턱을 넘는 순간 높은 의식적 상승을 겪게 됨을 떼이얌을 통해 드러낸 것이다. 또한 떼이얌이 가지는 제식적 아하르야는 한편으로는 신비감도 자아내는데, 이 때문에 〈우루방감〉은 마치 두료다나의 사후에 일어나는 두료다나 의식의 형상화라는 이중적 해석을 가능하게도 만든다. 다만 여신중심의 께랄라 토착문화를 여실히 드러내는 떼이얌은 아주 강한 복수의 개념으로서 다이너마이트와 같은 폭발과 같은 변화의 힘을[53] 드러내는 데 비해 수요다나에는 그러한 강렬함의 강도가 시각적 측면에 비해 떨어진다는 점은 재고해야 할 과제로 남는다.

카발람에게 있어 민속철학이란 땅과 사람 사이의 관계를 드러내는 것이며 삶의 리듬을 간직하고 있는 것이었다. 그러한 살아 있는 리듬을 작품 속에 구현하여 민속 전통이 현재에도 살아 있는 현재형으로 존재하기를 바랐다. 민속적 특징을 이용하여 새로운 신화를 만들어내는 작업에 매력을 느꼈던 카발람[54]은 〈우루방감〉과 〈깔리베샴〉을 통해서도 떼이얌과 나탄이란 배역 설정을 통해 신화적 접점을 만들어내고자 하였다.

그렇기 때문에 카발람은 산스크리트어로 쓴 원작을 연출하면서도 나띠야샤스뜨라 전통에 따라 고전적 방식뿐 아니라 민속적 떼이얌을 결합시켰다. 마찬가지로 산스크리트어 원전인 마하바라타에서 유래한 〈깔리베샴〉에서도 민속적 방식을 접목시켰다. 외부에서 불어온 바람을 거부하지 않고 흡수하여 새로운 '우리 자신의 연극'으로 만드는 데 있어 카발람은 고전과 민속이 가지는 정수적 측면인 로카 다르미와 나띠야 다르미를 적극 활용하였다. 이러한 특성은 앞서 살펴본 세 아비나야에서도 드러나지만 아하르야 아비나야에서 더욱 두드러지게 나타난다.

---

53 ꜱꜱꜱꜱ ꜱꜱꜱꜱꜱꜱ ed., *op. cit.*, p.215.

54 Erin Mee Baker, "Kavalam Narayana Panikkar: Meaning into action", p.11.

4) 미니멀리즘과 상징적 표현

카발람은 전통극의 원형을 유지하면서 의상과 분장을 간소화하였고, 전통극의 거대한 왕관을 기하학적인 문양으로 대체하면서 연희자들이 움직일 수 있는 반경에 제약을 주지 않도록 고려하였다. 인도 전통극의 아하르야가 서구의 그것과 차이나는 지점은 연희자들이 몸을 의상과 분장에 맞도록 단련시키고 의상과 분장은 연희자들의 몸을 완성시킨다는 점이다. 의상과 분장은 연행예술의 외형적 아름다움을 장식하는 최종적 표현방식인데 배우들의 신체적 자세, 사지의 움직임, 연기를 위한 표정의 변화 등과 밀접한 관련 속에서 발전해왔다. 그래서 분장이나 의상은 앙기카 아비나야에도 많은 영향을 미쳐, 분장과 의상의 아름다움을 유지하도록 자세를 발전시키기도 하였다. 예를 들어 카타칼리의 기본자세인 아라 만달람은 무거운 의상의 무게를 지탱하기 위한 가장 안정적인 기하학적 구도를 갖고 있고, 뚜렷한 눈을 강조하는 얼굴분장은 눈동자 연기와 눈동자 훈련에 상호영향을 미쳤다.

〈우루방감〉은 화려한 색채와 금색을 띠는 장식을 많이 사용한 전통 의상에 바탕하고 있지만 왕관의 경우 '이색적'인 기하학적 형태로 존재한다. 카타칼리나 꾸디야땀에 사용하는 왕관은 상당한 규모와 크기를 갖추고 있다. 이는 연희자의 몸과 왕관과 의상이 비율과 색채에서 조화를 이루어야 시각적 아름다움을 드러낼 수 있기 때문이다. 카발람은 두료다나와 수요다나를 비롯하여 발라데와, 아쏴따마, 병사들과 같은 주요 남성 배역에 모두 왕관을 착용시켰는데, 무게는 전통극에서보다 훨씬 많이 줄어들었지만 크기는 신체와의 비율에 맞춰 큰 차이를 두지 않았다. 전통극에서의 의상은 중심을 잡고 균형을 유지하는 데 도움을 주기 때문에 상당한 무게감을 가지고 있다. 이 무게감이 앙기카 아비나야를 구현하는데 일조하지만 카발람은 의상의 무게는 최소화하면서 시각적 장관을 이루는 데 더 비중을 두었다. 이러한 양상은 〈깔리베샴〉에서도 적용된다.

날라는 카타칼리 왕의 역할(빠짜)에 상응하는 크기의 왕관을 착용하지만 무게감이 없고, 깔리의 왕관도 무게보다는 기하학적 문양으로 시각적 효과를 창출하는 데 초점을 맞추었다.

〈우루방감〉에서 가장 눈에 띄는 장관을 갖춘 의상은 수요다나(떼이얌)의 것이다. 이 의상은 등장인물들 중 크기가 가장 큰 왕관과 선명한 붉은색과 황금색의 색채가 시각적으로 주의를 끌게 만든다. 그리고 떼이얌이 손에 들고 있는 대나무 장대 때문에 실제 수요다나보다 더 크게 보인다. 그리고 황금빛이 도는 의상을 입은 발라데와는 붉은 계열의 두료다나와 수요다나, 아쏴따마의 의상과 대조를 이루며 돌출하는 효과를 가진다. 발라데와는 두료다나의 편에서 중간자적 입장을 견지하고 있는 인물이기 때문에 극단적인 분노의 상태를 가진 아쏴따마에 비해 밝은 사뜨와적인 황금빛 색채가 주를 이룬다.

병사들도 마찬가지로 라자스적인 붉은색 의상과 관을 쓰고 있다. 붉은 조명 아래서 붉은색이 압도하는 가운데 죽음을 맞이한 병사들이 환영으로 보게 되는 압사라들의 흰 의상은 더욱 두드러진다. 압사라들은 마치 결혼식에서 배우자로 간택한 사람을 향해 목걸이를 걸어주듯이 부드러운 몸짓으로 천천히 뒷걸음질 치며 병사들을 부르는 몸짓을 하는데 이때 병사들의 붉은 의상과 압사라들의 흰 의상은 강렬한 대조효과를 낸다. 압사라들의 흰 옷은 발광하며 죽음을 앞둔 병사들의 처절한 상황과 선연한 대비를 이룬다.

흰색을 통한 등장인물의 자질은 〈깔리베샵〉에서 두드러지게 드러난다. 날라와 다마얀티를 비롯하여 나탄과 부인은 흰색 의상을 착용하는데 전자의 경우 그들이 가진 사뜨와적인 기질을 반영한 색채로서, 후자의 경우 범상한 일상에서의 인물을 나타내는 색채로서 기능한다. 날라는 황금빛 테를 두른 왕관과 함께 목걸이와 팔찌, 팔뚝에 황금을 둘렀다. 다마얀티는 카타칼리 여성캐릭터와 모히니아땀 의상이 결합한 형태다. 다마얀티는 모히니아땀처럼 흰색 바탕 천에 금색 테두리를 두르고 녹색 블라

우스를 착용하여 사뜨와적인 기질을 색채로 부각시켰다. 그리고 카타칼리 여성 캐릭터처럼 머리 위로 천을 둘러 정숙한 여성의 이미지를 드러내었다.

깔리는 팔과 손목에 장신구를 차고, 가슴에 장식을 하여 영웅적 용맹성을 드러낸다. 상체와 균형을 맞추기 위해 카타칼리에서 사용하는 폭넓은 스커트가 있는데 이는 깔리의 타마스적인 성정을 드러내는 검정색이다. 그리고 라자스적인 폭력성을 드러내는 붉은 불빛을 형상화한 왕관을 썼다. 깔리의 의상은 카타칼리에서 원주민들이나 약사사와 같은 악한 성정의 캐릭터에 사용하는 카리 역할을 변용한 것이다. 실제 카타칼리에 나오는 깔리는 카리 유형이 아니라 까루따 타디(검은 수염)에 해당한다.

카발람은 강렬하고 복잡한 전통극의 분장을 간소화하여 등장인물의 특징적 측면을 부각시키고 있다. 분장은 몸으로 표현해낼 수 있는 한계를 도와주며, 의상을 완성시켜주고 연희자의 감정표현 하나까지도 눈에 잘 띄게 하는 데 필수적[55]이다. 그리고 배역의 극중 성격을 드러내고, 작품이 요구하는 성격묘사를 가능하게 만든다. 특히 인도에서는 눈 밑에 검은 칠을 하여 눈동자가 뚜렷하게 드러나도록 강조한다. 가장 자연스런 차림의 연희자들도 기본적으로 눈 밑 눈썹 선을 따라 아이라인을 그림으로써 눈동자 연기가 부각되도록 한다.

의상과 분장 외에도 카발람은 무대 소도구들도 활용하여 극적 시각화를 확장시키고 변화시켜 아름다움을 만들어내었다.[56] 특별한 무대장치를 하지 않는 인도 전통극에서 소도구는 등장인물의 특성을 반영하고 상징화한 제스처를 효과적으로 드러내는 데 기여한다. 모든 행위와 소도구는 의미를 담고 있는데, 〈우루방감〉에서 소도구는 등장인물의 상징적 아이

---

55 최효성, 「인도. 중국. 일본 전통예술의 무대분장에 관한 비교연구」, 공주 : 공주 대학교 석사학위 논문, 2014, 4쪽.

56 കാവാലം കളിക്കൊടില് ed., *op. cit.*, p.212.

〈우루방감〉의 전투 장면

콘이 된다. 발라데와의 쟁기와 아쏴따마의 활과 화살이 대표적이다. 발라데와는 속세에 관여하지 않으면서 중립적 자세를 지키며 농사를 짓는 인물로 쟁기를 사용한다. 발라데와에게 쟁기는 일상에서는 삶의 축이면서 분노했을 때 무기가 되는 이중적인 '도구'가 된다. 또한 쟁기를 끄는 동작을 할 때나 공중에 큰 회전을 그리며 몸을 회전시킬 때 움직임의 중심축을 잡아주는 역할도 한다. 아쏴따마의 활과 화살도 비슷한 역할을 담당한다. 명궁으로 잘 알려진 아쏴따마는 시종일관 팽팽한 활시위를 당기는 듯 격정적인 대사와 역동적인 동작을 한다. 또한 잦은 회전과 큰 보폭으로 움직이는데 이때 활과 화살은 아쏴따마의 심리적 상태를 시각화하는 데 기여한다. 그리고 아쏴따마는 두르자야의 대관식을 거행하면서 칼과 방패를 수여함으로써 불화와 갈등의 씨앗을 심어준다.

병사들의 무기들은 칼라리파야투 대련에서 사용하는 형태를 따른다. 창, 칼과 방패, 곤봉, 흰 칼(오따 꼴) 등과 같은 무기들은 병사들의 전투를 실감나도록 재현시키는 한편, 앙기카 아비나야의 확장으로서 안무적 형태를 두드러지게 만든다. 흰 칼을 쥔 병사의 경우 흰 칼을 마치 코끼리의 코처럼 움직여 창을 든 여러 병사들과 대치하며 궁지에 몰린 전투 코끼리의 비참함을 담아내었다.

이 절에서는 세 아비나야를 총체적으로 시각화한 아하르야 아비나야의 공연 적용 양상을 살펴보았다. 카발람은 구나를 반영한 색채를 활용하여 인물의 자질을 특징적으로 구현하였고, 고전과 민속을 모두 결합하여 양식적인 연기를 중심축으로 사실적인 연기를 뒷받침하였다. 카발람의 아하르야 아비나야에서 가장 두드러진 특징은 티라실라의 다채로운 운용과 민속연행예술인 떼이얌을 결합하여 제식적인 장관을 구축한 것이다. 의상과 분장, 소도구 활용에 있어서도 구나의 원리를 적용하여 인물의 자질과 특징을 드러내었다. 카발람에게 있어서 아하르야 아비나야는 그야말로 '눈을 위한 야가(Yaga, 제식 행위)'[57]인 셈이다. 야가에서 신께 공양을 목적으로 만트라를 음송하듯이 연극은 관객의 눈을 위해 새로운 공간과 시간을 창조한다.

******

인도 현대연극이 전통연극과 어떤 방식으로 조응하고 있으며 그것이 한국의 예술현장에서 어떤 동시대성을 가질 수 있을지 뿌리연극운동과 카발람의 연극실천 방식을 통해 살펴보았다. 이 과정에서 인도 전통극의 연행원리를 고찰하고 그 원리가 무대 위에서 어떠한 양상으로 구현되고 있는지 카발람의 두 작품 〈우루방감〉과 〈깔리베샴〉의 공연분석을 하였다.

카발람의 연극작업은 '땅이 잃어버린 혀의 역할을 되찾아주고자' 하는 노력이다. 땅은 께랄라의 토착문화 전통이 간직하고 있는 지역의 민속과 문화인 것이고 혀의 역할이란 그러한 환경 속에서 살아가는 사람들이 만들어내는 음악이나 시, 연행예술을 의미한다. 다시 말해서 자신이 속한 문화 환경을 가장 잘 드러내는, 그래서 존재의 차원을 한 개인을 넘

---

57 *Ibid.*, p.256.

어 전체 인류의 통합적이고 총체적인 원래의 모습으로 담아내고자 하였던 것이 카발람의 연극 활동이다. 그러한 활동을 위해서 카발람은 께랄라의 민속전통과 인도의 고전연극 전통을 혼합하였고, 인간의 삶 속에서 작용하는 다르마의 가치 기준에 대해 재고하고자 하였다. 카발람은 신화와 전설에서 전하는 이야기에서 새로운 현재의 비전을 발견함으로써 새로운 활력과 자극적인 탈바꿈을 이루고자 하였다.

카발람의 작품에는 육체적 측면의 몸뿐 아니라 에너지적, 심리적, 직관적, 초월적 몸이 총합적으로 존재한다. 이러한 몸의 다양한 층위를 육체적, 심리적, 음성적, 시각적으로 표현한 방식이 앙기카 · 스와띠카 · 와찌카 · 아하르야 아비나야다. 앙기카 아비나야에서는 몸을 라사를 담는 그릇으로 보며 사실적이고 양식적 연기방식을 적절히 배합하였다. 양식화를 위해서는 꾸디야땀, 칼라리파야투, 카타칼리, 모히니아땀의 움직임과 연기 매뉴얼을 활용하여 정조를 창출하는 데 기여하였다. 스와띠카 아비나야를 위해서는 지배적 정서와 일시적 정서를 운용하면서 육체적 움직임과 내적인 에너지 흐름(프라나)이 상호작용하여 라사로 표출하는 과정을 작품에 구현하였다. 와찌카 아비나야에서는 '보여주는 시'로서의 극적 정수를 표현하였다. 시인이기도 하였던 카발람은 와찌카 아비나야에 심혈을 기울였으며 음악적 · 제식적 요소를 결합하여 궁극의 실재와 합일을 이루는 과정을 드러내었다. 아하르야 아비나야는 세 아비나야가 총체적으로 시각화한 장관의 표현방식이다. 카발람은 떼이얌의 아하르야를 활용하여 제식적 장관을 형성하고 의상과 분장, 소도구의 활용에 있어서도 등장인물들이 가지는 정신적 자질인 구나의 메커니즘을 구현하였다. 이러한 아비나야의 유기성과 총체성은 그 토대가 되는 철학적 내용과 형식이 합일된 상태로 존재한다는 점에서 여타의 연극에서 말하는 연기, 분장, 의상, 음악적 요소와 차별성을 지닌다. 이는 인도 연행예술이 본질적으로 스루티라 부르는 경험체계에서 유래했기 때문이다. 네 아비나야는 각각을 드러내는 표현의 매개에서 차이가 있을 뿐 본질적으로 초월적 존재를 경험하기 위한 방향타가 된다. 그러한 방향타를 제대로 운용하기 위해서 우리는 존재의 육체적 측면뿐 아니라 에너지적, 심리적, 직관적, 초월적인 다양한 층위를 유기적이고 총체적으로 자각할 수 있어야 한다. 이러한 몸에 대한 총체적 시각은 샹키야 다르샨에 토대를 두고 있다. 샹키야 다르샨은 몸과 마음, 물질과 정신 등과 같이 대립하는 것으로 보이는 상반하는 이분법적 존재양상이 결국은 궁극의 실재가 자신을 현현하는 현상적 세계일 뿐 결국은 하나라는 것을 말해주고 있다. 카발람은 예술가로서 삶을 살아가는 하나의 개체로서 내가 누구이고, 어떤 존재인지를 깨닫는 것, 그것을 자신의 본성과 가장 잘 어울리는 방향으로 이끌어가고, 그 중심을 놓치지 않도록 탐구하고 개발해 나갈 수 있도록 모델을 제공하고자 하였다. 카발람의 소파남 극단도 '무한을 향한 계단'으로서 이러한 방향성을 가리키고 있다고 할 수 있다. 카발람에게 네 아비나야는 존재(몸)의 층위가 가지고 상호 교직상태를 표현하는 방식이었다. 카발람은 이렇게 자각하는 자로서 연행자와 관객이 온전히 관계 맺을 수 있는 작품을 추구하였다.

카발람의 작품세계는 인도의 현대연극사에서 중요한 입지를 차지하고 있는 뿌리연극운동뿐 아니라 타나두 나타캄의 '우리 자신의 연극을, 연극의 우리 자신의 방식으로' 구현하고자 했던 위상을 대표한다고 할 수 있다. 카발람은 앙기카 아비나야를 자신만의 독특한 스타일로 연출하여 뿌리연극운동을 비롯한 다른 현대 연극연출가들과 차별성을 획득하였다. 그리고 나띠야샤스뜨라와 께랄라 전통 연행예술에서 정수를 취하여 효율적으로 무대화하면서 과거에 묻혀 있던 인도 전통극을 '지역적인 것에서 국가적인 것으로, 국가적인 것에서 세계적인 것'으로 자리매김할 수 있도록 만들었다.

비판에 직면하면서도 자신의 방식을 지켜나가며 고전과 민속 전통을 실천적으로 계승하려고 했던 카발람의 의지는 가장 높이 살 만한 예술가로서의 자질이다. 하지만 카발람의 공연 구현방식에서 몇 가지 한계들도 드러난다. 정형화한 자세의 반복적 패턴이라든지, 민속극의 주요 요소 중 하나인 즉흥성의 부재, 그리고 놀이성 혹은 대중성의 부재는 재고해야 할 과제다. 바루짜의 지적[58]처럼 민속성이란 것이 대중성과 완전히 별개로 상호 배타적인 것이 아닐진대, 일반 대중들의 엔터테인먼트로서의 대중성 확보력이 미약했던 점도 간과할 수 없는 한계라 할 수 있다. 카발람이 지향했던 연극이 일상의 편린 혹은 거칠고 표면적인 인간존재 차원을 넘어서는 고차원적 존재성을 추구했다 할지라도 그것을 일반 대중들과 어떻게 소통해야 할지는 여전히 과제로 남는다.

고향의 풍부한 문화적 유산 속에서 자랐던 카발람은 그것을 향유하고 계승시킬 수 있는 연계지점이 더욱 강렬하고 가까웠기 때문에 많은 비평가들로부터 '문화 그 자체'라고 평가받을 수 있었다. 그렇다면 신자본주의를 사는 현대인들은 전통과 문화를 어떻게 규정할 수 있을까? 현대사회는 점차로 '지역적', '민족적' 경계를 이탈하려는 경향을 띤다. 그렇기 때문에 '현대적' 전통과 문화의 개념은 지역과 민족 내부로 국한해서는 안 되고 좀 더 광범한 영역으로 내연과 외연을 확장해야 한다. 다음 장에서는 카발람의 연극활동이 현대 연극공간에서 어떤 방식으로 접점을 찾을 수 있을지 고찰하면서 전통적 가치들이 어떻게 진화하고 발전할 수 있을지 그 방안을 모색하고자 한다.

제2부 전통극의 미학은 무대 위에서 어떻게 실현되는가?

---

58 Rustom Bharucha, *Theatre and The World*, New York: Routledge, 1993, p.194.

연극 현장에서 삶 속의 실천으로
— 한국 연극현장에 적용할 수 있는 동시대적 맥락과 가치

이 장에 이르기까지 긴 여행을 한 느낌이 없지 않다. 아직 인도 연극에 대한 용어가 생소한 독자들에겐 지난한 여행이 되었을지도 모르겠다. 이미 우리도 마당극 실천을 통해 전통과 현대가 만나는 과정에서 형식과 내용의 실험을 해왔다. 그런데 그 실험들이 미학적인 연극 전통으로 안착하기 전에 급변하는 문화 환경의 변화를 겪으면서 서구 유럽의 이론과 실험에 그 자리를 내어주고 유행에 뒤처지는 깃발처럼 버려진 것이 지금의 현실이다. 하지만 아직도 많은 연극 활동가들은 우리 전통의 형식과 내용에 대해 실험하며 전통과 현대 사이에 조응을 모색하고 있으며, 그러한 과정에서 흥미롭고 가치 있는 작품들을 무대 위에 올리고 있다. 부족한 점이 많은 책이지만 이 책도 그러한 연극 활동가들에게 조금이나마 영감을 주었으면 좋겠다. 그리고 연극 활동가이기 이전에 한 생명의 주체로서 건강하게 삶을 지탱할 수 있는 '새겨둘 만한' 실마리를 잡게 되었으면 한다. 이 책을 쓰고 고치는 과정에서 깊은 내면에서 올라오는 검은 어둠을 맞닥뜨렸을 때 내가 그랬듯이.

이 장에서는 먼저 인도 전통극의 기저에 흐르는 원리를 연극 현장에서 활용하고 있는 기존의 사례를 살펴볼 것이다. 그리고 카발람의 아비나야 구현 방식에 드러나는 독특한 지점들에서 현대의 연극현장에 접목할 만한 가치가 있는 지점들을 짚어보도록 하겠다. 여기서 카발람이란 이름은

현대연극과 전통연극을 조응시킨 실천가들 혹은 실천방식들의 환유라 하겠다.

1. 연기훈련법으로서

마야 크리스나 라오, 비나파니 차울라와 같은 활동가들은 전통극과 서구적 요소를 가미한 퓨전스타일의 작품을 연출하며 요가나 전통무술의 호흡법을 연기훈련에 접목시켰다. 특히 마야 크리스나 라오는 분산한 에너지 흐름을 통제하여 눈에 집중시킴으로써 보다 깊이 있는 몸에 대한 집중을 유도할 수 있음[1]을 설파하였다. 비나파니 차울라는 음악과 배우의 몸, 소리의 분절 등을 활용한 작업으로 연극 언어를 다각화하였다. 인도 문화를 체득한 미국 연출가 필립 자릴리도 칼라리파야투를 통해 무술의 신체통제력과 호흡법을 심신연기론에 적용하고 있다. 자릴리는 배우들에게 무술수련을 시키면서 호흡과 외적인 시선 집중에 관한 원리, 동작과 호흡조절, 지지와 중심잡기 등에 초점을 두었고, 이를 통해 심신을 연마한 배우들이 역할을 적절하게 창조해낼 수 있다고 보았다.[2] 한국예술종합학교 김수기 교수는 칼라리파야투 훈련법이 "차별되지도 보호받지도 않는 성역할의 구분이 없으므로 강인하고 주체적인 여성역이나 성역할을 바꾼 배역에 도전할 계기를 마련했다"고 기술하고 있다.[3]

---

1 마야 크리스나 라오, 「인도의 댄스시어터 : 카타칼리를 중심으로」, 『한예종 연극원 연극학과 국제학술심포지엄 문화상호주의와 전통의 현대적 수용 사례연구 2 인도편』, 13쪽.

2 필립 B. 자릴리 외 4인, 『몸을 통한 연기훈련』, 김수기 편, 서울 : 동인, 2007, 91쪽.

3 위의 책, 136~137쪽.

라사박스(Rasabox)[4]는 인류학자이자 공연학자인 리처드 셰크너를 중심으로 1990년대 뉴욕에서 결성한 모임인 동부연안예술가협회 소속 미셸 미니크와 폴라 머리 코울이 개발한 라사 실습 프로그램이다. 이들은 개인적인 느낌과 사회적으로 구조화하는 감정 사이의 체현을 훈련시키기 위해 라사박스를 만들었다. 배우들은 아홉 가지 감정표현인 나와라사가 적힌 박스나 구역에 임의로 들어갈 순서를 정한다. 그 안에 들어간 배우는 그 안에 적힌 감정을 즉각적으로 표현하고 다른 배우들은 그 감정이 어떤 것인지 맞춘다. 배우들은 연기를 해도 좋고 그림, 도형, 기하학 문양 등으로도 감정을 표현할 수 있다. 라사박스 훈련은 기억된 정서에 따른 호흡을 관찰하고 인식하며 저장하여 즉각적인 표현을 도와주었다. 이는 배우들의 민첩한 신체적 표현력을 향상시키고 섬세한 감정 발견 능력을 키워줌과 동시에 연기 과정에 대한 인식력을 높여준다. 이 프로그램이 더 흥미로운 점은 라사를 통한 감정의 배출은 우리 몸의 내장기관의 활성화를 도와주어 심신의 건강을 회복시킨다는 것이다.[5]

> 현대인들이 사회생활을 하면서 많은 스트레스를 받을 때 나타나는 가장 흔한 증상은 위장 장애다. 신경의학계나 인도 요가 명상에서는 이러한 특징을 이용하여 심리치료와 에너지 정화를 통해 장신 경계 안정과 건강을 위한 방법론들을 많이 연구하고 있다.

리처드 셰크너와 연구팀들도 위와 같이 지적하고 있듯 라사 표출을 통한 심신통제와 치유는 충분한 설득력을 지닌다. 이는 우리 내부의 프라나와유를 조절을 통한 몸의 다섯 층위의 경험과 밀접한 관련성을 가진다. 섬세한 감정을 발견할 수 있는 몸은 아주 미묘하고 민감한 영역인 기

제4장 요가 현장에서 삶 속의 실천으로

---

4   리차드 쉐크너, 『퍼포먼스 이론 II』, 이기우 외 역, 서울 : 현대미학사, 2004, 207~231쪽.

5   위의 책, 199~207쪽.

의 영역에 대한 감각이 깨어날 가능성이 더 커지는 것이고 이를 통해 눈에 보이지 않는 영역을 보다 포괄적으로 자각하고 통제할 수 있는 가능성이 열린다 하겠다.

이러한 연기훈련법들은 배우의 전-단계 훈련[6]으로서든 심신치유의 방법으로서든 시의적절한 유효성을 지닐 뿐 아니라 연행자들이 '어떻게 움직이는지'보다 '무엇이 그들을 움직이게 하는지'[7]에 대한 연기 메커니즘을 이해하는데 일조한다.

2. 역할 입기보다 '벗기'의 가치

카발람은 배우가 라사를 전달하는 카타 파트람(이야기 그릇)으로서 역할에 몰입하기보다 거리두기가 필요하다고 역설하였다. 카발람이 말하는 카파타트람에서 배우는 자신의 태도뿐만 아니라 각각의 역할에 대해서도 거리를 둘 수 있어야 한다. 이를 위해 카발람은 지배적 정서를 풍성하게 만드는 일시적 정서를 시시각각 바꿈으로써 거리두기(이화효과)를 하였다. 예를 들어 두료다나가 슬픔의 지배적 정서를 유지하는 동안 시시각각 변하는 사랑과 영웅적 기개, 혐오와 놀람의 정서를 표출함으로써 역할을 입고 벗는 과정은 지속적으로 일어나게 된다. 이 과정에서는 역할이 '되는 것'보다 '벗어나는 것'이 핵심이다. 이러한 다양한 정서의 재

---

6   전-단계 훈련 과정에 대해 참조하고 싶다면 이승원의 논문 「배우의 현존을 위한 전 단계 훈련에서 연기수행과정까지의 적용방법 연구 : 필립 자릴리의 '전-공연 (pre-performative) 단계' 훈련과 〈물의 정거장〉 공연에의 적용과정을 중심으로」. 서울 : 한국예술종합학교 예술전문사학위 논문, 2019를 참조할 수 있다.

7   김명주, 「제스처 분석에 의한 유럽 현대무용의 연극성 연구-피나 파우쉬, 빔 반데키부스, 마기 마랭 작품을 중심으로」, 서울 : 성균관대학교 석사학위 논문, 2010, 22쪽.

현은 실제 사실주의의 환영을 창조하려고 시도하는 것이 아니다. 그 순간에 일어나는 심리적·존재적·행위적 상태를 정교화하기 위한 기회를 제공하기 위해서다. 이것이 사실주의적 연기와 다른 카발람의 연기방식이다.

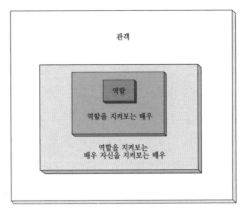

역할-배우-관객의 조감도
(관객=브라흐만, 무한대로 확장가능)

이러한 역할 벗기를 위하여 카발람은 등장인물들을 구도적으로 배치하여 지켜보게 하였다. 이는 앙기카 아비나야에서 거론하였던 포즈나 시선 처리를 통한 '거리두고 지켜보기'의 효과와 연관성을 가진다. 예를 들어 수요다나 역의 떼이얌은 단상 위 높은 곳에 포즈를 취한 채로 미동 없이 지켜보는 눈으로서 두료다나의 높은 의식을 대변한다. 마찬가지로 〈깔리베샴〉에서는 나탄의 몸을 빌려 다마얀티를 취하도록 조종하는 깔리도 단상 위에서 두 사람의 모습을 지켜본다. 몰입하는 연기에서는 역할=배우 사이에 동일시가 진행되고, 나아가 역할=배우=관객 사이의 동일시를 유도한다. 그러나 카발람의 작품에서는 과도한 정서 표출을 제한하고, 지켜보는 배우의 모습, 역할과 역할을 지켜보는 배우, 자신의 역할과 배우 사이의 관계를 지켜보는 배우가 있고 이 모든 역학관계를 조망하는 관객의 위치가 있다. 관객은 보다 폭넓은 관계성을 목도하면서 의식의 확장을 경험할 수 있게 된다.

관객들은 앙기카 아비나야와 스와띠카 아비나야가 결합하여 이루어내는 라사에 심취하지만 동화나 몰입의 상태가 아니라 지켜보는 자리를 유지하게 된다. 카발람은 이러한 지켜보기를 위해 등장인물들의 배치를 구도화하였다. 보편화, 혹은 객관화를 위한 프레임 짜기를 위해 가능한 멀리서, 폭넓은 관점으로 지켜봄으로써 인식하고자 하는 대상과 거리를 두고, 자신의 색채를 지워가는 것이다. 혹은 자신의 맛에 물들지 않는 것이다. 카발람이 추구하였던 연기방식은 완전한 자유를 위한 비워내기 과정이자 일종의 연기의 조감도라 할 수 있다.

이러한 연기적 조감을 위해 카발람은 사실적 연기와 양식적 연기를 절충하고 조화시켰는데 이 과정에서 형식적 측면에서나 내용적 측면에서 배우와 베샴(역할)이 동시에 드러난다. 배우는 무드라를 할 때나 몸짓을 할 때 그 자신이 재현하고자 하는 역할의 '정수'를 드러낸다. 카발람은 '비범한 예술적 재능은 상상의 가능성을 확대할 수 있는' 양식적 스타일에 있다고 보았고 역할의 정수를 드러내는 방식이 양식적 연기라고 생각했다. 카발람이 인물들의 유형적 제스처를 통해서 구나의 변화를 구현하였던 것은 인간 존재를 높은 차원으로 발전시켜 지고의 정신과의 합일을 이루기 위함이다. 그래서 무대 위에 선 배우는 하나의 개인으로서 개성화한 인물을 보여주는 것이 아니라 유구한 역사 속에서 존재하는 '진화의 상태' 속의 한 인간을 구현하는 것이다. 여기에는 역사성만이 담겨있는 것이 아니라 생생한 에너지 덩어리로서 현재의 순간을 포착하는 배우의 몸이 있다. 이것이 카발람이 구현한 앙기카 아비나야가 함축하고 있는 정수적 가치다.

뿐만 아니라 양식적 연기와 사실적 연기의 교차는 관객들이 몰입과 관조를 넘나들며 연극을 지켜볼 수 있게 해준다. 카발람은 신화적 이야기를 설명하거나, 보이지 않는 역할을 연기하거나, 라사의 시각화가 필요할 때 이 방식을 효율적으로 접목시켰다. 무대 위의 배우들은 상대 배우를 바로 쳐다보지 않고 거리를 두고 시선을 비껴서 멀리 둔다. 관객들은 배우들의 시선을 통해 신화 속의 순간을 역사화하여 현재로 되가져오게 된다. 이러한 거리두기의 시선 처리는 깔리가 나탄의 눈에만 보이고 부인의 눈에는 보이지 않을 때나, 두료다나를 찾는 가족들이 실제 무대 위의 지척에 있는 두료다나를 찾아서 보이지 않는 연기를 해야 할 때 유효하다.

양식적 연기에서도 핵심은 배우들의 역할 벗기다. '역할 벗기'의 가치는 연행자 자신이 곧 그 역할이어야 한다는 극적 환상으로부터 자유롭도록 만든다. 이는 오늘날 대중영화산업이 주축이 되어 '완전히 그 역할이 되어 몰입하기'가 정석인 듯 연기방법을 '메소드'로 획일화하는 한국 사회에 시사점을 던져 준다. 실제로 배우들은 역할과 자신 사이의 간극으로 갈등한다든지, 역할이 끝난 뒤에도 거기에서 빠져나오지 못한다든지, 정신적 질환을 앓는다든지 고통 받는 경우가 많다. 다양한 매체의 홍수 속에서 더 그럴 듯하게 보여주기 위해서 배우들은 심신을 혹사시켜야 하고, 그렇게 하여서 볼거리와 대중성을 성취하였다 할지라도 정작 배우 자신의 삶은 점점 더 자기중심에서 벗어나 심신의 일탈을 일삼는 경우도 많다. 건강한 심신을 갖추기 위해서는 연행자들에게 '되기'보다 '벗기'의 가치가 더 요청된다. 스크린이나 무대 위에서 썼던 가면을 자기 삶 속에서는 언제든 벗을 수 있고 오롯이 '자신'만을 대면할 준비가 필요한 것이다. 이런 측면에서 카타 파트람은 배우가 역할을 입는 데만 치중하는 단편적이고 일방적 과정을 확장하여 그 역할을 벗고 다시 건전한 일상의 자신으로 돌아갈 수 있는, 자기자신 안에서 일어나는 순환적이고 소통적인 삶 속의 훈련이 된다.

3. 자각의 가치실현

'역할 벗기'를 위해서는 거리를 두고 있는 그대로를 목격하는 높은 차원의 의식, 자각이 필요하다. 자각은 인간이 육체적·지성적·감성적·정신적 존재의 차원으로 진화하고 전존재를 경험하는데도 필요한 자질이다. 카발람의 작업에서도 '자각'의 요소는 작품 전반에서 중요한 특징을 드러낸다. 과도한 정서의 표출을 지양하고 단순하면서 약간은 덤덤한 느낌의 정서가 카발람 작품 전반을 지배한다. 이것은 '감각의 없음'이라기보다 정제된 감각, 깨끗이 비어 있는 그릇과 같은 상태로서 자각과 중도의 가치의 실현이라 볼 수 있다. 자각은 배우들뿐만이 아니라 인간의 가치판단과 존재가치를 지극히 단편적이고 편파적으로 재단하는 현대인들에게 요청되는 시의성 있는 가치다.

이러한 자각과 중도의 가치를 연극에 접목시키면 연극이 인간행위를 연구하는 윤리학[8]으로 차원을 확장할 수 있게 된다. 배우가 자신을 대면하여 거리를 두고 찬찬히 살펴본다는 것은 자기인식의 과정을 통해 '마음의 습관이나 패턴 전체에 대한 통찰을 얻어내고 자신을 변화시켜나갈 수 있는 힘을 갖게 되는 치유와 성숙의 첫 단계'[9]라고 할 수 있다. 이 개념을 요가나 명상 수련 과정에서 요청되는 '거리 두기' 혹은 '있는 그대로 보기'라는 태도로 연계하면 극장은 연희자와 관객이 놀이하며 성찰하는 사랑과 교감의 장으로서 '윤리적'으로 전환가능하다.

이렇게 자각을 연극현장에 접목하면 서사극의 이화적 태도와 비슷해 보일 수 있지만 차별성을 가지고 있다. 서사극의 이화효과가 이성적 측면을 부각시킨 것이라면 '자각'은 인간존재의 전 층위를 포괄하기 때문이다. 우리는 이미 인간 이성이 가지는 한계와 그 오류들에 대한 대안으로서 생긴 많은 연극제작 방식에 익숙해 있다. 자각의 가치는 우리 몸과 마음 그리고 높은 차원의 의식까지 포괄하는 전존재적 차원에서의 거리두기라는 점에서 시의적절한 유용성을 가진다.

이러한 자각의 가치 실현을 위해 카발람은 텍스트에 내재한 라사의 정수를 드러내는데 초점을 맞추어 전통극이 갖춘 복잡하고 어려운 외현적

제2부 전통극의 미학은 무대 위에서 어떻게 실현되는가?

---

8 백승무, 앞의 논문, 175쪽.

9 유정숙, 「심신연기론의 관점에서 바라본 배우의 치유과정」, 『연극평론』 통권 53호, 서울 : 한국연극평론가협회, 2009, 53쪽.

형식에서 많은 장식과 꾸밈을 덜어내어 단순하고 절제된 동작으로 대체하였다. 이런 표현방식은 아비나야에서도 미니멀리즘을 통해 구현되고 있다. 앙기카 아비나야를 운용함에 있어서 카발람은 세부화하고 정밀화한 움직임보다는 큰 움직임 위주로 단순한 동작을 취하였다. 미니멀리즘은 '있어야 할 것이 더도 말도 덜도 말고 필요한 만큼만' 존재하는 중도적 표현방식이라 하겠다.

주제적 측면에서도 카발람은 자각의 가치를 부각시키고 있다. 두료다나와 나탄을 비롯하여 〈우루방감〉과 〈깔리베샴〉에 등장하는 인물들은 세계의 현상적 모순과 부조리 속에서 고통 받고 좌절하고 분노한다. 이 과정에서 서로를 오해하기도 하고 악을 행하기도 하며, 폭력적인 수단을 동원하는 모습은 그들이 신화 속 유형적 인물임에도 현대사회 어디서나 볼 수 있는 우리 자신과 이웃의 얼굴을 떠올리게 만든다. 모든 존재가 시작하였던 지고의 근원으로 돌아가는 시간에 비하면 인간의 삶은 찰나에 지나지 않는다. 그럼에도 우리는 끊임없이 악순환을 반복하며 영생불멸이라도 할 것처럼 행동한다. 그래서 진정한 본성을 깨닫고 자기중심에 불을 지필 수 있는 자각의 가치는 빛을 발한다. 카발람은 이러한 가치의 현현으로서 다마얀티와 수요다나를 형상화하여 주제에 기여토록 하였다.

자각의 가치는 카발람이 추구했던 라사와 아비나야의 '행위보다는 상태'[10]에 대한 이해와 연결된다. 카발람은 드라마를 '존재의 상태, 상황에 대한 모방이며, 연극작품에서 관객들이 경험토록 강제하는 상황이나 존재의 상태를 창조하는 것'으로 보았다. 행위가 과거에 일어났던 사건이 중심이라면 상태는 현재에 진행하고 있는 존재에 초점이 맞춰진다. 라사는 본질적으로 현재진행형인 것이다. 사람들은 기억 속에 저장된 과거와

제4장 연극 현장에서 삶 속의 실천으로

---

10 Indhu Shekhar, *Sanskrit Drama its origin and decline*, New Delhi: Munshiram Mano-harlal, 1977, p.55.

환영으로 포장한 미래 때문에 불안해하며 현재를 희생한다. 라사의 원리는 오롯이 현재의 순간에 살아 있게 만드는 핵심원리다. 이는 연행자들이나 관객들이 순간을 살 수 있고 오롯이 자신으로 존재할 수 있게 만들어 준다.

네 아비나야는 그러한 존재의 상태를 드러내는 매체이자 존재(몸)의 층위가 가지고 상호 교직상태를 표현하는 방식이다. 카발람은 자각하는 자로서 연행자와 관객이 온전히 관계 맺을 수 있는 작품을 추구하였다. 개인이 무엇보다 자기 자신을 이해하고 사랑하며 그 사랑을 실천하는 방식의 하나로서 무대 위에 서는, 다시 말해 자신의 확장으로서 '또 다른 나'라 할 수 있는 관객에게 삶의 방식을 전달하는 것이 아비나야가 된다. 이럴 때 아비나야는 정신적인 측면의 수직 상승뿐만 아니라 연희자에게서 관객으로 상승의 방향을 포괄적으로 다각화시킨다. 갈수록 개체화하고 분리되어가는 현대인의 삶 속에서 이러한 인식의 전환과 확장은 관계성을 이해하는 공통의 기반이 될 수 있다. 연기자들은 자각과 중도의 윤리적 가치를 통해 건강한 자기중심을 회복하여 단지 자신의 예술적 기량이 돋보이는 존재로서만이 아니라 관객들의 의식을 높은 곳으로 이끌어갈 수 있는 윤리적인 견인차로 거듭나는 것이다. 특히 오늘날 한국 연극계에서 당면하고 있는 위계와 성폭력 문제를 비롯하여 연예인들의 영향력이 갈수록 막대해지고 있는 현대사회의 특성을 고려할 때 연기자들과 관객 양쪽 모두에서 자각과 중도의 가치는 가장 시급하게 요청되고 있다 하겠다.

4. 형식과 내용 사이의 유연한 조응과 확장

내용과 형식은 떼려야 뗄 수 없는 관계다. 형식은 내용을 축적한 것이고 내용은 형식에 용해되어 전달되기 때문이다. 그런데 카발람의 작품

속에는 형식과 내용이 경계를 허물어 적극적이고 유연한 관계를 형성한다. 가장 대표적인 방식은 형식의 주제화와 주제의 형식화다. 〈깔리베샴〉은 전자의 대표적인 예가 되고 〈우루방감〉은 후자의 대표적인 예가 된다. 〈깔리베샴〉에서 카타칼리의 양식화한 움직임인 깔라샴은 기호로 작용한다. 베샴(의상)을 입은 배우가 깔라샴을 함으로써 그 베샴(역할)이 되는 중의적 기호가 된 것이다. 제목도 주제와 연결되며 제목에서 암시하는 베샴은 역할이란 의미와 의상이란 의미를 동시에 가지고 있다. 카발람은 복잡하고 다채로운 카타칼리의 깔라샴이 만들어내는 형식적 볼거리보다 메타연극적 장치로써 주제에 기여하는 깔라샴의 기호성에 더 많은 비중을 두었다. 카타칼리 테마를 연극적 탈바꿈이라는 형식적 명제로 탈바꿈시킨 것이다. 그리고 〈우루방감〉에서는 두료다나의 초월적 의식 상태를 떼이얌이라는 민속적 형식을 빌려 구현하였다. 형이상학적 주제인 근원존재를 민속적 형식과 결합시켜 신성합일의 경지가 고전과 민속에 공통하는 가치임을 일깨움과 동시에 고전은 우월하고 고고한 것이며, 민속은 저급하고 일천한 것이라는 기존 사고방식을 전도시킨 것이다.

이렇듯 카발람은 형식을 내용으로, 내용은 형식으로 유연하게 조응·교차시킴으로써 전통을 향한 새로운 접근법을 제시하였고 현대적 실험을 시도하였다. 이는 양식성을 향한 새로운 접근법이자 전통의 형식과 내용 사이에 유연한 조응법을 제시한다. 양식화는 인류가 발전해온 총체적 경험의 산물이면서 인간의 육체적·정신적 발달과정에서 겪어온 진화의 역사를 고스란히 간직하고 있기 때문에 변치 않는 인류 고유의 가치를 풀어갈 공식이라고도 할 수 있다. 그 공식은 어느 시대를 살고 있는지에 따라 답이 달라지는 유동적인 것이다. 그리고 또 그 유동성은 연희자와 관객들이 어떤 몸을 입고 있는지에 따라 다양한 빛깔의 프리즘[11]을

제4장 연구 현장에서 삶 속의 실천으로

---

11 Scheherazaad Cooper, "The Alchemy of Rasa in the Performer‒Spectator Interac-

제공한다. 같은 이야기, 같은 감정을 표현하더라도 어떤 연행자가 하는지에 따라 개성 있는 색채를 띠게 되는 것이다. 카발람의 양식화에 대한 접근 방식은 이러한 색채를 드러내기에 손색이 없다.

그리고 카발람은 전통극의 주제를 연극에 대한 본질적 질문으로 연관시켜 현대화하였다. 〈깔리베샴〉에서는 배우와 역할, 배우와 깔리가 새롭게 만든 역할, 그리고 신화 속에 존재하는 깔리가 장악한 날라의 역할을 복합적으로 엮어 삼차원적 역할을 만들었다. 이러한 배우와 역할 사이의 삼차원적 확장은 배우는 과연 자신에게 의무로 지워진 역할에 종속되어야 하는지에 대한 본질적 의문을 제기한다. 카발람은 〈깔리베샴〉에서 날라와 다마얀티를 통해 다루고 있는 카타칼리 테마가 현실 속의 나탄이라는 배우를 통해 연극적 탈바꿈이라는 현대연극의 담론과 어떻게 조응할 수 있을지 보여주고자 했다.

형식과 내용 사이의 흥미로운 조응은 티라실라의 활용에서도 두드러진다. 티라실라는 한 역할에서 다른 역할로 변화할 때 배우의 '역할 되기'와 '역할 벗기'를 드러내는 기호로서 효과적으로 작용한다. 그리고 카발람은 양식화한 형식을 현대적으로 접목시킬 수 있는 가능성을 다각화하였다. 무드라를 구현할 때 전형화한 자세와 움직임에서 그치지 않고 카타칼리의 에너지 회전법인 쥴리뿌와 칼라리파야투의 뱀 자세를 결합한 것이 대표적인 사례다. 카발람은 이 과정에서 프라나와 무드라의 상호 작용을 통해 등장인물의 고뇌의 정도를 심화시키며 극 전체의 위기감을 조성하도록 만들었다. 이렇듯 카발람은 양식적 표현을 다양한 방식으로 확장시키고 전통적 형식과 내용을 유연하게 조응시키고 교차시킴으로써 인류 진화의 역사를 고스란히 담고 있는 양식화를 현대적으로 재맥락화하였다.

---

tion", *New Theatre Quarterly*, X X IX-IV, November 2013, p.346.

5. 몸에 대한 총체적 사유

카발람이 무대 위에서 구현하고자 하였던 몸은 사실적으로 인물의 외현을 모방하는 것이 아니라 존재의 상태를 재창조하는 것이었다. 여기서 존재의 상태는 인간 몸의 다섯 층위, 즉 육체적 · 에너지적 · 심리적 · 직관적 · 축복의 몸의 유기성과 총체성을 드러내는 것이다. 이를 위해 리허설을 할 때도 어떤 감정으로 연기할지보다 어떤 움직임으로 보여줄지에 방점을 두었고 프라나 와유의 메커니즘을 활용하였다. 역할의 정서를 자기의 정서처럼 느끼고 그 역할과 똑같이 눈물을 흘리거나 화를 내는 것이 아니라 그러한 정서를 일으키는 신체적 · 에너지적 반응을 프라나 와유를 통해 통제하고 그 통제의 결과 표출되는 정서를 라사로 승화시키는 것이다.

이러한 프라나 와유의 통제는 와찌카 아비나야에서도 유효하다. "기-에너지의 직관적인 인식을 실현하고 몸 전체에 그 에너지를 보낼 수 있는 사람은 그 에너지를 음성이나 신체적인 행동, 또는 이미지로 확장하고 통제할 수 있다."[12]는 심신연기론자들의 주장처럼 카발람의 와찌카 아비나야는 음의 파장을 육체적인 몸과 마음의 이미지로 확장시키려는 시도이기도 하다. 이 과정에서 몸과 마음은 몸의 다섯 층위에 상호 영향력을 행사하면서 감각과 운동기관에 자극을 가하게 된다. 프라나의 통제는 단지 에너지의 몸과 관련한 내부적 기의 영역일 뿐 아니라 다섯 층위를 움직이도록 만든다. 뿐만 아니라 연행하는 배우 개인에만 그치는 것이 아니라 배우에서 관객으로 그 기의 파장을 확장시키는 중요한 동인이 된다. 이렇듯 프라나 통제를 통한 몸에서 마음으로 가는 연기는 배우의 '되기의 과정'에 시사점을 제공한다. 그리고 신체와 정서 사이의 연관성을

제4장 연극 현장에서 삶 속의 실천으로

---

12 필립 B. 자릴리 외 4인, 앞의 책, 122쪽.

연기방법으로 접목[13]시키려는 심신 일원론적 관점을 확장하여 더 넓은 층위의 몸을 경험할 수 있도록 만들어준다.

　오늘날 몸을 중심으로 한 수행성 개념은 몸에 대한 인식을 확장하는 데 기여하고 있다. 다른 한편으로는 현대사회에서 과학이 발달하면 할수록 미지의 영역으로 미뤄두었던 영역에 대한 연구가 활발해지게 되었고, 인지과학처럼 '인간'을 인식하는 방식도 의식과 이성의 영역에만 국한하지 않고 다차원적으로 확장하는 성과를 거두고 있다. 인지과학은 눈에 보이는 것뿐 아니라 존재의 전 영역으로 인식을 확장하여 몸과 마음, 그리고 그 환경과의 상호작용이 감각 운동적으로 엮여 있을 뿐 아니라 서로 괴리될 수 없는 것임[14] 밝혀내고 있다. 심신이원론을 넘어서 '확장된 마음', '체화된 마음'[15] 등과 같은 인지과학의 심신연관성을 몸의 다섯 층위와 비교·고찰하는 것도 이후의 연구과제로서 흥미로운 지점을 선사할 것이라 여겨진다.

　이뿐 아니라 몸에 대한 총체적 접근은 현대인들에게 몇 가지 과제를 부여한다. 표면적이고 물질적 감각에 치우치고 있는 현대사회는 매스미디어가 쏟아내는 과잉 커뮤니케이션으로 앓고 있고, 갈수록 더 잘게 쪼개는 전문화에만 치중할 뿐 정작 한 존재를 총체적이고 유기적으로 온전히 이해할 수 있는 환경에서는 더욱 소원해져 가고 있다. 인도 전통에서 몸을 보는 방식은 존재의 전 영역을 고려하는 자각을 기반으로 하기 때

13　신체의 어느 부위가 인간의 어떤 기질과 연결되는지 파악하여 그 인물의 중심찾기를 통해 인물을 창조하고자 하는 심신연기법에 대해서는 양세윤의 논문 「인물 창조를 위한 심리신체적 접근 방법 연구」, 서울 : 한국예술종합학교 예술전문사 학위 논문, 2006을 참조할 수 있다.

14　이정모, 「심리학의 개념적 기초의 제문제(II) : 인지과학적 접근에서 본 '마음' 개념의 재구성과 심리학 외연의 확장」, 『한국심리학회지』 26 no.2, 서울 : 한국심리학회, 2007, 14쪽.

15　위의 논문, 14쪽.

문에 동시대적 가치를 지닌다. 또한 이러한 가치는 총체적이고 유기적인 몸과 그 운용양상을 담을 수 있는 학제 간 연구와 아카이빙 방식에 대한 연구 필요성을 제기해준다. 아직도 인도 예술에 대해 연구하거나 수련해온 다른 문화권의 사람들은 이 유기성과 총체성의 개념을 이해하는 기초적인 접근 방법 자체가 전문적(부분적)이다. 음악가는 음악적 부분만, 무용가는 춤적인 요소만, 문학가는 언어적 요소만 분리하여 연구·수련해왔다. 아직까지 인도 연극을 춤이라 분류할지 연극이라 분류할지 기준조차 서지 않은 상태에서 이러한 혼란 자체를 불식시킬 수 있는 연극의 개념 정립도 필요하다.

또한 아카이빙의 중요성을 인식하고 연극 데이터를 활발히 구축하고 있는 요즘의 추세에서 이러한 인도 연극의 유기성과 총체성을 그 자체로 데이터화할 수 있는 방법에 대한 연구도 필요할 것이다. 인도 전통 연행예술의 구현 과정에는 전통수련의 방식에서부터 그것의 미학적 원리에서 이르기까지 하나의 정신수련의 일환으로 우주적 원리를 체험토록 하는 전 단계가 포함되어 있다. 수련자들은 머리로 이해하고 질문하기보다 전 존재로 느끼고 체득해가는 과정을 거친다. 세대에서 세대로 스승에서 제자로 이어지는 전통적 수련 방식을 비롯한 신체수련방식, 심리수련방식 등이 총체적으로 유기화되어 있다. 이러한 유기성과 총체성을 담아낼 수 있는 새 시대의 아카이빙 방식에 대한 계발이 필요하다.

보편성이 있는 인도적인 연기방법이나 서구적인 것과의 조화를 꾀한 연기방법에 대한 연구[16]도 요청된다. 유럽을 비롯한 해외에서 인도 전통의 방식을 접목하려는 시스템을 구축하고 있는 것에 비해 실제 인도의 연극 현장에는 제대로 된 연극적 언어를 배울 스승과 훈련 시스템이 부

---

16 고승길, 「인도 공연예술 교육의 전통과 변화」, 『연극교육연구』 3권, 서울 : 한국 연극교육학회, 1999, 24쪽.

재[17] 한 아이러니도 풀어가야 한다. 뿐만 아니라 한국의 예술 현장에서도 보다 다양하게 전통과 현대를 아우를 수 있는 훈련시스템을 체계화할 필요가 있다. 그리고 지금의 환경과 상황에 맞는 적절한 연극 제작을 위해 '전통'과 연계되는 내용과 형식 사이의 유연한 관계 설정과 대중성을 확보하기 위한 지속적인 대안을 강구해야 할 것이다.

6. 신화와 현실 & 고전과 민속의 독특하고 유의미한 결합

카발람의 많은 작품들은 신화적이고 제의적이다. 그것은 〈우루방감〉과 같이 인도의 대서사시에서 직접적으로 소재를 취한 것일 때도 있고, 마을의 민속적 전통과 결합할 때도 있으며, 〈깔리베샴〉처럼 신화적 내용과 현대적 이슈를 결부시킨 것일 수도 있다. 카발람은 제의식에 접근할 때 신앙으로서가 아니라 어디까지나 연극적 장치로서 제의식의 원리를 사용하였다. 카발람이 떼이얌을 비롯한 제식적 원리를 통해 진정으로 취하고자 했던 바는 '탈바꿈'의 연기 메소드였다. 탈바꿈하는 배우와 역할 사이의 역학관계에 집중한 것이다. 제의식을 사회적 행위의 복원으로써 개인의 가장 밑바닥에 감춰놓은 무언가를 심리적으로 접근하는 것으로 이해했던 카발람은 배우가 인물로 탈바꿈하는 과정이 제의적인 과정과 비슷하다고 보았다. 민속연행에서의 탈바꿈의 과정이 배우가 인물로서 삶의 외적인 갈등을 실어 나르는 연기적 본질과 상응한다고 본 것이다. 신이 떼이얌 연희자들의 몸을 빌려 신도들 앞에 현현하듯이 역할도 배우의 몸을 빌려 '그릇이 됨'을 실천하게 되는 것이다.

'현대적 감성을 위한 신화들'로서 등장하는 인물들도 결국은 연기자들

---

17 The Invisible lighting solutions(Thrissur, Kerala India) Director Jose Koshy와의 인터뷰, 2017년 1월 25일.

의 탈바꿈을 위한 장치라 볼 수 있다. 카발람은 전통적인 전설과 이야기에서 새로운 현재의 비전을 발견함으로써 새로운 활력과 자극적인 탈바꿈을 이루고자 하였다. 이 과정에서 카발람이 활용하였던 신화 속 상징성을 민속적 제의식으로 탈바꿈시킨 점은 신화를 재발견할 수 있는 핵심적 실마리를 제공한다. 고전적 내용을 민속적 형식에 담아내고, 춤 대신에 양식화한 움직임을, 노래 대신에 운율적인 대사를, 완전히 빈 무대 대신에 미니멀한 장식을, 특정한 제의식이 아닌 일반적인 의식주의를 채택할 수 있는 것이다. 이러한 카발람의 신화적 접근 방식은 전통과 현대 사이, 새로움과 낡음 사이, 고전과 민속 사이, 내용과 형식 사이의 공명 가능성에 대한 자유로운, 그러나 핵심을 관통하는 실천적 방식을 제시한다.

이렇듯 카발람은 고전 작품을 무대화하면서 민속적 요소를 결합시켜 성(聖)과 속(俗)을 공존시킨다. 인도 예술의 제반 양식에 적용하는 미학적 개념인 성(마기 Margi)과 속(데시 Deshi)은 카발람의 작업에서도 중요한 의미성을 지닌다. 마기는 고도로 정형화하고 세밀화한 예술사의 주류를 구성하는 형식이고 데시는 마기에 기초하여 다양한 지역적 특색을 가미한 파생형식[18]이라고 할 수 있다. 카발람은 고전에도 정통하였고 민속에도 정통하였다. 그래서 고전과 민속이 이분법적으로 나뉘어져 상호배타적인 관계가 아니라 창조적으로 서로 보완하는 역동적인 관계[19]임을 강조하며 그러한 관계성을 자신의 작품 속에 녹여내었다. 이를 통해 이분법적 논리로 카스트나 문화를 양분하기보다 상보적이면서 발전적인 문화통합을 이루기를 바랐던 것이다. 카발람의 연극은 참여와 즐거움의 경험을 창조

제4장 연구 현장에서 삶 속의 실천으로

---

18 Kapila Vatsyayanan, *Traditional Indian Theatre: Multiple Streams*, New Delhi: National Book Trust, 2005, p.6.

19 *Ibid.*

하고 마기와 데시의 관계에 행간을 채우는 작업[20]이라 할 만하다.

카발람은 고전과 민속을 결합시켜 독특하고 복합적인 정서를 창출하는데도 활용하였다. 대표적인 방식은 시청각적 이미지의 교류와 고전적 방식과 민속적 방식의 와찌까를 병치한 것이다. 특히 〈우루방감〉을 무대화하면서 카발람의 시 ↔ 청각적 이미지의 교류는 두드러진다. 제식적 언어를 사용하여 청각적 이미지를 시각적으로 가능하게 만들었고, 언어 이전에 인류의 원초적인 본능, 혹은 집단성을 일깨우는 구음의 사용으로 '신화성'과 민속성을 결합시켰다. 카발람은 의미를 전달하는 텍스트 사이사이에 구음을 삽입하여 언어 이전에 보다 근원적인 울림을 갖춘 소리를 통해 인간의 역사를 압축적으로 형상화하였다. 또한 운율이 있는 베다 영창과 오탄 툴랄의 민속적 노래를 결합하여 독특한 반전의 정서를 구축한다. 민속과 고전의 경계는 카발람에게 더 이상 의미심장한 구분이 아닌 것이다. 또한 참혹한 전장의 실상을 때로는 느린 화면처럼, 때로는 놀이처럼 패러디하고, 상반하는 라사를 배치하여 역설적 상황에 적용하거나 가장 높은 소리와 침묵을 병치하여 관객들이 텍스트에 내재한 다층적인 라사를 경험할 수 있도록 만들어주었다. 이는 관객들이 배우의 몸을 통해 총체적 몸을 인식하기 위한 실제적 접근 방식이 된다.

이렇듯 카발람은 고전적인 가치가 민속적 가치 위에 군림하지 않으면서 공존하는 자신만의 '문법'을 창조하여 현대적 맥락을 갖추었다. 이는 단조롭고 지루해질 수 있는 식상한 정서가 아니라 다양한 정서를 응축한 복합적이고 독특한 정서를 구축하도록 만들어 흥미로우면서도 새로운 자극을 주는 관극 환경을 조성해준다.

---

20 *Panikkar Prasang* Pamphlet, 14th November 2010, presented by Indira Gandhi Rashtriya Manav Sangrhalaya.

7. 대안적 연극제작 환경 조성

카발람 활동의 중심축은 소파남 극단이었다. 소파남 극단은 재정적 어려움 속에서도 가족적인 분위기에서 위계를 따지지 않고 친화적으로 결속하였기 때문에 활동 동력을 오래 유지할 수 있었다. 또한 카발람은 공연 후 관객과의 시간을 통해 작품에 대한 비판의 소리에 귀를 기울였다. 이러한 자세는 비판과 토론을 통해 더 높은 진실에 도달하려는 전통적 방식을 실천적으로 반영한 것으로 이후 카발람이 비판을 무릅쓰면서도 자신의 의지를 작품에 반영하는 동인이 되었다.

이러한 창작 환경의 토대는 께랄라 토착문화가 지닌 포용하는 가치다. 아랴 문화가 이성 중심의 가부장 문화라면 토착문화는 몸을 중심으로 한 에너지 중심의 여신 문화다. 이성적이고 합리적인 것을 우월한 가치로 여기는 오늘날의 사회에 비해 토착문화는 변화하는 주체적인 에너지와 순환하고 포용하는 여성의 힘이 사회를 구성하는 핵심적 가치가 된다. 연극에서 변치 않을 가장 중요한 요소인 연행자와 관객 사이도 총체화와 유기성이 필요하고, 무대 위의 연행자들 사이, 연행자들과 스태프들 사이도 포용적인 태도가 필요하다. '나'의 범위를 개체화한 한 개인에 한정하는 것이 아니라 구성원들과 관객, 더 나아가 자연 전체로 확장하는 자질도 포용하는 창조적 자질을 육성할 때 가능해진다. 일부에서는 여성주의에 대한 신비화를 경계하기도 하지만 조화와 일치에 바탕한 이러한 세계관은 대립적이고 이분법적인 갈등과 분열을 낳는 현대 사회의 소외현상을 극복하기 위한 대안이 될 수 있다고 생각한다. 특히 순환과 포용의 가치는 가부장문화를 닮은 연출자 중심의 제작 방식에서 벗어나 참여자가 모두 평등하게 창작자로서 작업에 참여하려는 디바이즈 제작이나 공동창작 방식에 적용할 수 있다.

또한 관객의 위상을 수동적인 관람자가 아니라 아비나야가 가능해지는 핵심적 역할을 담당하고 있는 인자로 인식하는 데서도 카발람 작업의 현대적 가치를 읽을 수 있다. 전통적 개념에서 '본다는 것'은 시각적인 면에만 국한하는 것이 아니라 시각화가 이루어지기까지의 신체적 · 심리적 · 정서적 작용의 원인과 그것이 이루어지는 과정, 결과까지 포괄한다. 그리고 라사가 일어나는 메커니즘을 최종적으로 완성시키는 것은 관객들의 보편화 과정이라 보았다. 이는 연행자가 이미 완성한 라사를 관객에게 전달만 하는 것이 아니라 라사가 일어나기 위해서는 관객의 개입이 없이는 불가능하다는 점에서 관객의 위상을 주체적으로 격상시키게 한다. 연행자는 관객이 전체 세상을 볼 수 있도록 연결하는 매체가 되는 것이다. 이렇게 관객이 극행위에 온전히 가담하게 되면 극장은 연행자와 관객 사이에 변화무쌍한 교류와 확장이 일어나는 살아 숨 쉬는 현재적 공간이 된다.

지금까지 인도 전통극의 연행원리를 계승한 카발람의 무대구현 방식이 가지는 현대적 맥락과 가치를 살펴보았다. 이미 국내를 비롯한 세계의 연극 현장에서는 인도 전통극의 원리적 측면을 응용하여 연기방법론으로서나 배우들의 심신훈련과 치유에 접목하고 있다. 카발람의 연극 작업도 이러한 접목 양상들과 동일선상에서 가치를 지닌다고 할 수 있으며 거기에서 더 나아가 연기방법론으로서, 연극개념의 확장으로서, 연극제작 환경에 대한 대안으로서 현대적 맥락을 가진다. 카발람의 작품이, 혹은 뿌리연극활동가들의 방식이 '날것' 그대로 한국의 연극 현장에 적용가능하다고 단언할 수는 없다. 변화하는 환경에 발맞추면서도 변화하지 않는 정수를 보전한다는 것은 전통을 계승하기 위한 작업에서 언제나 녹록지 않은 모순적 상황을 직면하게 만든다. 그럼에도 비판에 굴하지 않고 오늘을 비추는 거울되기에 매진하였던 카발람의 작업은 '숨겨놓아 눈에 띄지 않는 금그릇'을 찾아가는 재미를 선사해준다.

예로부터 인도에서는 극장이나 연행자의 몸을 성소(쉐트라)로 불러왔다. 그 성소는 단지 종단화한 개념으로서의 종교가 아니라 '아비나야(앞으로 혹은 더 높은 곳으로 나아갈 수 있게 하는)하는' 수단이자 목적이 된다. 카발람이 이루어낸 예술적·미학적 성과와 한계, 그리고 그것들이 현대적 맥락에서 가지는 가치를 중심으로 고찰하였지만 그 작업 활동이 가지는 가장 큰 의의는 전인적 존재로서 건강하고 아름답게 '깨어 있는' 자아를 형성하는데 가장 유효적절한 방식이란 점이다. 연행 행위를 통해 내가 누구이고 어떤 존재인지를 깨닫는 것, 그리고 그것을 자신의 본성과 가장 잘 어울리는 방향으로 이끌어가고, 그 중심을 놓치지 않도록 탐구하고 계발해 나가는 것, 그러한 모델을 제공하는 것이 카발람의 작품이다. '매스'커뮤니케이션의 발달로 모든 주의와 집중을 외부세계와 다른 사람들을 향해 보내고 있는 작금의 현실에서 요청되는 것은 '마이크로'커뮤니케이션, 즉 자신의 내부를 들여다보며 자각하는 자질이다. 부족한 점은 많지만 이 책이 아직 국내에 소개된 적 없었던 남인도 말라얄람 언어권의 작품을 접하는데 도움이 되었으면 한다. 더불어 인도 전통극의 현대적 맥락을 파악함과 동시에, '앞으로 나아가는' 동기를 부여하는 동시대적 효용성을 가진 것으로 '전통'을 바라볼 수 있는 시각을 제공할 수 있기를 기대해본다.

인도의 현대연극과 전통연극

내 숨소리와 동무하며 자료조사를 위해 이리저리 뛰어다닐 때면 우리 삶이란 것이 잠시 지내다 가는 길 위에 선 것임을 절감하게 된다. 그로 인해 부초처럼 떠도는 외로운 삶일지라도 길에서 잠깐 만난 사람들이건 삶의 반려자이건 내 삶의 한순간을 함께한 모든 이들이 있어 지금의 내가 있는 것임을 안다. 인도 전통극이 나를 이끈 곳은 결국 사람이 있어왔던, 있는, 있어야 할 자리였다.

1. 공연 영상 자료

Urbhangam organized by Indira Gandhi Rashtriya Manav Sangrahalaya, Panikkar Prasang, 30th November 2010, Venue: Veethi Sankul, Indira Gandhi Rashtriya Manav Sangrhalaya, Bhopal, Madhya Pradesh, India.

Kalivesham organized by Abhinaya Bharati, Shanti Maitri Ranga(National Theatre Festival), 9th September 2005, Venue: Srijana Auditorium, Dharwad, Karnataka.

Karnabharam organized by The Cultural Department of India, Venue: New Delhi.

Sakuntalam organized by Indira Gandhi Rashtriya Manav Sangrahalaya, 29th November 2010, Venue: Veethi Sankul, Indira Gandhi Rashtriya Manav Sangrhalaya, Bhopal, Madhya Pradesh, India.

Uttaramacharitam organized by Indira Gandhi Rashtriya Manav Sangrahalaya, 1st December 2010, Venue: Veethi Sankul, Indira Gandhi Rashtriya Manav Sangrhalaya, Bhopal, Madhya Pradesh, India.

Khud and Khuda organized by Sopanam institute of Performing Arts & Research, 2013.

〈중간의 것〉, 세계연극제 '97 서울/경기 참가작, 극단 소파남, 1997년 9월 4일, 국립중앙극장 소극장.

〈마야〉, 세계 국립극장 페스티벌 참가작, 극단 소파남, 2007년 10월 4~5일, 국립극장 달오름극장.

2. 카발람 작품집 · 논평집 · 말라얄람 문헌

ആര്‍, രാമചന്ദ്രന്‍ trans.(ഭാസന്‍), *ഊരുഭംഗം*, Kottayam: National Book Stall, 1994.

പ്പണിക്കര്‍, നാരായണ, *കാവാലം നാടകങ്ങള്‍*, Kottayam: DC books, 2013.

————, നാരായണ, *കാവാലം കവിതകള്‍*, Kottayam: Sahitya Pravarthaka, 2010.

കിളിത്തട്ടില്‍, ഷാബു ed., *കാലം കാവാലം*, Kannur: Kairali Books, 2016.

നായര്‍, പത്മനാഭന്‍, *ചൊല്ലിയാട്ടം*, Vols. 1. Thrissur: കേരള കലാമണ്ഡലം, 2000.

————, പത്മനാഭന്‍, *ചൊല്ലിയാട്ടം*, Vols. 2. Thrissur: കേരള കലാമണ്ഡലം, 2000.

വാര്യര്‍, രാജാ, *കേരളത്തിലെ തിയേറ്ററും കാവാലം നാടകങ്ങളും*, Thiruvananthapuram: The State Institute of Languages, Kerala, 2008.

നമ്പ്യാര്‍, ബാലന്‍ and others, *തെയ്യം*, Thrissur: Kerala Sangeetha Nataka Akademi 1978, second 1987, third 2000.

Palakunnath, Rammohan, *നേപഥിം*, Thrissur: Kerala Kalamandalam, 2003.

Nair, Sulini Trans.(Panikkar, Kavalam), *Sopanatatvam*, New Delhi: Amaryllis, 2017.

Panikkar, Narayana, *Bagavathajukam*, New Delhi: Manjul Publishing house, 2016.

————, *The right to rule and the domain of the sun*, Calcuta: Seagull books, 1989.

Pillai, Narayana trans.(Paṇikkar, Nārāyaṇa), "The Lone Tusker", *Journal of South Asian Literature*, Summer, Fall 1980) Vols. XV–II, pp.247~254.

Woolner, Alfred—Cooper & Sarup, Lakshman trans.(Bhasa). *Thirteen plays of Bhasa*. vols.1 & vols.2, 2nd reprint, New Delhi: Motilal Banarsidass Publishers, 2015.

Zacharya, Paul trans., Zarilli, Phillip ed.(Panikkar, Narayana), *Asian Theatre Journal*, vols. II–II, Autumn, 1985, pp.172~211.

3. 단행본

Ahuja, Chaman, *Contemporary Theatre of India*. New Delhi: National book Trust, 2012.

Banerjee, Sumanta, *The Parlor and the Streets: Elite and Popular Culture in Nineteenth Century Calcutta*, Kolkata: Seagull Books, 1989.

Bharucha, Rustom, *Theatre and The World*, New Delhi: Manohar, 1990, New York: Routledge, 1993.

Bolland, David, *A Guide to Kathakali*, New Delhi: National Book Trust, 1980, Cochin: Paico Publikshing House, 1990, New Delhi: Sterling Publishers, 1996.

Byrski, Christopher, *Concept of Ancient Indian Theatre*, New Delhi: Munshiram Manoharlal, 1974.

Coomaraswamy, Ananda & Duggirala, Gopala—Kristnayya, *The Mirror of Gesture*, Cambridge: Harvard University Press, 1917, New Delhi: Munshiram Manoharalal, 1997.

Devi, Ragini, *Dance Dialects of India*, Delhi: Motilal Banarsidass, first edition 1972, second revised edition 1990, third revised edition 2002.

Frawley, David, *Yoga & Ayurveda*, Wisconsin: Lotus Press, 1999, reprinted 2009.

Gokhale, Shanta Ed., *The Theatre of Veenapani Chawla: Theory, Practice, and Performance*, New Delhi: Oxford University Press, 2014.

Granthavali, Ravivarma, *Natankusa*, New Delhi: Munshiram Manoharlal, 1988.

Gupta, Chandra—Bhan, *The Indian Theatre*, New Delhi: Munshiram Manoharlal, 1991.

Jain, Nemichandra, *Indian Theatre Tradition. Continuity and Change*, New Delhi: Vikas Publishing House PVT, 1992.

Kalpakam, Sankarankarayanan, *Rasakalika of Rudrabhatta*, Wheaton: The Adyar Library and Research Centre, 1988.

Nair, Gopal—Venu, *Puppetry and Lesser Known Dance Traditions of Kerala*, Trichur: Natana Kairali, 1990.

——————————— & Paniker, Narmala, *Mohiniyattam: The Lasya Dance*, Trichur:

Natana Kairali, 1983, second edition 1995.

Nair, Radhika, *Mohiniattam The Lyrical Dance of Kerala*, Kozhikode: Mathrubhumi Books, 2004.

P. Balakrishnan, *Kalarippayattu*, Calicut: Poorna Publications, 2003.

Pandeya, Avinash, *The Art of Kathakali*, New Delhi: Munshiram Manoharalal, 1999.

Pilaar, Jane, *Kathakali Plays in English*, vols.I, Kottayam: Agatha Jane Pilaar, 2000.

————, *Kathakali Plays in English,* vols.III, Kottayam: Agatha Jane Pilaar, 2000.

————, *Kathakali Plays in English,* vols.IV, Kottayam: Agatha Jane Pilaar, 2000.

Pilla, Venugopalan, *Kutiyattam Register*, Thiruvananathapuram: Margi, 2007.

Pillai, Vasudeva, *Nuances of Performing Arts*, Trissur: Dr.Valaya Vasudeva Pillai Trust, 2014.

Rangacharya, Adya, *The Natyasastra*, New Delhi: Munshiram Manoharlal, 1996.

Richmond, Farley, Swann, Darius and Zarrilli, Phillip, *Indian Theatre,* Honolulu: Hawaii University, 1990.

Rupa Classic India ed., *Musical Instruments*, New Delhi: Rupa Co., 1993.

Sarabhai, Mrinalini, *Creations*, Ahmedabad: Mupin Publishing PVT, Ltd., 1986.

Shekhar, Indhu, *Sanskrit Drama its origin and decline*, New Delhi: Munshiram Manoharlal, 1977.

Sri Aurobindo Institute of Research ed., *Alaap A Discovery of Indian Classical Music*, Pondicherry: Sri Aurobindo Society, 1998.

Subranmanyam, Padma, *Natya Sastra & National Unity*, Tripunithura: Sri Ramavarma Government Sanskrit College, 1997.

Swami, Muktibodhananda, *Swara Yoga*, Munger: Yoga Publications Trust, First edition 1984, reprinted 2004.

Swami-Saraswati, Niranjanananda, *Yoga Darshan,* Munger: Yoga Publications Trust, 2002.

Swami-Saraswati, Satyananda, *Four Chapters on Freedom – Commentary on the Yoga Sutras of Patanjali*, Munger: Yoga Publications Trust, first edition 1976, reprinted 1979, 1989 by Bihar School of Yoga, reprinted 2000, 2002 published by Yoga Publications Trust.

Vatsyayanan, Kapila, *Traditional Indian Theatre: Multiple Streams*, New Delhi: National Book Trust, 1980.

Yarrow, Ralph, *Indian Theatre*, Surrey: Curzon Press, 2001.

Zarrilli, Phillip, *When the Body Becomes All Eyes*, New Delhi: Oxford University Press, first published,1998, oxford india paperbacks 2001.

—————————, *Kathakali Dance-drama: where gods and demons come to play*, New York: Routledge, 2000.

김수남, 『기 연기술과 무예 연기술』, 서울: 월인, 2014.

김형준 편저, 『이야기 인도사』, 서울: 청아출판사, 1998.

딤프나 칼러리, 『신체연극』, 윤광진 역, 서울: 연극과인간, 2014.

류경희, 『인도의 종교와 종교문화』, 서울: 서울대학교 출판문화원, 2013.

———, 『인도힌두신화와 문화』, 서울: 서울대학교 출판문화원, 2016.

리차드 쉐크너, 『퍼포먼스 이론』 I, II, 이기우 외 역, 서울: 현대미학사, 2004.

마크 존슨, 『마음 속의 몸』, 노양진 역, 서울: 철학과현실사, 2000.

명인서, 『탈춤, 동양의 전통극, 서양의 실험극』, 서울: 연극과인간, 2002.

미르치아 엘리아데, 『신화·꿈·신비』, 강응섭 역, 고양: 도서출판 숲, 2006.

민병욱, 『현대희곡론』, 서울: 삼영사, 1997.

빠르타 짯떼르지, 『민족주의 사상과 식민지 세계』, 이광수 역, 서울: 그린비, 2013.

송효숙 외, 『몸과 마음의 연기』, 서울: 연극과인간, 2015.

수레쉬 아와스티, 『인도연극의 전통과 미학』, 허동성 역, 서울: 동양공연예술연구소, 1997.

유제니오 바르바, 『연극 인류학』, 안치운·이준재 역, 서울: 문학과지성사, 2001.

위야사, 『마하바라따』 1~8권, 박경숙 역, 서울: 새물결, 2012.

윤혜진, 『인도음악』, 서울: 일조각, 2009.

이광수, 『인도문화 특수성과 보편성의 이해』, 부산: 부산외국어대학교출판부, 1999.

멀치아 엘리아데, 『성과 속-종교의 본질』, 이동하 역, 서울: 학민사, 1판 1쇄 1983, 2판 5쇄 1996.

참고문헌

이미원, 『연극과 인류학』, 서울 : 연극과인간, 2005.

이반 스트렌스키, 『20세기 신화이론-카시러 · 말리노프스키 · 엘리아데 · 레비스
트로스』, 이용주 역, 서울 : (주)이학사, 2008.

이재숙 역주, 『나띠야 샤스뜨라』 (상, 하), 서울 : 소명출판, 2005.

전인평, 『비단길 음악과 한국음악』, 서울 : 중앙대학교 출판부, 1996.

──── , 『Indian Music : 인도음악의 멋과 신비』, 서울 : 아시아음악학회, 2003.

──── , 『인도 그리고 인도음악』, 서울 : 아시아문화, 2018.

조동일, 『카타르시스, 라사, 신명풀이』, 서울 : 지식산업사, 1997.

조수동, 『인도철학사』, 대구 : 이문출판사, 1995, 1997.

조지프 캠벨, 『신화의 세계』, 과학세대 역, 서울 : 까치글방, 초판 1998, 2판 1999.

비야사, 『마하바라타』, 주해신 역, 서울 : 민족사, 2005.

최용우 외, 『아시아의 무속과 춤 : 일본 · 인도』, 서울 : 민속원, 2007.

카를 융 외, 『인간과 상징』, 이윤기 역, 서울 : 열린책들, 2009

클로드 레비 스트로스, 『신화와 의미』, 임옥희 역, 서울 : 이끌리오, 2000.

프란시스코 바렐라 · 에반 톰슨 · 엘리노어 로쉬, 『몸의 인지과학』, 석봉래 역, 파
주 : 김영사, 2013.

피터 브룩 각색, 『마하바라타』, 남은주 역, 서울 : 예니, 1999.

필립 B. 자릴리 외 4인, 『몸을 통한 연기훈련』, 김수기 편저, 서울 : 동인, 2007.

하인리히 침머, 『인도의 신화와 예술』, 조셉 캠벨 편, 이숙종 역, 서울 : 대원사,
1997.

한국연극학회 편, 『퍼포먼스 연구와 연극』, 서울 : 연극과인간, 2010.

──────── 편, 『탈식민주의와 연극』, 서울 : 연극과인간, 2003.

허동성 · 정순모, 『동양전통연극의 미학』, 서울 : 현대미학사, 2004.

Cl. 레비-스트로스, 『야생의 사고』, 안정남 역, 서울 : 한길사, 1996.

M. 엘리아데, 『상징, 신성, 예술』, 박규태 역, 서울 : 서광사, 1991.

Olivea Dewhurst-Maddock, 『소리치료』, 이정실 · 정은 역, 서울 : 학지사, 2005.

4. 논문

Awasthi, Suresh, "Theatre of Roots: Encounter with Tradition", *The Drama Review*.

XXXIII−IV, Winter 1989, pp.48~69.

Baker, Erin Mee, "Kavalam Narayana Panikkar: Meaning into action", *Performing Arts Journal*, Vols.XIX−I, January 1997, pp.5~12.

───────, "Contemporary Indian Theatre: Three Voices", *Performing Arts Journal*, Vols. XIX−I, September 1997, pp.1~5.

───────, "Decolonizing Modern Indian Theatre: The Theatre of Roots", New York: Ph.D of New York University, 2004.

Banerji, Sastri, "The plays of Bhasa", *The journal of the Royal Asiatic Society of Great Britain and Ireland*, III, July 1921, pp.367~382.

Batia, Nandi, "Staging a Change: Modern Indian Drama And The Colonial Encounter", Texas: Ph.D of Texas University, 1996.

Chaturvedi, Ravi, "Theatre Research and Publication in India: An Overview of the Post−independence Period", *Theatre research international*, XXXV−I, March 2010, pp.66~76.

Chavan, Pramod, "Kutiyattam and Its Link With Natyashastra And Their Relevance With Contemporary Sanskrit Theatre With Special Reference To K. N. Panikkar's Productions", Baroda: Ph.D of The Maharaja Sayajirao University Of Baroda, 2015.

Cherian, Anita−Elizabeth, "Fashioning A National Theatre: Institutions and Cultural Policy in Post−Independence India", New York: Ph.D of New York University, 2005.

Chun, In−Pyeong, "The Natysastra's Tala(rhythmic mode) and Korean Jangdan", *Journal of Korean Culture*, II, Seoul: The International Academic Forum of Korean Language and Literature, 2001, pp.213~227.

Clifford, Jones, "The Temple Theatre Of Kerala: Its History And Description", Pennsylvania: Ph.D of Pennsylvania University, 1967.

Cooper, Scheherazaad, "The Alchemy of Rasa in the Performer−Spectator Interaction", *New Theatre Quarterly*, XXIX−IV, November 2013, pp.336~349.

Freeman, John, "Purity and Violence: Sacred Power in the Teyyam Worship of Malabar", Pennsylvania: Ph.D of Pennsylvania University, 1991.

참고문헌

Keith, Jefferds, "Vidusaka Versus Fool: A Functional Analysis", *Journal of South Asian Literature*, Vols.XVI-I, Winter, Spring 1981, pp.61~73.

Kothari, Sunil & Panchal, Goverdhan, "The Rising Importance of Indigenous Theatre in India", *Asian Theatre Journal*. Vols.I-I, Spring 1984, pp.112~114.

Kwak, Mija, "A Study on the Gunas in Sankhya philosophy and Bhagavadgita", 『동서정신과학』 20권 1호, 경산: 한국동서정신과학회, 2017, pp.59~84.

Lee, Lori, "The Intercultural And Psychophysical Acting Pedagogy Of Phillip Zarrilli", Colorado: Ph.D of Colorado University, 2012.

Lighthiser, Timothy, "An Exegetical And Historical Essay On The Concept Of Rasa Within The Work Of Bharata, Anandavardhan And Abhinavagupta", San Francisco: Ph.D of San Francisco University, 1999.

Mundoli, Narayanan, "Western Discourses on Kutiyattam", *The Drama Review*, Vols. L-II, Summer 2006, pp.136~153.

Parham-Chin, Diercks & Elizabeth, Mary, "The Essence Of Performance According To The Natyasastra Including An Introduction To The Practice Of Performance For The Body (Angika) And Voice (Vacika)", Hawai: Ph.D of Hawai University, 1995.

Panikkar, Nārāyana. "Meaning into Action", *Performing Arts Journal*, Vols. XIX-I, January 1997, pp.5~12.

Pragna-Thakkar, Enros, "A Reconstruction Of The Style Of Producing Plays In Ancient Indian Theatre", Toronto: Ph.D of Toronto University, 1978.

Ray, Ratna, "Shakespeare's Clown-Fools Revisited With An Oriental Escort: A Reconsideration of Ralstaff, Lear's Fool, Cleopatra's Clown, and An Examination in This Light Of a Clown-Fool of Sanskrit Drama", Ottawa: Ph.D of Ottawa University, 1970.

Ramaswamy, Aparna, "Natya Yoga-He Yoga Of Bharathanatyam", California: *California Institute of Integral Studies*, 2012.

Ratnam, Anita, "India's an actor based from a Sanskrit Theater had grabbed headlines in the Indian state of Kerala and abroad", *American Theatre*, XX-V, May 2005, pp.30~34.

인도의 현대연극과 전통연극

Richmond, Farley & Richmond, Yasmin, "The Multiple Dimensions of Time and Space in Kūtiyāttam, the Sanskrit Theatre of Kerala", *Asian Theatre Journal*, Vols.II-I, (Spring 1985, pp.50~60.

Richmond, Farley, "The Bhāsa Festival, Trivandrum, India", *Asian Theatre Journal*, Vols.VI-I, Spring 1989, pp.68~76.

Schuyler, Montgomery, "The Origin of the Vidūsaka, and the Employment of This Character in the Plays of Hardadeva", *Journal of the American Oriental Society*, Vols. XX, 1899, pp.338~340.

Singh, Trilok, "Creative Use of Elements of Indian Traditional Theater in Modern Play Productions for Evolving an Indigenous Style−An Analytical Study", Vadodara: Ph.D of The Maharaja Sayojirao University In Baroda, 2013.

Solomon, Rakesh, "From Orientalist to Postcolonial Representations: A Critique of Indian Theatre Historiography from 1827 to the Present", *theatre research international*, vols.XX-II, July 2004, pp.111~127.

Sullivan, Bruce, "Dying on the Stage in the Nātyaśāstra and Kūtiyāttam: Perspectives from the Sanskrit Theatre Tradition", *Asian Theatre Journal*, Vols. XX-II, Fall 2007, pp.422~439.

Sundaram, Dheepa, "Aesthetics As Resistance: Rasa, Dhvani, And Empire In Tamil "Protest"", Illinois: Ph.D of Illinois College, 2014.

Swart, Patricia-Lynn, "Padayani: A Dance Ritual of Central Kerala", San Francisco: Master of Arts in The California Institute of Integral Studies, 2000.

Vazhayil-Sakariah, Varughese, "Religion, Renaissance and Protest: Sanskritization and Protestantization In Kerala 1888~1936", New Jersey: Ph. of Princeton University, 2002.

Zarrilli, Phillip, "Psychophysical Approaches and Practices in India: Embodying processes and States of 'Being-Doing'", *New Theatre Quarterly*, Vols.XXXII-III, London: Cambridge University Press, August 2011, pp.244~271.

고승길, 「인도 공연예술 교육의 전통과 변화」, 『연극교육연구』 3권, 서울: 한국연극교육학회, 1999, 5~30쪽.

김명주, 「제스처 분석에 의한 유럽 현대무용의 연극성 연구-피나 바우쉬, 빔 반 데키부스, 마기 마랭 작품을 중심으로」, 서울 : 성균관대학교 석사학위 논문, 2010.

김미숙 · 민성희, 「인도 떼이얌의 기본구조와 성격」, 『한국체육학회지』 44-6, 서 울 : 한국체육학회, 2005, 1027~1035쪽.

김우조 · 김주희 · 류경희, 「인도문화와 이중적 여성상(1)」, 『한국여성학』 제16권 1 호, 춘천 : 한국여성학회, 2000, 131~162쪽.

김정호, 「굿과 떼이얌에 나타난 신화수용 연구-나쁜 여신을 중심으로」, 『한민족 어문학』 제72권, 대구 : 한민족어문학회, 2016, 183~211쪽.

김현옥, 「카타칼리 무용에 나타난 무드라에 관한 연구」, 『한국무용연구』 제22집, 서울 : 한국무용연구학회, 2004, 1~25쪽.

노양진, 「몸의 침묵」, 『범한철학』 제73집, 익산 : 범한철학회, 2014, 213~232쪽.

류경희, 「인도문화의 이중적 여성상과 힌두 여신 상징체계」, 『종교와 문화』 제4권, 서울 : 서울대학교 종교문제연구소, 1998, 133~153쪽.

———, 「인도 여신신화와 여성정체성-여성정체성의 이중구조와 그 인도 문화 적 의미」, 『종교연구』, 2006.12, 39~45쪽.

명인서, 「연극에서 문화상호주의적 접근방식의 문제점-피터브룩의 마하바라 타 공연을 중심으로」, 『한국연극학』 제16호, 서울 : 한국연극학회, 2001, 99~136쪽.

변상형, 「미적 경험으로서의 라사rasa-아리스토텔레스의 카타르시스와 비교 를 중심으로」, 『동서철학연구』 제24호, 대전 : 한국동서철학회, 2002, 257~282쪽.

———, 「미적체험론에 관한 연구 : 아비나야굽타의 샨타라사론과 체.게.융의 자 기 실현설의 비교를 중심으로」, 익산 : 원광대학교 박사학위논문, 2004.

배요섭, 「공동창작과 배우중심주의-연극하기, 극단, 몸, 선」, 『연극포럼』 송년호, 서울 : 한국예술종합학교 연극원, 2006, 49~59쪽.

백승무, 「행위와 윤리 : 메이예르홀트의 연극이론을 중심으로」, 『노어노문학』 제2 권 4호, 안양 : 한국노어노문학회, 2015, 175~203쪽.

서보민, 「아시아의 두창춤 비교연구 : 한국인도일본을 중심으로」, 『민족무용』, 서

울 : 한국예술종합학교 무용원, 2018.

서우석, 「인도 음악의 현상학적 이해」, 『음악연구』 6권, 서울 : 한국음악학회, 1988, 161~179쪽.

양세윤, 「인물 창조를 위한 심리신체적 접근 방법 연구」, 서울 : 한국예술종합학교 예술전문사학위 논문, 2006.

유정숙, 「심신연기론의 관점에서 바라본 배우의 치유과정」, 『연극평론』 통권53호, 서울 : 한국연극평론가협회, 2009, 44~56쪽.

윤혜진, 「인도의 음악적 사고에서 나타나는 순환적 체계」, 『한국음악사학보』 제30집, 서울 : 한국음악사학회, 2003, 549~586쪽.

이거룡, 「아유르베다, 요가, 딴뜨라에서 몸의 구원론적 의미-5종 조대요소 병렬구조, 5겹 덮개 중층구조, 남성-여성 양극구조를 중심으로」, 『인도철학』 제39집, 서울 : 인도철학회, 2013, 136~170쪽.

이광수, 「산스끄리뜨 딴뜨라에 나타난 여신 숭배가 갖는 사회 통합의 의미」, 『역사와 경계』 67, 부산 : 부산경남사학회, 2008, 251~270쪽.

이승원, 「배우의 현존을 위한 전 단계 훈련에서 연기수행과정까지의 적용방법 연구 : 필립 자릴리의 '전-공연(pre-performative) 단계' 훈련과 〈물의 정거장〉 공연에의 적용과정을 중심으로」, 서울 : 한국예술종합학교 예술전문사학위 논문, 2019.

이정모, 「심리학의 개념적 기초의 제 문제(I) : 과학이론의 재구성과 인지주의 심리학 연구의 의의」, 『한국심리학회지』 13-1, 서울 : 한국심리학회, 1994, 21~60쪽.

─────, 「심리학의 개념적 기초의 제 문제(II) : 인지과학적 접근에서 본 '마음' 개념의 재구성과 심리학 외연의 확장」, 『한국심리학회지』 26-2, 서울 : 한국심리학회, 2007, 1~38쪽.

이재숙, 『나띠야 샤스뜨라』와 라사-라사 그 이상의 의미」, 『코기토』 67, 부산 : 부산대학교 인문학연구소, 2009, 33~55쪽.

이종열, 「신체적 경험에 의한 '마음'의 개념화 양상」, 『한국어의미학』 20, 서울 : 한국어의미학회, 2006, 205~230쪽.

이현정, 「카타칼리의 연극적 속성 고찰」, 서울 : 한양대학교 석사학위 논문, 2003.

임미희, 「인도전통무용에 나타난 신화의 상징적 표현체계 연구 : 바라타나티얌을 중심으로」, 『민족무용』, 서울 : 한국예술종합학교 무용원, 2003.

주안나, 「인도의 종교무용에 관한 연구－Bharatha Natyam을 중심으로」, 서울 : 이화여자대학교 석사학위 논문, 1987.

최혜자, 「인도의 전통무용에 관한 연구－카타칼리를 중심으로」, 서울 : 이화여자대학교 석사학위 논문, 1990.

최효성, 「인도 · 중국 · 일본 전통예술의 무대분장에 관한 비교연구」, 공주 : 공주대학교 석사학위 논문, 2014.

최효정 · 강인숙, 「나띠아샤스뜨라의 하스딱무드라에 나타난 인도무용의 특성」, 『대한무용학회논문집』 제70권 5호, 서울 : 대한무용학회, 2012, 199~221쪽.

허동성, 「인도민속극의 제의적 성격에 관한 연구」, 서울 : 중앙대학교 석사학위 논문, 1991.

──────, 「인도희곡의 구조와 원리」, 『고전극본의 기록사 · 연구사와 세계고전희곡』, 서울 : 한국고전희곡학회, 2001.

5. 연속간행물

수레쉬 아와스티, 「세계적 맥락에서 본 인도연극의 전통과 미학」, 고승길 역, 『한국연극』 149호, 서울 : 한국연극협회, 1988, 52~61쪽.

류주열, 「현대인도연극의 이해(1)」, 『한국연극』 352호, 서울 : 한국연극협회, 2005, 102~107쪽.

──────, 「현대인도연극의 이해(2)」, 『한국연극』 353호, 서울 : 한국연극협회, 2005, 108~111쪽.

──────, 「현대인도연극의 이해(3)」, 『한국연극』 354호, 서울 : 한국연극협회, 2006, 106~109쪽.

최창근, 「한국에 소개된 인도 희곡과 한국 희곡에 나타난 인도의 모습－오래된 미래를 향한 멈출 수 없는 놀이」, 『공연과 리뷰』 65, 서울 : 현대미학사, 2009, 103~109쪽.

허동성, 「인도현대연극의 지형과 방향성」, 『한국연극』 통권 250호, 서울 : 한국연극협회, 1997, 12~15쪽.

―――, 「라딴 티얌의 연극─위상과 성과」, 『연극평론』 통권 58호, 서울 : 한국연극 평론가협회, 2010, 63~71쪽.

6. 기타

1) 공연 팜플렛

േദശീയ നാടകോത്സവം Pamphlet, organized by Natakapathana Kendram, 24th─28th September 2011, Venue : Kathavazhimpuram Palakkad, Kerala India.

മാളവികാഗ്നിമിത്രം Pamphlet, organized by International Theatre Festival in Thrissur, 1st February 2012, Venue :Thrissur Bharath Murali Auditorium.

Avanavan Kadamba Pamphlet, organized by National School of Drama, 2007, Venue : Bharat Bhavan, New Delhi India.

Bhagavadajjukam Pamphlet, organized by Sopanam, 2nd November 1985.

Charudattam Pamphlet, 2014.

ITFOK (International Theatre Festival of Kerala) Pamphlet, 2012.

Kalivesham Pamphlet, organized by META(Mahindra Excellence in Theatre Awards & Festival), 3rd October 2009.

Kallurutty Pamphlet, organized by Sopanam, 4th August 2007, Venue : Vyloppilli Samskrit Bhavan, Thiruvananathapuram, Kerala India.

Karimkutty Pamphlet, 2014.

Madhyama Vyayogam Pamphlet, organized by Indian Council For Cultural Relations, 31st Augutst 2005, Venue : Azad Bhavan, New Delhi India.

Madhyama Vyayogam Pamphlet, organized by Todayam Kathakali Yogam & Kozhiko-de Chinmaya Mission, 12th February 2012, Chinmayanchali Auditorium Kozhikode, Kerala India.

National Theatre Festival Pamphlet, organized by Information Public Relations Department Government of Kerala, 27th March─3rd April 2011, Venue : Tagor Hall Kozhikode, Kerala India.

Oruma Festival Pamphlet, organized by Oruma Foundation, 22nd–24th October 2011, Ernakulam Town Hall, Kerala India.

Panikkar Prasang Pamphlet, organized by Indira Gandhi Rashtriya Manav Sangrhalaya, 14th November 2010.

Pratima Pamphlet, 2014.

Rabindra Utsav Pamphlet, organized by Cultural Affairs Government of West Bengal, 4th–7th August 2006.

Sakuntalam Pamphlet, organized by Sangeet Natak Akademi, 11th October 2010, Venue: Shri Ram Centre Auditorium, New Delhi India.

Share Tagore Pamphlet, organized by Tagor Theatre Festival, 2013, Venue: Tagore Theatre Thrivanandapuram, Kerala India.

Sopanam (Theatre wing of Bhasabharathi Centre for Performing Arts, Research and Training) Pamphlet.

Swapnavasavadattam Pamphlet, organized by National School of Drama, New Delhi India, 1993.

Theyya Theyyam Pamphlet, 2011.

Tempest Pamphlet, organized by National School of Drama, 2001, New Delhi India.

Theatrefest'11 Pamphlet, organized by Sangeet Ntak Akademi, 30th July–3rd August, 2011, Venue: AMN Ghosh Auditorium, KDMIPE Dehra Dun India.

Uttaramacharitam Pamphlet, organized by National School of Drama, 21st January 2010, Venue: Shri ram Saudhar, New delhi India.

Vikramorvasiyam Pamphlet, organized by Sangeet Natak Akademe & Jnana–Pravaha Varanasi, 25th December 2005, Venue: Swatantrata Bhawan Banaras Hindu University, Varanasi India.

〈마야〉 & 〈카르나바람〉 팜플렛, 세계 국립극장 페스티벌 참가작, 2007년 10월 4~5일, 국립극장 달오름극장.

2) 인터뷰

Director of The Invisible lighting solutions(Thrissur, Kerala India), Jose Koshy와의 인

터뷰, 2017년 1월 25일.

Professor of Sree Shankaracharya University of Sanskrit(Kaladi, Kerala India), Ramesh Varma와의 인터뷰, 2017년 2월 3일.

Director of Rangachathana(Thrissur, Kerala India), Ganesh—Vasu Kuyilamparambil 과의 인터뷰, 2017년 2월 23일.

Actor of Sopanam(Thiruvanandapuram, Kerala India), Girish Vasudevan Nair와의 서면 인터뷰, 2017~2019년.

3) 기타 문헌과 인터넷 자료

마야크리스나 라오, 「인도의 댄스 시어터 : 카타칼리를 중심으로」, 한국예술종합학교 연극원 연극학과 국제학술심포지엄, 문화상호주의와 전통의 현대적 수용사례 연구 2 : 인도편, 2010년 11월 10일.

Karnad, Girish, "The World Theater Day Message." '국제 연극의 날' 기념 연설문, 2002년 3월 27일.

www.kavalamsopanam.com.(소파남 홈페이지)

https://youtu.be/IpLVgDNlf—M.(Media Spear 국가연극상 수상 관련 기리쉬 인터뷰, 2018년 4월 21일)

https://www.youtube.com/watch?v=u—fnNlYqbpc&app=desktop.(Mathrubhumi News 채널 기리쉬 인터뷰, 2018년 3월 27일)

http://www.indereunion.net/actu/panikkar/interpanikkar.htm. (카발람 인터뷰, 2017년 6월 27일)

http://english.manoramaonline.com/news/just—in/kavalam—narayana—panicker—no—more.(카발람 관련 기사, 2017년 6월 26일)

http://www.kerala9.com/news.php/news/movie—news. (카발람 관련 기사, 2017년 6월 27일)

http://www.thehindu.com/thehindu/mag/2004/10/31/stories/2004103100780500.htm.(카발람 관련 기사, 2017년 6월 27일)

http://metawards.com/plays/kalivesham. (카발람 참가 축제 홈페이지, 2018년 11월 3일)

용어

찾아보기

인도의 현대연극과 전통연극

찾아보기

인도의 현대연극과 전통연극

인명

찾아보기

작품 및 도서

인도의 현대연극과 전통연극

399